KB122537

갑오농민전쟁

정창렬 저작집 I
갑오농민전쟁

초판 1쇄 발행 2014년 1월 20일

엮은이 정창렬저작집 간행위원회
펴낸이 윤관백
펴낸곳 도서출판 선인

등록 제5-77호(1998.11.4)
주소 서울시 마포구 마포동 324-1 곶마루빌딩 1층
전화 02)718-6252 / 6257
팩스 02)718-6253
E-mail sunin72@chol.com
Homepage www.suninbook.com

정가 25,000원
ISBN 978-89-5933-683-8 94900
978-89-5933-682-1 (전3권)

정창렬 저작집 I

갑오농민전쟁

정창렬저작집 간행위원회 편

▲ 초상화 전희수 작

▲ 한양대 사학과 하회마을 답사 1973.

▲ 한양대 사학과 탁본 인솔, 양주 회암사지 1975.

▼ 于人 曺圭喆 선생에게 한학을 배우던 東仙學契 시절 1980 무렵.

▼ 다산연구회 시절 1986.

▼ 프랑스 혁명 200주년 기념 학술회의 참석 후 독일 베를린 장벽 앞에서,
"장벽 허물기에 대한 투쟁은 계속된다" 1989.

▲ 정년퇴임을 기념하는 한양대 사학과 동문회 주최 환송식, 2002.

간행사

인간 정창렬(鄭昌烈)!

그는 일상에서도 불필요한 수식을 될수록 멀리하면서 본래의 민낯 그대로를 살아가고자 하는 편이었다. 그의 아호의 정착 과정이 그것을 증언한다. 1970년대 중반 우인(于人) 선생의 문하에서 한문공부를 하고, 벽사(碧史) 선생을 모시고 다산연구회를 결성하기에 이른 친구들 사이에는 서로 호(號)를 지어 부르는 관행이 있었다. 그러나 그는 '칭호'를 탐탁히 여기지 않았다. 그래서 '무호(無號)'라든가 혹은 '물호(勿號)'로 불러야 한다는 논의가 일어나고, 결국 후자로 귀결하였는데, 그조차 그는 한동안 외면하였다. 그러나 만날 때마다 사람들이 그렇게 부르다보니, 별 수 없이 그의 아호는 '물호'로 정착하게 되었다.

그가 진학한 1950년대 후기는 아직도 대학생이 또래의 5% 미만이었지만 모두 궁핍하고, 지향할 곳도 막연하였다. 이윽고 젊은이들의 의욕을 크게 고취시킨 것은 4월혁명이었다. 민중의 힘으로 독재정권을 무너뜨린 이 역사적 경험이야말로 우리도 무엇을 해낼 수 있다는 새로운 역사의식을 갖게 하는 큰 계기가 되었다.

이후 그의 한국사 연구는 조선후기 민중의 사회적 성장이라는 사실을 중심 과제로 삼아 추구하였다. 즉 갑오농민전쟁으로 일단락되는 조선후기 민중의 사회정치적 성장이라는 역사적 사실과 실학의 역사관으로 대표되는 정신사적 이념의 정립이라는 양면을 실증적으로 추구하고 그 독자성을 모색하는 과제였다.

그래서, 갑오농민전쟁을 통해 이미 농민군은 그들의 거사가 단순한 민란이 아니라 외세와 유착한 정권에 대한 반봉건 전쟁이며 외세의 침략에 저항하는 민족적 전쟁이라는 의식을 드디어 확립하기에 이르렀다고, 그는 확신한다. 그리고 실학의 역사인식에 드러난 새로운 사유는 기본적으로, 세계 만방이 각기 민족과 영토와 문화를 갖춘 독자적 실재(實在)라고 하는 주체적 사관으로 드러나게 되었다고, 그는 확신한다. 동시에 민(民)의 주체적 영위에 의하여 그러한 독자적 실재의 역사가 발전한다는 사관을 실학은 정립하기에도 이르렀다는 것이 그의 소신이다.

그런데 그의 역사학은 조선후기 미완으로 끝난 역사적 현실의 개혁 과제를 언제나 염두에 두지 않을 수 없었다. 그의 역사관은 필연 현실의 민주화운동과도 결코 유리될 수가 없었다. 7, 80년대의 유신-군사정권 시절, 혹은 그 후의 민주화 과정을 겪으면서 그는 언제나 있어야 할 만한 자리에는 꼭 있으면서 이 세상의 변천에 참여하였다. 그는 그가 속한 공동체에 대한 끝없는 연대감을 지니고 있었다. 헌신적인 민주 인사들에게는 마음속 책무감 또한 깊이 간직하고 있었다.

교수가 된 후로 그는 늘 연구실을 지키는 편이었다. "공부하는 사람은 생활이 단순해야 한다. 매일의 생활 궤적이 집과 학교에 집중되어 있어야 한다"고, 어느덧 교수로 성장한 제자에게도 그는 당부해 마지 않았다. 자신의 일상이 그만큼 엄격하다 보니, 이제 갓 공부를 시작하는 대학원생들에 대한 지도 또한 엄격하였다. 심지어는 마음 약한 학생들을 여러 차례 울리기까지 하였다. 그러나 물론 구체적으로는 격려를 통해 용기를 북돋아주는 일이 더 많았다. 박사학위 논문은 대체로 책 한 권 분량의 장편이지만, 그는 반드시 꼼꼼히 읽어보고, 관련 논문들까지 다시 찾아 대조하면서 철저하게 지도하였다. 그래서 당시의 젊은이들은 지금에 이르러서도, "생각해보면 선생님이 계시던 그 때가 참 의미 있고 행복하였다"고 회상한다.

그는 스스로의 학문 또한 심사숙고를 거듭하면서 완벽하기를 기하였다. 논문을 많이 쓰지도 않거니와 더구나 독자의 저서를 내는 일은 끝내 삼가고 있었다.

그렇다! '덕(德)은 외롭지 않다'고 한다. 그의 지도를 받고 성장한 문인 제자들이 정성을 다해, 이 어려운 세상에서도 그의 저작집을 간행한다는 것 자체가 평소에 드러나지 않은 그의 '덕'을 사실로 증언하고자 하는 뜻깊은 일이 아닐 수 없다. 그래서, 보고 듣는 이로 하여금 상호의 아름다움을 더 심감하게도 한다.

2014년 1월

간행위원을 대표하여, 김태영 합장

정창렬 교수 연보

1937. 8. 15.	만주국 빈강성(濱江省)에서 출생
1942. 4. 1.	빈강성 해륜현 구정자촌 구정자국민학교 입학
1944. 3. 31.	구정자국민학교 2년 수료
1944. 4. 1.	경상북도 경산군 압량면 압량국민학교 전학
1949. 3. 31.	압량국민학교 졸업
1949. 4. 1.	경북대학교 사범대학 부속중학교 입학
1952. 3. 31.	경북대학교 사범대학 부속중학교 졸업
1952. 4. 1.	경북고등학교 입학
1956. 3. 31.	경북고등학교 졸업
1956. 4. 1.	서울대학교 문리과대학 사학과 입학
1959. 4. 10.	육군 입대 (포병)
1961. 4. 30.	육군 제대 (상병)
1963. 2. 8.	서울대학교 문리과대학 사학과 졸업
1963. 3. 1.	서울대학교 대학원 사학과 석사과정 입학 (한국사전공)
1963. 7. 1.	서울대학교 인문대학 동아문화연구소 보조연구원 (48개월)
1964. 11. 29.	전희수(全嬉秀)와 결혼
1967. 7. 27.	장녀 윤정(允貞) 출생
1968. 3. 1.	고려대학교 아세아문제연구소 연구원보 (12개월)
1968. 8. 28.	서울대학교 대학원 사학과 석사과정 수료 (졸업논문 : 한말에 있어서 역둔토 문제)
1968. 9. 1.	한양대학교 문리과대학 사학과 강사 (6개월)

1969. 3. 13. 한양대학교 사학과 전임강사 부임

1973. 6. 18. 차녀 윤경(允敬) 출생

1979. 3. 1. 크리스찬 아카데미 사건 관련 임의동행

1979. 4. 16. 크리스찬 아카데미 사건 공식 발표

1979. 6. 20. 한양대학교 해직

1979. 9. 22. 반공법 위반으로 제1심 선고. 징역 1년 6월, 자격정지 1년 6월

1980. 1. 크리스찬 아카데미 사건 항소심에서 무죄 판결

1980. 3. 1. 한양대학교 사학과 복직

1980. 5. 15. 「한국사회의 민주화를 위한 134인 지식인 선언」에 참여

1980. 7. 24. 위 건으로 한양대학교 해직

1981. 8. 24. 이화여자대학교 대학원 정치외교학과 강사 (6개월)

1981. 9. 1. 연세대학교 대학원 사학과 박사과정 입학 (한국사전공)

1982. 12. 19. 부친 정재성(鄭再星) 별세

1983. 1. 1. 한국신학연구소 연구원 (24개월)

1984. 3. 1. 연세대학교 문과대 사학과 강사 (6개월)

1984. 7. 1. 한양대학교 사학과 조교수 복직

1990. 2. 1. 한국독립운동사연구소 비상임 연구위원

1991. 8. 23. 연세대학교 대학원 사학과 박사과정 수료 (졸업논문 : 갑오농민전쟁연구)

1992. 1. 한국사연구회 회장

1994. 1.	『한국사』(한길사, 전27권) 책임편집위원
1994. 11. 14.	국사편찬위원회 『한국사』 편찬 자문위원
1994. 12. 24.	국사편찬위원회 활성화 방안 연구 소위원회 위원
1996. 10.	『동학농민전쟁사료총서』(전30권) 편집위원
1997. 2. 22.	장녀 윤정, 구만옥(具萬玉 : 경희대 사학과 교수)과 혼인
1998. 1. 6.	모친 이일순(李一順) 별세
2002. 8. 23.	옥조근정훈장
2002. 8. 31.	한양대학교 사학과 정년퇴임
2002. 9. 3.	한양대학교 명예교수 임용
2004. 9. 16.	「국가보안법 폐지를 촉구하는 사회원로 71인 공동선언」에 참여
2005. 5. 31.	친일반민족행위진상규명위원회 비상임위원
2012. 12.	천주교 귀의 (세례명 : 정하상 바오로)
2013. 1. 20.	별세

정창렬 교수 저술 목록

1964

- 「동학교문의 혁명적 성립(상)과정」, 『새세대』 56, 서울대문리대 새세대사.

1966

- 「유형원의 전제론(田制論): 磻溪隨錄中田制(上 · 下), 田制後期(上 · 下)에서」, 『청맥』(1966년 10월호), 청맥사.

1968

- 「한말에 있어서 역둔토 문제」, 서울대학교대학원 사학과 석사학위논문.

1969

- 「우하영 저 『천일록(千一錄)』」, 『창작과비평』 통권 13호(1969년 봄호), 창작과 비평사.

1970

- 「조선후기의 둔전에 대하여」, 『이해남박사화갑기념사학논총』, 일조각.
- 「서평: 이광린, 『한국개화사 연구』, 일조각, 1969」, 『한국사연구』 제5호, 한국사연구회.

1971

- 「회고와 전망(1969~70): 국사 - 조선후기」, 『역사학보』 제49집, 역사학회.

1973

- 「우하영의 『천일록』」, 『실학연구입문』, 일조각.
- 「서평: 박병호, 『전통적 법체계와 법의식』, 서울대문리대 한국문화연구소, 1972; 김영모, 『한말지배층 연구』, 서울대문리대 한국문화연구소, 1972」, 『신동아』 106(1973. 6.), 동아일보사.

1974

- 「민란의 주도자들 - 중세질서 해체의 진통」, 『월간중앙』 1974년 5월호, 중앙일보사.
- 「전통문화의 형성과 배경」, 『새물결』 66(1974년 11 · 12 합병호), 유네스코한국위원회.
- 「토론: 실학」, 『한국문화론특강』, 서울대학교 출판부.
- 「유형원 반계수록」, 『세계의 대사상 34』, 휘문출판사.

1975

- 「한국민중운동사」, 『한국문화사신론』, 중앙대학교 출판국.
- 「실학사상」, 『고시연구』 10, 대명고시연구회고시연구사.
- 「젊은이의 나아갈 길」, 『한대신문』 427, 한양대 한대신문사.
- 「해제」, 『倭使日記 · 東京日記 全』, 한양대학교 국학연구원.

1976

- 「농민의식의 역사적 고찰」, 『대화』 통권 68호(1976년 7월호), 크리스챤아카데미.
- 「개화사의 반성과 정향(定向): 근대민족으로서의 자기 확립을 위하여」, 『월간중앙』 1976년 1월호, 중앙일보사.
- 「開化史の反省と方向」, 『アジア公論』 1976년 4월호, アジア公論社.
- 「민족의 역사, 그 반성과 전망」, 『창작과비평』 통권 41호(1976년 가을호), 창작과비평사.

- 「동학농민전쟁」, 『고시연구』 통권 제33호(1976년 12월호), 대명고시연구회 고시연구사.
- 「수취체제」, 『한국사론』 4, 국사편찬위원회.
- 「해제」, 『한국의 역사인식(하)』, 창작과비평사.

■1977

- 「정약용의 정치 · 경제사상」, 『고시연구』 통권 제35호(1977. 2.), 대명고시연구회 고시연구사.
- 「민족문제의 역사적 고찰을 통해 본 분단의 극복」, 『한대신문』 500, 한양대 한대신문사.
- 「서평: 일제하의 객관적 조건과 주체적 대응(윤병석 · 신용하 · 안병직 편, 『한국근대사론』 1 · 2 · 3, 지식산업사, 1977)」, 『창작과비평』 통권 45호(1977년 가을호), 창작과비평사.

■1978

- 「서평: 역사의 진실과 그것을 보는 눈(강만길, 『분단시대의 역사인식』, 창작과비평사)」, 『창작과비평』 통권 50호(1978년 겨울호), 창작과비평사.
- 「서평: 강만길, 『분단시대의 역사인식』, 창작과비평사, 1978」, 『한대신문』 521, 한양대 한대신문사.
- 「한국의 토지제도」, 『한국의 경제생활』, 국제문화재단.

■1981

- 「백성 의식, 평민 의식, 민중 의식」, 『현상과 인식』 통권 19호, 한국인문사회과학회.
- 「한말 문명 개화 사학의 역사 인식」, 『마당』 통권 3호(11월호), 마당.
- 「한국학의 반성과 전망」, 『한국학연구입문』, 지식산업사.
- 「1. 실학」, 『한국학연구입문』, 지식산업사.
- 「9. 동학과 동학난」, 『한국학연구입문』, 지식산업사.

- 「6. 동학과 농민전쟁」, 『한국사연구입문』, 지식산업사.
- 「전봉준의 변혁사상」, 『마당』 창간호(9월호), 마당.
- 「청일전쟁은 왜 일어났는가?」, 『마당』 통권 2호(10월호), 마당.
- 「실학사상 연구의 쟁점과 과제」, 『월간조선』 통권 20호(1981년 11월), 조선일보사.
- 「개화파 운동의 역사적 의의」, 『대학신문』 1101호, 서울대학교 대학신문사.
- 「서평: 민족사학이 극복해야 할 일(이만열, 『한국 근대 역사학의 이해』, 문학과 지성사, 1981)」, 『월간조선』 통권 14호(1981년 5월), 조선일보사.
- 『한국의 개화사상』(강재언 저, 번역), 비봉출판사.

1982

- 「한말 변혁운동의 정치 · 경제적 성격」, 『한국민족주의론 1』, 창작과비평사.
- 「동학교문과 전봉준의 관계: 교조신원운동과 고부민란을 중심으로」, 『19세기 한국전통사회의 변모와 민중의식』, 고려대학교 민족문화연구소.
- 「한국 토지제도」, 『한국의 경제생활』, 시사영어사.
- 「백성의식 · 평민의식 · 민중의식」, 『역사와 인간』, 두레.
- 「노래는 달라도 뜻은 하나」, 『샘터』 150(1982년 8월호), 샘터사.
- 「왜 민중이 문제되는가」, 『이대학보』 723, 이화여대 이대학보사.
- 「개화와 수구의 갈등기」, 『대학주보』 741, 경희대 대학주보사.
- 「서평: 재만 한인 항일운동의 본격적 연구(박영석, 『한민족독립운동사연구』, 일조각, 1982)」, 『신동아』 통권 215호(1982. 7.). 동아일보사.

1983

- 「실학사상 연구의 쟁점과 과제」, 『한국사상의 심층연구』, 도서출판 宇石.
- 「권두좌담: 공동체에 대한 역사 · 경제학적 전망과 문화운동의 시각」, 『공동체 문화』 제1집, 도서출판 공동체.

• 「『倭使日記』에 대해서」, 『한국학 문헌연구의 현황과 전망』, 아세아문화사.
• 「동학(하) 사상」, 『대학신문』 1139호, 서울대학교 대학신문사.

■1984

• 「조선후기 농민 봉기의 정치의식」, 『한국인의 생활의식과 민중예술』, 성균관대학교 대동문화연구원.
• 「조선후기 농민 봉기의 정치의식」, 『대동문화연구총서』 제2집, 성균관대학교 대동문화연구원.
• 「분단 · 통일, 그리고 민주주의」, 『월간 정경문화』 통권 231호(1984. 5.)」, 경향신문사.
• 「좌담회: 조선후기의 사회변동」, 『한국사회연구 2』, 한길사.
• 「서평좌담: 한국 근현대사를 어떻게 쓸 것인가」, 『신동아』 통권 300호(1984. 9.), 동아일보사.
• 「백성 의식 · 평민 의식 · 민중 의식」, 『한국민중론』, 한국신학연구소 편.
• 「한국사연구 반세기: 근세사(조선후기)」, 『진단학보』 제57호, 진단학회.
• 「서평: 분단극복과 역사학의 과제(강만길, 『한국근대사』 · 『한국현대사』, 창작과비평사, 1984)」, 『오늘의 책』 3(1984 가을호), 한길사.
• 『세계사연표』, 역민사.

■1985

• 「한말의 역사인식」, 『한국사학사의 연구』, 을유문화사.
• 「농민의식의 역사적 고찰」, 『한국농업의 구조와 농촌현실』, 문학예술사.
• 「전통사회에서의 정치적 갈등과 그 해결」, 『변동사회와 한국인의 갈등』, 문학예술사.
• 「고부민란의 연구(上)」, 『한국사연구』 제48호, 한국사연구회.
• 「고부민란의 연구(下)」, 『한국사연구』 제49호, 한국사연구회.
• 「책머리에」, 『한국민족주의론 3』, 창작과비평사.

• 『한국의 역사』, 금성출판사.
• WHAT IS SOCIAL SCIENCE?, *HANYANG JOURNAL*, 한양대학교 영자신문사.

■1986

• 「실학사상 연구의 쟁점과 과제」, 『(증보판) 한국사상의 심층연구』, 우석.
• 「露日戰爭에 대한 한국인의 대응」, 『露日전쟁전후 일본의 한국침략』, 일조각.
• 「동학사상의 사회의식」, 『한국학논집』 9권, 한양대학교 동아시아문화연구소(구 한국학연구소).
• 「실학사상의 내용과 성격」, 『방통대학보』 514, 한국방송통신대학 방통대학보사.
• 「1894년 농민전쟁의 재음미」, 『서울여대』 제16호, 서울여자대학교지편집실.

■1987

• 「갑오농민전쟁과 갑오개혁」, 『(제2판) 한국사연구입문』, 지식산업사.
• 「유물사관과 한국사학: 『한국민중사』(풀빛) 사건 증언기록」, 『역사비평』 통권 1호(1997년 겨울호), 역사비평사.
• 「회고와 전망(1984-1986): 한국사학계 - 최근세」, 『역사학보』 제116집, 역사학회.
• 「서평: '민중'과 민중의 생활상에 대한 탐구(강만길, 『일제시대 빈민생활사연구』, 창작과비평사, 1987)」, 『신동아』 335(1987년 8월호), 동아일보사.

■1988

• 「한말 신채호의 역사의식」, 『손보기박사정년기념한국사학논총』, 지식산업사.
• 「학문과 사상의 자유를 생각한다」, 『사회와 사상』 1(1988년 창간호),

한길사.

- 「나의 존재를 바로 인식해가는 기초 작업」, 『교보문고』 1988년 11 · 12월 합병호.
- 「질의토론: 현대한국 사학의 동향과 과제(이세영)」, 『80년대 한국인문사회과학의 현 단계와 전망』, 역사비평사.
- 「서평: 신용하, 『한국근대민족운동사연구』, 일조각, 1986」, 『출판저널』 23, (재)한국출판금고.
- 『(개역판) 역주 목민심서』(공저), 창작과비평사.

1989

- 「한국사(학)에서의 민중 인식」, 『리영희선생화갑기념문집』, 두레.
- 「한국사(학)에서의 민중 인식」, 『한국민족민중운동연구』, 두레.
- 「한국에서 민중사학의 성립 · 전개과정」, 『한국민중론의 현 단계』, 돌베개.
- 「한말의 민족적 위기와 국내 정치세력의 대응」, 『민족혼』 제3집, 바람과 물결.
- 《La “Grande Peur” de 1789 et la guerre paysanne de 1894 en Corée》, *L'Image de la Révolution Française Volume 3*, Pergamon Press(Paris).
- 「서평: 이태진, 『조선유교사회사론』, 지식산업사, 1989」, 『출판저널』 49, (재)한국출판금고.

1990

- 「실학의 역사관: 이익과 정약용을 중심으로」, 『다산의 정치 · 경제사상』, 창작과비평사.
- 「애국계몽사상의 역사의식」, 『국사관논총』 제15집, 국사편찬위원회.
- 「좌담: 1890년대와 1990년대, 두개의 세기말(김영호, 이기탁, 정창렬)」, 『언론과 비평』 8(1990년 1월호).
- 「좌담: 90년대의 사상과 이념을 어떻게 바로 세울것인가(반성완, 정운

영, 김홍명, 정창렬)」,『사회와 사상』 19(1990년 3월호).

- 「토론요지」,『광주5월민중항쟁』, 풀빛.

1991

- 「갑오농민전쟁연구: 전봉준의 사상과 행동을 중심으로」, 연세대 대학원 사학과 박사학위논문.
- 「갑오농민전쟁에서 농민군의 변혁 사상」,『한국학논집』 제18집, 계명대학교 한국학연구원.
- 「동학농민전쟁과 프랑스 혁명의 한 비교」,『프랑스 혁명과 한국』, 일월서각.
- 「남북한에서의 갑오농민전쟁 인식」,『국제학술심포지움: 동아시아에서의 사회와 경제』, 오사카경제법과대학.
- 「실학의 역사발전인식: 이익과 정약용을 중심으로」,『제4회 동양학 국제학술회의 논문집』, 성균관대학교 대동문화연구원.
- 「해제: 자료소개」,『한국학논집』 제19집, 한양대학교 동아시아문화연구소(구 한국학연구소).

1992

- 「1940년대 손진태의 신민족주의사관」,『한국학논집』 제21 · 22합집, 한양대학교 동아시아문화연구소(구 한국학연구소).
- 「갑오농민전쟁의 전주화약과 집강소에 대한 연구사적 검토」,『수촌박영석교수화갑기념한국사학논총 (하)』, 탐구당.
- 「역사문제연구소 · 역사비평사 주최 대토론: 한국민족은 언제 형성되었나」,『역사비평』 통권 21호(1992년 겨울호), 역사비평사.
- 「한국사연구회 창립 25주년 기념 좌담회」,『한국사연구』 제79호, 한국사연구회.
- 「서평: 한국자본주의역사의 관점에서 본 농업사(김용섭,『한국근현대농업사연구』, 일조각, 1992)」,『신동아』 391(1992년 4월호), 동아일보사.

■1993

- 「한국사 강의(녹음자료) : 개항기의 정치경제를 어떻게 볼 것인가」, 한길사.

■1994

- 「근대국민국가 인식과 내셔널리즘의 성립과정」, 『한국사 11 : 근대민족의 형성 1』, 한길사.
- 「갑오농민전쟁과 갑오개혁의 관계」, 『인문논총』 제5집, 아주대학교 인문과학연구소.
- 「손진태」, 『한국의 역사가와 역사학 (하)』, 창작과비평사.
- 「동학농민전쟁인가 갑오농민전쟁인가」, 『근현대사강좌』 통권 제5호, 한울.
- 「좌담: 1894년을 다시 본다」, 『창작과비평』 통권 83호(1994년 봄호), 창작과비평사.

■1996

- 「근대화의 길목에서」, 『사학연금』 141(1996년 1월호), 사립학교교원연금관리공단.

■1997

- 「20세기 전반기 민족문제와 역사의식 - 신채호를 중심으로」, 『한국사 인식과 역사이론』, 지식산업사.
- 「발문(跋文)」, 『한국근현대의 민족문제와 신국가건설』, 지식산업사.

■1998

- 「20세기 전반기 한국에서의 우승주의와 민족적 정체성」, 『민족문화논총』 제18 · 19합집, 영남대학교 민족문화연구소.
- 「한국 사회경제사와 실학」, 『한중실학사연구』, 민음사.

- 「종합토론: 세계화시대의 민족과 문화」, 『민족문화논총』 제18 · 19합집, 영남대학교 민족문화연구소.

■ 1999

- 「개요」, 『한국사 39: 제국주의의 침투와 동학농민전쟁』, 국사편찬위원회.
- 「집강소의 설치와 폐정개혁」, 『한국사 39: 제국주의의 침투와 동학농민전쟁』, 국사편찬위원회.
- 「3. 동학농민전쟁의 역사적 의의」, 『한국사 39: 제국주의의 침투와 동학농민전쟁』, 국사편찬위원회.

■ 2000

- 「'50년 외길' 송암(松巖) 김용섭의 학문세계」, 『경향신문』 2000년 8월 17일자, 경향신문사.
- 「동학농민전쟁의 지도자 전봉준」, 『내일을 여는 역사』 제2호, 신서원.
- 「종합토론: 국제화시대 한국 민족주의의 성찰과 전망」, 『한국독립운동사연구』 제15집, 독립기념관 한국독립운동사연구소.

■ 2001

- 「역사인식의 주체와 역사인식」, 『내일을 여는 역사』, 제5호, 신서원.
- 「이익」, 『한국사 시민강좌』 제29집, 일조각.

■ 2002

- 「'동학농민혁명' 연구의 어제, 오늘 그리고 내일」, 『동학농민혁명의 동아시아사적 의미』, 서경문화사.
- 「이익의 역사이론에 관한 연구」, 『한국학논집』 제36집, 한양대학교 동아시아문화연구소(구 한국학연구소).

2003

- 「이익의 대외인식」, 『경기실학의 새로운 탐구 : 한국실학학회 · 경기문화재단 공동주최 2003년 동계학술대회 발표논문집』, 한국실학학회.
- 「정약용(1762-1836)의 경제사상」, 『다산사상논총』, 남양주문화원.

2004

- 「『화영일록』에 대하여」, 『화영일록』, 경기도박물관.

2005

- 「러일전쟁의 한일관계: 일본 · 한국정부 · 한국민중의 관계」, 『일본의 한국침략과 주권 침탈』, 경인문화사.
- 「을사조약 · 한국병합 조약의 유무효론과 역사인식」, 『한일역사공동연구보고서』 제4권, 한일역사공동연구위원회.
- 「역사에세이 : 있는 그대로의 사실(事實)」, 『내일을 여는 역사』 제21호, 서해문집.

2006

- 「실학의 세계관과 역사인식」, 『한국실학사상연구 1』, 혜안.
- 「백성 · 평민 · 민중: 역사용어 바로 쓰기」, 『역사비평』 통권 74호(2006년 봄호), 역사비평사.
- 「백성, 평민, 민중」, 『역사용어 바로쓰기』, 역사비평사.
- 「제6장 한국근현대사 연구 60년의 성과와 과제」, 『한국의 학술연구: 역사학』, 인문 · 사회과학편 제7집, 대한민국학술원.

일러두기

1. 『정창렬 저작집』은 정창렬 선생의 저작물 140여 건 가운데 36건을 선별하여 수록한 것이다.

2. 선별 원칙은 다음과 같다.
   - 저작물 중 연구사적 의의가 있다고 판단되는 글은 모두 수록하였다.
   - 개고 또는 단행본 수록 등으로 상당 부분 중복된 경우에는 최종본을 수록하였고, 출전을 해당 논문의 맨 뒤에 적시하였다.
   - 연구사, 해제, 서평, 번역, 좌담, 개설적 성격의 글들은 특별한 의미가 있다고 판단되는 경우가 아니면 제외하였다.

3. 선별된 36건의 저작물은 총 3권에 다음과 같은 주제로 분류하였다.
   - Ⅰ권 갑오농민전쟁(박사학위논문 외 4건)
   - Ⅱ권 민중의 성장과 실학(제1부 조선후기 민중의 성장 10건, 제2부 조선 후기의 실학 5건)
   - Ⅲ권 민족 문제와 역사 인식(제1부 한국 근대의 민족 문제 6건, 제2부 한국 근대의 역사인식 10건)

4. 각 주제에 대해 전문 연구자의 간단한 해제를 덧붙였다.

5. 수록된 저작물은 저자가 발표한 원문 그대로 수록하는 것을 원칙으로 하였다. 다만, 다음과 같은 경우에는 일부 수정하였다.
   - 각 저작들의 다양한 목차 체제와 각주 표기 방식 등은 체제 통일을 위해 수정하였다.
   - 한글 표기를 우선으로 하되 본문의 고유명사나 뜻이 어려운 용어의 경우 한자를 병기하였고, 인용문이나 각주의 경우에는 국한문을 혼용하였다.
   - 띄어쓰기와 맞춤법은 가능한 한 현행 맞춤법에 따라 고쳤다.
   - 오자·오식이 분명한 경우 이를 바로잡았다.

6. 기타 사항은 일반적인 논문 작성 원칙에 따랐다.

차례

정창렬 저작집 II - 민중의 성장과 실학

정창렬 저작집III - 민족 문제와 역사 인식

∝해　제∞

배항섭(성균관대 HK교수)

1. 들어가는 말

이 책은 정창렬 선생의 연구 가운데 갑오농민전쟁(이하 농민전쟁)에 관한 글들을 모은 것이다. 1990년대와 2000년대에 걸쳐 발표된 것들이다. 물론 농민전쟁에 관한 선생의 모든 글이 이 책에 실린 것은 아니다. 농민전쟁에 관한 선생의 연구는 1970년대부터 시작되었다. 본격적인 연구는 1975년 중앙대학교에서 발간된 『한국문화사신론』에 실린 「한국민중운동사」가 처음일 것이다. 1980년대에 들어서는 더욱 왕성하게 연구성과를 발표하였다. 그 가운데 대표적인 것으로는 「백성의식 · 평민의식 · 민중의식」(『현상과 인식』 5-4, 1981), 「한말 변혁운동의 정치 · 경제적 성격」(『한국민족주의론 I』, 창작과비평사, 1982), 「동학교문과 전봉준의 관계」(1982), 「고부민란의 연구」 상 · 하(『한국사연구』 48 · 49, 1985) 등을 들 수 있다.

이러한 연구를 발표하면서 선생은 한국사학계에서 농민전쟁 연구를 대표하는 연구자로 자리매김 되었다. 그것은 한국학계의 대표적 입문서인 『한국사연구입문』(1981), 『한국사연구입문』(제2판)(1987), 『한국학연구입문』(1981) 등에서 농민전쟁 관련 부분을 선생이 집필하고 있는 데서도 알 수 있다. 그 이후 2000년대까지 꾸준히 제출한 연구성과를 통해 선생이 밝혀낸 중요한 사실관계, 그리고 연구에 임하는 핵심적 문제의식 등은 농민전쟁 연구에 관한 한국학계의 수준을 진전시켜나가는 데 중요한 자양분이 되었음은 물론이다.

조선후기사부터 시작하여 근대사로 확장해 간 선생의 연구는 내용면에서는 물론이고, 다루는 시기 면에서도 그 시야가 매우 넓다. 따라서 농민전쟁에 관한 내용도 농민전쟁만을 다루는 것이 아니라 조선후기부터 근대, 길게는 한국사 전반에 걸친 논의 가운데 포함된 경우가 적지 않았다. 따라서 농민전쟁을 다루었지만, 이 책에 실리지 않은 글들 가운데는 제2권(『민중의 성장과 실학』)에 게재된 것도 많다. 또 농민전쟁을 중점적으로 다룬 1980년대의 글 중에도 그 핵심 내용이 박사학위논문인 「갑오농민전쟁연구」(1991)에 포함되었기 때문에 실리지 않는 것도 있다.

농민전쟁에 대한 선생의 연구는 방대할 뿐만 아니라 다양한 쟁점과 관련하여 중요한 의미를 가지는 연구성과가 매우 많지만, 이글에서 다룰 수 있는 내용은 한정될 수밖에 없다. 따라서 이 글에서는 선생의 연구시각, 곧 세계사적 '보편성'을 전제로 하면서도 한국사의 전개과정이 가진 독자성을 중요하게 고려한 연구시각에 초점을 맞추어 선생의 연구성과를 소개하고자 한다. 먼저 농민전쟁에 관한 선생의 연구 내용과 연구사적 의의를 크게 "동학사상과 농민전쟁의 관계", "농민전쟁의 지향과 성격" 두 가지로 나누어 살펴보고자 한다. 마지막으로 선생의 연구에서 보이는 중요한 문제의식들 가운데 앞으로 계승·발전시켜 나가야 할 점들을 필자 나름대로 정리해 보고자 한다.

2. 동학사상과 농민전쟁 관계

정창렬 선생이 지속적으로 관심을 가진 주제 가운데 하나는 농민전쟁과 동학사상의 관계였다. 동학사상과 농민전쟁의 관계는 농민전쟁을 이해하는 데 관건이 되는 문제이기 때문에 많은 연구자들이 이에 대한 견해를 밝혀왔다. 이에 관한 학계의 견해는 크게 다음의 4가지로 나눌 수 있다. ①동학의 사상과 조직이 모두 농민전쟁의 필수적인 조건이 되었다고 주장하는 '동학사상=지도이념론', ②동학의 교리는 농민전쟁의 지도원리가 될 수 없었지만, 시대적 조건 속에서 종교인 동학의 사상과 조직이 없었다면 농민전쟁이 불가능하였다는 입장으로, 엥겔스가 『독일농민전쟁』에서 제기한 견해를 수용한 '종교적 외피론', ③동학사상이 그대로 농민전쟁의 사상적 기반이 된 것은 아니었지만, 내면적 · 유기적인 관련을 가진다고 이해하는 '유기적 관련론', ④동학사상과 농민전쟁의 관련을 부정하는 '단절론' 등이 그것이다.

이 가운데 정창렬 선생은 '유기적 관련론'을 대표한다고 할 수 있으며, 이에 대한 체계적인 논리를 선구적으로 제시하였다. 동학사상과 농민전쟁의 관계에 대한 최초의 견해는 1982년에 쓴 글에서 제시되었다. 이 글에서 선생은 전봉준의 사상이 "정통 동학교문의 동학사상과는 전연 질을 달리하는 사회개혁사상이었다"고 밝히고 있다. 언뜻 보기에는 '단절론'에 가까운 견해이지만, 동시에 전봉준의 변혁사상이 "정통동학에 대한 그의 독창적인 해석과 재창조"를 바탕으로 하고 있었으며, 그의 사상이 동학사상에 "매개되면서 창조된" 것이라고 하여(1982, 295-296쪽) 동학사상과 전봉준의 변혁사상이 내면적으로 관련되어 있음을 지적하고 있다.

1991년에는 좀 더 진전된 견해를 내어 놓았다. 선생은 동학사상이 내포한 "無爲而化"가 인간의 주체적 · 실천적 행동을 배제하였기 때문에 동학의 사회사상은 "현실적으로 空洞"인 것으로 이해하였다. 또 당시 "자본주의적 관계의 진전이 아직 미약하여 계급관계의 분화가 사회적 결합의 유대로서 등장할 만큼의 수준에까지는 이르지 못하였기 때문에 지역적 고립 · 분산성을 뛰어넘어 변혁역량을 동원할 수 있는 매개체는 동학의 교문조직 이외에서는 발견될 수 없었"다고 하였다. 이는 '종교적 외피론'에 가까운 견해이다. 그러나 동학사상과 농민전쟁의 관련을 완전히 부정한 것은 아니었다. 곧, 동학은 “현존의 질서를 비록 환상적으로나마 총체적으로 부정하고 있었기 때문에 그 사상과 조직이 현실의 변혁을 희원하는 농민들에게 磁鐵이 될 수 있었고”, 동학사상이 “농민들의 현실변혁행동을 원천적으로 저지 · 억압하지는 않았”다고 파악하였다. 결론적으로 “이러한 양면적인 규정에 의하여 동학교문의 조직이 농민군의 외피로 될 수 있었”다고 하여 종교적 ‘외피’라는 표현을 쓰고 있지만(「갑오농민전쟁연구」, 186쪽, 267쪽), 다른 ‘종교적 외피론’과 달리 동학사상과 농민전쟁이 내면적 · 유기적으로 관련되어 있었다는 점을 동시에 지적하고 있음을 알 수 있다.

‘유기적 관련론’에 대한 보다 체계적인 분석은 박사학위논문과 같은 해에 발표된 또 다른 글에서 제시되었다. 선생은 이 글에서 동학은 농민들로 하여금 현실의 모순을, “고을의 울타리를 넘어서는 전국의 일반적 문제”로서, “개별 · 특수의 차원을 넘어서는 농민층 일반의 보편적 문제”로서 인식하게 하는 “사상적 도약대”의 구실을 하였다고 주장하였다. 또 자신들의 사회경제적 요구를 거부하는 국가와 지배계급에게 비판을 제기하면서 저항하는 농민들에게 “행동의 정당성”을 제공해주는 역할을 했다고 지적하였다. 물론 농민전쟁의 사상적 기반은 동학 그 자체가 아니라, 동학사상이 가진 ‘무위이화’를 부정한, 수정된 “농민적 동학사상”이라고 하였다(「동학농민전쟁과 프랑스혁명의 한 비교」, 236-237쪽). 결국 동학사상이 그대로 농민전쟁의 사상적 기반이 된 것은 아니었지만, ‘무위이화’의 극복을 요체로 한, 새롭게 해석된 동학사상, 곧 ‘농민적 동학사상’이 농민들에게 사상적 도약대 역할을 했다는 것이다. 동학사상과 농민전쟁 간의 내면적 관련이 있었다는 이해이다. 이러한 견해는 「동학농민전쟁인가 갑오농민전쟁인가」(1994)에도 이어지고 있다.

이와 같이 선생은 ‘종교적 외피론’에 가까운 견해를 보이면서도 그와 변별되는 '유기적 관련론'을 제시하고 있다. 이 점은 농민전쟁에 대해 매우 짧게 서술한 글이기는 하지만, '종교적 외피론'을 비교적 충실히 수용하였던 1975년의 견해와 대비된다. 이러한 변화는 무엇보다 세계사적 '보편성'을 전제로 하면서도 조선시대의 경험이나 한국사의 전개과정이 가진 독자성을 고려한 데서 촉발된 것이다. 선생은 1981년의 글에서부터 '종교적 외피론'이 16세기 초 독일농민전쟁 당시 독일과 19세기 말 조선의 사회·문화적 조건의 동질성을 전제로 한 이해라고 비판하였다. 우선 조선의 경우 독일과 달리 종교생활이 대중의 생활에 중요한 지위를 차지하지 않았고, 결전, 도결 등 조세의 금납화 과정에 따라 농민생활의 국지적 차이성이 파괴되고 있었다는 점을 지적하고 있다. 또한 '종교적 외피론'은 봉건사회를 근본적으로 지양하는 시민계급이 등장하여 농민전쟁을 지도할 때에만 근대에 이를 수 있다는 점을 전제로 하여, 서구의 고전적 경험을 1890년대 조선에 상정하고 있다고 하였다. 그러나 19세기 후반 조선의 경우 타민족에 의한 억압이라는 조건이 가중되어 있었다는 점을 유의해야 한다고 강조하였다(「동학과 동학란」, 1981, 384-385쪽, 393쪽). 이와 같이 선생은 한국사의 경험이 가진 독자성이라는 점을 중요하게 고려함으로써 서구의 경험을 근거로 형성된 '종교적 외피론'을 벗어나 독자적인 견해를 제시할 수 있었던 것이다.

2. 농민전쟁의 성격과 지향

정창렬 선생의 농민전쟁에 대한 이해는 기본적으로 '농민전쟁론'에 서 있었다. 그것은 "전봉준집단의 사회운동과 사회사상의 성격은 어떠한 사회적 조건에 조응하여 어떻게 농민층의 계급적 이익을 실현하려고 하였는가 하는 것에 기본적으로 규정된다고 할 수 있다"(1982, 295)고 한 데서도 알 수 있다. 그러나 앞서 언급했듯이 서구의 경험에서 형성된 '농민전쟁론'을 그대로 받아들인 것은 아니었다. 한국사 전개과정의 독자성을 고려하였기 때문이다.

그런 생각은 이미 1981년에 쓴 글에서부터 보인다. 선생은 농민전쟁이 반봉건운동으로서만이 아니라 자본주의 침략으로 인한 민족적 위기 속에서 일어난 반침략 운동의 의미를 동시에 가지고 있었다는 점을 주목하였다. 따라서 서구의 농민봉기·농민전쟁과는 그 구조적 조건을 달리한다는 것이다. 또한 한국근현대사 속에서의 위치도 서구의 그것과의 외면적 類比에서 설정할 것이 아니라 봉건적·민족적 위기의 극복과 "민족으로서의 자기 형성이라는 역사적 과제를 해결해 나아가는 과정 속에서의 위치"를 파악할 것을 주장하였다(「동학과 농민전쟁」, 1981, 449쪽).

이러한 견해는 한국이 식민지를 경험하였다는 사실을 매우 깊이 자각하는 속에서 형성된 것이다. 또한 한국근대사의 전개과정에 대한 주체적 이해의 강조, 그리고 식민지 경험이 한국의 근대화 과정을 매우 지난하고 험난하게 만들었으며, 그 지난성·험난성은 오늘날까지도 지속되고 있다는 생각에서 나온 것이다(「갑오농민전쟁연구」, 273쪽). 따라서 선생은 한국근대사의 기본 行程을 근대화 과정으로 볼 것인가, 근대민족으로서의 결집·형성과정으로 볼 것인가의 차이를 매우 중요하게 받아들였다. 우선 근대화 과정으로 받아들일 경우 식민모국 일본과 식민지 한국의 모순관계를 부차적인 것으로 돌리게 되고, 한국주민의 식민지노예로서의 삶의 측면까지도 근대화 과정이라는 색깔에 의해 그 본질이 은폐되어 버린다고 하였다.

반면 근대민족으로서의 결집·형성과정으로 볼 경우 비록 노예적이라 할지라도, 그 삶의 담당자로서의 한국주민이 비로소 한국근대사 行程의 주체로 자리 잡히게 된다고 생각하였다. 나아가 선생은 “역사를 변혁하는 주체로서의 인간이 소외되는 역사학이 아니라 인간이 개재하는 역사학”을 위해서도 한국근대사를 근대화 과정이 아니라 근대민족으로서의 결집 · 형성과정으로 접근해야 한다는 점을 강조하였다. 이러한 인식은 선생이 농민전쟁뿐만 아니라 한국근대사를 바라보는 기본적인 시각이 되었으며, 농민전쟁에 대해서도 특히 한국 주민집단이 근대민족으로 결집 · 형성되어가는 과정이라는 면에서 주목하게 된 계기가 되었다(1982, 257쪽).

따라서 그는 박사학위논문에서도 농민전쟁은 “봉건체제의 극복 · 지양”이라는 “민족 내부의 모순뿐만 아니라 (일본 제국주의의 침략이라는—필자) 민족외부의 모순까지도 그 해결이 역사과제로서 제기되고 있었다는 점”에서 독일농민전쟁과 차이가 난다는 점을 강조하고 있다. 또한 그는 농민전쟁이 “조선민족구성원의 절대다수를 모두 자신의 내포로 포섭할 수 있는 근대민족주의를 확립시키지는 못하였”지만, “봉건제도를 제도 자체로서 개혁하고 정치권력구조를 개혁함으로써 그것을 전국의 차원에서 담보하고, 그럼으로써 국권을 확고하게 지키려는 근대민족주의의 이념을 일단 형성시켰다”고 본다. 이 점에 대해서도 그는 한국의 농민전쟁이 가진 또 다른 독자적 특징으로 지적하고 있다. 곧, “근대민족주의의 확립은 세계사적 통례에서는 농민계층의 몫이 아니라 부르주아의 몫”이었지만, “조선에서는 그것이 부르주아계급보다 농민계층에 의해 보다 본격적으로 시도되고 실천되었다”는 것이다(「갑오농민전쟁연구」, 1991, 272-273쪽). 이와 같이 한국의 농민전쟁이 가지는 독자성에 대한 이해는 같은 해 프랑스혁명과 농민전쟁을 여러 각도에서 비교한 글에서도 잘 드러나고 있다(「동학농민전쟁과 프랑스혁명의 한 비교」, 254-257쪽).

농민전쟁의 지향에 관해서는 1994년에 쓴 「갑오농민전쟁과 갑오개혁의 관계」가 주목된다. 이글에서 선생은 『동학사』에 나오는 〈폐정개혁강령 12

개조〉와 갑오개혁의 의안을 비교 검토하여 농민전쟁과 갑오개혁 간의 상호촉진적·상친적 관계를 확인하였다. 물론 일본군의 침략행위에 대해서는 양자가 서로 상치되었고, 토지문제를 둘러싸고도 합치되지 않는 면이 있었지만, 두 노선의 접합 가능성은 현실적으로 존재하였다고 이해하였다. 일본군의 침략에 대응하는 면에서 서로 상치하였기 때문에 양자의 접합이 현실화하지는 않았지만, 그 모순이 전면적으로 노정되지 않는 동안에는 두 노선이 정면충돌하지 않았고, 갑오개혁도 큰 장애에 부딪히지 않았다고 하였다. 그러나 9월에 들어 개화파와 일본군이 결탁하여 농민군 진압에 본격적으로 나서면서 두 노선의 접합 가능성도 공중분해 되어버렸다고 하였다. 이 글은 개화파와 농민군의 연대 가능성을 모색한 글로 선생의 독자적인 견해이다.

그렇다고 해서 두 노선이 추구하는 지향점이 동일하다고만 이해하는 것은 아니었다. 1991년에 발표한 글에서 선생은 미약한 부르주아계급에 기반을 둔 개화당정권의 개화가 농민군에게는 자본주의화·왜국화·식민지화라고 인식되었으며, 농민군은 식민지화·자본주의화가 아닌 반봉건주의 '근대화'를 지향한 것으로 파악하였다. 결국 농민군의 목표는 반봉건주의·반자본주의·반식민지화를 동시에 충족시키는 '근대화'였다는 견해를 제시한 것이다(「동학농민전쟁과 프랑스 혁명의 한 비교」, 1991, 253-254쪽). 2001년에 개최된 한 국제학술대회의 기조강연에서 이러한 생각은 한층 분명히 재확인되고 있다. 선생은 농민전쟁의 지향에 대한 종래의 연구 경향을 크게 근대지향성의 존재 여부에 초점을 둔 연구와 근대극복의 내재적 계기까지 찾아보려는 연구로 대별하였다. 그러면서 오늘날 지구촌 차원에서 전개되고 있는 생태계의 파괴, 빈부의 양극화 현상, 인류의 존속 그 자체가 회의되는 상황 등을 고려할 때, 앞으로의 연구가 나아갈 방향은 근대지향이 아니라 반근대 지향, 곧 근대극복의 계기까지 동시에 포착하려는 연구가 보다 적절할 것이라고 하였다(2002). 이러한 견해 역시 한국학계에서는 선생이 최초로 제시한 것으로 앞으로의 연구에 중요한 시사점을 주고 있다.

3. 농민전쟁연구의 방향

여기서는 정창렬 선생이 그 동안의 연구를 통해 단서를 제시하였으나, 미처 다 펼치지 못한 문제의식들 가운데 몇 가지 점을 중점적으로 검토하면서, 그것을 계승하고 진전시켜 나갈 향후의 연구방향에 대해 필자 나름대로의 견해를 밝혀보고자 한다.

우선 민중의식에 대한 문제이다. 선생은 일찍이 1862년의 임술민란에 대해 그것이 국가·국왕에게 민본이데올로기에 명실상부한 내용 실체를 담아줄 것을 요구한 운동이었다고 지적함으로써 민중의식을 새로운 시각에서 파악할 수 있는 단서를 제시하였다(「조선후기 농민봉기의 정치의식」, 1984). 그 동안 민중의식에 대한 연구는 주로 계급=계급의식이라는 맥락, 곧 사회경제구조에 대한 분석결과를 그대로 민중의식으로 연결하는 이른바 토대반영론적 시각이나, 수탈에 대한 저항이라는 논리 속에서 파악되어 왔다. 임술민란과 관련해서는 더 이상 진전된 연구를 제출하지 않았지만, 그러한 문제의식이 그 이후의 농민전쟁 연구 곳곳에 투영되어 있음을 확인할 수 있다.

선생은 박사학위 논문에서 집강소 시기인 1894년 6월 순창에 있던 전봉준이 일본 낭인집단인 天佑俠에 보낸 글에서 "'심하도다. 유교의 도가 행하여지지 않는 것이'라면서 '民惟邦本 本固邦寧' 이념을 재차 강조하고 있다"는 점을 들어 농민군이 추구한 새로운 질서는 '유교의 본래적인 道'가

행하여지는 세계를 의미하는 것이 아닌가 생각된다고 하였다(「갑오농민전쟁연구」, 210쪽). 또한 전봉준이 동학사상을 '敬天守心'의 도로서 파악하고, 보국안민을 동학의 사회적 · 정치적 목적으로 파악하였다는 점을 지적하였다. 내면적 윤리(守心敬天)와 변혁의 사회적 · 정치적 원칙(輔國安民)의 이러한 유기적 적합관계는 전봉준이 창조한 것으로 이는 동학의 '無爲而化'를 철저히 부정하였기 때문에 가능한 것이라고 하였다. 그러면서 "그러나 '마음을 바로 한 자들의 협동일치 일치단결의 요지'가 敬天守心에 어떻게 내포되어 있는가에 대해서"는 향후의 과제로 남겨두고 있다(1982, 294).

그 이후 동학사상에 대한 본격적인 연구를 발표하기도 했지만(「동학사상의 사회의식」, 『한국학논집』 9, 1986), 농민군이 추구한 새로운 질서가 유학과 어떤 관련을 가지는 지, 전봉준이 말한 바 '경천수심'과 '보국안민'이 어떻게 연결되는 지에 대한 글을 미처 발표하지 못하고 운명을 달리하고 말았다. 많은 생각들이 정리되어 있었을 것으로 보이지만, 참으로 아쉬운 마음을 금할 수 없다.

마지막으로 선생은 반드시 농민전쟁에만 국한된 것이 아니라, 근대사 연구 전체와 관련되는 중요한 문제의식을 제시한 바 있다. 선생은 "식민주의적 사관에서 벗어나 자율적 · 내재적 발전의 시각에서 주체적으로 파악하기 위해서"라는 단서를 달았지만, "봉건사회 다음에는 근대자본주의 사회가 반드시 온다고 하는 일종의 진화론의 시각에 구애되는 한에서는, 한국근대사회의 민족적 성격이 정면으로 파헤쳐지지 않는다는 것이 더욱 깊이 있게 문제되고 검토되어야 하리라고 생각된다"고 하였다(1987, 444쪽). 진화론적 역사인식에 대한 본격적인 문제제기이지만, 역시 이러한 문제의식을 더 이상 진전시키지는 못하고 말았다.

이상의 문제의식들은 평생을 농민전쟁 연구에 매진하며 연구를 선도해

나간 정창렬 선생이 치열한 고민을 통해 도달한 화두이자 과제라고 생각한다. 선생의 연구를 디딤돌 삼아 농민전쟁 연구는 물론 근대사연구를 한 단계 진전시키기 위해서도 반드시 해명되어야 할 중요한 의미를 가진 과제이자 향후의 연구방향과 관련하여 중요한 시사점을 주는 것이라 생각된다.

4. 글을 마치며

정창렬 선생은 많은 자료를 발굴·섭렵하여 농민전쟁과 관련된 구체적 사실관계를 새롭게 밝히거나 교정함으로써 농민전쟁 연구를 크게 진전시켜 왔다. 뿐만 아니라, 농민전쟁의 중요한 쟁점이 되는 부분들에 대해 선구적인 견해들을 제시함으로써 후배 연구자들에게 중요한 이정표 역할을 하였다. 최근 들어 농민전쟁과 관련된 많은 자료들이 새로 발굴되었고, 그것을 통해 사실관계가 새롭게 밝혀지기도 했다. 또한 민중운동에 대한 새로운 접근 방법이 소개되면서 농민전쟁을 바라보는 시각에도 변화가 생기고 있다. 그러나 선생이 온축해 놓은 성과와 고민들이 앞으로의 연구에 중요한 길잡이가 될 것이라는 점에 대해서는 누구도 부인하지 못할 것이다.

선생의 연구를 짧게 소개하였지만, 선생의 깊이 있는 연구 성과를 제대로 이해하지 못한 점이 적지 않을 듯하여 걱정이 앞선다. 다만 농민전쟁을 전공하는 후학으로서 평소에도 선생의 글을 통해 많은 것을 배웠음은 물론이고, 박사학위논문의 심사위원으로 모셔서 큰 가르침을 받은 바 있다. 그 인연으로 용기를 내어 감당키 어려운 글을 쓰게 되었음을 핑계 삼아 밝혀둔다. 마침 농민전쟁 120주년을 맞이하여 선생의 저작집을 발간하게 된 사실은 매우 반갑고 뜻 깊은 일이라 아니할 수 없다. 이번에 발간되는 저작집이 침체된 농민전쟁에 대한 관심을 제고하고 연구 수준을 한 단계 진전시키는 데 커다란 역할을 할 것으로 기대된다.

〈참고문헌〉

1. 「한국민중운동사」, 중앙문화연구원 편, 『한국문화사신론』, 중앙대학교출판부, 1975.
2. 「동학과 농민전쟁」, 한국사연구회 편, 『한국사연구입문』, 지식산업사, 1981.
3. 「동학과 동학란」, 이가원 외 편, 『한국학연구입문』, 지식산업사, 1981.
4. 「동학교문과 전봉준의 관계」, 진덕규 외, 『19세기 한국전통사회의 변모와 민중의식』, 고대민족문화연구소, 1982.
5. 「조선후기 농민봉기의 정치의식」, 『한국인의 생활의식과 민중예술』, 성균관대출판부, 1984.
6. 「갑오농민전쟁과 갑오개혁, 한국사연구회 편, 『한국사연구입문(제2판)』, 지식산업사, 1987.
7. 「갑오농민전쟁연구 : 전봉준의 사상과 행동을 중심으로」, 연세대박사학위논문, 1991.
8. 「동학농민전쟁과 프랑스 혁명의 한 비교」, 『프랑스 혁명과 한국』, 일월서각, 1991.
9. 「갑오농민전쟁과 갑오개혁의 관계」, 『인문논총』 5, 아주대 인문과학연구소, 1994.
10. 「동학농민전쟁인가 갑오농민전쟁인가」, 『근현대사강좌』 5, 한국현대사연구회, 1994.
11. 「'동학농민혁명' 연구의 어제, 오늘 그리고 내일」, 『동학농민혁명의 동아시아사적 의미』, 서경문화사, 2002.

정창렬 저작집 I

갑오농민전쟁연구

갑오농민전쟁연구

—전봉준의 사상과 행동을 중심으로

1. 서론

1876년의 개항 이후 조선의 객관적 조건은 크게 달라지게 되었다. 개항 이전의 조선역사는 바깥의 영향 특히 동아시아 국제질서의 규정을 크게 받고 있었지만, 그러나 그 규정은 어디까지나 부차적인 것이었고, 본질적으로는 조선사회 내부모순의 갈등 · 대립에 의하여 전개된 자기완결의 역사였다.

그러나 개항 이후의 역사는 세계자본주의 체제에 연계되고 종속된 것이었기 때문에 종래의 자기완결성을 상실하지 않을 수 없었다. 개항 자체는 일본에 대한 것으로서, 일방적인 치외법권의 설정, 일방적인 영토주권의 침해, 일방적인 영해주권의 침해, 관세자주권 · 관세의 전면적 부정, 일본화폐의 유통권과 조선화폐의 운출권(運出權) 등을 자유무역의 이름 밑에서 강요한 불평등조약이었다는 점에서 일본에 대한 종속이었다.

그러나 그 자유무역의 내용구성이 1882년까지만 보더라도 조선에의 수

입품의 88.3%는 유럽 · 미국의 제품이었고, 그 유럽 · 미국 제품의 78.2%가 직물이었으며, 일본제품은 11.7%에 불과하였다. 조선으로부터의 수출품은 쌀(30%), 콩(10.9%), 금(19%) 등이었다.

위와 같은 무역의 담당자로서의 일본은 유럽 · 미국의 산업자본을 위하여 그 시장을 개척해 준 셈이며, 스스로는 중개무역을 조선인민에게 사기와 폭력의 방법으로서 전개함으로써, 그리고 조선의 쌀을 싼 값으로 사가서 일본 노동자의 저임금을 위한 식량으로 삼고 자국의 쌀을 국제시장에 높은 값으로 파는 쌀의 이중교역을 전개함으로써,[1] 자본의 본원적 축적을 수행하였다.

이와 같이 일본에 의한 한국의 개항은, 구미 선진자본주의를 중심국으로 하는 세계자본주의 체제에의 일본을 매개로 한 종속이었다. 때문에 1875년의 강화도사건 후 일본이 한국에 전권(全權)을 파견하는 것을 일본 주재의 미국 · 영국 · 프랑스 · 러시아 공사 등이 지지하였으며,[2] 주일미국공사 빙엄(J. Bingham)은 부전권(副全權)으로서 한국에 가는 이노우에 가오루(井上馨)에게 테일러(B. Taylor)가 지은 『페리의 일본원정소사』를 기증함으로써 미국에 의한 일본의 강제개국을 참고할 것을 시사하였다.[3] 이러한 점에서도 일본의 조선에 대한 침략성과 구미 선진자본주의에 대한 종속성이라는 양면성이 잘 드러나고 있다.

일본을 매개로 한 세계자본주의 체제의 조선에 대한 규정 · 강요의 질은, 외견상 자기와 닮은 모습으로 조선이 변혁될 것을 강제하는 것이었다. 이러한 '변혁의 강제'가 개항 이후 조선이 부닥치게 된 가장 중요한 역사적 조건이었다. 그것은 피하려야 피할 수 없는 객관적 조건이었다.

---

1) 김경태, 1972, 「대일불평등조약 개정문제 발생의 일 전제」, 『이대사원』, 10, 51~52쪽.

2) 『일본외교문서(日本外交文書)(한국편)』 1, 1981, 태동문화사, 708~713쪽 참조.

3) 渡邊勝美, 1937, 『조선개국외교사』, 282쪽.

더욱 중요한 것은 이 객관적인 조건은 객관적이란 말 그대로 한국사의 밖에 외재하는 것이었지만, 근대자본주의 침략의 본질적인 성격으로 말미암아 외재적인 동시에 한국사에 내재화하는 내재적 조건으로도 되어버린다는 점이다.[4)]

그러나 그 객관적 조건이 아무런 매개 없이 조선사회에 내재화하는 것은 아니었다. 조선사회 내부모순의 전개에 매개되어서 조선사회에 내재화한다.

세계자본주의 체제가 일본을 매개로 하여 조선에 강제하는 변혁은, 근대국가 · 근대사회로의 전환이었다.[5)] 그러나 이러한 전환의 문제가 개항 이후 평지돌출식으로 갑자기 제기된 것은 아니었다. 조선왕조 후기 이래, 특히 18, 19세기 이래로, 근대국가 · 근대사회로의 전환의 문제는 이미 객관적으로는 역사행정(歷史行程)에 올라 있었다고 할 수 있다. 다만 당시의 조선인들이 그것을 '근대국가', '근대사회'로 자각 · 의식화하고 있지 못했을 뿐이었다.[6)]

개항 이후에는 조선사회가 세계자본주의 체제에 편입되어 바깥으로부터도 '근대국가', '근대사회'로의 전환이 강제됨으로써, 조선인들이 그 전환의 문제를 자각 · 의식화하였다고 생각된다. 개화사상(開化思想), 척사위정사상(斥邪衛正思想), 동학사상(東學思想)이 모두, 일찍 경험해보지 못한 낯선 세계질서 속에서의 '민족으로서의 자기 보존'을 명백하게 의식하고, 그것을 목적으로 하여 정치적 · 사회적 · 사상적으로 행동하고 실천하였다

4) 田中正俊, 1973, 『중국근대경제사연구서설』, 동경대출판회, 1~76쪽 참조.

5) 김용섭, 1984, 「한말 고종조의 토지개혁론」, 『한국근대농업사연구』 하, 일조각, 3쪽; 김용섭, 1988, 「근대화과정에서의 농업개혁의 두 방향」, 『한국자본주의성격논쟁』, 대왕사, 168쪽.

6) 조선 후기의 사회경제적 변화, 실학의 대두, 그리고 민란의 전개 등이 그 반영이라고 생각된다.

는 사실이, 위의 자각 · 의식화의 반영이었다.[7] 따라서 조선의 '근대국가 · 근대사회로의 전환'을 위한 행동과 실천 그리고 사상적 영위도, "개항 이전에 있었던 개혁론의 전통 위에서 전개되는 것일 수밖에 없었"고,[8] 따라서 개항 이후에도 '근대국가 · 근대사회로의 전환'은 크게 두 흐름의 방향에서 시도되고 실천되었다.[9]

하나는 지주전호제(地主佃戶制)의 존속을 전제로 하지만 신분제도와 부세제도(賦稅制度)는 크게 개혁함으로써 위의 전환을 이룩하려는 흐름이었고, 다른 하나는 신분제도, 부세제도의 커다란 개혁에서 그치지 않고 한 걸음 더 나아가서 지주전호제 자체도 개혁함으로써 위의 전환을 이룩하려는 흐름이었다. 이러한 두 흐름의 운동이 서로 내면적으로는 깊이 유착되면서도 갈등과 대립의 관계에서 전면적으로 역사 무대에 등장한 사건이 갑오농민전쟁(甲午農民戰爭)과 갑오개혁(甲午改革)이었다.

밑으로부터의 힘에 의하여 추진된 갑오농민전쟁과 위로부터의 길에 의하여 추진된 갑오개혁은, 세계사적 통례로 보아서도 그렇지만, 당시 조선의 객관적 조건 속에서도 상호보완과 연합의 가능성이 현실적으로 존재하였다고 생각된다. 그러나 그 현실적 가능성은 가능성으로서만 남게 되고 실현되지는 않았다. 이러한 시각에서의 연구가 종래에는 희박하였다고 보인다. 이 연구에서는 이러한 시각에서의 접근을 시도하려고 한다.

종래의 갑오농민전쟁 연구는 크게 보아 그 경향을 세 단계로 나누어 볼 수 있다고 생각된다. 첫 단계는, 동학교문(東學敎門) 그 자체에만 초점을 맞추는 연구였다고 보인다. 예컨대 저급한 유사종교단체인 동학교문에

7) 정창렬, 1982, 「한말 변혁운동의 정치 · 경제적 성격」, 『한국민족주의론 Ⅰ』, 창작과비평사 참조.

8) 김용섭, 1988, 앞의 글, 168쪽.

9) 김용섭, 1984, 앞의 글, 3~11쪽; 김용섭, 1988, 위의 글, 168쪽.

의하여 전개된 반란으로 인식되거나,[10] 그 자체로서 혁명사상이며 민족주의 사상인 동학사상과 동학교문조직의 주도에 의한 동학혁명으로 인식되었다.[11]

둘째 단계에서는 동학의 교리가 직접 그대로 농민전쟁의 지도 원리로 되지는 않았으나, 동학사상이 농민전쟁의 이념의 바탕을 이루었다고 보는 견해, 즉 동학사상과 농민전쟁을 유기적 내면적 결합의 관계에서 보는 연구가 많았다. 이러한 연구들에서는 동학사상과 농민전쟁의 관계의 구조 해명이 연구의 초점이 되었다. 이 연구들에서 1894년의 동란은 봉건체제 해체기의 농민전쟁으로, 동학은 그 농민전쟁에 조직과 사상을 제공한 것으로 정립되었다고 할 수 있다.[12]

동학이 농민전쟁에 조직을 제공한 것은 역사적 사실이었다. 그러나 동학이 동학 그 자체로서 농민전쟁의 이념이 되지는 않았으나 농민전쟁에 사상을 제공하였다는 논리는 불분명한 측면이 많다고 생각된다. 동학사상이 그 내용면에서 농민전쟁의 지도이념이나 사상이 될 수 있는 가능성이 있었는지의 여부의 문제를 검토하기 위하여 필자는 제2장에서 동학사상의 내용을 검토하기로 한다. 그러한 검토를 통하여 필자는, 동학사상은 원천적으로 농민전쟁의 지도이념이 될 수 없는 정치적 공동성(空洞性)의 사상이라는 것을 밝히고자 한다.

1980년대 이후 셋째 단계에서는 농민전쟁의 계급적 성격에 관심이 크게 기울여졌다. 국내적 조건 그리고 국외적 조건에서 강제되어 조선사회

---

10) 田保橋潔, 1940, 『근대일선관계의 연구』 상 · 하, 조선총독부중추원.

11) 김상기, 1947, 『동학과 동학란』, 대성출판사; 김용덕, 1964, 「동학사상연구」, 『중앙대논문집』 9.

12) 한우근, 1969, 「동학사상의 본질」, 『동방학지』 10; 한우근, 1970, 「동학의 리더쉽」, 『백산학보』 8; 강재언, 1970, 『조선근대사연구』, 일본평론사; 김의환, 1986, 『근대조선동학농민운동사의 연구』, 화천서원; 박종근, 1982, 『일청전쟁과 조선』, 청목서점.

가 '근대국가 · 근대사회로 전환'하는 과정에서, 농민전쟁은 어떠한 위치에 있으며, 어떤 계급적 입장이 농민전쟁에 관류함으로써 그러한 위치에 처하게 되었는가 하는 문제가 집중적으로 연구 검토되고 있었다고 보인다.[13] 이 연구들에서는 동학사상과 농민전쟁의 관계는 기본적으로 차단되고 있고, 어떠한 사회경제적 조건이 농민전쟁을 발생시키게 되었는가 하는 측면이 크게 주목되고 있다.

이 연구에서는 세 번째의 연구경향을 계승하면서, 갑오농민전쟁이 갑오개혁과 상호 보완 · 연합할 가능성을 가지면서도, 오히려 대립과 갈등의 관계에서 전개되었음을 주목하면서, 특히 조선의 농민계층이 갑오농민전쟁을 거치면서 조선의 '근대국가 · 근대사회로의 전환' 문제에 대한 사상과 실천을 어떻게 성장 · 발전시켜 나아갔는지를 살펴보려고 한다. 이러한 접근에서는 당시의 사회경제적 발전의 수준, 그리고 계급적 대립과 모순의 기본적 성격 등이 분명하게 조정(措定)되어 있어야 함에도 불구하고, 이 연구에서는 전쟁의 전개과정에 치중한 나머지 그러한 조정의 설정이 취약함이 큰 한계가 되고 있다. 이러한 취약성은 추후의 연구에서 극복해 가려고 한다.

다음 이 연구의 각 장의 내용을 약술하려고 한다. 제2장에서는 동학사상의 내용을 검토함으로써, 그것이 농민전쟁의 지도이념이 될 수 없음을 분명히 하려고 한다. 그 사상의 검토에서는 『동경대전(東經大全)』과 『용

13) 馬淵貞利, 1979, 「갑오농민전쟁의 역사적 위치」, 『조선역사론집』 하, 용계서사; 조경달, 1982, 「동학농민운동과 갑오농민전쟁의 역사적 성격」, 『조선사연구회논문집』 19; 조경달, 1983, 「갑오농민전쟁지도자=전봉준의 연구」, 『조선사총』 7; 홍성찬, 1983, 「1894년 집강소기 설포하의 향촌사정」, 『동방학지』 39; 박찬승, 1985, 「동학농민전쟁의 사회경제적 지향」, 『한국민족주의론 Ⅲ』, 창작과 비평사; 김용섭, 1984, 「황현의 농민전쟁 수습책」, 『역사와 인간의 대응』, 한울; 신용하, 1985, 「갑오농민전쟁의 주체세력과 사회신분」, 『한국사연구』 50 · 51.

담유사(龍潭遺詞)』를 기본 텍스트로 하였다. 동학사상을 그 원리의 면에서 검토함에는 동학의 기본 경전(經典)인 이들에 의하여 분석하는 것이 마땅하다고 생각되기 때문이다. 이들 경전은 1881년 이후에 간행된 것이지만 최제우(崔濟愚) 당시에도 필사본으로 유통되고 있었으므로[14] 그 사료적 신빙성은 튼튼하다고 생각된다. 제3장에서는 전봉준(全琫準)이 동학교문 안에서 독자적 세력집단으로 성장하는 과정을 동학교문 당국이 벌인 교조신원운동(敎祖伸寃運動)과의 관련을 중심으로 하여 살펴본다. 그러한 고찰을 통하여 전봉준이 1893년 11월의 '사발통문(沙鉢通文)'에 처음으로 등장하고 고부민란(古阜民亂)에서 처음으로 역사적 행동을 한 것이 아니라, 1893년 2월에 이미 뚜렷하게 활동하기 시작하였고 3월에는 독자적 세력인 금구취당(金溝聚黨)을 이룩하였음을[15] 밝히려고 한다. 제4장에서는 고부민란이 농민전쟁의 발단이 되고, 전봉준세력집단이 농민전쟁 추진의 주체집단으로 성립되는 계기를 결과적으로 제공하게 된 과정을 살펴본다. 제5장에서는 주로 제1차 농민전쟁의 구체적 전개과정, 그리고 전주화약과 27개조 폐정개혁안의 내용을 분석함으로써 제1차 농민전쟁의 역사적 성격을 살펴본다. 제6장에서는 집강소 개혁정치의 성격을, 7월 6일에 성립되었던 김학진(金鶴鎭)과 전봉준의 관민합작(官民合作)타협을 경계로 하여 앞뒤의 두 단계로 크게 나누고, 앞의 단계는 전봉준과 김개남(金介男)이 합력하여 농민군이 일방적으로 집강소를 설치하는 6월 15일경을 경계로 하여 다시 두 단계로 나누어 모두 3단계로 나눔으로써, 그 단

---

14) 『비변사등록(備邊司謄錄)』 26, 철종 14년 12월 20일, 선전관 정운구 서계, 122쪽에는 「논학문(論學文)」이 언급되어 있고, 『일성록(日省錄)』 고종편 1, 고종 1년 2월 29일, 경상감사 서헌순 장계, 158쪽에는 「포덕문(布德文)」, 「수덕문(修德文)」이 언급되어 있다.

15) 조경달, 1982, 「동학농민운동과 갑오농민전쟁의 역사적 성격」, 『조선사연구회논문집』 19 참조.

계적 발전과정을 살펴본다. 제7장에서는 위로부터의 길에 의한 개혁과 밑으로부터의 힘에 의한 개혁이 상호 보완·연합될 수 있었던 현실적 가능성이, 개화당정권의 취약성과 일본의 제국주의적 침략으로 말미암아 무산되면서, 그들의 결탁에 의하여 농민군이 몰락하는 과정을 살펴본다. 제8장에서는 이상에서의 서술을 종합함으로써 갑오농민전쟁의 역사적 성격을 밝혀보려고 한다.

2. 동학사상의 역사적 성격

19세기 후반기는 한국사에서 유례를 찾기 힘들만큼의 격동의 시대였다. 조선왕조 봉건사회는 말기적 증상을 드러내어 정치기강이 극히 문란하였고 그에 따른 지배계층, 즉 양반관리와 양반지주의 경제적 수탈의 강화는 이미 그 이전부터 진행되어 오던 농민의 계층분화를 더욱 촉진하여 많은 농민들이 빈농화하거나 농촌에서 유리되었다. 이러한 사회적 모순은 1862년에 전국에서 70여 건의[1] 민란으로 폭발되었다. 1862년은 말하자면 민란의 해였다고 할 수 있다.

이 민란에는 일정한 사회경제적인 성격도 담겨져 있었지만, 더욱 중요한 것은 그 정치적 성격이었다고 생각된다. 왜냐하면 민란이란 최종적으로는 당시의 봉건적 지배질서에 대한 저항이었기 때문이다. 민란을 민(民)의 정치투쟁이란 측면에서 볼 때, 1862년의 민란에는, 봉건적 정치권력의 절대성이 자명(自明)의 전제로서 인식되고 있는 테두리 속에서, 고을의 문제에는 농민들의 의지를 반영시키려는 정치의식이 개재하고 있었다고 볼 수 있다. 자명의 전제로 되어 있던 봉건적 정치권력의 절대성이란, 국왕의 덕정체제(德政體制)의 절대성을 뜻하는 것이며, 이것은 조선왕조 봉건사회의 지배계층이 언필칭 내세우는 민유방본(民惟邦本) 이데올로기의 절대성을 뜻하는 것이었다. 따라서 민의 반란이라는 행동은, 이 민유방본 이데올로기가 고을의 현장에서 수령 · 읍리(邑吏) · 대민(大民) · 호우(豪右)에 의하여 허구화되어 있다는 것을 행동을 통하여 표현한 것이었으며, 국가가 민유방본 이데올로기의 담지자(擔持者)에서 벗어나 허구화하고 있었음을 행동을 통하여 항의한 것이었다. 따라서 민란의 객관적인 정치이념은

---

1) 오영교, 1988, 「1862년 농민항쟁의 성격」, 『1862년 농민항쟁』, 동녘, 61쪽.

국가가 민유방본 이데올로기의 명실이 상부한 담지자로 되돌아 갈 것을 요구하는 것이었다고 할 수 있다.[2)]

이 민란의 2년 전인 1860년에는 동학(東學)이라는 새로운 종교가 창교(創敎)되어 농민들 사이에 급속하게 퍼져 나가고 있었다. 이 종교의 창시자는 몰락양반인 최제우(崔濟愚)였다. 그가 동학을 창교한 배경에는, 첫째는 민란의 배경이 되었던 것과 같았던 사회적 배경이 있었고, 둘째는 그가 몰락하였지만 양반 지식인이었기 때문에 남달리 예민하게 간취할 수 있었던 서학(西學)과 서양 세력의 동양 진출로 말미암은 위기적 상황이었다. 창교의 배경이 이러하였기 때문에 동학은 비록 종교에 지나지 않았지만 거기에는 일정한 역사의식과 사회의식이 나타나지 않을 수 없었다고 보인다.

여기 이 장에서는 동학에서 종교적인 내용과 역사의식 · 사회의식이 구조적으로 어떻게 연결되어 있는가를 주로 『동경대전(東經大全)』과 『용담유사(龍潭遺詞)』를 중심으로 하여 밝힘으로써, 민란의 정치의식과 대조되도록 하고 나아가서는 동학사상의 1984년 농민전쟁과의 연관문제에 대한 하나의 전망을 얻으려고 한다.

1) 불순천리 · 불고천명 · 각자위심

동학은 최제우가 오랜 정신적 방황과 고민 끝에 1860년 4월 5일에 도(道)를 깨우쳐 창교한 것이었다. 창교의 배경이 된 것은 당시 무질서한 혼돈적 상태의 '세상' 형편이었다고 보인다.

---

2) 정창렬, 1984, 「조선후기 농민봉기의 정치의식」, 『한국인의 생활의식과 민중예술』, 성균관대 대동문화연구원, 59쪽.

아서라 이 세상은　　요순지치(堯舜之治)라도 부족시(不足施)요
공맹지덕(孔孟之德)이라도 부족언(不足言)이라

(『용담유사』, 「몽중노소문답가」)

요 임금이나 순 임금 같은 성군이 다스리더라도 도저히 다스려질 수 없으며, 공자 · 맹자같은 성인의 덕으로도 어떻게 할 수 없을 정도로 세상이 어지러워졌음을 최제우는 한탄하였다.

최제우는 세상이 이렇게 어지러워진 원인을 두 가지 측면에서 찾고 있다.

효박(淆薄)한 이 세상에　　군불군(君不君) 신불신(臣不臣)과
부불부(父不父) 자불자(子不子)를　　주소 간에 탄식하니
울울한 그 회포는　　흉중(胸中)에 가득하되
아는 사람 전혀 없어　　처자 산업 다 버리고
팔도강산 다 밟아서　　인심 풍속 살펴보니
무가내(無可奈)라 할 길 없네

(『용담유사』, 「몽중노소문답가」)

우선은 그 원인을 조선사회의 내적인 면에서, 즉 윤리의 퇴폐상에서 찾고 있다. 그러한 윤리의 퇴폐상은 현상적으로는 유교도덕의 무력화 · 형해화로 드러나고 있었다.

강산구경 다 던지고　　인심 풍속 살펴보니
부자유친(父子有親) 군신유의(君臣有義)　　부부유별(夫婦有別) 장유유서(長幼有序)
붕우유신(朋友有信) 있지마는　　인심풍속 괴이하다

(『용담유사』, 「권학가」)

이러한 유교 도덕의 무력화 · 형해화로 말미암아, “대저 경신년(庚申年) 4월에 천하(天下)가 분란(紛亂)하여 민심이 효박하여 향할 바를 알지 못하였다”(『동경대전』, 「논학문」)라고 하듯이, 세상은 윤리적 혼돈의 상태에 빠졌다고 최제우는 인식하였다.

최제우는 이러한 세상의 혼돈에서 위기의식을 느끼고 있었는데, 그 위기의식을 더욱 심화시킨 것이 서학의 침투와 서양세력의 동양진출이었다. 즉 최제우는 세상이 어지러워진 원인을 조선사회의 외적인 면에서도 찾고 있었다.

> 또 이상야릇한 말들이 세상에서 물 끓듯이 끓어올랐다. 서양 사람은 도를 이루고 덕을 세워[道成德立] 그들의 조화(造化)는 이루지 못하는 일이 없으며, 무기로 공격하면 그 앞에 대적할 사람이 없다고들 말한다. 중국이 그들이 침공 앞에 사라져 없어진다면 우리가 어찌 입술이 없어지면 이가 시리는 것과 같은 근심이 없겠는가. (『동경대전』, 「논학문」)

> 서양 사람은 싸우면 이기고 공격하면 빼앗아 뜻대로 되지 않는 일이 없다. 이리하여 천하가 온통 망해 없어져 버린다면 우리도 입술이 없어지면 이가 시리는 것과 같은 탄식이 없지 않다. (『동경대전』, 「포덕문」)

최제우는 서학의 침투와 서양 세력의 동양진출이, 조선이 그 한 부분을 이루는 중국 중심의 ‘천하’를 결정적 위기로 몰아넣었다고 인식하였다.

이렇게 당시의 시대적 상황을 위기로 의식한 동학에서, 위기국면의 구조는 어떤 것이었는가를 살펴볼 차례이다. 대내적인 면에서의 위기의 내용은 “또 이 근래에는 온 세상 사람들이 각자위심(各自爲心, 저마다 제 마음대로 함–인용자)하여 불순천리(不順天理)하고 불고천명(不顧天命)하여 마음이 늘 두려워하고 웅숭거려 향할 바를 알지 못하였다”(『동경대전』,

「포덕문」)라고 하듯이, 불순천리 · 불고천명과 그 결과로서의 각자위심이었다.

한편 동학에서는 앞에서 든 「논학문」에서, 서양 사람들이 "이루지 못하는 일이 없으며 무기로 공격하면 그 앞에 대적할 사람이 없"는 것은 그들이 도를 이루고 덕을 세운[道成德立] 결과[造化]라고 파악하였다. 서양 사람들이 도성덕립(道成德立)한 원인에 대하여 동학에서는 "도무지 다른 까닭이 아니다. 그들은 그 도를 서도(西道)라 하고 그 학을 천주학(天主學)이라 하고 그 교를 성교(聖教)라고 하는데, 이는 그들이 천시(天時)를 알고 천명을 받았기 때문이 아니겠는가"(『동경대전』, 「논학문」)라고 하여, 서양인의 지천시(知天時) · 수천명(受天命)과 조선을 포함한 중국 중심의 세계로서의 천하(동아시아—인용자)의 불순천리 · 불고천명 · 각자위심의 차이를, 대외적 위기 국면의 내용으로 파악 · 인식하였다. 이렇게 볼 때 동학에서는 조선의 대내적 · 대외적 위기 국면의 근본 원인이 도덕의 퇴폐 즉 불순천리 · 불고천명 · 각자위심으로 귀결된다고 할 수 있다.

따라서 동학에서 위기극복의 근원적인 길은 불순천리 · 불고천명 · 각자위심의 극복 · 지양일 수밖에 없게 된다. 동학에서는 불순천리 · 불고천명 · 각자위심의 대극적(對極的)인 상태를 다음과 같이 파악하였다.

> 오제(五帝) 이후부터 성인들이 나서 해 · 달 · 별 · 하늘 · 땅이 운행하는 도수(度數)를 살펴 책을 만들어내어 천도의 변함없는 질서[常然]를 밝혔고, 사람들의 모든 행동과 일의 모든 성패(成敗)를 천명에 붙였는데, 이는 경천명(敬天命) · 순천리(順天理)한 것이다. (『동경대전』, 「포덕문」)

우주 자연의 법칙으로서의 천도는 인간의 일에도 그대로 관철됨을 밝힌 것이 경천명 · 순천리라는 것이었다. 성인들이 밝힌바 근원적인 윤리로서의 경천명 · 순천리와 그 실천으로서의 명천도수천덕(明天道修天德=道成德立－인용자)이 불순천리 · 불고천명 · 각자위심의 극복 · 지양의 귀결이었다. 그리하여 동학에서는 아래와 같이 경천(명) · 순천(리)을 강조하였다.

> 대저 인간 초목군생(草木群生)　사생재천(死生在天) 아닐런가
> 불시풍우(不時風雨) 원망해도　임사호천(臨死號天) 아닐런가
> 삼황오제(三皇五帝) 성현들도　경천순천 아닐런가
> 효박한 이 세상에　불고천명 하단말가
> (『용담유사』, 「권학가」)

2) 도성덕립과 성 · 경 · 신

우주 자연을 지배하고 동시에 인간 세계도 지배하는 법칙으로서의 천도(天道)의 운동에 대하여서는 동학에서 어떻게 생각하였는가를 살펴볼 차례이다.

> 대저 아득한 옛날부터 봄과 가을이 갈마들고 네 철이 제 때를 만났다가 사라져감이 어긋남이 없는데 이것도 한울님의 조화의 자취가 천하에 뚜렷한 것이다. 어리석은 백성들은 비와 이슬을 내려 주시는 한울님의 은혜를 알지 못하고 그저 저절로 그렇게 되어 가는 것[無爲而化]으로 알고 있다. (『동경대전』, 「포덕문」)

천도는 한울님[天主]의 조화의 자취이며 그 외적 현상 형태는 무위이화(無爲而化)라는 것이었다. 동학에서는 자연현상과 인간의 일이 모두 기본적으로는 천도에 따르는 것이라고 하였지만, 양자 사이에는 차이도 있는

것으로 다음과 같이 파악하였다.

> 군자(君子)의 덕은 그 기질이 바르고 그 마음이 흔들리지 않으므로[氣有正而心有定] 천지의 덕과 일치한다[與天地合其德]. 소인의 덕은 기질이 바르지 못하고 그 마음이 변함으로 천지의 이법(理法)을 어기게 된다. (『동경대전』, 「논학문」)

> 그중에 현인(賢人) 달사(達士) 내 말 잠깐 들어보소
> 합기덕(合其德) 알았으니 무위이화 알지마는
> (『용담유사』, 「흥비가」)

자연 현상은 그 자체로서 천도가 관철되고 있는 것 즉 무위이화이지만, 인간의 일은 천지의 덕과 일치하는 경우에만 천도가 관철된다고, 즉 무위이화라고 하였다.

> 급급한 제군들은 인사(人事)는 아니 닦고
> 천명만 바라오니 졸부귀(猝富貴) 불상(不祥)이라
> 만고유전(萬古遺傳) 아닐런가 수인사(修人事) 대천명(待天命)은
> 자세히도 알지마는 어찌 그리 급급한고
> (『용담유사』, 「도수사」)

> 운수야 좋거니와 닦아야 도덕이라
> 너희라 무슨 팔자 불로자득(不勞自得) 하단말가
> 하염없는 이것들아 날로 믿고 그러하냐
> (『용담유사』, 「교훈가」)

천지의 덕과 일치하는 것의 전제는 '수인사(修人事)'였다. 도성덕립은 시운(時運)에 의한 무위이화에 의하여 이루어지는 것이 아니라, '수인사'

에 의하여서만 확보되는 것이었다.

수신제가(修身齊家) 아니하고 도성덕립 무엇이며
삼강오륜(三綱五倫) 다 버리고 현인군자 무엇이며
(『용담유사』, 「도수사」)

나 역시 바라기는 한울님만 전혀 믿고
해몽 못한 너희들은 서책(書册)은 아주 폐코
수도(修道)하기 힘쓰기는 그도 또한 도덕이라
문장이고 도덕이고 귀어허사(歸於虛事) 될까보다
열석자 지극하면 만권시서(萬卷詩書) 무엇하며
심학(心學)이라 하였으니 불망기의(不忘其義) 하여서라
현인군자(賢人君子) 될 것이니 도성덕립 못 미칠까
(『용담유사』, 「교훈가」)

칠팔세 글을 배워 심장적구(尋章摘句) 하여내어
청운교(靑雲橋) 낙수교(洛水橋)에 입신양명(立身揚名) 할 마음은
사람마다 있지마는 깊고 깊은 저 웅덩에
진심갈력(盡心竭力) 지은 글을 넣고 나니 허무하다
천수(天數)만 바라다가 많고 많은 그 사람에
몇몇이나 참여해서 장악원(掌樂院) 대풍류(大風流)에
삼일유가(三日遊街) 기장하다 이 일 저 일 볼작시면
허무하기 다시없어
(『용담유사』, 「흥비가」)

도성덕립에 이르는 '수인사'의 과정에는 서책 · 시서 · 과거공부 등은 들어가지 않고, 삼강오륜 · 수신제가 · 수도 · 주문(呪文) · 심학 등은 들어간다고 하였다.

삼황오제 성현들도　　경천순천 아닐런가
효박한 이 세상에　　불고천명 하단말가
장평갱졸(長平坑卒) 많은 사람　　한울님을 우러러서
조화 중에 생겼으니　　은덕(恩德)은 고사하고
근본조차 잊을소냐　　가련한 세상 사람
각자위심 하단말가　　경천순천 하여서라
효박한 이 세상에　　불망기본(不忘其本) 하여서라

(『용담유사』, 「권학가」)

동학에서는 위에서와 같이 인간의 본래적인 존재양식을 경천명 · 순천리로 파악하였다. 다시 말하면 경천명 · 순천리하는 인간의 존재양식의 현실적인 현현형태는 기유정이심유정(氣有正而心有定)하여 여천지합기덕(與天地合其德)하는 군자로 된다. 군자의 내용은 아래에서와 같이 도성덕립이었다.

> 마음을 닦은 뒤에 덕을 알게 되고 덕이 밝혀지면 이것이 도이다. 도는 덕에 있지 사람에 있지 않으며, 신(信)에 있지 공부에 있지 않으며, 가까운 데 있지 먼 데 있지 않고, 그렇지 않은 듯 하면서 그러하고 먼 것 같으면서 멀지 않다. (『동경대전』, 「탄도유심급」)

동학에서는 "유도불도(儒道佛道) 누천년에 운(運)이 역시 다했던가"(『용담유사』, 「교훈가」)라고 하여, 유교 · 불교는 도성덕립의 능력이 없다고 보았다. 그러면 도성덕립의 길은 무엇인가.

지각없는 이것들아　　남의 수도 본을 받아
성지우성(誠之又誠) 공경해서　　정심수신(正心修身) 하여서라
아무리 그러해도　　이내 몸이 이리되니

은덕이야 있지마는 도성덕립하는 법은
한 가지는 정성이요 한 가지는 사람이라
(『용담유사』, 「교훈가」)

어질고 어진 벗은 매몰(昧沒)한 이내 사람
부대부대 갈지말고 성경이자(誠敬二字) 지켜 내어
차차차차 닦아 내면 무극대도(無極大道) 아닐런가
시호시호(時乎時乎) 그때 오면 도성덕립 아닐런가
(『용담유사』, 「도수사」)

도성덕립은 성(誠)에 있고 사람에 있다. (『동경대전』, 「수덕문」)

위에서와 같이 도성덕립에는 성(誠) · 경(敬)이 기본적인 전제였다.

약간 어찌 수신하면 지벌(地閥)보고 가세(家勢)보아
추세(趨勢)해서 하는 말이 아무는 지벌도 좋거니와
문필(文筆)도 유여(有餘)하니 도덕군자 분명타고
모몰염치(冒沒廉恥) 추존(推尊)하니 우습다 저 사람은
지벌이 무엇이게 군자를 비유(比喻)하며
문필이 무엇이게 도덕을 의논하노
(『용담유사』, 「도덕가」)

도성덕립에는 지벌이나 문필은 관계없다고 단언하였다.

대저 우리 도에서는 마음으로 굳게 믿는 것을 성(誠)이라 하고 신(信)으로써 성을 삼는다. 믿을 신(信)자를 풀어보면 사람 인(人)과 말씀 언(言)으로 되어 있다. 사람의 말 가운데에서 옳고 그른 것을 가려내어서 옳은 것은 받아들이고 그른 것은 버린 다음 다시 생각해 보고 마음을 정해야 한다. 이렇게 마음을 정한 뒤에는 다른 말은 믿지 않는 것이 신이다. 이렇게 닦고 닦으면 이에 성이 이루어진다. 성과 신은 원래 그 이치가 그다지 멀지 않다. 그 두 글자는 사람 인(人), 말씀 언(言) 및 이룰 성(成)으로 되어 있는데, 앞의 두 글자는 신(信)이 되고 뒤의 두 글자는 성(誠)이 된다. 내가 지금 분명하게 가르치니 어찌 믿음직한 말이 아니랴. 경(敬)하고 성하여 지금 가르치는 이 말을 어기지 말라. (『동경대전』, 「수덕문」)

위에서와 같이 성(誠)·경(敬)에는 다시 신(信)이 전제되는 것이었다. 이리하여 도성덕립에는 성(誠)·경(敬)·신(信)이 필수적으로 요구되는 덕목이었다.[3)]

우리 도는 넓지만 간략하여 많은 말과 풀이가 필요하지 않으니, 별로 다른 도리가 없고 성(誠)·경(敬)·신(信) 석자니라. 이 세 가지를 잘 닦아 터득한 뒤면 바야흐로 알 것이니, 잡념이 일어나는 것을 두려워하지 말고 오직 깨달음이 늦어지는 것을 두려워하라. (『동경대전』, 「좌잠」)

이 도는(천도는－인용자) 덕(德)에 있지 사람에 있지 않으며, 신(信)에 있지 공부에 있지 않으며, 가까운 데 있지 먼 데 있지 않으며, 성(誠)에 있지 구하는 데 있지 않으며, 그렇지 않은 듯 하면서 그러하고, 먼 듯 하면서 멀지 않다. (『동경대전』, 「탄도유심급」)

동학에서는 인간의 본래적인 존재양식을 이와 같이 성·경·신으로 파악하였던 바, 인간으로서의 본질적인 내용이 성·경·신이라는 파악이기도 하였다.

3) 한우근, 1969, 「동학사상의 본질」, 『동방학지』 10, 42쪽 참조.

또 이 근래에는 온 세상 사람들이 각자위심하여 천리에 불순하고 천명을 불고하여 마음이 늘 두려움에 싸여 나아갈 바를 알지 못한다. (『동경대전』, 「포덕문」)

성 · 경 · 신을 인간의 본질적인 내용으로 파악하는 것은, 당시의 한국인들에게 성 · 경 · 신이 허구화됨으로써 불순천리 · 불고천명 · 각자위심하여 나아갈 바를 알지 못하였던 당시 조선인들의 현실적 인간존재 양상에 대한 통렬한 비판이었다. 권위주의적 지배질서에 의하여 당시의 조선인에게 외재화함으로써 허구화되었던 도덕 · 윤리를 성 · 경 · 신의 회복에 의하여 내재화시키려는 성격의 종교가 동학이었다고 할 수 있겠다. 도덕 · 윤리의 인간에의 철저한 내면화가 종교로서의 동학의 본질적 성격이었다. 이러한 내면화된 도덕 · 윤리에 의하여서만 인간의 존엄성 · 인격의 자율성이 자립할 수 있다는 것이었다.[4)]

최제우가 "인의예지(仁義禮智)는 선성(先聖)의 가르친 바였고, 수심정기(守心正氣)는 오직 내가 다시 정한 것이다"(『동경대전』, 「수덕문」)라고 하여 '오직 내가'라고 강조할[5)] 수 있었던 것은 성 · 경 · 신을 지켜내는 것이 수심정기였기[6)] 때문이었다.

수심정기 하여내어　인의예지 지켜두고

(『용담유사』, 「도덕가」)

---

4) 신일철, 1979, 「동학사상」, 『한국사상대계 Ⅲ 정치법제사상편』, 성균관대 대동문화연구원, 376, 379쪽 참조.

5) 윤석산, 1984, 「용담유사에 나타난 수운의 인간관」, 『한국학논집』 5, 한양대 한국학연구소, 261쪽.

6) 한우근, 1969, 앞의 글, 42쪽.

다시 말하면 성·경·신에 의한 개개인의 내면적 자각의 수행, 내면성에의 침잠을 통하여 수심정기를 이룩함으로써, 선성의 가르친 바인 인의예지 즉 '태어날 때부터 본래 가지고 있는 마음'[7] 즉 '본마음'을 회복한다고 하는 것이었다. 이렇게 '본마음'이 회복된 인격체가 군자였다. 이러한 본마음은 모든 사람에게 본래 내재하고 있다는 의미에서 최제우는 상제(上帝)로부터 "오심즉여심야(吾心卽汝心也, 나의 마음이 곧 너의 마음이다)"(『동경대전』, 「논학문」)라는 말을 들었으며, "천심즉인심(天心卽人心, 천심이 곧 인심이다)"(『동경대전』, 「논학문」)이라고 말하였던 것이라고 생각된다. 즉 모든 사람은 성·경·신을 지켜냄으로써 경천명·순천리하는 인간의 본래적 존재양식을 회복할 수 있는 가능성을 가지고 있다는 것을 말한 것이라고 생각된다.

최제우는 "운수야 좋거니와 / 닦아야 도덕이라 / 너희라 무슨 팔자 / 불로자득 하단말가 / 하염없는 이것들아 / 날로 믿고 그러하냐"(『용담유사』, 「교훈가」)라고 하여, 운수가 좋더라도 수도하여야만 도성덕립한다고 하면서, 바로 이어서 "나는 도시 믿지 말고 / 한울님만 믿어서라 / 네 몸에 모셨으니 / 사근취원(捨近取遠) 하단말가"라고 하면서, 사람의 본마음 즉 인간에게 내재하고 있는 인간의 본래적 존재양식인 경천명·순천리를 인간 내면에서 찾아서 도성덕립하라는 말이며 동시에 인간 내부에로 도덕을 내면화시키라는 말이 된다. '네 몸에 한울님을 모신 것'으로 해석하더라도, 그 한울님은 인격화된 한울님이 아니라, 한울님이 내려 주신 '본마음'이라고 보아야 하지 않을까 생각한다. 왜냐하면 동학에서의 한울님은 자연 현상과 인간 현상의 일체를 조화하는 역능(力能) 자체로서 관념되는 경우가 지배적이며, 한울님을 인격체로서 관념하는 경우는 대단히 미약하다고 보

7) 윤석산, 1984, 앞의 글, 261쪽.

여지기 때문이다.

음(陰)과 양(陽)이 서로 잘 어울려서 비록 수많은 물(物)이 그 중에서 화생(化生)되었지만 유독 사람만이 가장 신령한 것이다. (『동경대전』, 「논학문」)

하물며 만물지간(萬物之間)　유인(唯人)이 최령(最靈)일세
(『용담유사』, 「안심가」)

천지음양(天地陰陽) 시판(始判) 후에　백천만물(百千萬物) 화해나서
지우자(至愚者) 금수요　최령자 사람이라
(『용담유사』, 「도덕가」)

인간의 본래적 존재양식인 경천명 · 순천리가 인간에게 내재되어 있으므로 위에서와 같이 인간은 지극히 존엄한 것이다.

가련한 세상 사람　각자위심 하단말가
경천순천 하여서라　효박한 이 세상에
불망기본 하여서라
(『용담유사』, 「권학가」)

한울님 하신 말씀　너도 역시 사람이다
무엇을 알았으며　억조창생 많은 사람
동귀일체(同歸一體) 하는 줄을　사십 평생 알았던가
(『용담유사』, 「교훈가」)

시운을 의논해도　일성일쇠(一盛一衰) 아닐런가
쇠운(衰運)이 지극하면　성운(盛運)이 오지마는

현숙한 모든 군자　　　동귀일체 하였던가

(『용담유사』, 「권학가」)

그러나 한울님은　　　　지공무사(至公無私) 하신 마음
불택선악(不擇善惡) 하시나니　효박한 이 세상을
동귀일체 하단말가

(『용담유사』, 「도덕가」)

각자위심 상태의 대극점의 위치에 경천 · 순천의 동귀일체(同歸一體) 상태가 자리 잡혀 있었다. 그러한 동귀일체의 상황은, 조선 주민 하나하나가 동학에 들어와 시천주(侍天主) 신앙을 통하여 '태어날 때부터 본래 가지고 있는 마음'을 내면화하여 군자가 됨으로써 각자위심에서 벗어나야만 비로소 도달이 가능한 상태였다. 즉 동귀일체의 사회적 표현은 군자집단(君子集團)이었다.[8)]

3) '천하'와 '동국'

조선 주민의 동귀일체의 어떤 상황과, 동학이 자기 자신을 서학의 대극점의 위치에 위치 지었을 때의 상황, 그 양자 사이에는 적합적인 관계가 이루어진다고 볼 수 있다. 앞에서 보았듯이 동귀일체의 상황이란, 조선이 놓여져 있었던 대내 · 대외적 위기를 극복 · 지양한 어떤 상황이었으니까, 그 사회적 성격은 우선은 대외적 위기의 극복 양식과 깊이 연관되지 않을 수 없다. 여기에서 동학이 자기 자신을 서학과의 관련에서 어떻게 위치 지었는가 하는 문제가 중요하게 떠오르게 된다.

---

8) 신일철, 1979, 앞의 글, 337쪽 참조.

이 글 62쪽의 「논학문」, 「포덕문」에서와 같이 동학에서는 서양의 군사적 침략과 종교적 침략(서학의 침투)으로 말미암아 '천하(天下)'가 온통 망해 없어져 버릴 위기를 의식하고 있었다. 이때의 '천하'는 물론 중국을 중심으로 한 보편적 세계로서의 중화문화권(中華文化圈)이었다. 그러나 중화문화권의 위기의 내용은 그 구성 부분에 따라서 약간의 양적 차이가 있는 것으로 파악되었던 바, 중국은 '사라져 없어진다'는 것이었고, 한국은 '입술이 없어지면 이가 시리는' 것이었다. 이러한 위기의식은 정통 성리학(性理學) 이데올로기의 척사위정의식과 같은 궤도의 것이었다.[9] 교조 최제우가 몰락은 하였지만 양반 출신의 지식인이었다는 사실의 역사적 반영이었다고 할 수 있겠다.

고종 1년(1864) 2월 29일자 경상감사 서헌순(徐憲淳)의 보고서에는 다음과 같은 내용이 있다.

> 최제우는 경주(慶州)의 백성으로서 훈장을 업으로 삼고 있었는데, 양학(洋學)이 밀려들어 온다는 것을 듣고서 양반 유생으로서 양학이 크게 번지는 것을 차마 보고만 있을 수 없어 경천순천의 마음으로써 "위천주고아정(爲天主顧我情) 영세불망만사의(永世不忘萬事宜)"란 13자 주문을 짓고, 이름하여 동학이라고 하였음은, 동국(東國)의 뜻을 딴 것인데, 양학은 음(陰)이고 동학은 양(陽)이라 양으로써 음을 제압하려고 한 것이다. …… 최제우는 말하기를 "이 양인들은 화공(火攻)을 잘하여 무력으로서는 막을 수 없다. 오직 동학만이 그 자들을 모두 섬멸할 수 있다"라고 하고, 또 말하기를 "양인이 일본에 들어가 천주당(天主堂)을 세우고 우리나라에도 들어와 또 천주당을 세웠다. 내가 마땅히 그들을 소멸하겠다"라고 하였다.[10]

9) 신일철, 1979, 위의 글, 365쪽.
10) 『일성록』 고종편 1, 고종 1년 2월 29일, 1972, 서울대 고전간행회, 158쪽.

음인 양학(=서학)을 양으로써 제압한다는 동학의 동(東)자는 동국(東國)의 뜻을 딴 것이라면, 동학에서는 '위기의 당사자', '위기조성의 제압담당자'를 명백하게 동국 즉 조선으로 위치 지었다고 볼 수 있다. "혹은 서학에 입도해서 / 각자위심하는 말이"(『용담유사』, 「몽중노소문답가」)라고 하듯이, 동학은 나아가서 각자위심의 서학을 동귀일체로 극복하려고까지 하였는데, 여기에서 특히 주목되는 것은 '위기극복의 담당주체'를 동국 즉 조선으로 정립하였다는 사실이다. 물론 이때의 조선은, 주자학 이데올로기를 보편적 질서로 하는 보편적 세계로서의 중화문화권(=동아시아 문화권)이라는 보다 크고 넓은 차원의 공통체 속에서의 보다 작고 좁은 차원의 공통체로서의 것이었지만, 그러나 그러한 울타리 안에서나마 하나의 개체로서 확인되었다는 점이 주목된다.[11]

위기의 당사자 · 위기극복의 담당자로서의 개체, 그리고 그러한 개체로서의 조선이라는 의식이 있었기에, 「안심가」에서만 보더라도, '십이제국(十二諸國) 다 버리고 / 아국(我國)운수 먼저 하네'(제2절), '가련하다 가련하다 / 아국운수 가련하다'(제5절), '기험(崎險)하다 기험하다 / 아국운수 기험하다'(제5절), '내 나라 무슨 운수 / 그다지 기험하고'(제5절), '한울님이 내 몸 내서 / 아국운수 보전하네'(제5절)라고 하여 '아국운수'가 누누이 강조되고 있었다.

이러한 위기의 당사자와 극복자로서의 개체인 조선의식=아국의식에 매개되어, 임진왜란으로 조선을 괴롭힌 왜(倭)와 병자 · 정묘호란으로 역시 조선을 괴롭힌 청(淸)에 대한 전통적인 증오 · 배척이, 다음과 같이 다시금 확인되고 있었다.

---

11) 신일철, 1979, 앞의 글, 367쪽 참조.

개 같은 왜적놈아 너희 신명(身命) 돌아보라
너희 역시 하륙(下陸)해서 무슨 은덕 있었던고
전세임진(前歲壬辰) 그때라도 오성한음(鰲城漢陰) 없었으면
옥새보전(玉璽保全) 누가 할까 아국명현(我國名賢) 다시없다
나도 또한 한울님께 옥새보전 봉명(奉命)했네 ……
개 같은 왜적놈이 전세임진 왔다가서
술 싼 일 못했다고 쇠술도 안 먹는 줄
세상 사람 누가 알까 그 역시 원수로다 ……
개 같은 왜적 놈을 한울님께 조화 받아
일야(一夜) 간에 멸하고서 전지무궁(傳之無窮) 하여 놓고
대보단(大報壇)에 맹서하고 한이(漢夷)[12)]원수 갚아 보세
중수(重修)한 한이비각(漢夷碑閣) 헐고 나니 초개(草芥)같고
붓고 나니 박산(撲散)일세

(『용담유사』, 「안심가」)

4) 윤회시운과 후천개벽

윤회(輪廻)같이 둘린 운수 수원수구(誰怨誰咎) 아닐런가
아무리 이 세상도 현인군자 있지마는
진토(塵土) 중에 묻힌 옥석 뉘라서 분간하며
안빈낙도(安貧樂道) 하지마는 뉘라서 지도할꼬
시운(時運)을 의논해도 일성일쇠(一成一衰) 아닐런가
쇠운이 지극하면 성운이 오지마는
현숙한 모든 군자 동귀일체 하였던가

(『용담유사』, 「권학가」)

12) 김용덕, 1964, 「동학사상연구」, 『중앙대논문집』 9, 218쪽에 의하면 북쪽 되놈 즉 청인(淸人)을 가리킨다.

위에서와 같이 동학에서는 역사에는 시운(時運)이 있어, 그것이 윤회(輪廻)한다고 파악하였다. 쇠한 시운이 극에 달하면 그 다음에는 성한 시운이 온다고 하였다. 즉 동학에서는 사람의 일은 모두 운수에 달려있는 것이라고 보았으니, 예컨대 "슬프다 세상 사람 / 내 운수 좋다 하니 / 네 운수 가련한 줄 / 네가 어찌 알잔말고"(『용담유사』, 「교훈가」), "명명한 이 운수는 / 다 같이 밝지마는 / 어떤 사람 저러하고 / 어떤 사람 이러한가 / 이리 촌탁 저리 촌탁 / 각각 명운 분명하다"(『용담유사』, 「흥비가」), "가중차제(家中次第) 우환 없이 / 일년 삼백 육십 일을 / 일조같이 지내나니 / 천우신조 아닐런가 / 차차차차 증험하니 / 윤회시운 분명하다"(『용담유사』, 「권학가」), "어화 세상 사람들아 / 무극지운(無極之運) 닥친 줄을 / 너희 어찌 알까보냐"(『용담유사』, 「용담가」), "천운(天運)이 있게 되면 / 좋은 운수 회복할 줄 / 나도 또한 알았읍네"(『용담유사』, 「교훈가」)라고 하여, '나의 운수', '너의 운수', '각각의 명운', '집안 운수', '무극의 운수', '좋은 운수' 등으로 시운을 구체화하였다.[13)]

최제우는 또 "기장하다 기장하다 / 이내 운수 기장하다 / 한울님 하신 말씀 / 개벽(開闢) 후 오만 년에 / 네가 또한 첨이로다 / 나도 또한 개벽 후 / 노이무공(勞而無功) 하다가서 / 너를 만나 성공하니 / 나도 성공 너도 득의(得意) / 너의 집안 운수로다 / 이 말씀 들은 후에 / 심독희(心獨喜) 자부(自負)로다 …… 기장하다 기장하다 / 이내 운수 기장하다 / 구미산수(龜尾山水) 좋은 승지(勝地) / 무극대도 닦아내니 / 오만 년지 운수로다"(『용담유사』, 「용담가」), "무극한 이내 도는 / 내 아니 가르쳐도 / 운수 있는 그 사람은 / 차차차차 받아다가 / 차차차차 가르치니 / 나 없어도 다 행일세"(『용담유사』, 「교훈가」)라고 하여, 그의 득도는 '그의 운수'이고, '그

13) 한우근, 1969, 앞의 글, 45쪽.

의 집안의 운수'이며, 동학의 전파도 운수에 의하여 이루어진다고 하였다.

한편 최제우는 또 "내 역시 이 세상에 / 무극대도 닦아내어 / 오는 사람 효유해서 / 삼칠자 전해주니 / 무위이화 아닐런가"(『용담유사』, 「도수사」) 라고 하여, 동학의 창교와 전파는 무위이화의 과정이라고 하였던 바, 결국 시운과 무위이화는 동일 현상의 다른 표현으로서, 시운에 의한 생성 변화의 과정 그 자체가 무위이화라는 말이 된다.

> 대저 아득한 옛날부터 봄과 가을이 갈마들고 네 철이 제때를 만났다가 사라져 감이 어긋남이 없는데 이것도 한울님의 조화의 자취가 천하에 뚜렷한 것이다. 어리석은 백성들은 비와 이슬을 내려주시는 한울님의 은혜를 알지 못하고 무위이화(그저 저절로 그렇게 되어 가는 것-인용자)로 알고 있다. (『동경대전』, 「포덕문」)

> 조화라는 것은 무위이화이다. (『동경대전』, 「논학문」)

조화는 한울님의 작용인데, 그것은 자연현상, 인간현상 모두에 무위이화로 나타나게 되며, 특히 인간현상 즉 인간사(人間事)에는 시운의 형태로 나타나게 된다는 것이었다. 그러나 인간현상에 조화가 무위이화의 형태로 나타나게 되는 데에는, 일정한 조건의 충족이 요구되었다. 그것은 도성덕립에 의하여 군자화하려는 인간의 노력, 성 · 경 · 신이라는 인간의 본래적인 존재양식을 회복하려는, 즉 도덕을 내면화시키려는 '수인사', '도 닦기'였다. 이러한 인간의 주체적인 노력이 선행될 때 '조화', '무위이화', '시운'의 법칙이 인간현상에 관철되는 것이었다.

그러나 인간의 삶을 객관적으로 규정하는 사회적 조건, 사회의 구성 내용을 개변(改變)하려는 인간의 노력으로서의 실천적 · 사회적 행위는 동학에서는 원천적으로 거부되는 것이었다. 왜냐하면 사회의 구성 내용의 일대 전환인 후천개벽(後天開闢)은, 오직 한울님의 조화, 즉 무위이화 · 시운에 의하여서만 이루어지는 것이었기 때문이다. 한울님의 조화와 그 법칙으로서의 무위이화는 도덕의 인간 내면화만 선행조건으로서 요구하고, 사회를 개변하려는 인간의 주체적 노력으로서의 실천적 · 사회적 행위는 원천적으로 거부하는 것이었다.

천운이 둘렀으니　　근심말고 돌아가서
윤회시운 구경하소　　십이제국 괴질운수(怪疾運數)
다시 개벽 아닐런가　　태평성세 다시 정해
국태민안(國泰民安) 할 것이니　　개탄지심(慨嘆之心) 두지 말고
차차차차 지내서라

(『용담유사』, 「몽중노소문답가」)

시운이 돌아 다시 개벽함이 후천개벽인데, 후천개벽하면 태평성세가 이루어지고 국태민안하게 된다고 하였다. 그리고 그 후천개벽의 조짐이 십이제국 괴질운수라고 하였다. 여기에서 특히 주목되는 것은 아래에서와 같이 후천개벽과 '아국'의 관련이다.

개벽 시 국초(國初) 일을　　만지장서(滿紙長書) 내리시고
십이제국 다 버리고　　아국운수 먼저 하네 ……
한울님이 내 몸 내서　　아국운수 보전하네

(『용담유사』, 「안심가」)

시운이 둘렸던가　　만고 없는 무극대도(無極大道)
이 세상에 창건하니　　이도 역시 시운이라

(『용담유사』, 「권학가」)

후천개벽은 '이 세상' 즉 '아국'에서 가장 먼저 실현된다고 파악되고 있다. 후천개벽을 경계로 하여 인류의 전체 역사가 그 앞부분인 선천(先天)과 뒷부분인 후천(後天)으로 크게 갈라진다고 보는 웅대하고도 깊은 역사의식이었는데,[14] 이 역사의식에서는, 보다 크고 넓은 차원의 공통체 속에서의 보다 작고 좁은 차원의 공통체로서의 조선이라는 개체의식에서, '보다 크고 넓은 차원의 공통체'라는 울타리가 무너진 개체의식이 성립되었다고 보인다.[15] 그러한 의식의 첨예화의 밑바탕에는, '위기의 당사자'에서 '위기극복의 담당자'에로, 다시 그것에서 '위기극복 · 지양 후의 역사의 마당'에로라는 차례로 조선의 자리 바뀜이 있었기 때문이었다고 생각된다. 역사 속에서의 자기 정립의 조그마한 차이가 개체의식에서의 질적인 비약을 가지고 왔다고 생각된다.

동학에서는 인류 역사의 대전환으로서의 후천의 개벽이 이 땅에서 실현 된다고 주장하였을 뿐만 아니라, 나아가서 그 개벽의 시점까지를 예언하고 있었다.

하원갑(下元甲) 경신년(庚申年)에　전해오는 세상 말이
요망한 서양적이　중국을 침범해서

(『용담유사』, 「권학가」)

경신년 즉 1860년은 하원갑에 속하였다.

삼각산 한양 도읍　사백 년 지낸 후에
하원갑 이 세상에　남녀 간 자식 없어

(『용담유사』, 「몽중노소문답가」)

---

14) 김용덕, 1964, 앞의 글, 193쪽 참조.
15) 신일철, 1979, 앞의 글, 369쪽 참조.

조선왕조 개국 이후 1860년 당시까지가 하원갑에 해당된다고 보는 것 같다.

하원갑 지내거든　　상원갑(上元甲) 호시절(好時節)에
만고 없는 무극대도　이 세상에 날 것이니
(『용담유사』, 「몽중노소문답가」)

만고 없는 무극대도가 이 세상에 나는 개벽 이후 후천의 맨 앞부분이 상원갑 호시절이라고 하였다.

십 년을 공부해서　도성덕립 되게 되면
속성이라 하지마는　무극한 이내 도는
삼년불성(三年不成) 되게 되면　그 아니 헛말인가
급급한 제군들은　인사는 아니 닦고
천명만 바라오니　졸부귀 불상이라
만고유전 아닐런가　수인사 대천명은
자세히도 알지마는　어찌 그리 급급한고
(『용담유사』, 「도수사」)

삼 년 후 즉 1864년에는 도성덕립하게 된다고 하였는데, 이는 하원갑에서 상원갑으로의 대전환, 다시 말하면 후천개벽이 1864년에는 이루어진다는 예언이었다. 이런 면에서 동학은 예언자의 종교였다.[16] 이러한 예언은 당시의 인민의 역사의식을 고조하고 그리고 역사적 대전환을 맞이하는 주체로서의 개개인의 도덕적 자각을 촉구하는 것이었던 바, 이 도덕적 자각의 실체가 바로 '태어날 때부터 본래 가지고 있는 마음' 즉 '본

16) 한우근, 1969, 앞의 글, 47쪽.

마음'의 철저한 내면화였으므로, 결국 도덕의 내면화와 역사의식은 상호 인과관계에서 상호를 촉진하고 고조하는 유기적 구조를 이루고 있었다고 볼 수 있다.

5) 부귀자 · 빈천자와 동귀일체

나도 또한 한울님께 명복받아 출세하여
자아시(自我時) 지낸 일을 역력히 헤어보니
첩첩이 험한 일을 당코 나니 고생일세
이도 역시 천정(天定)이라 무가내라 할 길 없네
그 모르는 처자들은 유의유식(游衣游食) 귀공자를
흠선해서 하는 말이 신선인가 사람인가
일천지하 생긴 몸이 어찌 저리 같잖은고 ……
자조정(自朝廷) 공경(公卿) 이하 한울님께 명복받아
부귀자는 공경이오 빈천자는 백성이라
우리 또한 빈천자로 초야(草野)에 자라나서
유의유식 귀공자는 앙망불급(仰望不及) 아닐런가
복록(福祿)은 다 버리고 구설앙화(口舌殃禍) 무섭더라
졸부귀 불상이라 만고유전 아닐런가
공부자(孔夫子) 하신 말씀 안빈낙도(安貧樂道) 내 아닌가
우리라 무슨 팔자 고진감래(苦盡甘來) 없을소냐
흥진비래(興盡悲來) 무섭더라 한탄말고 지내보세 ……
천불생(天不生) 무록지인(無祿之人)이라 이 말이 그 말인가
꼼꼼이 생각하니 이도 역시 천정일세
한울님이 정하시니 반수기앙(反受其殃) 무섭더라

(『용담유사』, 「안심가」)

동학에서는 현실 사회에는 빈천자(貧賤者)=백성과 부귀자(富貴者)=공

경(公卿)이라는 사회적으로 분화된 두 개의 인간집단이 존재하고 있음을 인식하였다. 그러나 공경의 부귀와 백성의 빈천은 한울님이 정하고 명복한 바이므로 우리 백성은 구설앙화, 졸부귀불상, 흥진비래, 반수기앙을 명심하여, 유의유식 귀공자를 부러워하는 같잖은 짓은 하지 말고 안빈낙도하는 것이 마땅하다고 하였다.

천생만민(天生萬民) 하였으니	필수기직(必授其職) 할 것이오
명내재천(命乃在天) 하였으니	죽을 염려 왜 있으며
한울님이 사람 낼 때	녹(祿) 없이는 아니 내네 ……
세세유전(世世遺傳) 착한 마음	잃지 말고 지켜 내어
안빈낙도 하온 후에	수신제가 하여 보세
아무리 세상 사람	비방(誹謗)하고 원망 말을
청이불문(聽而不聞) 하여 두고	불의지사(不義之事) 흉한 빛을
시지불견(視之不見) 하여 두고	어린 자식 효유(曉諭)해서
매매사사(每每事事) 교훈하여	어진 일을 본을 받아
가정지업(家庭之業) 지켜 내면	그 아니 낙(樂)일런가

(『용담유사』, 「교훈가」)

한울님은 녹 없이는 사람을 내지 않으니 후천개벽 이전의 선천시대에는, 안빈낙도하여 수신제가할 뿐만 아니라, 불의의 일은 보고도 못 본 척하고 불의에 대한 사회적 항의는 듣고도 못 들은 척 하면서 어진 일을 거울삼아 가정을 지켜 내는 것이 한울님의 명복대로 사는 것이라고 하였다. 그러나 일성일쇠의 시운관, 그리고 역사·사회의 혁명적 대전환으로서의 후천개벽의 사상은, 위에서와 같은 동학의 명복관에도 일정한 변화를 가져오게 하였다.

우리라 무슨 팔자 그다지 기험할꼬
부하고 귀한 사람 이전 시절 빈천이오
빈하고 천한 사람 오는 시절 부귀로세
천운이 순환하사 무왕불복(無往不復) 하시나니

(『용담유사』, 「교훈가」)

무왕불복하는 천운의 순환, 즉 후천의 개벽에 의하여 빈천자인 우리가 오는 시절 즉 개벽 후의 후천시대에는 부귀하게 된다고 전망하였다. 하원갑의 빈천자들이 상원갑 호시절에 부귀하게 되었을 때의 전체 사회의 구성 내용은 어떻게 되는 것으로 파악되었는지가 궁금한 문제이다. 시운=천운의 기계적인 순환 즉 일성일쇠의 기계적인 순환에 의하여 사회의 구성 내용이 빈천자는 부귀자로, 부귀자는 빈천자로라는 식으로 역전되면서 단순히 자리바꿈만 하는 것으로 전망하고 있지는 않은 것 같다.

그렇게 보는 소극적인 근거는 '부하고 귀한 사람 이전 시절 빈천이오'라고 하였지 '오는 시절 빈천이오'라고는 하지 않았다는 것이고, 보다 적극적인 근거는, 동학에서는 전환을 경계로 한 사회의 전체적인 성격을, 각자위심의 상태에서 동귀일체(同歸一體)의 상태로의 것으로 파악하고 있었다는 점이다. 즉 '이전 시절 빈천이오'의 이전은 하원갑 이전의 시대를 가리킨다고 보인다. 다시 말하면 하원갑 이전 시대의 '일쇠'로서의 빈천이 하원갑에서는 '일성'으로서의 부귀로 전환되었다는 논리로 보인다. 이렇게 볼 때, 일성일쇠의 기계적인 순환은 선천의 시대와 선천후천의 전환에 해당되는 역사법칙이고, 역사가 혁명적으로 전환하게 되는 개벽 이후의 후천시대에는 일성일쇠의 기계적인 순환은 해당되지 않는 것으로, 동학에서는 설정되어 있는 것으로 생각된다.

다시 말하면 하원갑의 유의유식 귀공자=공경=부귀자의 부귀는 상원갑 호시절에도 그대로 계속되고, 하원갑의 우리=빈천자=백성의 빈천은 상원갑 호시절에는 부귀로 전환된다는 것이며, 이렇게 됨으로써 상원갑 호시절의 조선사회의 구성내용은 부귀일색으로 통일되는 것인 바, 이것이 동귀일체의 사회적 내용이 되는 것이었다.

이러한 인식에서는, 부귀의 토대가 빈천이고, 빈천은 부귀에 의한 강제적·피규정적 존재라는 인식은 전혀 자리 잡혀져 있지 않고, 따라서 사회적 제도로서 신분제도가 존재한다는 사실이 동학의 시계(視界) 안에는 들어와 있지 않다고 생각된다. 따라서 동학에서는, 빈천과 부귀로의 분화는 한울님의 명복으로, 상원갑 호시절의 그 통일은 한울님의 조화의 자취로 추상화되어 있을 뿐이었고, 당시의 사회적 제도로서의 신분제도에 대하여서는 부정도 아니었고 긍정도 아니었다. 왜냐하면 그 신분제도가 원천적으로 동학의 시계 안에 들어와 있지 않았기 때문이었다.

빈천과 부귀의 상원갑 호시절에서의 부귀로의 통일로서의 동귀일체와, 조선인 개개인이 도덕적으로 자각하고 성·경·신을 지켜내어 본원적 윤리인 경천명·순천리에로 회귀하여 모두가 군자가 됨으로써의 동귀일체는, 동일물의 양 측면이었다. 동시에 부귀집단·군자집단으로서의 '아국'은 한울님의 조화에 의하여 세계에서 가장 먼저 개벽이 이루어지는 마당으로서의 '아국'과 겹쳐지는 것이기도 하였다.

그러한 여러 과정의 통일체로서의 '아국'의 사회적 구성내용에 대하여 살펴볼 차례이다. 그것은 구체적으로는, 유의유식 귀공자=공경=부귀자와 우리=백성=빈천자의 부귀로서의 통일체의 내용의 문제가 된다. 즉 그 통일의 사회적 매개물이 무엇인가 하는 문제로 귀결된다.

> 소위 서학 하는 사람　암만 봐도 명인 없네
> 서학이라 이름하고　내 몸 발천(拔薦) 하였던가
>
> (『용담유사』, 「안심가」)

우습다 저 사람은　　저의 부모 죽은 후에
신(神)도 없다 이름하고　　제사조차 안 지내며
오륜(五倫)에 벗어나서　　유원속사(惟願速死) 무슨 일고
부모 없는 혼령혼백(魂靈魂魄)　　저는 어찌 유독 있어
상천(上天)하고 무엇할꼬　　어린 소리 마라서라
그 말 저 말 다 던지고　　한울님을 공경하면
아 동방(東方) 삼년 괴질　　죽을 염려 있을소냐
허무한 너의 풍속　　듣고 나니 절장(絕腸)이오
보고 나니 개탄일세

(『용담유사』, 「권학가」)

혹은 서학에 입도해서　　각자위심 하는 말이

(『용담유사』, 「몽중노소문답가」)

제사를 지내지 않고 조상을 숭배하지 않는 허무한 풍속에 대한 거부감에 바탕되어 서학을 각자위심의 것으로 파악하면서 거부하고 있다. 즉 부귀로서의 통일의 첫 번째 사회적 매개물은 서학에 대한 거부감이었다.

서양 사람은 도성덕립하여 그들의 조화는 이루지 못하는 일이 없으며 …… 중국이 그들의 침공 앞에 사라져 없어진다면 우리가 어찌 입술이 없어지면 이가 시리는 것과 같은 근심이 없겠는가. 도무지 다른 까닭이 아니다. 그들은 그 도를 서도라 하고 그 학을 천주학이라 하며 그 교를 성교라고 하는데, 이는 그들이 천시를 알고[知天時] 천명을 받은[受天命] 것이 아니겠는가. …… 해가 바뀌어 신유년(辛酉年, 1861년 – 인용자)이 되자 사방의 현사(賢士)들이 나를 찾아와서 물었다. …… "그렇다면 선생님이 받은 도를 무엇이라고 이름하겠습니까?" 대답하기를 "천도(天道)라고 한다". "그것은 양도(洋道, 서학 – 인용자)와 다름이 없습니까?" 대답하기를 "양학(서학 – 인용자)은 (동학과 – 인용자) 비슷한 듯하면서 다르고 한울님에게 비는[呪] 듯 하면서 알맹이가 없다[如呪而無

實]. 그러나 운(시운－인용자)은 같고 도(천도－인용자)도 같은데 이(里, 교리－인용자)는 같지 않다. …… 서양 사람들(서학인들－인용자)은 한울님을 생각하는 듯 하면서 빎[呪]이 없어[如思無呪], 도는 허무에 가깝고 학은 천주가 아니니 (동학과 서학은－인용자) 다름이 없다고 어찌 말할 수 있겠는가.” (『동경대전』, 「논학문」)

서학도 도성덕립하고 지천시 · 수천명하여 동학과 운도 같고 도도 같지만 이가 다른 까닭은, ‘비는 듯 하면서 알맹이가 없다[如呪而無實]’는 것과 ‘생각하는 듯 하면서 빎이 없다[如思無呪]’는 것이었다. 요컨대는 주(呪)가 없고 주에 실(實)이 없다는 것이었는데. 이 주가 동학과 서학이 달라지는 요소였다고 생각된다.

그럭저럭 먹은 부(符)가　　수백 장이 되었더라
칠팔삭 지내나니　　가는 몸이 굵어지고
검은 낯이 희어지네　　어화 세상 사람들아
선풍도골(仙風道骨) 내 아닌가　　좋을시구 좋을시구
이내 신명 좋을시구　　불로불사(不老不死) 하단말가 ……
진시황(秦始皇) 한무제(漢武帝)가　　무엇 없어 죽었는고
내가 그때 났었더면　　불사약(不死藥)을 손에 들고
조롱만상(嘲弄萬狀) 하올 것을　　늦게 나니 한이로다.
좋을시구 좋을시구　　이내 신명 좋을시구 ……
한울님께 받은 재주　　만병회춘(萬病回春) 되지마는
이내 몸 발천되면　　한울님이 주실런가
주시기만 줄작시면　　편작(扁鵲)이 다시와도
이내 선약(仙藥) 당할소냐　　만세명인(萬世名人) 나뿐이다
(『용담유사』, 「안심가」)

일일시시 먹는 음식　　성경이자(誠敬二字) 지켜 내어

한울님을 공경하면 자아시(自兒時) 있던 신병
물약자효(勿藥自效) 아닐런가
(『용담유사』, 「권학가」)

여주이무실(如呪而無實) · 여사무주(如思無呪)의 주(呪)는, 동학의 주술적 치병력(治病力)이었다.[17] 이렇게 볼 때, 부귀자와 빈천자의 부귀로서의 동귀일체의 두 번째 사회적 매개물은 주술신앙의 공통성 바꾸어 말하면 민속의 공통성이었다고 할 수 있다.

나는 조선에서 태어나 사람으로 행세하고 있으면서 하늘이 위에서 덮어 주고 땅이 밑에서 받쳐 주는 은혜에 머리 숙여 감사하고 해와 달이 내려 비쳐 주는 은덕을 분에 넘치게 받고 있습니다. (『동경대전』, 「축문」)

국호는 조선이오 읍호(邑號)는 경주로다
성호(城號)는 월성(月城)이오 수명(水名)은 문수(汶水)로다
기자(箕子) 때 왕도로서 일천 년 아닐런가
동도(東都)는 고국(故國)이오 한양은 신부(新府)로다
아동방(我東方) 생긴 후에 이런 왕도 또 있는가
수세(水勢)도 좋거니와 산기(山氣)도 좋을시고
금오(金鰲)는 남산이오 구미(龜尾)는 서산이라
(『용담유사』, 「용담가」)

위에서와 같이 동학에는 국토와 향토에 대한 애정이 절실하게 토로되어 있다. 『동경대전』과 『용담유사』의 곳곳에서 국토애와 향토애는 확인된다.[18]

---

17) 신일철, 1979, 앞의 글, 367쪽 참조.

인걸(人傑)은 지령(地靈)이라 승지(勝地)에 살아 보세
(『용담유사』, 「몽중노소문답가」)

풍수도참사상은 동시에 국토에 대한 애착이기도 하였다. 부귀로서의 통일의 세 번째 매개물은 위에서와 같이 국토애·향토애의 공통성이었다고 생각된다.

위의 세 가지 사회적 매개물은 한마디로 종합한다면 생활양식의 공통성이라고 규정할 수 있다. 즉 동학에서는, 생활양식의 공통성에 매개되어 부귀자·빈천자의 부귀로서의 통일체인 군자집단으로서의 조선이 그 역사적 시계에 자리 잡혀 있었다. 그러한 조선의 정치적 내용을 동학에서는 보국안민(輔國安民)이라고 파악하였다.

나도 그 말씀에 따라 그 영부(靈符)를 받았다. 이것을 종이에 써서 먹어보았더니 몸이 윤택해지고 병이 나았다. 비로소 그것이 선약임을 알게 되었다. 이것을 다른 사람의 병에 써 보았더니 어떤 사람은 낫고 어떤 사람은 낫지 않았다. 그러므로 그 까닭을 알지 못하였는데, 그 원인을 잘 살펴보니 성하고 경하여 지성으로 한울님을 위하는 사람은 모조리 효력이 있고 도덕에 따르지 않는 사람은 모조리 효력이 없었다. 이는 영부를 받은 사람의 성과 경에 달려있기 때문이 아니겠는가. 이러므로 우리나라는 요즈음 나쁜 질병이 나라 안에 가득히 차있고 인민은 사시장철 편한 날이 없다. 이것도 상해(傷害)의 운수이다. 서양 사람은 싸우면 이기고 공격하면 빼앗아 뜻대로 되지 않는 일이 없다. 이리하여 천하가 온통 망해 없어져 버린다면 우리도 입술이 없어지면 이가 시리는 것과 같은 탄식이 없지 않다. 보국안민의 계책이 장차 어디에서 나올 것인가. (『동경대전』, 「포덕문」)

18) 위의 글, 404쪽.

일세상(一世上) 저 인물이　　도탄(塗炭) 중 아닐런가
함지사지(陷之死地) 출생들아　보국안민 어찌 할꼬

(『용담유사』, 「권학가」)

위에서와 같이, 나라 안에 가득 찬 질병 · 사시장철 고통스런 인민 · 이가 시리는 탄식의 우려 · 죽을 처지에 빠진 인민 등의 상황의 대극점의 위치에 있는 상황이 보국안민이었다. 따라서 부귀자 · 빈천자의 부귀로서의 동귀일체인 군자집단의 정치적 표현이 보국안민이었다고 생각된다.

십이제국 괴질운수　　　　다시 개벽 아닐런가
요순성세(堯舜聖世) 다시 와서　국태민안 되지마는

(『용담유사』, 「안심가」)

십이제국 괴질운수　다시 개벽 아닐런가
태평성세 다시 정해　국태민안 할 것이니
개탄지심 두지 말고　차차차차 지내서라

(『용담유사』, 「몽중노소문답가」)

후천개벽 · 동귀일체의 보국안민은 결국 요순성세=태평성세=국태민안이었다. 사람과 사람 사이에 정치적 관계의 존재 그 자체가 원천적으로 사상(捨像)되는 정치성 공동(空洞)의 개념이 보국안민이며, 따라서 그것은 관념 · 추상 · 환상의 영역에서 존재하는 것임을 면하지 못한다.

이상에서와 같이 군자집단 · 부귀자 집단으로서의 동귀일체와 그 정치적 존재양식으로서의 보국안민의 사회 상황은, 각자위심 · 나라 안에 가득 찬 질병 · 이가 시리는 탄식의 우려 · 사시장철 인민의 고통 등의 사회 상황의 대극점의 위치에 존재하는 것인데, 후자에서 전자로의 전환은, 개벽에 의하여서만 이루어지는 것이었던 바, 동학의 역사관에 의하면 그 개벽은 무위이화의 자연사(自然史)적 과정이었다. 따라서 군자집단 · 부귀자집단 · 보국안민 등은 그 자체로서는 아무런 역사적 · 사회적 실체를 가질 수 없는 것으로, 관념 · 환상의 영역에서만 존재하는 하나의 추상물에 지나지 않았다.

그러나 유의유식 귀공자=공경=부귀자와 우리=백성=빈천자의 부귀로서의 동귀일체의 사회적 매개물로서의 생활양식의 공통성과 그것에 대한 자각은 역사적 · 사회적 실체가 있는 것이었다. 따라서 동학은 이러한 측면에서, 생활양식 공통체 즉 민속 공통체로서의 자기 집단에 대한 역사적 자각을 토대로 한 민족의식의 자기표현이었다고 할 수 있다. 그러나 그 실체는, 경제생활의 유기적 유대의 공통체성과 그것에 대한 역사적 자각을 결여하고 있었다는 점에서, 동학은 전근대적 성격의 민족의식에서 벗어나지 못한다.[19]

6) 동학사상의 사회적 성격

동학사상에서는 당시의 현실을, 나라 안에 가득 찬 질병 · 사시장철 고통스런 인민 · 이가 시리는 탄식의 우려 · 죽을 처지에 빠진 인민 등의 상태로 파악함으로써 어느 정도는 현실 그대로 그리고 구체적으로 파악하였다. 그러나 동학사상에서는, 현실을 당시의 현실이게끔 한 근원적 원인을, 도덕 · 윤리의 형해화 즉 불순천리 · 불고천명 · 각자위심에서 찾았고, 따라서 현실이 극복 · 지양된 미래의 바람직한 사회의 모습을 후천개벽 · 동귀

---

19) 박현채, 1986, 「민족운동을 어떻게 볼 것인가」, 『한국민족운동의 이념과 역사』, 한길사, 9~10쪽 참조.

일체·보국안민으로 인식하였다. 이것은 관념·환상의 영역에서만 존재할 수 있는 추상물에 지나지 않았고, 따라서 동학은 사상 그 자체로서는 아무런 정치·경제·사회적 실체가 없는 것이었다. 동학사상은, 당시 구체적 사회제도였던 신분제도를 반대·부정한 것도 아니었고, 도덕의 인간 내면화를 주장했을 뿐이었지 인간의 평등을 주장한 것은 아니었다. 왜냐하면 도덕의 인간 내면화는 그 자체로서 아무런 매개 없이 인간의 사회적 평등과 직결되는 것은 아니었기 때문이다.

이상에서와 같이 동학이, 사람과 사람 사이에 개재하는 지배－피지배 관계라는 정치·경제·사회적 관계의 존재 자체를 그 시계 안에 붙잡아 두지 않는 정치성 공동의 사유에 바탕되어 있다고 하여서, 일체의 정치적 성격을 갖지 못하는 것은 아니다.

동학사상에서는 당시의 질서를 불순천리·불고천명·각자위심으로 규정함으로써 그 도덕적 기저를 전면적으로 부정하였다. 정치성 공동의 사유에 바탕된 동학사상이 일거에 비약하여 당시 국가의 도덕적 기저를 정면에서 공격하게 되는 결과를 빚게 된 것은, 동학이 도덕적 근원에서 현실사회를 근원적으로, 바꾸어 말하면 현실사회를 총체적으로 부정하였기 때문이었다고 생각된다. 다시 말하면 관념·환상·추상의 영역에서 미래상을 그리면서 현실을 비판하였지만, 현실을 총체적으로 비판하였기 때문에, 추상·관념·환상에서 일거에 비약하여 현실의 국가의 도덕적 기저를 전면적으로 부정할 수 있었다고 생각된다. 이것이 동학사상이 갖게 되는 정치적 성격이었다.

동학사상이 갖고 있는 이러한 정치적 성격은 당시의 농민들에게 직접·간접으로 영향을 미쳐서 농민들로 하여금 고을의 수령·아전·향임 등, 또는 중앙정부의 맞상대의 자리에 설 수 있게 하였다. 오랜 세월에 걸쳐서 공순(恭順)의 윤리에 매몰되고 또 그러한 매몰이 사회적으로 그리고 세대로 이어지면서 전승되어 온 삶에 길들여진 농민들로서는 고을의 지배자집단이나 중앙정부의 맞상대의 자리에 스스로를 세운다는 것은 지난한 일이었다. 동학사상은 이를 가능하게 하였던 것이다. 그러나 동학사상의 사회적 역할은 여기에서 그치는 것이었다.

자신들의 생활상의 문제를 해결해 나가기 위하여 폐정개혁안을 제기하고 그것을 실현하기 위하여 집단의 힘으로 투쟁해 나간 사상과 행동은 동학에 의한 것이 아니었다. 그 사상과 행동은 스스로의 사회적 이익을 실현하기 위한 농민들의 주체적 창조물이었다. 왜냐하면 동학사상에는 무위이화의 신조가 있었고 이 신조는 현실을 개혁하기 위한 목적의식적이고 의도적인 일체의 행위와 실천을 용납하지 않았기 때문이다. 다시 말하면 동학사상에서는 생활상의 문제를 해결하기 위한 폐정개혁안의 제기와 그 실현을 위한 투쟁 같은 것은 원천적으로 폐쇄되어 있었던 것이다. 국내적으로는 봉건제도의 모순으로 말미암아, 그리고 국외적으로는 일본의 제국주의적 침략으로 인한 모순으로 말미암아 제기된 자신들의 생활상의 문제들을 해결하기 위하여 행동하고 실천한 갑오농민전쟁은 동학사상과는 직접적 관련 없이 전개된 것이었다고 생각된다.

3. 교조신원운동과 금구취당

1894년의 농민전쟁은 조선왕조 봉건사회의 종말이 임박하였음을 확증하였고, 그 '좌절'은 조선왕조의 반(半)식민지화에로의 경사에 큰 분수령을 이룸으로써 한국 근대사에서 중요한 위치를 차지하고 있다. 따라서 농민전쟁의 성격에 대하여서는 여러 가지 입장과 시각에서 그 본질이 추적되어, 농민전쟁의 역사적 진실이 상당히 밝혀져 있으나, 아직까지도 많은 문제점을 남기고 있다.

그 문제점을 편의상 두개로 나눈다면, 하나는 사실 관계의 해명이고, 다른 하나는 사실 관계를 조명·해석하는 틀의 정립이라고 생각된다. 물론 이러한 구별은, 위의 둘은 구조적으로 유착되어 있어 따로 분리·독립될 수 없는 것임을 전제로 한 것이다.

사실 관계의 해명에서도 문제는 산적되어 있다. 그러한 문제들 중에서도 농민전쟁의 최대의 지도자인 전봉준(全琫準)이 어떠한 과정을 거쳐 스스로의 세력을 형성하였는가 하는 문제가 가장 밝혀져 있지 않다고 생각된다. 예컨대 전봉준은 고부민란(古阜民亂)에서 처음으로 그 지도자로서 갑자기 출현하고, 1893년 11월의 '사발통문(沙鉢通文)'에 한 서명자로서 갑자기 출현하고 있다. 그 이전에 전봉준이 어떤 경과를 거쳐서 서명자로서 등장하고 민란의 지도자로 등장하는가 하는 문제가 밝혀져 있지 않다. 여기 이 장에서는 1892년 말부터 시작되는 동학교문(東學教門)의 교조신원운동(教祖伸寃運動)이 전개되는 과정에서 전봉준도 활동을 전개하여, 1893년 3월에는 독자적 세력집단으로서 금구취당(金溝聚黨)을 형성하게 되었음을 밝혀보려고 한다.

1) 보은취회와 금구취당

1893년 3월 11일 동학교문은 그 간부층의 지도하에 보은(報恩) 장내(帳內)에서 교조신원운동을 시작하였다.[1] 보은취회(報恩聚會)가 진행 중이었던 시기에 전라도 금구군(金溝郡) 수류면(水流面) 원평리(院坪里)에서는 다른 집회가 전개되고 있었다. 고종 30년(1893) 3월 21일 사폐(辭陛)하는 신임 전라감사 김문현(金文鉉)을 소견(召見)하는 자리에서 고종과 김문현은 다음과 같은 문답을 나누었다.

> 문 : 호남은 왕조가 일어선 터전이고 경기전(慶基殿)이 있어 다른 지방과는 달리 소중하고, 또한 나라 살림의 창고이다. 근래에는 웬일인지 풍속과 기운이 무너져 흐트러지고 인심이 간화(奸猾)하여 일종 동학의 무리가 창궐하여 자행되기에 이르렀다고 한다. …… 처음에는 일종의 사설(邪說)일 뿐이었으나, 끝내는 점차 무성하여 퍼지게 되었다. 혹, 중심(衆心)을 선동하는 폐단이 있을까 걱정된다. 경(卿)은 모름지기 내려가서 특별히 금단(禁斷)해야 할 것이다. …… 호남에서는(일종 동학의 무리가-인용자) 금구에 가장 많다고 하는데 전주 감영에서 어느 정도의 거리인가. 먼저 그 소굴을 둘러 빼어서 금단하고 일소하는 방법으로 삼도록 할 것이다.
>
> 답 : 금구는 전주에서 30리가량 됩니다. 금구 원평에 정말 취당(聚黨)하고 있다고 합니다.[2]

늦어도 1893년 3월 21일 이전에 전라도 금구군 원평에서도 일종 동학의 무리가 취당하고 있었음이 드러나고 있다. 이 취당에 대한 보고는 이밖에

---

1) 박종근, 1962, 「동학과 1894년의 농민전쟁에 대하여」, 『역사학연구』 269; 김의환, 1970, 「1892 · 3년의 동학농민운동과 그 성격」, 한국사연구 5; 한우근, 1973, 「동학의 성격과 동학교도의 운동」, 『한국사』 17, 국사편찬위원회 등 참조.

2) 『일성록』 고종편 30, 고종 30년 3월 21일, 1971, 서울대 고전간행회, 82쪽.

도 보이고 있다. 1894년 11·12월의 농민군 토벌 기사가 중심이 되고 있는 기록에서도 "계사년(癸巳年) 4월 동학군 4, 5만 명이 일부는 호서의 보은 장내에 둔거(屯據)하고 있었고, 일부는 호남의 금구 원평에 둔거하고 있었다"라고 보고하고 있다.[3] 양호선무사(兩湖宣撫使) 어윤중(魚允中)도 고종 30년(1893) 4월 4일에 올려 보낸[4] '선무사재차장계(宣撫使再次狀啓)'에서 "호남취당(湖南聚黨)을 선유(宣諭)하여 퇴산(退散)시킬 일이 동시에 근심되옵기로 신은 이로부터 전라도 땅으로 직향하옵니다"라고 보고하였는데,[5] 이 호남취당은 금구 원평의 취당이었다. 판부사(判府事) 김홍집(金弘集)도 고종 30년(1893) 4월 5일의 소견에서 "금구취당은 보은의 동정을 듣고 같이 해산한 것임에 틀림없습니다"라고 보고하였다.[6]

금구 원평 취당의 인원 규모는 약 1만 명이었다. 위의 3월 21일의 소견에서 김문현은 3월 27일에 전주 감영에 도착할 예정이라고 말하였는데,[7] 그가 전주 감영에 도착하였을 때 현재로 "금구에 운집한 동도(東徒)가 거의 만여 명이나 되었다"라고 전라감사 군사마(軍司馬) 최영년(崔永年)은 보고하였다.[8] 김윤식(金允植)도 그의 「면양행견일기(沔陽行遣日記)」 계사 4월 5일조에서 "전라도는 금구 원평에서 도회(都會)하였는데, …… 1만여 명을 거느리고 (3월－인용자) 21일에 보은에 온다고 사통(私通)하였다고 한다"라고 기록하였다.[9]

---

3) 『토비대략(討匪大略)』(국립도서관 소장).

4) 어윤중은 '선무사재차장계(宣撫使再次狀啓)'에서 "선유한 후에 퇴산하겠다는 말을 받았지만, 제3일을 기다려 실제로 퇴산함을 보고 지금 비로소 상계(上啓)하오는 바(「취어(聚語)」, 123쪽)"라고 하였는데, 해산하겠다는 약속을 받은 것이 4월 1일이니까(「취어」, 121~122쪽), 제3일인 4월 4일에 '선무사재차장계'를 올려 보내었다고 보아야 한다.

5) 『동학란기록(東學亂記錄)』 상, 「취어」, 1959, 국사편찬위원회, 124쪽.

6) 『일성록』 고종편 30, 고종 30년 4월 5일, 99쪽.

7) 주 2)의 글, 83쪽.

8) 최영년, 『동학란기록』 상, 「동도문변(東徒問辯)」, 155쪽.

금구 원평 취당을 주도하고 조직한 주체에 대하여 알아볼 차례이다. 고종 30년(1893) 4월 1일 선무사 어윤중은 보은취회의 주도자 서병학(徐丙鶴)을 만나서 고종의 윤음을 제시하고 지방관의 동학교도에 대한 탄압을 금지할 것을 약속하면서 취회의 해산을 종용하였는데, 이에 서병학은 3일 이내에 (즉 4월 4일까지－인용자) 해산하겠다고 다짐하고[10] 다음과 같이 말하였다고 어윤중은 보고하였다.

> 그 중의 한 사람이 이름을 밝히면서 말하기를 "나는 서병학이라는 이름의 사람인데 불행히 동학에 들어와 남의 지목을 받은 지가 오래되었다. 마땅히 취영(聚營)하게 된 (보은취회를 말한다－인용자) 내력을 상세히 말하겠다"라고 하였다. 그는 또 말하기를 "호남취당(금구취당－인용자)은 얼핏 보면 우리(보은취회－인용자)와 같지만 종류가 다르다. 통문(通文)을 돌리고 방문(榜文)을 게시한 것은 모두 그들의 소행이다. 그들의 정형(情形)은 극히 수상하니 원컨대 공께서는 자세히 살피고 조사 판단하여 우리를 그들과 혼동하지 말고 옥석(玉石)의 구별을 해주시오"라고 하였는데, 신은 그 말을 따로 기록하여 올려 보내오며 ……[11]

같은 사실을 김윤식은 「면양행견일기」 계사 4월 16일조에서 다음과 같이 기록하였다.

> 그 당 중에 서병학이라는 자가 있었는데 스스로 말하기를, "잘못하여 이 당(동학교문－인용자)에 들어와 후회가 막급이다. 장차 취회한 내역서(來歷書) 한 통을 바치겠다"라고 하였는데, 전 충청감사 조병식(趙秉式)의 탐학이 격변(激變)

9) 김윤식, 『속음청사(續陰晴史)』 상, 권7, 264쪽.

10) 『동학란기록』 상, 「취어」, '선무사재차장계', 121~122쪽.

11) 위의 글, 123쪽.

하였다고 허물하였다. 또 말하기를, "호남에서 취회한 당은 우리와는 종류가 같지 않으니, 빌건대 혼시(混示)하지 말고 옥석을 구별해 달라"라고 하였다.[12)]

보은취회에서 '통문을 돌리고 방문을 게시한 것[發文揭榜]'은 금구취당의 행동이었고, 그리고 이들 호남취당, 즉 금구취당의 내력과 동정에 대하여, 어윤중은 서병학의 밀보에 근거하여 특별보고서를 올려 보내었음을 알 수 있다.

4월 3일에 보은취회가 해산되고[13)] 나서 그 사후 처리로서 의정부는 고종 30년(1893) 4월 10일 다음과 같이 건의하여 고종의 윤허를 받았다.

(보은에서) 취당한 사정은 이미 서병학의 입에서 드러났고, 통문을 돌리고 방문을 게시한 것[發文揭榜]은 그 짓을 한 자가 있을 것이니 마땅히 조사하고 들추어 내어야[査覈] 한다. 호서의 서병학, 호남의 김봉집(金鳳集)·서장옥(徐長玉)을 해도(該道)의 감사로 하여금 영옥(營獄)에 체포 구금하여 엄하게 조사하여 보고하게 합시다.[14)]

의정부는 선무사 어윤중이 4월 4일에 올려 보낸 특별보고서에[15)] 근거하여, '통문을 돌리고 방문을 게시하며 정형이 극히 수상한 금구취당'을 조사하고 들추어내기 위하여 김봉집과 서장옥의 체포령을 내렸던 것이다.

보은취회의 지도층에 대하여 어윤중은 "수령(首領)은 최시형(崔時亨)이

---

12) 주 9)의 글, 266쪽.

13) 『동학란기록』 상, 「취어」, 124쪽.

14) 『승정원일기(承政院日記)』, 고종편 12, 고종 30년 4월 10일, 1968, 국사편찬위원회, 536쪽 하단; 『일성록』, 고종편 30, 고종 30년 4월 10일, 106쪽.

15) 주 11)의 '선무사재차장계'에서 '신은 그 말을 따로 기록하여 올려 보내오며'라고 한 것이 특별보고서인데, '선무사재차장계'와 같이 올려 보내었다. 주 4)에서와 같이 '선무사재차장계'는 4월 4일에 올려 보내었다.

었고 차좌(次座)는 서병학 · 이국빈(李國彬) · 손병희(孫丙喜) · 손사문(孫士文) · 강기(姜奇, 姜哥?－인용자) · 신가(申哥) 등 경(京) · 강(江) · 충(忠) · 경(慶)의 접장(接長)들, 황하일(黃河一) · 서일해(徐一海) 등 전라도 접장들, 그리고 운량도감(運糧都監) 전(全, 이름은 모른다) 도사(都事)였다"라고 보고하였고,[16] 김윤식은 "그 수도(首徒)는 문경의 최씨(崔氏, 이름은 모른다) 양반이었고, 그 밑의 자리는 충주의 서병학, 청주 송산(松山)의 손병희, 충주의 이국빈, 운량도감인 충주의 전(全, 이름은 모른다) 도사였다고 한다"라고 전문(傳聞)하였다.[17] 이로서 보아 보은취회의 공식 지도층은 북접(北接)인 최시형 · 서병학 · 이국빈 · 손병희(孫秉熙) · 손사문 등이었고, 서일해 · 황하일도 보은취회에 참여하였음을 알 수 있다.

일해(一海)는 서장옥(徐長玉, 徐璋玉)의 호로서[18] 서인주(徐仁周)라고도 하였는데[19] 그는 "남접(南接)의 거인으로서 호서 교도를 통할하여 동학란에도 최시형의 직할인 북접과 상지(相持)하며 전봉준과 호응하여 활약하던 인물"이었고,[20] 황하일은 서장옥의 부하로서 전봉준을 서장옥에게 소개하여 동학교문에 입도케 한 인물이었던 바,[21] 두 사람은 모두 남접의 지도자로서 전봉준과는 긴밀한 관계를 맺고 있었고,[22] 또 보은취회에도 참여하였다.

---

16) 「취어」, '계사 3월 20일 탐지(探知), 21일 발보(發報)', 111쪽.

17) 김윤식, 『속음청사』 상, 권7, 「면양행견일기」, 계사 3월 26일, 262쪽.

18) 조경달, 1982, 「동학농민운동과 갑오농민전쟁의 역사적 성격」, 『조선사연구회논문집』 19, 127쪽.

19) 위와 같음.

20) 김상기, 1975, 『동학과 동학란』, 한국일보사, 110쪽.

21) 위와 같음. 거기에서는 황해일(黃海一)이라고 되어 있으나 황하일(黃河一)을 잘못 쓴 것이라고 생각된다.

22) 오지영도 전봉준은 "호서로는 서장옥, 황하일 등과 교분이 두터웠었다"라고 하였다(『동학사(東學史)』, 162쪽).

위의 4월 10일의 체포령에서의 '호남의 김봉집 · 서장옥'은 보은취회에서 '통문을 돌리고 방문을 게시한 것[發文揭榜]'과 그 원천으로서의 '호남취당', 즉 '금구취당'을 조사하고 들추어내기[査覈] 위하여 지목되었던 사람이었다. 그런데 서장옥은 보은취회에 참여하였고 김봉집은 보은취회에는 참여하지 않았다는 사실로 미루어 보아, 김봉집은 금구취당의 주도자로, 서장옥은 보은취회에서 '통문을 돌리고 방문을 게시한[發文揭榜]' 주도자로 지목되었음을 알 수 있다.

서병학의 밀보에서는 보은취회에서의 발문게방을 금구취당의 소행으로 파악하였는데, 그 밀보에 자신의 판단을 첨가하였을 어윤중의 특별보고서에 근거한 4월 10일자의 체포령에서는, '발문게방'의 주도자로 남접인 서장옥을 지목하였다는 것은, 일정한 사실을 반영하고 있다고 생각된다. 즉 '발문게방'은 금구취당의 소행이었지만, 그 행위는 보은취회에 참여한 서장옥 · 황하일 등 남접의 적극적인 비호와 협조하에 이루어졌다는 사실이다. 따라서 보은취회에서의 '금구취당'의 '발문게방' 행위는, 보은취회에 참여한 남접과 금구취당의 연합 행동의 표현이었다고 생각된다.

'금구취당'을 조직하고 주도한 김봉집은 매우 주목되는 인물이지만, 자료상으로는 위의 4월 10일자 체포령에서만 그 이름이 보이는데, 사실은 전봉준의 가명이었다고[23] 생각되는 바, 그 근거는 다음과 같다.

첫째는, 김윤식이 그의 「면양행견일기」 계사 4월 22일조에서, 위의 4월 10일자 체포령에 대하여 "의정부에서 초기(草記)를 올려 왕명으로 동학당의 괴수인 서병학과 전가(全哥)를 체포 국문(鞫問) 조사하여 실상을 알아내자고 청하였는데 왕이 허락하였다"라고[24] 기록하고 있는 사실이다. 비

23) 주 18)의 글, 126쪽.

24) 『속음청사』 상, 권7, 270쪽.

록 유배 중이었지만, 조정에서의 동정을 소상하게 알고 있던 김윤식이 김봉집을 일부러 '전가'로 고쳐 쓰고 있는 것으로 보아 김봉집은 '전가'의 가명이 아니었을까 한다.

둘째는, 1894년의 농민전쟁에 실제 참여하여 활동하였던 오지영(吳知泳)이 1940년에 기억을 더듬어 기술한 『동학사(東學史)』에서도, 주 14)의 4월 10일자 『승정원일기(承政院日記)』의 기사를 옮겨 기록하면서 김봉집·서장옥 대신에 전봉준으로 기록하였다는 사실이다.[25] 『동학사』는 전체적으로 사료적 신빙성이 튼튼하고, 특히 그 전재(轉載) 기사는 모두 정확하게 기록하고 있는 오지영이 김봉집을 일부러 전봉준으로 고쳐 쓰고 있는 점으로 보아, 김봉집은 전봉준의 가명이었음을 알 수 있다.

셋째는, 동학교문의 기록에서도 "전봉준은 교도들을 모아 전라도 금구군 원평에 주재하고 있었다. …… 이때 전봉준·김개남(金開南)은 호남지방에서 교도 대중을 이끌고, 혹은 모였다가 혹은 흩어지고 하였다",[26] "법소(法所)에서는 교도의 난동을 금지하였다. 이것은 전봉준이 교도들을 사사로이 빼앗아서 전라도 금구군 원평에 주재하고 있었기 때문이었다. …… 이때 전봉준·김개남은 호남지방에서 교도 대중을 스스로 거느리고, 혹은 모이고 혹은 흩어지면서 갑오년까지에 이르렀다"라고[27] 하여, 금구 원평 취당은 전봉준이 거느리고 있었던 집단이라고 하였다.

전봉준은 김봉집이라는 가명 이외에도 김봉균(金鳳均)이라는 가명도 쓰고 있었던 바,[28] 때문에 1895년 3월 7일의 제4차 법정재판에서 일본 영

---

25) 『동학사』, 86쪽.

26) 박정동, 1915, 『시천교종역사』 제2편 하, 계사 10월, 시천교본부, 27~28쪽.

27) 최소현, 1920, 『시천교역사』 하, 계사 11월, 시천교총부, 147쪽.

28) 『日淸交戰錄』 12, 「동학당수령방문기」, 1894년(명치 27) 10월 16일, 42~43쪽. 「동학당과의 필담」(조경달, 앞의 글, 126쪽에서 재인용).

사는 “너의 명호(名號)는 하나둘이 아닌데, 몇이나 되는가?”라고 물었던 것이다.[29)]

전봉준이 언제 동학에 입교하였는지는 명백하지 않다. 예컨대, 그의 입교의 시기를 오지영은 1888년이라고 하였고,[30)] 김상기(金庠基)는 전라도 고로(古老)들의 회고담에 근거하여 1890년이라고 하였으며,[31)] 이돈화(李敦化)는 1885년이라고 하였고,[32)] 전봉준 자신은 1895년 2월 9일의 제1차 법정신문에서 1892년이라고 하였다.[33)] 이돈화의 『천도교창건사(天道敎創建史)』는 1차 사료의 성격이 희박하여 상대적으로 신빙성이 약하고, 그 밖의 1888년 설, 1890년 설, 1892년 설은 각각 1차 사료이거나 그것에 근거한 것이므로 일정한 사실을 반영하고 있는 것으로 생각된다. 뒤에서 보게 되듯이, 전봉준이 1893년 2월부터는 뚜렷한 활동을 하고 있었다는 점, 1895년 2월 9일의 제1차 법정신문에서 전봉준이 1894년 1월 당시로서 고부에서 산 지가 수년이 되었다고 진술하고 있는 점[34)] 등으로 미루어 보아 1892년은 전봉준이 고부 접주로 임명된[35)] 시기이고, 1890년은 그가 동학교문에 입교한 시기이며, 1888년은 그가 손화중(孫化中) 등과 일정한 접촉을 갖기 시작한 시기였다고 짐작된다.

---

29) 『동학란기록』 下, 「전봉준공초」, ‘4차문목(4次問目)’, 549쪽.

30) “무자년간에 손화중 선생을 만나 도에 참여하였다”라고 하였다(『동학사』, 161쪽).

31) “그리하여 전봉준은 경인년(1890)에 이르러 그의 용무지지(用武之地)가 동학교문에 있음을 발견하고 비로소 서장옥의 부하 황해일의 소개로 입도하였다”라고 하였다(『동학과 동학란』, 110쪽).

32) 이돈화, 1979, 「천도교창건사」, 『동학사상자료집』 2, 아세아문화사, 147쪽.

33) 『동경조일신문(東京朝日新聞)』 1895년(명치 28) 3월 6일(『사회와 사상』 1, 1988년 9월호, 한길사, 261쪽).

34) 「전봉준공초」, ‘초초문목(初招問目)’, 523쪽.

35) 전봉준은 고종 32년(1895) 3월 7일의 제4차 법정신문에서, 최시형에 의하여 동학의 접주로 임명되었다고 진술하였다(「전봉준공초」, ‘4차문목’, 559쪽).

전봉준은 약 1만 명가량의 회중(會衆)을 거느리고서 보은취회와는 별도로 독자적으로 금구 원평에서 취당하고 있었다. 그러나 이들이 보은취회와는 별도의 독자적인 시위 행동을 한 것 같지는 않다. 자료상으로, 별도의 취당만 하고 있었지 독자적인 시위 행동을 한 자취는 나타나지 않는다.

앞에서 이미 살핀 바와 같이, 보은취회에서의 금구취당의 '발문게방' 행위가, 보은취회에 참여한 남접과 금구취당의 연합 행동의 표현이었다는 것은, 보은취회에 참여한 서장옥 등의 남접과 전봉준의 금구취당은 각각 별도의 세력이면서도, 내면적으로는 깊은 연관을 갖고 있었다는 것을[36] 반증하는 것이었다.

서장옥 등의 남접과 금구취당 사이에는 깊은 연관이 있었기 때문에, 4월 10일의 체포령에서는 '발문게방'을 서장옥의 소행으로 오인하였고, 또 김윤식에게는, "전라도에서는 금구 원평에서 도회하였는데, 그 괴수는 보은에 사는 황하일과 무장 접주 손해중(孫海中, 海는 化의 착오이다 – 인용자)이었다고 한다"라고[37] 하듯이, 보은취회에 참여한 남접의 지도자 황하일이 금구취당의 괴수라고까지 전문되었던 것이다.

양자 사이의 그러한 내면적 연관의 구체적 표현이 금구취당의 전봉준이 보은취회에 참여한 서장옥 · 황하일 등 남접을 매개로 하여, 즉 남접과 합세하여 보은취회를 일정한 방향으로 유도하려 한 사실이었다. 그러면 금구취당의 전봉준은 서장옥 · 황하일 등 남접과 합세하여 보은취회를 어떤 방향으로 유도하려 하였는지를 살펴볼 차례이다.

서병학이 4월 1일에 어윤중에게 "통문을 돌리고 방문을 게시한 것은 모

---

36) 전라도 고로들의 회고담에 근거한 김상기의 파악에서도 "동학 수령 가운데에서 가장 혁명적 인물인 서장옥과 전봉준이 처음부터 연락을 맺게 된 것은 우연한 사실이 아니라 하겠다"라고 하였다(『동학과 동학란』, 110쪽).

37) 김윤식, 『속음청사』 상, 권7, 「면양행견일기」, 계사 4월 5일, 264쪽.

두 그들(금구취당－인용자)의 소행이었다”라고 제보한 보은취회에서의 방문의 하나가 ‘보은관아통고(報恩官衙通告)’였다.[38] 그 내용은 다음과 같은 것이었다.

> 사람의 일에는 어려운 것이 셋 있는데, 절개를 지키며 충성을 다하여 나라를 위하여 죽는 것은 신하로서의 어려운 일이고, 힘을 다하여 정성으로 효도하여 죽음으로써 부모를 섬기는 것은 자식으로서의 어려운 일이고, 정절을 지키고 충렬을 사모하며 죽음으로써 지아비를 따르는 것은 아내로서의 어려운 일이다. …… 지금 왜양(倭洋) 오랑캐가 나라의 심복에 들어와 있어 대란(大亂)이 극에 달하였다. 진실로 오늘날 나라의 수도를 볼 때 드디어 오랑캐의 소굴이 되어 버렸다. 가만히 생각하건대, 임진년의 원수와 병자년(1876년의 강화도 조약－인용자)의 치욕을 어찌 차마 말할 수 있고 어찌 차마 잊을 수 있겠는가. 지금 우리나라 3천리 강토가 짐승의 자국으로 짓밟혀져 5백 년 종사가 망하고 그 터전이 기장밭이 되어 버리는 지경이 되고 말 것이다. 인의예지(仁義禮智)와 효제충신(孝悌忠信)은 지금 어디로 가버렸는가. 더욱이 왜적 오랑캐는 뉘우치는 마음은 없이 재앙을 일으킬 마음을 품고 바야흐로 그 독을 뿌려 위험이 닥쳐왔는데도 이를 대수롭지 않게 여기고 별일 없다고 하지만 지금의 형세는 장작 불 위에 있는 것과 다른 것이 무엇이 있는가. …… 우리들 수백만은 힘을 합쳐 죽기를 기약하고 왜양을 쓸어내어[掃破] 대의를 실현하려고 한다. 엎드려 원하옵건대, 각하께서는 우리와 뜻을 같이하고 협력하여 충의심(忠義心)이 있는 사(士)와 이(吏)를 뽑아 모집하여 같이 보국하기를 천만 번 기원합니다.[39]

유교적인 윤리와 척사위정론(斥邪衛正論)의 논리에 젖어 있기는 하지만[40] 왜양의 침투로 인한 나라의 위기를 극히 강조하고 왜양 배격의 전투

---

38) 주 11)의 ‘발문게방’은 모두 금구취당의 소행이었다는 서병학의 밀보 참조.

39) 『동학란기록』 상, 「취어」, ‘보은관아통고’, 108~109쪽.

적 의지를 강하게 나타내고 있었다. 북접 중심의 "교조신원의 종교적 주장은 철회되고 민중과의 연대하에 민중의 현실적 정치적 요구를 충족시킬 수 있는 …… 슬로건이 전면으로 부각되고"[41] 있었다. 즉 보은취회의 운동을 종교적인 운동의 성격에서 정치적인 운동의 성격에로 기울게 하려는 의지가 그 방문에는 담겨 있었다고 보여진다.

금구취당과 보은취회의 관계가 이러하였기 때문에, 고종 30년(1893) 4월 5일의 시원임대신(時原任大臣) 소견에서 고종은 "보은취회와 금구취당은 성기(聲氣)를 통하고 있었다"라고[42] 파악하였던 바, 이러한 파악은 서병학의 밀보에 근거하여 어윤중이 "신은 그 말을 따로 기록하여 올려 보내오며"라고[43] 한 특별보고서를 보고 난 뒤에 한 것이므로 더욱 믿을 만하다.

보은취회 자체가 남접의 작용에 의하여 '척왜양창의(斥倭洋倡義)'를 기치로 내세우게 되는 정치적 성격에로의 경사(傾斜)를 이미 나타내고 있었다.[44] 보은취회의 중요한 성격의 하나는 반봉건(反封建)에의 지향이었다. 보은취회의 회집 중민(衆民)은, 3월 23일 보은군수 이중익(李重益)과의 문답에서 "지금 백성이 구렁에 빠져 거의 죽음에 이른 것은 방백수령이 탐학무도하고 세력 있는 토호의 무단이 한이 없어 도탄의 지경을 이루었기 때문이다. 지금 그것을 소청(掃淸)하지 못할 것 같으면 언제 국태민안(國

40) 어윤중의 '선무사재차장계'에 의하면, "그 무리 중에는 사족으로서 투입한 두령도 몇이 있었는데 …… 그들은 말하기를 '우리들이 양이(攘夷)로서 명분을 삼은 것은, 외이(外夷)가 국도(國都)에 혼처(混處)하면서 우리나라의 이원(利源)을 고갈시키고 있는 바, 이는 다른 나라에서는 없는 일이라, 일국의 의려(義旅)와 함께 협력하여 물리치고자 한 것이다'라고 하였다"라고 하듯이, '우리나라의 이원의 고갈'을 문제 삼고 있는데, 단순한 척사위정의 논리에서는 벗어나고 있었다.

41) 김의환, 1970, 「1892·3년의 동학농민운동과 그 성격」, 『한국사연구』 5, 168쪽.

42) 『일성록』, 고종편 30, 고종 30년 4월 5일, 99쪽.

43) 주 10) 참조.

44) 주 41)의 글 참조.

泰民安) 할 수 있겠는가"라고[45] 하여, 봉건적 수탈을 근절하여 국태민안을 기하겠다는 반봉건에의 지향을 명백히 하고 있었다. 그러한 지향은 또 "보은의 둔취소(屯聚所)에서는 보은 · 상주(尙州) 등의 수령을 초치하였다. 수령이 오지 않으면 이방과 호장을 붙들어 와서 군량과 군기를 책납(責納)하였다. 또 토호 부민(富民)도 많이 곤욕을 당하였다"라는[46] 모습으로도 나타났다. 전(前) 사간(司諫) 권봉희(權鳳熙)도 고종 30년(1893) 3월 초의 상소에서 "저 무리들이 날로 치열해지고 달로 번성하는 것은 다른 까닭이 아니다. 수령의 탐학이 자심(滋甚)하기 때문에 평민들이 살 수 없어 그 당(동학교문－인용자)에 투입하는데, 그러면 전곡(錢穀)을 주고 남과 나 사이에 네 것 내 것이 없다"라고[47] 하여, 봉건적 수탈의 가중 때문에 평민들이 동학에 투신하며 동학 교단에는 경제적 공동체로서의 측면도 있었다고 지적하였다.

보은취회에서의 '척왜양창의'의 슬로건, 즉 "두려워할 바의 극치라는 것을 알지 못하는 바 아니지만 하정(下情)이 상달(上達)하지 못하니 우리들의 이번 거사는 격왜양(擊倭洋)하여 진충부국(盡忠扶國)함을 주로 삼을 따름이다"라고[48] 하는 외세 배격의 지향은, 앞에서의 반봉건의 지향과 분리되어 있지 않았다. 선무사 어윤중의 '재차장계'에서 "그 무리 중에는 사족으로서 투입한 두령도 몇이 있었는데, …… 그들은 또 말하기를, '탐묵(貪墨)의 횡행은 외교(外交) 이래로부터 더욱 거리낌이 없어 뭇 사특한 자들이 제각기 날뛰어 가렴주구로서 일로 삼고 있는데, 이를 삼가하도록 하기 위하여 제재를 가하겠다는 왕명이 있었지만 아무런 실효가 없으니 우

45) 『동학란기록』 상, 「취어」, 계사 3월 23일, 112쪽.
46) 김윤식, 『속음청사』 상, 권7, 「면양행견일기」, 계사 3월 28일, 262쪽.
47) 「취어」, '전사간권봉희소(前司諫權鳳熙疏)', 107쪽.
48) 「취어」, 계사 3월 23일, 112쪽.

리가 조정에 고하여 탐관오리를 척출하려고 한다'는 것이었다"라고[49] 하였듯이, 보은취회 회집 중민은 봉건적 수탈이 '외교(개항-인용자) 이래로부터 더욱 거리낌 없어'진 것으로 파악하였던 바, 척왜양의 지향은 반봉건의 지향과 밀접 불가결하게 유착되어 있는 것이었다.

그리고 그 반봉건의 지향은, "그 무리 중에는 사족으로서 투입한 두령도 몇이 있었는데 …… 그들은 또 말하기를, '우리들의 이번 취회는 조그마한 무기도 갖지 않았으니 이는 곧 민회(民會)이다. 일찍이 듣건대, 각국에도 또한 민회가 있어 조정의 정령(政令)이 민과 나라에 불편한 것이 있으면 회의하여 대책을 강구하는 것이 흔히 볼 수 있는 일이니, 어찌 우리를 비류(匪類)로 취급해서야 되겠는가'라고 하였다"라고[50] 하듯이, 민권의식(民權意識)에까지 접근해가고 있었다.

보은취회 회집 중민의 지향이 이러한 것이었기 때문에, 금구취당은 남접과 합세하여 보은취회를 더욱 정치적 방향으로 치닫게 하려고 의도하였다고 생각된다. 게다가 보은취회에 회집한 중민의 구성 내용도 금구취당으로 하여금 그러한 의도를 가지게 할 만한 성향을 띠고 있었던 것이다. 즉 선무사 어윤중은 그의 '재차장계'에서 다음과 같이 말하였다.

> 동학교문 개창 초기에는 부적과 주문을 가지고 농민을 속이고 참위(讖緯)를 퍼뜨려 세상 사람들을 기만하였는데 (즉 종교적 집단의 성격이었는데-인용자), 나중에는 (즉 보은취회 당시에는-인용자) 재주와 기개는 있으나 뜻을 이루지 못한 자, 탐학이 자행되는 것을 분하게 생각하여 백성을 위하여 목숨을 걸고 그 탐학을 제거하려는 자, 외국 오랑캐가 우리의 이권을 침탈하는 것을 통분히 여겨 반대하는 자, 탐관오리의 가렴주구에 시달리면서도 호소하여 억

49) 「취어」, '선무사재차장계', 122~123쪽.
50) 위의 글, 123쪽.

울함을 풀길 없는 자, 경향(京鄕)의 토호에게 시달려 살아갈 수 없는 자, 죄를 짓고 지방에서 도망 다니는 자, 영읍의 아전으로서 여기저기 떠돌아다니는 무뢰배, 절량 농민과 몰락 상인, 우매한 자로서 풍문을 듣고 살 길을 찾는 자, 빚독촉에 견뎌 배기지 못하는 자, 상천(常賤) 계급에서 벗어나려는 자 등등이 교문에 귀의하게 되었다.[51]

봉건말기의 사회적 모순과 개항으로 인한 대외적 모순에서 빚어진 인간 집단이 동학교문의 중요한 일부를 이루게 되었음이 드러나고 있다. 이러한 인간 집단이 대거 참여한 보은취회 회중의 분위기와 태세는 "한 나라에 꽉 차있는 불평의 기운을 한데 두드려 뭉쳐 놓은 마을과 같고, 모두가 팔을 걷어붙이고 통분하여 죽음을 귀의하는 것으로 여기지 않으려는 자가 없다. 유생의 복장을 하여 무기는 갖고 있지 않았지만, 회집소를 바라보건대 자못 전진(戰陣)의 기상이 있고, 부서가 이미 정해져 있어 행동거지가 착란되지 않아, 문(文)으로서 오면 문으로서 대우하고 무(武)로서 오면 무로서 대우하여 스스로 처리 방법이 있었다"라는[52] 것이었다.

보은취회를 더욱 정치적 방향에로 치닫게 하려고 하였던 금구취당 세력의 의도는, 그들 스스로가 보은취회에 집단적으로 참여하려고 하였던 데에서 더욱 명백하게 두드러진다. 즉 서로 '성기를 통하고 있었던 관계'의 더욱 직접적인 표현이 금구취당의 보은취회에의 직접 참여 계획이었다. 어윤중이 3월 20일에 탐지하여 3월 21일에 발보(發報)한 보고에 의하면, "그들(보은취회의 회중－인용자)이 갖고 있는 통문의 내용은, '창의소(倡義所)를 빙자하여 돈이든 곡식이든지를 부민에게서 침토(侵討)하는 자가 간혹 있으면 동중(洞中)에서 결박하여 급히 보고하라', '전라도 도회가

51) 위의 글, 122쪽.

52) 위와 같음.

이달 22일에 이른다'는 것이었다"고[53] 한다. 김윤식도 그의 「면양행견일기」 계사 4월 5일조에서 "『황간탐문기(黃澗探問記)』를 보니 …… 전라도에서는 금구 원평에서 도회하였는데, 그 괴수는 보은 거(居) 황하일과 무장 접주 손해중이며, 만여 인을 거느리고 21일에 도착한다는 뜻을 사통하였다고 한다"라고[54] 기록하였다. 어윤중이 말한 전라도 도회가 곧 금구 원평 도회, 즉 금구 원평 취당임을 알 수 있고, 금구취당이 3월 21일, 22일간에 보은취회에 도착할 예정임을 보은취회인들에게 통지하였음을 알 수 있다. 즉 금구취당은 3월 21일, 22일간에 보은취당에 참여할 계획이었음을 확인할 수 있다. 『황간탐문기』에서는 그 참가 예정의 인원을 만여 인이라고 하였는데, 주 8)의 금구취당의 규모에 비추어 볼 때, 금구취당의 보은취회 참여 계획은 거의 전원을 동원한 집단적인 것이었음을 알 수 있다.

그러나, 금구취당의 보은취회에의 참여는 계획한 대로 3월 21일, 22일간에 실현되지는 않았다. 보은취회가 해산되기 시작한 4월 2일 직전 무렵에 금구취당의 일부가 보은에 거의 임박하였다고 생각되는데, 그렇게 생각하는 근거는 다음과 같다. 보은취회 회중이 거의 해산된 4월 3일에 어윤중은 각처장리(各處將吏)로서 방수(防守)하는 자에게 퇴산하는 보은취회 회중의 향방과 그 인원 규모를 탐지, 보고하라고 지시하였는데,[55] 북면구치장리(北面九峙將吏)는 각 지점의 퇴산 상황을 서면으로 보고하면서 끝 부분에서 "사잇길로 원평에서 충주로 간 자가 천여 명이 되는데, 그들이 거주하는 지역은 탐문하지 못하였다"라고[56] 보고하였다. 금구 원평에서 충주로 갔다는 이들 천여 명은 보은군 외북면(外北面) 구치리(龜峙

53) 「취어」, '계사 3월 20일 탐지, 21일 발보', 111쪽.

54) 김윤식, 『속음청사』 상, 권7, 264쪽.

55) 「취어」, '동일사시(同日巳時)', 124쪽.

56) 위와 같음.

里)[57]의 장리에게 발견된 것으로 보아, 보은취회장인 장내(帳內) 가까이에까지 왔다가, "취회한 민당(民黨) 수만 명이 이달 초 이틀부터 모두 흩어졌다"라고[58] 하듯이, 4월 2일 아침부터 보은의 회중이 해산하고 있었으니까, 충주로 향하여 간, 금구 원평 취당의 천여 명이었을 것으로 생각된다.

어윤중이 4월 1일에 선유하면서 서병학에게 퇴산할 것을 종용함에, 서병학은 주 11)에서와 같이 밀보하면서 "처음에는 5일 이내에 퇴산하겠다고 말하였다. 신(즉 어윤중-인용자)이 고쳐서 3일 이내로 기일을 정하였다"[59]고 어윤중이 보고하고 있듯이, 서병학은 처음에는 5일 이내에, 즉 4월 6일까지 해산하겠다고 하였다가 어윤중의 요구로 이틀을 양보하여 3일 이내에, 즉 4월 4일까지에 해산하겠다고 다짐하였다. 그러나 "그 두령 최도주(崔道主, 최시형-인용자)·서병학 등은 이달 초 2일 꼭두새벽을[60] 틈타 도주하였"던 것이다.[61] 서병학 등이 다짐을 둔 약속 기일보다 이틀 앞서 이렇게 황망스럽게 도주한 것은 보은취회장으로 임박하고 있었던 금구취

57) 이때 방수하는 각처장리는 동면·서면·남면·북면에 있었는데, 보은과 그 근방의 군·현에는 동·서·남·북면이 한 고을에 다 있는 경우는 보이지 않는다. 따라서 동·서·남·북면의 면(面)은 지방행정의 구역을 뜻하는 것이 아니라 방면(方面)의 뜻으로 생각된다. 즉 선무사 예하인 장리가 방수하는 방면을 동·서·남·북으로 나눈 것이었다고 생각된다. 동·서·남·북면 밑에 있는 지명은 동리명(洞里名)이었다. 예컨대 '남면원암(南面元巖)'의 원암리(元巖里)는 보은군 삼승면(三升面)에 있었고, '동면관리(東面官里)'는 보은군 탄부면(炭釜面)의 관리(館里)였을 것이다. 정조 13년(1789)의 「호구총수(戶口總數)」(1971, 서울대 고전간행회, 113쪽)에 의하면, 보은군의 외북면에 구치리(龜峙里)가 있었는데, '북면구치(北面九峙)'의 구치(九峙)는 구치리(龜峙里)를 잘못 적은 것으로 생각된다.

58) 「취어」, '동일사시', 124쪽.

59) 「취어」, '선무사재차장계', 122쪽.

60) "그 두령 최도주, 서병학 등은 이달 초 2일 밤을 틈타 도주하였다. 당중(黨衆) 수만도 모두 흩어졌다"(「취어」, 초 3일 오시, 121쪽)고 하는데, 당중 수만은 보은취회의 지도부가 해산됨에 따라서 2일 낮부터 모두 흩어진 것이니까, 최시형과 서병학의 '승야도주(乘夜逃走)'의 야(夜)는 2일의 저녁 밤이 아니라 꼭두새벽의 밤으로 보아야 한다.

61) 「취어」, '초 3일 오시', 121쪽.

당의 선발대 천여 명의 보은취회 참여를 원천적으로 봉쇄하기 위한 것이었다고 생각된다. 이렇게 볼 때 '사잇길로 원평에서 충주로 간 자 천여 명'은 금구취당의 선발대임이 더욱 확실하다고 생각된다. 즉 금구취당의 보은취회 참여를 위한 선발대 천여 명은 보은취회에의 참여가 원천적으로 봉쇄되자 별도의 계획에 따라 충주로 향하였다고 생각된다.

이들 금구취당인 천여 명이 충주로 갔다는 사실도 주목할 필요가 있다. 주 49)에서 보이듯이, 보은취회 회중의 일부는 "탐묵의 횡행은 외교(개항－인용자) 이래로부터 더욱 거리낌이 없어 뭇 사특한 자들이 제각기 날뛰어 가렴주구로서 일로 삼고 있는데 이를 삼가하도록 하기 위하여 제재를 가하겠다는 왕명이 있었지만 아무런 실효가 없으니 우리가 조정에 고하여 탐관오리를 척출하려고 한다"라고 하여, 상경하여 서울에서 탐관오리 척출운동을 벌이겠다는 의지를 강하게 나타내었으며, 이에 대하여 선무사 어윤중은 "그것은 조정에서의 처분에 속하는 것이다. 너희들이 어찌 감히 그런 엄두를 내는가. …… 너희들이 백성의 사정을 상달할 것이 있으면 문장을 만들어 가지고 오라. 내가 마땅히 전달하겠다. 너희들은 결코 올라가서 서울을 경동(驚動)해서는 안 된다"[62]라고 하였다. 이로 미루어 보아, 보은취회의 일부 세력도 상경하여 중앙에서 탐관오리 척출운동을 벌일 구상을 이미 갖고 있었다고 생각된다.

이러한 구상을 갖고 있었던 일부 세력은, 보은취회에 참여한 남접이었다고 짐작되며, 따라서 금구취당 천여 명의 충주행은 저들 남접과 함께 서울로 올라가려는 계획에 따른 것이었다고 생각된다. 이렇게 볼 때 금구취당 세력은 보은취회에 참여한 남접과 합세하여 보은취회를 더욱 정치적인 방향에로 치닫게 할 뿐만 아니라, 나아가서는 보은취회 후에는 역시

62) 「취어」, '선무사재차장계', 122~123쪽.

저들 남접과 합세하여 서울로 올라가 서울에서 탐관오리 척출운동을 벌이려고 계획하였다고 생각된다.

김윤식은 그의 「면양행견일기」 계사 3월 28일조에서 "또, 금구 원평 취당 수만 인은 장차 인천 제물포로 직주(直走)하겠다고 성언(聲言)하였다고 한다"[63]라고 전문한 사실을 기록하였는데, 이것은 3월 28일에 전문한 것이고, 그보다 7일 뒤인 4월 5일에는 주 54)에서와 같이, 금구취당의 보은취회 참여의 사통을 전문한 것으로 보아, 금구취당인들의 상경 계획(인천 제물포에의 직주는 상경 계획으로 생각된다－인용자)은 보은취회에의 집단적인 직접 참여 계획과 거의 같은 시기에 세워졌던 것이라고 생각되며, 이로써 보건대, 금구취당 세력은 보은취회에 참여하였다가 이어서 상경할 계획을 이미 갖고 있었다고 생각된다. 따라서 금구취당 천여 명의 충주행은 그들의 상경 계획의 실현이었을 것이라고 생각된다. 4월 7, 8일 무렵에 청주 · 충주의 경계 간에서 한 무리의 동학인들이 회집하였다는 보고도[64] 있는데, 이들이 충주에로 올라간 천여 명의 금구취당인들이었다고 생각된다.

'사잇길로 원평에서 충주로 간 자 천여 명' 이외의 금구취당인들은 어떻게 되었을까를 살펴볼 차례이다. 김윤식은 그의 「면양행견일기」 계사 4월 22일조에서 다음과 같이 기록하였다.

> 듣건대, (4월－인용자) 초 5일 선무사가 진산군(珍山郡)에 도착하였는데, 동학당 4백여 명이 금구 회소(會所)에서 올라왔다. (어윤중이－인용자) 그들을

63) 김윤식, 『속음청사』 상, 권7, 262쪽.

64) 당시 보은군수 이중익(李重益)의 부(父)인 이용목(李容穆)의 편지에 "동학도가 청주 · 충주의 경계 간에서 다시 회집하였다고 한다"는 구절이 있다(『백석서독(白石書牘)』 전 14책 중의 제13책, 14~15쪽).

객사 문밖에서 효유하였다. …… 도어사(어윤중-인용자)가 거듭 타이르고 왕의 윤음을 선포하니, 그들은 모두 명에 복종하여 즉시 해산하였고, 금구에 취당한 대중도 역시 잇따라 해산하였다고 한다.[65)]

금구 회소에서 올라온 4백여 명은 어윤중을 마중 나온 사람들이 아니고 먼저 간 천여 명의 뒤를 이어 보은으로 가다가 진산에서 어윤중을 만나게 된 것이 아닌가 짐작된다. 이들 4백여 명은 어윤중으로부터 보은취회가 이미 해산하였다는 소식을 듣고서 해산한 것이 아닌가 짐작되며, 금구에 취당하고 있던 나머지 취당 회중은, 고종 30년(1893) 4월 5일의 시원임대신 소견에서, 고종이 "보은취회와 금구취당은 서로 성기를 통하고 있었다. 때문에 보은취회의 해산과 거의 때를 같이 하여 금구취당이 해산한 것이다"라고[66)] 파악하였듯이, 그리고 같은 자리에서 판부사 김홍집이 "금구취당은 보은의 동정을 듣고 같이 해산한 것임에 틀림없습니다"라고[67)] 보고하였듯이, 보은취회에의 그들의 집단적인 직접 참여가 원천적으로 봉쇄되었기 때문에 4월 5일 무렵에 해산하였던 것이다.[68)] 이렇게 볼 때, 금구취당의 제1대 천여 명은 보은에 임박하였다가 보은취회가 해산되었기 때문에 계획한 바에 따라 상경하기 위하여 충주에로 나아갔고, 제2대 4백여 명은 보은취회장을 향하여 출발하여 진산에까지 갔다가 보은취회가 해산되었기 때문에 해산하였으며, 나머지의 금구취당인들도 역시 같은 이유로 해산하였던 것이다.

---

65) 김윤식, 『속음청사』 상, 권7, 269쪽.

66) 주 42)와 같음.

67) 주 6)과 같음.

68) 어윤중은 그의 '선무사채탐조병식탐학장문(宣撫使採探趙秉式貪虐狀聞)' (「취어」, 129쪽)에서 "신은 본월(4월-인용자) 초 9일에 공주목(公州牧)에 도착하여 전 충청도관찰사 조병식의 탐학한 사실을 대개 조사하였아온즉"이라고 하였는데, 금구 효유 후에 공주목에 이른 것이 초 9일이므로 금구취당의 해산은 4월 5일 무렵이었음이 확실하다.

위에서와 같이, 금구취당세력은 동학교문 당국, 즉 북접이 주도한 보은취회에는 개인적으로나 피동적으로는 참여하려고 하지 않았다. 그러나 방관하지만도 않았으니, 서장옥, 황하일 등 보은취회에 참여한 남접과 합세하여 보은취회를 일정하게 정치적인 방향에로 기울게 하였고, 나중에는 남접 세력과의 연계하에 보은취회에 집단적으로 직접 참여함으로써 더욱 정치적이고 폭력적인 방향에로 기울게 하려고 하였다. 서병학 등 북접의 방해로 그 계획이 원천적으로 봉쇄당하자, 상경하여 탐관오리 척출운동을 벌이려는 목적으로 충주에로 올라갔다고 생각된다. 이렇게 볼 때, 금구취당세력은 북접 · 남접과는 일단 별도의 입지에서 독자적인 자세를 가지고 있었고, 그러나 보은취회에 참여한 남접과는 연합을 이루어, 척왜양과 지방관의 탐학 금지의 요구를 보다 정치적인 운동 형태를 통하여 제기 · 추진하려 하였음을 알 수 있다.

2) 경향(京鄕)에서의 방문 게시와 금구취당

보은취회 당시에는 북접 · 남접과는 별도의 독자적인 세력을 이루고 있었던 금구취당이, 보은취회 이전에도 이미 하나의 세력으로 성립되어 있었는지, 또는 전혀 하나의 세력으로는 존재하지 않았는지, 또는 하나의 세력으로 형성되는 과정 중에 있었는지, 여하튼 어떤 상태에 있었는가 하는 문제도 궁금하다. 이 문제에 대하여서는 뚜렷한 자료는 보이지 않지만, 정황적인 증거에 의하여 추측해 보려고 한다. 따라서 그 정황의 추구는 '짐작'의 영역에서 멀리 벗어나지 못하는 것이지만, 하나의 시도로서 전개해 보려고 한다.

동학교문 당국 즉, 북접에 의한 광화문 복합 상소가 고종 30년(1893) 2월 13일에 끝나고 해산한 이후,[69] 서울에서는 주로 외국 공관을 대상으로 한 방문(榜文) 게시 운동이 벌어졌다. 2월 14일 밤에는 서울 기포드(Gifford) 학당의 문에 다음과 같은 방문이 붙었다.

아, 그대들은 이 글을 받아 보라. 우리나라는 몇천 년이나 되는 예의의 나라이다. 이 예의의 나라에서 태어나 이 예의를 행하기에도 오히려 겨를이 없거늘 하물며 다른 교에 대하여서랴. 당신들의 학(學)을 살펴보건대, 그 교라고 일컫는 것이 비록 경천(敬天)이라고 하지만 실은 패천(悖天)이다. …… 아, 그대들은 함께 유교로 나아가 당신들의 서(書)를 태워 버리고 사람을 사람답게 하면 만에 일의 생(生)도 있을 수 있을 것이다.[70]

2월 18일에는 미국인 존스(G.H. Jones)의 집 교회당에 다음과 같은 방문이 붙었다.

교두(敎頭) 등을 효유하노라. …… 교회를 세우고 포교하는 것은 조약에서도 허용하지 않는 것인데 너희들 교두(목사—인용자)들은 방자스럽게 잇따라 들어와서 겉으로는 상제를 공경한다고 하면서 단지 기도로서 꾸밈을 삼을 뿐이고, 예수를 믿는다고 칭하면서 단지 찬송하는 것으로서 법을 삼아, 정심(正心)·성의(誠意)의 학은 전연 없고, 말을 실천하고 행실을 돈독히 하는 실(實)은 조금도 없다. …… 이와 같이 타일러 이르노니, 너희들은 빨리 짐을 꾸려 본국으로 돌아가라. 그렇지 않으면, 충신(忠信)·인의(仁義)한 우리는 갑옷·투구·방패를 갖추어 오는 3월 7일에 너희들을 성토하겠노라. 이를 알리노라.[71]

---

69) 주 41)의 글, 159쪽 참조.

70) 『구한국외교문서(舊韓國外交文書) 10, 미안(美案) 1』, 「1071. 기포학당문전야소교배척방문첨부(奇包學堂門前耶蘇教排斥榜文貼付)에 관한 건」, 고종 30년 2월 18일, 1967, 고려대 아세아문제연구소, 718~719쪽; S.J. Palmer, Korean-American Relations, Vol. II, Univ. of California Press, pp. 309-310, *Augustine Heard to Secretary of State, Apr. 4, 1893.*

71) 『구한국외교문서 10, 미안 1』, 「1072. 미인(美人) 조원시(趙元時) 가(家)에 첨부된 물사퇴거방문(物師退去榜文) 범인체포요구」, 고종 30년 2월 19일, 719쪽; S. J. Palmer, *Ibid.* pp. 310-311.

그리고 2월 20일 전후에는 프랑스 공관에도 방문이 붙었음을 다음과 같은 기사에서 알 수 있다.

> 동학당이 프랑스 공관에 괘서(掛書)하여, "우리나라의 국법을 범하여 교당을 세우고 포교하는데, 만일 짐을 꾸려서 돌아가지 않으면 3월 7일에 우리 당은 당연히 너희 공관에 쳐들어가 소멸하겠다"라고 하였다. 프랑스 공사도 만일의 경우에 대비, 본국에 병선 3척의 파견을 요청하였고, 병선이 인천항에 대기 중이다. 이 때문에 서울 시내의 인심이 자못 소요스럽다고 한다.[72]

그리고 3월 2일에는 일본 영사관 앞 벽에 다음과 같은 방문이 붙었다.

> …… 이러한 고로, 중국의 문화는 먼 오랑캐에도 이르고 성인의 교화는 땅끝까지 미친다. 천도(天道)는 지극히 공변되어 선한 자는 보호하고 악한 자는 처벌한다. 너희는 비록 변방이지만 천도를 가지런히 받았음을 또한 아는가 모르는가. 이미 인도(仁道)에 처하였으면 각기 나라를 가꾸고 각기 생산을 보존하여 강토를 길이 보전하며 위로는 받들고 아래로는 키우는 것이 마땅하거늘 망령되이 탐욕심을 품고 남의 나라에 들어와 공격을 장기로 삼고 살육으로써 근본을 삼으니, 진실로 무슨 마음이며 종국에는 무엇을 하려는가. …… 하늘이 이미 너희를 미워하고 우리 교조가 이미 너희를 경계하였으니 안위의 기틀은 너희가 스스로 취함에 달려 있다. 뒤늦게 후회하지 말고 빨리 너희 나라로 돌아가라.[73]

왜양 배척의 강한 의지가 공통적으로 나타나 있었고, 특히 주 71)과 주

72) 김윤식, 『속음청사』 상, 권7, 「면양행견일기」, 계사 2월 24일, 257쪽.

73) 『구한국외교문서 2, 일안(日案) 2』, 「2280. 동학도의 엄집요청」, 고종 30년 3월 2일, 385쪽; 『일본외교문서(한국편)』 5, 「208. 4월 20일, 조선국동학당의 거동에 대한 정보의 건, 부속서, 일본상려관전견(日本商旅關展見)」, 1981, 태동문화사, 461~463쪽.

72)의 방문에서는 3월 7일에 왜양을 성토 · 소멸하겠다고 하였다. 그리하여 "서울 시내는 동학당이, 양관(洋館)에 괘서하여 초 7일에 구축하겠다는 설 때문에 자못 소요를 이루었다"고[74] 한다. 광화문 복합 상소가 해산된 이후, 2월 14일에서 3월 초까지의 사이에 서울에서 척왜양의 방문 게시 운동을 벌였던 동학인들이 3월 7일에 왜양을 성토 · 소멸하려는 일대 운동을 벌일 것을 계획하고, 이를 서울 시내에 널리 퍼뜨렸음을 알 수 있다.

3월 7일 왜양 성토 · 소멸 운동설은 서울에서만 퍼뜨려진 것은 아니었다. 조선주재 일본변리공사 오이시 마사미(大石正己)는 본국 외무대신 무쓰 무네미쓰(陸奧宗光)에게 보내는 1893년(명치 26) 4월 10일(음력 2월 24일－인용자)자 보고에서, "(동학당은－인용자) 각 소(所)에 격문을 보내어 음력 3월 7일을 기하여 경성(京城)에 그 무리들을 제회(齊會)하여 지원(志願)상의 일대 운동을 시도하려는 일이 있어, 이 때문에 성내의 인심이 크게 불온해지는 경향이 생겼다"라고[75] 하였는데, 아마도 2월 20일 무렵에 지방의 여기저기에도 3월 7일에 서울에서 왜양을 성토 · 소멸할 것을 제기하는 격문이 돌았음을 알 수 있다.

위에서와 같은 사실과 관련되어, 조선주대 일본변리공사 오이시 마사미가 외무대신 무쓰 무네미쓰에게 보낸 1893년(명치 26) 4월 12일(음력 2월 26일－인용자)자 보고서에서 "1. 완백(完伯)의 전보에서 동학당 6만여 명이 서울로 향하여 올라갔다고 한다. '완백'이란 전라감사를 가리키는데, 그 도(道)는 동학당의 소굴이다. 그 전보에서는 그 당 6만여 명이 경성으로 향하였다고 하는데, 그 진위는 아직 자세하지 않다"라고[76] 한 것이 주목

---

74) 주 72)의 글, 계사 3월 6일, 257쪽.

75) 『일본외교문서(한국편)』 5, 「205. 4월 10일, 동학당의 거동에 관련, 군함파견방상신(軍艦派遣方上申)의 건」, 453쪽.

76) 『일본외교문서(한국편)』 5, 「206. 4월 12일, 동학파거동정보의 건」, 455쪽.

된다. 이 전보는, 주 75)의 205호 보고 이후의 206호 보고에서 언급된 것이니까 2월 25일 무렵의 전보라고 생각되고, 따라서 전라도 동학당 6만여 명의 상경 출발도 2월 25일 무렵의 일이었다고 생각된다.

3월 7일에 서울에서 척왜양의 성토 · 소멸이 실제로 벌어지지는 않았다는[77] 점으로 미루어 보아, 이들 6만여 명이 모두 다 올라갔다고는 믿어지지 않고, 그러나 다수의 동학인들이 왜양 성토 · 소멸 운동을 벌이기 위해 상경하였다고 생각된다. 그 다수의 동학인도 어느 한 무리의 동학인만이 아니라 각지에 산재한 산발적인 무리이었으리라고 생각된다.

이렇게 볼 때, 서울에서 주 70), 71), 72), 73) 등에서 보이는 바와 같은 척왜양의 방문 게시 운동을 벌이면서, 또 3월 7일의 성토 · 소멸을 벌이려고 하였던 무리도 있었고, 지방의 각지에서 3월 7일의 성토 · 소멸을 서울에 올라가서 벌일 것을 선동하고, 또 그 운동을 벌이기 위하여 3월 7일 직전에 상경하였던 무리들도 있었다고 생각된다. 그런데 개중에는, 동일한 무리에서 먼저 올라간 패는 척왜양의 방문을 게시하는 운동을 벌였고, 또 그 뒤에 올라간 패는 3월 7일의 성토 · 소멸 운동을 벌이려고 하였던 경우도 있었다고 생각된다.

이러한 경우의 가능성을 다음의 세 자료에서 찾을 수 있다. 먼저 『동경일일신문(東京日日新聞)』 1893년(명치 26) 4월 18일(음력 3월 3일－인용자)자에 보도된 다음과 같은 기사가 주목된다.

> 이미 이 무렵, 그 당류 4천여 인은 전라도 전주 근방에 모여들어 감사에게 3개조의 요구를 제기하였다. 즉 제1, 국인(國人) 중 우리 당을 지목하여, 사도(邪道)를 주창하는 것이라고 하면서 경멸하는 자가 있으니, 영(令)을 발하여

---

77) 주 83)과 같음.

그 미망(迷妄)을 바로잡을 것, 제2, 외국의 선교사와 상인은 모두 나라에 해를 끼치는 것이니 속히 이를 양척(攘斥)할 것, 제3, 근래 지방의 관리들이 폭렴(暴斂)하고 강징(强徵)하여 생민이 도탄에서 고통을 당하니, 마땅히 이들 지방 관리들을 출척(黜陟)할 것이었다. 그리고 이들 3개조를 들어주지 않는 동안에는 우리들 4천여 인은 한 걸음도 이곳에서 물러날 수 없다고 강청하였다. 감사도 그 처치를 고심하다가 마침내 영을 내려 제1조는 널리 관하에 유고(諭告)할 테니 너희들은 안도하라. 제2, 제3은 중앙정부의 권한 내에 있어 감사가 어떻게 할 수 없는 바이라고 타일렀는데, 이에 그들 일당은 우선은 퇴산하였지만, 제2, 제3의 요구를 관철하기 위하여 드디어 총대(總代) 20여 명을 경성에 파출하기에 이르렀는데, 이들 총대는 지난 31일(음력 2월 14일－인용자)에 입경하여 앞의 요구를 정부에 요청하였지만, 정부는 그 거동을 불온하다고 하여 그 20여 명을 포도청에 구류하였다. 이 때문에 그 교도들은 계속하여 경성에 들어왔는데, 그 수가 거의 1만에 이르렀다.[78]

전라도 전주 근방에 4천여 인을 불러 모아, 사도 지목의 배척, 외국 선교사·상인의 배척, 탐학 지방관의 출척 운동을 전개하였던 한 무리의 동학인의 총대 20여 명은 뒤의 두 조항의 요구를 관철하기 위하여, 2월 14일에 서울에 올라와서 그 관철 운동을 벌이다가 포도청에 구류되었다고 하는데, 서울에서의 그 관철 운동이 주 70), 71), 72), 73)에서 보이는 척왜양 방문 게시 운동이었다고 생각된다.

그러한 판단을 뒷받침하는 자료가 『동경일일신문』 1893년(명치 26) 4월 22일(음력 3월 7일－인용자)자에 보도된 다음과 같은 기사이다.

동당(同黨, 동학당－인용자)의 이번 격앙은 그 명의야말로 자당에 대한 세

78) 『신문집성명치편년사(新聞集成明治編年史)』 8, 『동경일일신문(東京日日新聞)』, 「동학당 대두하여 한국불온－당의 현상을 보다－」, 1893년(명치 26) 4월 18일, 재정경제학회간, 1937, 401~402쪽.

상의 사도칭(邪道稱)을 배격하고 외국 선교사 및 상인을 축출하고, 또 지방 관리의 압제와 탐학을 제거하는 3조에 있지만 ……[79]

위의 기사는 광화문 복합 상소와 그 직후의 서울에서의 척왜양 방문 게시 운동의 지향을 종합하여 판단한 일본인 모(某) 조선통의 말을 인용 보도한 것이었다. 동학교문 당국, 즉 북접에 의하여 주도되었던 광화문 복합 상소의 지향은, 그 상소문에서[80] 보이듯이, 동학이 진정한 유학임을 강조하면서 서학이 아니란 것을 해명하는 것, 즉 사도칭을 배격하고, 신앙의 자유를 획득하려는 것에서만 그치는 것이었다.[81] 이에 반하여, 서울에서의 척왜양 방문 게시 운동의 지향은 사도칭의 배격도 포함하지만, 외국 선교사 및 상인의 축출과 지방 관리의 압제 · 탐학의 제거에 역점을 두는 것이었다는 것이 저절로 드러난다.

주 78)에서 보이는 바, 전주 근방의 동학인의 한 무리의 지향은 바로 위에서 살펴본 바의 지향과 완전히 일치한다는 점에서 미루어 보아, 전주 근방의 동학인의 한 무리의 총대 20여 명이 서울에 올라와 벌인 운동은 주 70), 71), 72), 73) 등에서 보이는 척왜양 방문 게시 운동이었다고 생각하는 것이다.

세 번째로, 조선주재 일본변리공사 오이시 마사미가 외무대신 무쓰 무네미쓰에게 보낸 1893년(명치 26) 4월 20일(음력 3월 5일 - 인용자)자 보고

79) 『신문집성명치편년사』 8, 『동경일일신문』, 1893년(명치 26) 4월 22일, 406쪽.

80) 『관몰수운재문집(官沒水雲齋文集)』, 「각도유학신박광호등성황성공돈수근재목백배상서(各道幼學臣朴光浩等誠惶誠恐頓首謹齋沐百拜上書)」, 『동학서(東學書)』 15책(서울대 규장각 도서); 「천도교창건사」, 『동학사상자료집』 2, 141~143쪽.

81) 박종근은 주 1)의 글 17쪽에서 "이 보수파에 의하여 작성된 소문(訴文)은 하층신도와 이해관계가 깊은 부당주구반대(不當誅求反對)는 언급하지 않고 '포교공인(布敎公認)'을 말하고 있을 뿐이었다"라고 하였다.

서, 즉 3월 2일의 척왜 방문의 첩부 사실과 그 대책을 보고하는 보고서에서의 다음과 같은 내용이 주목된다.

> 일면으로는 문서는 통리아문에 보내었고, 또 일면으로는 고쿠분(國分) 서기생을 좌포청에 보내어 대장(좌포도청장－인용자) 신정희(申正熙) 씨에게 직접 면담케 하였다. 때마침 신 대장은 동학도로 체포된 자에 대한 심문을 시작하고 있었는데, 동(同) 서기생이 그 자리에서 방청하였던 바, 그 전말은 다음과 같다.
>
> 신(申) 가로되, 너희들 종파 수만 인, 혹은 이르기를 수천 인이 경성에 제회할 생각이라고 들었다. 경성에는 감히 너희들에게 대적할 수 있는 한 사람의 병졸도 없다고 (너희들은 생각하는 모양인데－인용자), 너희들은 어찌 그리 터무니없는 생각을 하는가?
>
> 동도(東徒) 가로되, 결코 그와 같은 무모한 행동을 할 뜻은 없었다. 혹 무언가 오전(誤傳)된 것 같다.
>
> 신 가로되, 너희들의 거괴로 전주에 있는 자를 불러오게 할 수 있느냐?
>
> 동도 가로되, 우리들이 일단 전라도 전주에 전보를 쳐서 상경하라고 하면 그는 반드시 바로 상경할 것이다. 결코 회피하지 않을 것이다.[82]

이 자료에서 보이는 동도가 소속되었던 한 무리의 동학인들이 벌이려고 하였던 '경성에서의 제회'는 3월 7일 서울에서의 왜양 성토 · 소멸 운동임에 틀림없다. 또 이 동도의 거괴는 전주에 있다는 것과, 주 78)의 총대 20여 명이 전주 근방에서 4천여 동학인들을 모았다는 사실과를 연관시켜 생각하면, 좌포청에 구류된 이 동도는 역시 포도청에 구류된 총대 20여 명과 같은 무리일 가능성이 많다. 그러나 좌포청에 구류된 동도는 3월 2일

---

82) 『일본외교문서(한국편)』 5, 「208. 4월 20일, 조선국동학당의 거동에 대한 정보의 건」, 461~462쪽; 『조선교섭자료』 하, 「동학당동정」, 1936, 원서방, 68쪽.

의 일본 영사관 앞 벽의 척왜 방문 첩부 직후에 체포되었고 총대 20여 명은 그들이 입경한 2월 14일에서 주 78)의 일본에서의 보도일인 3월 3일의 사이에서, 아마도 2월 말에 체포되었을 가능성이 많으므로, 양자가 같은 때에 상경하였다고 보기는 어렵다. 이렇게 볼 때, 양자는 같은 무리에 속하면서도, 총대는 서울에서 척왜양 방문 운동을 벌이기 위하여 2월 14일에 입경하였고, 동도는 3월 7일의 왜양 성토 · 소멸 운동을 벌이기 위하여 2월 말 무렵에 상경하였다고 생각된다.

이렇게 볼 때, 2월 14일 이후 3월 초까지의 사이에 서울에서 벌어진 척왜양 방문 게시 운동은 동학의 여러 무리가 각기 산발적으로 서울에서 벌인 운동이었고, 또 3월 7일의 서울에서의 왜양 성토 · 소멸 운동의 시도도 동학의 여러 무리가 각기 산발적으로 시도한 것이었지만, 개중에는 같은 무리에서 먼저 올라간 한 패는 척왜양 방문 게시 운동을 벌였고, 또 한 패는 3월 7일의 왜양 성토 · 소멸 운동을 벌이기 위하여 나중에 올라간 경우도 있었다고 생각되는 것이다.

김윤식이 그의 「면양행견일기」 계사 3월 23일조에서, "동학당이 서울에서 방문을 게시하여 3월 7일에 왜양을 소멸한다고 하여 서울 사람들이 자못 의구하였는데, 조금 지나서는 별 소문 없이 적막하였고, 서울은 조용하였다"라고[83] 하였듯이, 3월 7일 왜양 성토 · 소멸 운동은 벌어지지 않았다. 이로 보아서, 2월 14일에서 3월 7일까지의 사이에 서울에서 척왜양의 운동을 벌이거나 시도하였던 동학의 산발적인 무리들은 위의 어느 경우이거나를 막론하고, 그 내부적 결집의 성격이나 각 무리들 사이의 연합의 성격이 운동의 주체로서는 대단히 유치한 단계에 있었다고 생각된다.

그러나 이러한 여러 산발적인 무리들 중의 한 무리의 움직임은 매우 주

83) 김윤식, 『속음청사』 상, 권7, 261쪽.

목된다. 앞의 주 76)의 보고에서 필자는, 전라도 지방의 여러 산발적인 동학의 무리가 2월 25일 무렵에, 서울에서 왜양 성토 · 소멸 운동을 벌이기 위하여 상경하였다고 생각하였다. 바로 그 보고의 부속서 (2)에서 일본변리공사 오이시 마사미는 '동학파가 전라감사에게 건의하여 양왜를 축척(逐斥)해야 한다고 주장하였다'라는 제목으로 동학당이 전라감영에 정소(呈訴)한 한 통의 소장을 첨부하였다.[84] 이는, 3월 7일 서울에서 왜양 성토 · 소멸 운동을 벌이기 위하여 2월 25일 무렵에 상경한, 전라도 지방의 여러 산발적인 동학의 무리 중의 한 무리가, 상경하기 전에 전라감영에 제출한 소장이라고 생각된다. 같은 보고서에서 함께 보고되고 있다는 점에서 그렇게 믿어진다.

김윤식은 그의 「면양행견일기」 계사 3월 9일조에서 "또 동학당의 완영(完營)에서의 여러 번의 의송관(議送官) 통문과 양관 · 왜관에의 게방을 보고서 서울 시내는 자못 의구하였다고 한다"라고[85] 하였는데, 이로 보아, 위의 소장은 한 번만 있었던 것이 아니라 여러 번 있었으며, 서울에서의 척왜양 방문과 함께 서울을 불안하게 한 요소였다는 것을 알 수 있다.

완영에 정소된 이 소장은 서울의 인심을 자못 의구하게 할 만큼 널리 알려진 것이었다. 1893년 무렵 경상도 예천군(禮泉郡)에 살았던 진사 박주대(朴周大)의 일기인 『나암수록(羅巖隨錄)』에도 기재되어 있는 점으로 보아[86] 경상도에까지도 전문되었으며, 중앙에서는 고종 30년(1893) 2월 25일의 방외유생(方外儒生) 박제삼(朴齊三) 등의 다음과 같은 상소에서도 언급되고 있었다.

---

84) 주 76)의 글, 「부속서 2」의 (1), 457쪽.

85) 김윤식, 『속음청사』 상, 권7, 258쪽.

86) 박주대, 『나암수록(羅巖隨錄)』, 「196. 동학당여완백서」, 계사 2월, 1980, 국사편찬위원회, 351~352쪽.

> 신(臣) 등이 볼 수 있었던 저들 소위 동학당류의 게시 통문 4통과 완영에 정소한 문자는 모두 저희들 신하가 차마 들을 수 없는 것이었고 차마 말할 수 없는 것이었다.[87]

2월 25일의 중앙에서의 상소에서도 언급되고 있는 것으로 보아, 완영에의 소장은 아마도 2월 20일쯤에 정소되었다고 생각되며, 그것이 소위 동학당류의 게시 통문 4통과 함께 규탄되고 있었다는 것은, 양자 사이에는 깊은 관련이 있는 것으로 세상에서는 지목하였다는 것을 시사한다고 생각된다. 여기서의 게시 통문 4통 역시 주목되는데, 이것은 주 70), 71), 72), 73)의 방문을 가리키는 것임에 틀림없다고 생각된다.

더욱 주목되는 것은 이 주 84), 86)의 소장의 내용이 주 38)의 「보은관아통고」와 완전히 일치된다는 점이다. 김윤식도 그의 「면양행견일기」 계사 3월 8일조에서, "동학당의 완영에의 의송을 보니 충효인(忠孝仁)을 삼난(三難)이라고 하였고, 왜양을 소파(掃破)하는 것으로서 대의를 삼았다"라고[88] 하였는데, 위의 소장의 내용과 완전히 일치되는 것이었다. 따라서 전라도 지방의 여러 산발적인 동학의 무리 중의 한 갈래로서 2월 25일 무렵에 서울에서 왜양 성토·소멸 운동을 벌이기 위하여 상경하였고, 상경하기 전 2월 20일 무렵에 전라감영에 척왜양의 소장을 제출한 동학의 한 무리는 금구취당이었다는 것이 드러나게 된다.

김윤식은 위의 주 88)의 기사에 잇따라서, "그들은 그 당에 보내는 통문, 인민을 효유하는 통문에서 말하기를, '농사짓는 사람은 농사짓고 글 읽는 사람은 글 읽을 것이며, 혹여나 두려워 말 것이다. 우리들은 왜양을 소멸할 뿐이고 평민에게는 해를 끼치지 않는다. 민간에는 조심하여 폐를 없게

87) 『승정원일기』 고종편 12, 고종 30년 2월 25일, 479쪽.

88) 김윤식, 『속음청사』 상, 권7, 258쪽.

할 것이며 폐를 끼치는 경우에는 처벌한다'라고 하였다"[89] 했는데, 이 기사가 3월 8일의 것이므로 늦어도 3월 초에는 금구취당이 '민간에 폐를 끼치는 자는 처벌한다'는 수준의 내부 규율을 갖춘 집단으로 성립되었다고 생각된다. 주 88)과 주 89)의 기사가 같은 날짜의 기사에서 함께 쓰여 있다는 점으로 미루어 보면, 금구취당은 전라감영에 소장을 정소한 2월 20일 무렵에 이미 '민간에 폐를 끼치는 자는 처벌한다'는 수준의 내부적인 규율을 갖춘 집단으로 성립되었을 가능성도 충분히 있다.

2월 20일 무렵에는 '왜양을 소파할 것'을 제기하는 소장을 전라감영에 정소하였고, 2월 25일 무렵에는 3월 7일 서울에서 왜양 성토 · 소멸 운동을 벌이기 위하여 상경하였던 금구취당은, 주 76)에서 보이는 바, 2월 25일 무렵에, 3월 7일 서울에서 왜양 성토 · 소멸 운동을 벌이기 위하여 상경하였던 전라도 지방의 여러 산발적인 동학의 무리들 중에서는 가장 내부적인 결집이 강한 집단이었다고 생각된다.

이렇게 볼 때, 주 78)의 '총대 20여 명'의 집단, 그리고 주 82)의 동도가 소속된 집단, 즉 그 거괴가 전주에 있다는 집단은 모두 금구취당임에 틀림없다. 이것이 가능성의 추측에서 그치는 것이라 할지라도, 주 85)에서와 같이 김윤식이 '동학당의 완영에서의 여러 번의 의송관 통문'과 '양관 왜관에의 게방'을 함께 거론하고 있다는 점, 그리고 주 87)의 박제삼 등의 상소에서도 '동학당류의 게시 통문 4통'과 '완영에 정소한 문자'를 함께 거론하고 있다는 점을 고려할 때, 3월 7일 이전에 서울에서 척왜양의 방문 게시 운동을 벌였던 여러 갈래의 동학의 무리에는 금구취당도 한 갈래로서 끼어 있었다고 생각된다. 즉 금구취당은 2월 14일에서 3월 7일까지의 사이에는 서울에서 척왜양 방문 게시 운동을 벌이면서 3월 7일의

89) 위와 같음.

왜양 성토 · 소멸 운동도 준비하고 있었다고 생각된다.

오지영은 그의 『동학사』에서 대원군(大院君)과 전봉준과의 관계에 대하여 다음과 같이 말하였다.

> 세상에서 떠드는 바와 같이 대원군과 관계가 있다 함도 또한 그럴듯한 이유가 있는 것이다. 무엇이냐 하면, 대원군의 마음속에는 개혁의 사상이 있고 또는 억강부약(抑强扶弱)한 기안(氣岸)이었으며, 외국의 침략을 배척코자 하는 주의를 가졌으므로 하여 그리하는 것이다. 선생이 일찍 경성에 올라가 대원군을 찾아본 일이 있었다고 하는데, …… 대원군이 선생을 종용(從容)히 청하여 말을 물어보았다. …… "그대의 소회(所懷)가 과환(科宦)인가 혹은 소송(訴訟)인가 아무거나 말을 하라" 하였다. …… 선생 왈 "나의 소회는 나라를 위하여 인민을 위하여 한번 죽고자 하는 바"이라고 말하였다. 이로부터 선생과 대원군 사이에는 무슨 밀약이 있었는 듯 하다고 세평(世評)이 있었던 것이다.[90]

앞에서 이미 보았듯이 고종 30년(1893) 2월에서 3월까지의 전봉준(=금구취당)의 지향은 사도칭의 배격도 포함하였지만, 외국 선교사 · 상인의 축출과 지방 관리의 압제 · 탐학의 제거에 역점을 둔 것이었다. 대원군의 마음속의 개혁사상인 '억강부약'은 '지방 관리의 압제 · 탐학의 제거'와 같은 것이었고, 또 '외국 침략을 배척코자 하는 주의'는 '외국 선교사 · 상인의 축출'과 같은 것이었다. 따라서 고종 30년(1893) 2월과 3월 언저리에 전봉준이 대원군을 찾아갔고 서로 성기를 통하였을 가능성이 충분히 있으며, 따라서 오지영의 '전봉준 · 대원군 연관설'은 믿을 만하다.

김윤식의 주 85)의 일기 기사에서 동학당의 완영에서의 여러 번의 의송

90) 오지영, 『동학사』, 162쪽; 『천도교창건사』에서도 전봉준은 갑오기병(甲午起兵)하기 3년 전부터 대원군 문하에 출입하였다고 하였다(『동학사상자료집』 2, 147~148쪽).

관 통문도 서울의 인심을 자못 의구하게 하였다고 하는 '여러 번의 소장'은 주 84)(=86)의 소장과 3월 1일 무렵에 전주의 전라 감영문에 붙여진 방문[91] 등을 가리키는 것이었다. 이들은 물론 내용이 완전히 일치되는 것이었다. 따라서 금구취당은, 그 일부는 서울에서 3월 7일에 왜양 성토 · 소멸 운동을 벌이기 위하여 상경하였고, 또 일부는 전주 지방에서 왜양 소파 운동을 제기하고 있었다고 보인다.

이상에서 보았듯이, 서울에서의 척왜양 방문 게시 운동, 3월 7일 서울에서의 왜양 성토 · 소멸 운동의 시도, 왜양 성토 · 소멸 운동을 위한 지방에서의 상경의 선동, 왜양 성토 · 소멸 운동을 위한 지방에서의 상경의 움직임 등은 동학의 여러 무리들과 여러 갈래에 의하여 전개되었다고 생각된다. 그러한 여러 갈래에 대하여 살펴보려고 한다. 『천도교 창건사』에는, 동학교문 당국, 즉 북접의 주도하에 광화문 복합 상소가 2월 21일에 시작되기 직전에 "서인주 · 서병학은 상소하여 진정할 뜻이 없고 교도로 하여금 병복(兵服)을 환착(換着)케 하고 병대와 협동하여 정부 간당을 소탕하고 크게 조정을 개혁하기로 결정하였는지라, …… 신사(神師, 최시형-인용자)가 이에 2인을 불러 그 부당함을 책"하였다고[92] 한다. 『천도교회사초고(天道敎會史草稿)』에서는, "강시원(姜時元) · 손병희 · 김연국(金演局) · 손천민(孫天民) · 박인호(朴寅浩) 등이 수만 교도를 솔(率)하고 과유(科儒)로 분작(粉作)하고 일제히 경성에 부(赴)하여 한성 남부 남산동 최창한(崔昌漢)가에 봉소도소(奉疏都所)를 정하고 절차를 협의하더니 서병학이 의(意)를

---

91) S.J. Palmer, Korean-American Relations, Vol. II, Univ. of California Press, pp. 315-317, *Augustine Heard to Secretary of State, Apr. 20, 1893.* 「조선주재미국변리공사겸총영사 Augustine Heard가 미국국무장관에게 보낸 1893년 4월 20일(음력 3월 5일-필자)자 보고서」; Benjamine B. Weems 저, 공정식 역, 1966, 『개혁 · 반란 그리고 천도』, 신명문화사, 66~68쪽.

92) 이돈화, 『천도교창건사』, 『동학사상자료집』 2, 143쪽.

변하여 대병(隊兵)과 협동하여 정부를 오타(鏖打)코자 하거늘, 손병희 · 김연국 · 손천민 등이 뇌거(牢拒)하되 불청(不聽)하더라"였다고[93] 한다. 복합상소에는 뜻이 없고 훨씬 과격한 행동까지 구상하였던 서인주 · 서병학 등이 거느리는 각각의 무리들도 2월 14일 이후 척왜양 방문 게시 운동을 벌였을 가능성이 많다.

또 주 82)의 기사에서와 같이, 좌포청대장 신정희의 한 동학인에 대한 심문에 배석하였던 고쿠분 쇼타로(國分象太郎) 서기의 보고를 듣고서, 외무대신 무쓰 무네미쓰에게 보내는 보고서에서 조선주재 일본변리공사 오이시 마사미는 "그들(좌포청에 체포된 한 동학인을 위시한, 당시에 서울에 올라왔던 전라도 지방의 여러 무리의 동학인들－인용자)의 수령으로 생각되는 자들이 전라도에 3, 4인 있는데, 목하의 상황으로 보아서 그들이 폭력에 호소하여 그들의 희망을 이루려고 할 만큼의 용기는 없고 시일이 지나면 저절로 진정될 것임에 틀림없다"라고[94] 하였는데, 주 82)의 '전주에 있는 거괴'도 이들 3, 4인 중의 1인 일 것이며, 그 3, 4인 중에는 위의 서인주(=서장옥)도 포함되어 있을 것이라고 생각된다.

이와 같이 2월 중순에서 말까지의 서울에서의 척왜양 방문 게시 운동에서와, 특히 2월 말에서 3월 초까지의 지방과 서울에서의 왜양 성토 · 소멸 운동을 위한 움직임에서는, 전라도 지방의 동학의 여러 무리 · 갈래가 중심을 이루었는데,[95] 이러한 운동 · 움직임은 그 발생 자체가 북접의 사도칭 배격 편향에 반발하여, 외국 선교사 · 상인의 축출과 지방 관리의 압제 · 탐학의 제거에 역점을 두는 지향에 바탕되어 있었으므로, 그러한 운동 · 움직임 속에서 그들 사이에 남접이 자연스럽게 이루어졌다고 생각된

93) 「천도교회사초고」, 『동학사상자료집』 1, 449쪽.
94) 주 82)와 같음. 단, 『조선교섭자료』 下는 69쪽.
95) 주 76), 78), 82) 참조.

다. 이 무렵에는 나중에 북접의 하나의 조직 중심인물이 되는 서병학조차도 남접에 가까운 인물이었다고 보인다.

이러한 취향의 인물이었던 서병학이었지만, 보은취회에서 남접이, 그가 정형이 극히 수상한 세력으로 생각하였던 금구취당과 연합의 경향을 나타내자 그의 엽관파(獵官派)적 본질을 드러내어 금구취당과 남접의 연합 자체를 원천적으로 봉쇄하려 하였으며, 고종 30년(1893) 가을에는 자수하였고,[96] 급기야 이듬해의 농민전쟁에서는 "이때(고종 31년 9월 – 인용자)에 죽산부사(竹山府使) 이두황(李斗璜)이 경기병 천여 명을 솔(率)하고 삼남에 동학당 대토벌을 시작하니, 그때 서병학이 피착되어 당시 포장겸도순찰사(捕將兼都巡察使) 신정희에게 의부(依附)하여 남부도사(南部都事) 한 자리를 도득(圖得)하고 도인(道人) 등을 반무(反誣)하여 비행정찰(秘行偵察)하였다"고[97] 한다.

김윤식은 주 83)의 기사에 잇따라서 "이로부터 시골구석의 곳곳에서 방문의 게시가 있었는데, 모두 척왜양의 내용이었으며, 청주 천안에서 회집할 것을 기약하고 장차 서울로 올라간다고 하였다"라고[98] 하였는데, 서울이 적막하고 조용해진 3월 초 이후에 '시골구석의 곳곳'에서 게시되었다는 방문으로는, 3월 6일에 부산성문(釜山城門)에 붙여진 방문,[99] 그리고 3월

96) 김윤식, 『속음청사』 상, 권7, 「면양행견일기」, 계사 9월 20일, 290쪽.

97) 「천도교회사초고」, 461~462쪽. 「시천교종역사」에도 같은 내용의 기사가 실려 있다(제2편 하, 20장). 그러나 관찬연대기인 『일성록』에는 서병학이 고종 31년(1894) 7월 12일에 남부도사로 임명되었으나(『일성록』 고종편 31, 고종 31년 7월 12일, 221쪽), 이틀 후인 7월 14일에는 신병을 이유로 사직을 원하여 수리되었다고(위의 책, 7월 14일, 230쪽; 『승정원일기』 고종편 13, 고종 31년 7월 14일, 14쪽 중단) 한다. 이로써 미루어 보면 서병학은 남부도사라는 관직은 갖지 않은 채 신정희에게 종사하여 농민전쟁 진압에 복무하였던 것이 아닌가 생각된다.

98) 주 83)과 같음.

99) 『일본외교문서(한국편)』 5, 「213. 4월 27일, 부산성문에 동학당통고문첩부에 부하여 보고하는 건」, 471쪽.

11일에 충청도 청산(靑山)에서 게시된 방문,[100] 그리고 역시 같은 날에 보은의 삼문(三門) 밖에 나붙은 방문인 보은 관아통고[101] 등이 있었다. 이들 방문 중에서 그 내용을 알 수 없는 청산의 방문 외에는 그 내용이 완전히 일치하는 바, 따라서 부산성문의 방문 게시도 금구취당의 행위였다는 것이 드러나게 된다.

이렇게 볼 때, 3월 초 이후 시골구석의 곳곳에서 방문 게시 운동을 벌인 아마도 여러 갈래의 동학 세력들 중에서도 금구취당이 가장 드러난 것이었다고 생각되며, 동시에 그러한 운동의 과정에서 금구취당은 청주 천안에서 회집하여 서울로 올라갈 것을 제기하였다고 생각된다. 이때 제기된 상경의 목적은, 시도만 되고 실현되지 않았던 서울에서의 3월 7일의 왜양 성토 · 소멸 운동, 즉 외국 선교사 · 상인의 축출과 지방 관리의 압제 · 탐학의 제거를 위한 일대 정치공세를 위한 것이었다고 생각된다. 이렇게 볼 때 금구취당이, 보은취회에의 직접 참여를 원천적으로 봉쇄당한 뒤에 보은취회에 참여한 남접과 충주에서 회집하고 이어서 상경하여 서울에서 탐관오리 척출운동을 벌이려고 하였던 계획도, 이러한 연장선 위에서 이해될 수 있는 것이었다.

위에서와 같이, 금구취당은 2월 중순에서 말까지는 서울에서 척왜양 방문 게시 운동을 전개하였고, 2월말에서 3월초까지는 전주지방에서, 3월 7일에 서울에서 왜양 성토 · 소멸 운동, 즉 외국선교사 · 상인의 축출과 지방 관리의 압제 · 탐학의 제거를 위한 일대 정치 공세를 벌일 것을 선동하고, 또 그러기 위하여 서울로 올라갔으며, 그것이 뜻대로 되지 않고 나서는 다시 전주 · 부산 · 보은 등지에서 왜양 소파와 탐관오리 척출을 제기하

100) 이용목, 「서아자(書阿子), 3월 11일 이돈수(李敦守)편」, 『백석서독』 전 14책 중의 제14책.
101) 주 38)과 같음.

는 방문의 게시 운동을 벌였다. 그들은 시종일관하여 척왜양과 탐관오리 척출을 제기하였던 바, 이러한 과정에서 하나의 세력으로 응집되어, 늦어도 3월 초에는 내부적인 규율을 갖춘 집단으로 성립되었고, 늦어도 3월 중순에는, 금구에서 독자적인 취당을 가지는 완강한 세력으로 성장하였으며, 그 지도자는 전봉준이었다.

4. 고부민란

고부민란(古阜民亂)의 문제는 지금까지의 농민전쟁 연구에서는 가장 소홀하였넌 과제었다. 사료의 부족이라는 제약도 있었지만, 조병갑(趙秉甲)의 개인적 탐학에만 지나치게 시선을 빼앗김으로써 종래의 민란들과의 차이성을 발견하지 못하였다. 그 결과, 고부민란은 자연발생성, 원한의 일시적 폭발성의 것으로서만 왜소화되고, 3월의 제1차 농민전쟁과의 내재적 연관성은 외면되었다. 이러한 경향은 고부민란의 해산 일시의 파악에서 가장 전형적으로 드러난다. 다보하시 기요시(田保橋潔)는 1894년 1월 20일 무렵에 해산되었다고 하였고,[1] 이선근(李瑄根)은 '정월 하순 이래 거의 자진 해산'하였다고[2] 하였다. 이러한 파악에서는 고부민란의 제1차 농민전쟁에의 내재적 연관성은 차단되지 않을 수 없었다.

이에 반하여, 강재언(姜在彦)·한우근(韓沽劤)은 조병갑의 수세남봉(水稅濫捧), 전운사 조필영(趙弼永)의 양여부족미재징(量餘不足米再徵), 균전의 도조(賭租) 징수, 일본상인의 미곡유출 등을 고부민란의 경제적 배경으로 주목함으로써 고부민란과 제1차 농민전쟁의 내재적 연관성을 확실하게 밝혀 놓았다.[3] 그러나 민란 농민의 구체적 행동의 전개 과정에 즉하여 그 내재적 연관성을 밝히는 데에는 미흡하였다.

한편, 김광래는 민란 농민군의 주력부대는 끝까지 해산하지 않고 존속하여 1894년 3월 21일을 기하여 전면적인 갑오농민전쟁으로 확대되었다고 하여, 고부민란과 제1차 농민전쟁을 직결시킴으로써 고부민란의 종래

1) 田保橋潔, 1940, 『근대일조관계의 연구』 하, 246쪽.

2) 이선근, 1963, 『한국사 현대편』, 46쪽.

3) 강재언, 1970, 『조선근대사연구』, 일본평론사, 166쪽; 한우근, 1973, 「동학농민봉기」, 『한국사』 17, 국사편찬위원회, 94~99쪽.

의 민란과의 차이성을 크게 부각시켰다.[4] 그러나 뒤에서 살피겠지만, 이는 사실이 아니었다. 민란 농민군은 3월 초에 일단 기본적으로는 해산하고 이어 3월 13일에는 완전 해산하였다.

강재언 · 한우근이 주목한 사회적 소지(素地)가 여전하게 지속됨에, 민란 농민군은 일단의 좌초를 체험한 자기지양(自己止揚)에 의하여 문제 파악 · 행동의 차원을 지역성의 차원에서 지방성의 차원에로 비약시켰고, 그 결과가 제1차 농민전쟁이었다는 구조로서 고부민란의 발전과정을 그들의 구체적 행동에 즉하여 밝혀 보려고 한다.

1) '사발통문'의 거사 계획

조병갑은 고종 29년(1892) 4월 28일에 고부군수로 임명되고,[5] 이어 부임하여 고부군에서 갖은 노략질을 감행하였다.[6] 고부 접주였던 전봉준은 고종 30년(1893) 11월에 고부 농민 40여 명과 함께 고부 군아에 가서 조병갑에게 불법의 시정을 요구하였으나 한때 구금당하였다.[7] 이에 전봉준은 고종 30년(1893) 11월 말 무렵에 더욱 과격한 행동을 계획하게 되었다. 그것이 '사발통문(沙鉢通文)' 거사 계획이었다.

1968년 12월에 고부 송준섭(宋俊燮) 씨 집 마루 밑에서 70여 년 묻혀 있던 족보 속에서 이 '사발통문'이 발견되었다. 송준섭 씨는 '사발통문'의 서명자의 한 사람인 송대화(宋大和)의[8] 후손으로서 원래 그곳에는 초가집

---

4) 김광래, 1974, 「전봉준의 고부 백산 기병」, 『나라사랑』 15, 89쪽.

5) 『일성록』 고종편 29, 고종 29년 4월 28일, 149쪽.

6) 이 글 3)의 (가)~(하) 참조.

7) 「전봉준공초(全琫準供草)」, 초초문목(初招問目), 526쪽.

8) 오지영의 『동학사』에 의하면, 송대화는 고부 지방 농민군의 한 장령으로서 1894년 3월의 제1차 농민전쟁에 참여하였다(113쪽).

이 있었는데 갑오년에 화재를 입어 소실되었다가 다시 그 터에 후손이 집을 지은 것이었다고 한다.[9] '사발통문'의 내용은 다음과 같다.[10]

계사십일월 일
癸巳十一月 日

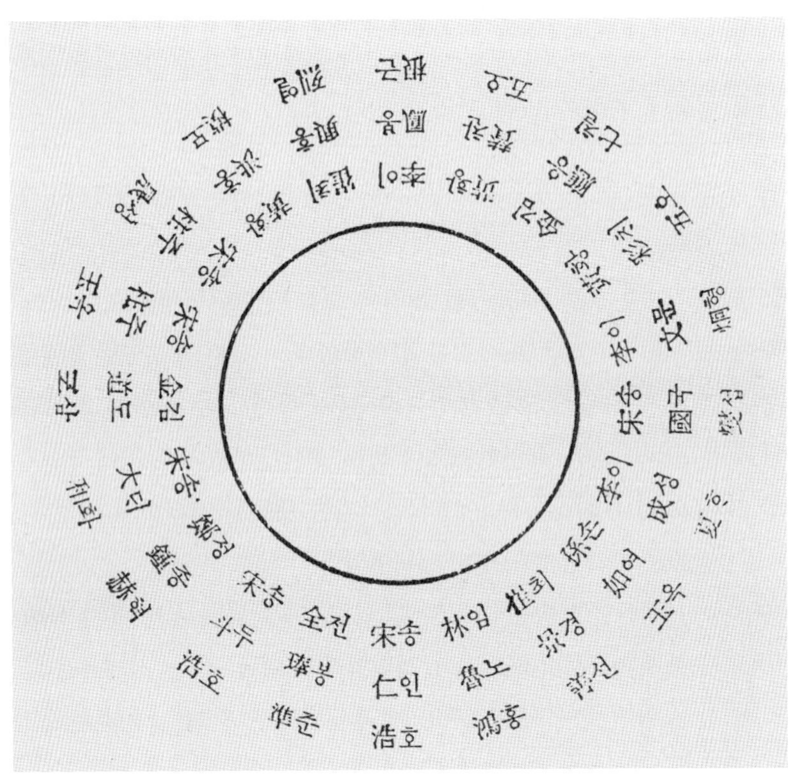

---

9) 김용덕, 1974, 「격문을 통해서 본 전봉준의 혁명사상」, 『나라사랑』 15, 외솔회, 47쪽 참조.

10) 「전봉준자료집」, '사발통문', 1974, 『나라사랑』 15, 434~435쪽.

ᄀᆞᆨ이이집ᄀᆞᆼ 좌ᄒᆞ
各里里執綱 座下

우 여 격문 ᄉᆞ방 비전 물논 성비 ᄆᆡ일ᄂᆞᆫᄆᆼ 구ᄀᆞ
右와 如히 檄文을 四方에 飛傳ᄒᆞ니 物論이 昇飛ᄒᆞ얏다. 毎日亂亡를 謳歌ᄒᆞ던

민중 처처 ᄂᆞᆫ이
民衆드른 處處에 모여서 말ᄒᆞ되「낫네 낫서 亂離ᄀᆞ 낫서」「에이 참 ᄌᆞᆯ되얏지

백성 기일
그양 이ᄃᆡ로 지ᄂᆡ서야 百姓이 ᄒᆞᆫ사ᄅᆞᆷ이ᄂᆞ 어ᄃᆡ ᄂᆞ머 잇겟ᄂᆞ」ᄒᆞ며 期日이 오기

ᄆᆞᆫ 기다리더ᄅᆞ

도인 선후칙 토의결정 위 고부 서부면 죽ᄉᆞᆫ이 송두호
이ᄯᅢ에 道人드른 善後策을 討議決定ᄒᆞ기 爲ᄒᆞ야 古阜 西部面 竹山里 宋斗浩

ᄀᆞ 도소 정 ᄆᆡ일 운집 ᄎᆞ서 결정 결의 내용 좌
家에 都所를 定ᄒᆞ고 毎日 雲集ᄒᆞ야 次序를 決定ᄒᆞ니 그 決議된 內容은 左와

여
如ᄒᆞᄃᆞ

고부성 격ᄑᆞ 군수 조병갑 효수 ᄉᆞ
一. 古阜城을 擊破ᄒᆞ고 郡守 趙秉甲을 梟首ᄒᆞᆯ 事

군기ᄎᆞᆼ 화약고 점영 ᄉᆞ
一. 軍器倉과 火藥庫를 占領ᄒᆞᆯ 事

군수 ᄋᆞ유 인민 침어 탐리 격징 ᄉᆞ
一. 郡守의게 阿諛ᄒᆞ야 人民을 侵魚ᄒᆞᆫ 貪吏를 擊懲ᄒᆞᆯ 事

전주영 함락 경ᄉᆞ 직향 ᄉᆞ
一. 全州營을 陷落ᄒᆞ고 京師로 直向ᄒᆞᆯ 事

우 여 결의 군략 능 서ᄉᆞ 민활 영도ᄌᆞ 장
右와 如히 決議ᄀᆞ 되고 ᄯᆞ로서 軍略에 能ᄒᆞ고 庶事에 敏活ᄒᆞᆫ 領導者될 將

…… (이하 판독 불능)

이 자료에 대하여서는 의논이 크게 갈라졌다. 전혀 통문으로 믿을 수 없고 따라서 기재된 사실 관계도 전혀 믿을 수 없으므로 자료로서 이용할 수 없다는 견해가 있었고, 자료 그대로 전문이 통문 자체이며 따라서 자료로서 충분히 이용될 수 있다는 견해도 있었다. 필자의 생각은 위의 어느 쪽도 아니다.

필자의 생각으로는 이 자료는 그 내용 성격상 네 부분으로 구성되어 있다고 생각한다. '계사 11월 일'에서 '각리리집강 좌하'까지를 한 부분으로 볼 수 있고(이하에서 ㉮라고 약칭한다), "우와 여히 격문을 사방에 비전하니 …… 있겠나 하면 기일이 오기만 기다리더라"를 또 한 부분으로 볼 수 있으며(㉯라고 약칭한다), "이때에 도인들은 선후책을 …… 一. 전주영을 함락하고 경사로 직향할 사"를 또 한 부분으로 볼 수 있고(㉰라고 약칭한다), "우와 여히 결의가 되고 …… 민활한 영도자될 장"을 또 한 부분으로 볼 수 있다(㉱라고 약칭한다).

㉯에서 "우와 여히 격문을 사방에 비전하니"라고 하였듯이, ㉮는 계사년, 즉 고종 30년(1893) 11월에 사방에 띄워 돌린 격문이었고, 서명한 형태

로 보아 사발통문이었다. 그러나 ㉯의 기사가 붙어 있는 것으로 보아, 당시에 사방에 띄워 돌린 사발통문 그 종이 자체는 아니다. 사발통문이 사방에 돌고 난 뒤의 민심의 동향을 기록한 것이 ㉯이므로, ㉮와 ㉯는 극히 짧으나마 시간적으로 선후 관계에 있는 것이었는데, 그것들이 같은 종이에 적혀 있다는 것은, ㉮ 부분이 당시에 사방에 띄워 돌린 사발통문 그 종이 자체는 아니라는 것을 드러낸다. 그렇다면 ㉮는 사발통문의 내용을 옮겨 기록한 것이 된다. 따라서 사발통문의 주요 내용은 "계사 11월 일"의 앞에 있어야 할 것인데, 그 부분은 파손되어 떨어져 나갔다고 생각된다. ㉯에서 사발통문이 돌고 난 뒤에, "'났네 났어 난리가 났어, 에이 참 잘 되었지' 하면서 물론이 끓어올랐다"라는 것으로 보아, 사발통문의 내용은 난리가 났다고 연상시킬 만큼 몹시 자극적인 것이었다고 믿어진다.

백성들 사이에서 ㉯에서와 같은 반향이 있었기 때문에 도인들 즉 서명자 집단 20명은 선후책을 토의하여 4개 사항을 결의하였다는 것이 ㉰이다. 따라서 ㉯와 ㉰ 사이에도 극히 짧으나마 시간적인 간격이 있었다고 생각한다. ㉱는 서명자 집단이, 그들이 결정한 구체적 사업으로서의 4개 사항을 실천하는데 적합한, 즉 '군략에 능하고 서사에 민활한' 인물을 영도자로 결정한 사실(?)을 기술한 것으로서, ㉱와 ㉰는 동시의 일이었다고 생각된다.

따라서 이 자료는, 시간적으로는 극히 짧으나마 간격이 개재된 일들, 즉 ㉮ 다음에 ㉯, 그 다음에 ㉰, ㉱라는 순서로 있었던 일들을 연속적으로 기록한 문서이다. 실제로, '사방에 비전'되었던 사발통문의 서명자 20명의 이름까지도 포함하여 '사발통문' 전체가 동일한 필체로 쓰여져 있다는 점에서도 이 '사발통문'은 ㉮, ㉯, ㉰, ㉱의 사실들을 한 종이에 연속적으로 기록한 문서임에 틀림없다.

㉮는 실제로 세상에 돌린 사발통문의 내용의 끝 부분을 기록한 것이고,

㉯는 그 사발통문의 세상에의 반향을 기록한 것이기 때문에, 이 자료의 기록자는 광범위하게 가상될 수 있다. 그러나 ㉰는 뒤에서 보게 되듯이, 실천되지는 않았던 사업이므로, 서명자 집단 내부에서만의 기밀 사항이었고, ㉱도 같은 성격의 기밀이었음이 확실하다. 일종의 반란계획인 기밀 사항을 기록하였다는 점으로 미루어 보아, 이 자료의 기록자는 서명자 집단의 한 사람이거나, 또는 그 집단의 서기(書記)로서의 지위에 있었던 사람이었다고 믿어진다.

기록자가 그런 지위였을 것이라고 하여 이 자료의 사료로서의 신빙성이 확보되는 것은 아니다. 고종 30년(1893) 11월에 ㉮의 통문이 전라도의 고부 지역에서 사방에 비전되었다는 사실이 연대기 자료에서 뒷받침된다면 이 자료의 신빙성은 의심의 여지가 없게 된다. 그러나 현재 그런 뒷받침은 보이지 않는다.

그러나, ㉯의 사실을 뒷받침하는, 즉 고종 30년(1893) 말의 민심의 동태를 보여주는 자료가 있다. 황현(黃玹)은 그의『오하기문(梧下記聞)』에서 고종 30년(1893) 당시의 민심을 다음과 같이 서술하였다.

> 이에 팔도가 시끄러워 동요가 여러 사람에 의해 불려졌다. 모두 말하기를 "왜 난리가 일어나지 않는가"라고 하였고, 혹은 길게 탄식하기를 "어떤 좋은 운수라야 난리를 만날 수 있을까"라고 하였다.[11]

오지영도 그의『동학사』에서 농민전쟁 직전의 사회적 부패상과 농민에

11) 황현,『오하기문(梧下記聞)』1, 34쪽.『오하기문』은 7책인데, 대원군 집권으로부터 1907년 말까지의 일기이다. 날짜 순서대로 되어 있지 않은 데도 있는 것으로 보아, 그때그때 듣거나 본 사실을 수록한 초고본으로서,『매천야록(梅泉野錄)』집필에 초고가 되었던 것 같다. 따라서『매천야록』에는 없는 기사가 상당히 많은데, 특히 농민전쟁 관계 기사에서 그렇다.

대한 가렴주구를 서술하고, 이어서 민심의 동태에 대하여 다음과 같이 말하였다.

> 이로부터 백성들은 촌촌마다 곡성이오, 사람마다 원성이었다. 이때 조선 각지에 있는 백성들의 마음은 나날이 극도로 위구를 품었었다. 관리나 양반이나 부자들이 백성을 어육으로 보는데 백성이 그것을 원수로 아니 볼 수가 없었다. 그것들은 모두가 백성의 힘으로써 살면서도 도로혀 백성들을 못살게 하는고나. 말끝마다 "이 나라는 망한다. 꼭 망하여야 옳다. 어찌 얼른 망치 않는고" 하며 날마다 망국가(亡國歌)를 일삼았다.[12]

황현과 오지영의 이상의 서술은 '사발통문'의 ㉯에서의 서술에서 보이는 민심의 동태와 완전히 일치되고 있다. 따라서 이 '사발통문'은, 서명자 집단의 한 사람이거나, 또는 그 집단의 서기로서의 지위에 있었던 사람이 ㉮의 사발통문 당시의 일을 그 사건 당시에 기록한 것이라고 믿어도 무방하리라고 생각된다. 따라서, 이 '사발통문'에 기재된 사실관계는 실재(實在)하였다고 보아야 하리라고 생각된다.

앞에서도 이미 언급하였지만, 백성들 사이에서 ㉯에서와 같은 반향이 있었기 때문에, 도인들이 선후책을 토의하여 4개 사항을 결의하였던 것이 ㉰였다. 따라서 이 도인들은 서명자 집단 20명 바로 그 자체가 되고, 서명자 집단 20명은 동학교인이라는 말이 된다. 그런데 ㉰에서와 같은 4개 사업을 추진하려면 일정한 물리적 역량의 구비가 필수적인 전제로 요구되는 것이었다. 전봉준이 서명자의 한 사람으로 참여하고 있고, 서명자 20명이 동학교인이라는 점으로 미루어 보아, 그 물리적인 역량이란 금구취당밖에서는 생각하기 어렵다. 특히, 제4항목에서의 "경사로 직향할 사"란 항

12) 오지영, 『동학사』, 100쪽.

목은, 금구취당의 '3월 7일 왜양 성토 · 소멸을 위한 상경'과 보은취회 해산 후의 상경 계획의 연장선 위에 놓여질 수 있는 것이기 때문에 더욱 그렇게 믿어진다. 그러나, ㈐의 제1 · 2 · 3 항목에서 볼 때, 그것들은 금구취당의 행동 지향과는 약간의 차이가 있는 것이라는 점에서, 서명자 집단 20명이 모두 금구취당의 구성원이지는 않았으리라고 생각된다.

금구취당 세력의 3월 7일과 그 뒤에도 잇달았던 상경설은, 4월 8일에 인천(仁川) 병정 120명을 남양(南陽)의 총제영(摠制營)으로 이동 배치하고,[13] 6월에 병정 6백 명의 충청 병영(청주－인용자)을 다시 창설하며,[14] 8월에는 4백 명의 전라 병영(전주－인용자)을 다시 창설하는[15] 등 정부에서 금구 지방에서의 상경로에 해당하는 곳에 군사력을 배치하는 대비책을 취하였다는 점으로 미루어 볼 때, 단순한 소문이기만 하였던 것이 아니라 현실성이 있었다고 생각된다. 고종 30년(1893) 7월 말에도 "충청도 감영에서는 각 고을에 감결(甘結)을 보내어 동학을 금단하였다. 듣건대, 동학당은 또 충주에서 회집하여 장차 서울로 올라간다고 한다. 그 때문에 위의 감영 감결이 있었다고 한다"라고[16] 하듯이, 동학인들의 상경설이 파다하였다. 이렇게 볼 때, '사발통문'의 제4항목을 구상하였던 주체를 금구취당 밖에서 생각하기는 매우 어렵다고 생각된다. 왜냐하면 제4항목에서의 '서울로 직향할 사'는, 고종 30년(1893) 2월 14일부터의 서울에서의 척왜양 방문 게시 운동, 2월 말 3월 초의 경향 각지에서의 방문 게시 운동, 금구에서의 취당과 보은취회에의 집단적 직접 참여 기도, 보은취회 참여 기도 좌절 후의 충주집결 등등 금구취당계열 세력의 운동들에서 나타난, 척왜

13) 『일성록』 고종편 30, 고종 30년 4월 8일, 104쪽.

14) 위의 책, 고종 30년 6월 16일, 167쪽.

15) 위의 책, 고종 30년 8월 14일, 222쪽.

16) 김윤식, 『속음청사』 상, 권7, 「면양행견일기」, 계사 7월 27일, 281쪽.

양과 탐학 지방관의 척출의 요구를 서울에서 정치 운동의 형태로 벌이려고 하였던 지향의 연장선 위에 있는 것이었기 때문이다. 따라서 '사발통문'의 서명자 집단 20명은 전봉준의 금구취당 그 자체와 동일체는 아니지만, 밀접한 그리고 내면적으로 유착된 관계에 있었다고 보여진다.

양자가 밀접하고도 유착된 관계에 있었지만 별도의 집단이었음을 나타내는 현상 형태가 4개 항목 중의 1~3항목이었다. 그것들은 특정 지역의 특정 수령에 대한 격징이었다. 즉 '탐학 지방관의 척출의 요구'를 특정 고을의 현장에서 구체적으로 실현하려는 것이었다고 할 수 있다. 이렇게 볼 때, 통문의 서명자 집단 20명을 중심으로 한 세력은 탐학 지방관의 문제 즉 당시 조선왕조 사회의 보편적 문제를 서울에서의 정치 운동의 형태로, 즉 당시 조선왕조 사회 전체에 걸치는 보편적 차원에서 벌이는 한편, 탐학의 행위 자체가 구체적으로 펼쳐지는 공간 규모인 고을이라는 지역의 문제로서, 그리고 수령과 아전을 공격의 목표로 삼는 지역의 차원에서 운동을 벌이는 두 가지 차원의 성격을 함께 포괄하고 있었다. 서명자 집단 20명을 중심으로 한 세력의 운동이 후자의 성격도 가지고 있었다는 것은, 금구취당 세력의 운동에 비하여 보다 구체화되었고 보다 심화되었다는 것을 드러내는 것이었다. 따라서 금구취당 세력과 통문 서명자 20명을 중심으로 한 세력은, 주체상으로는 겹쳐지는 부분이 많고, 밀접한 그리고 내면적으로는 유착된 관계에 있었지만, 성격상으로는 전자에서 후자에로 일정한 발전과 심화가 있었다고 볼 수 있다.

그러나 '사발통문'의 거사 계획은 실현되지 않았다. 그 이유를 다음에서 검토하려고 한다. 제 1 · 2 · 3항목은 고부군수 조병갑을 응징하고 그의 탐학으로 말미암은 고부의 민막(民瘼)을 시정하려는 것이었다. 그런데, 고종 30년(1893) 11월 30일에 조병갑은 익산군수(益山郡守)로 임명되었다.[17] 아마도 '사발통문'의 4개 항목이 결의된 며칠 후의 일이었을 것이며, 따라서 제 1 · 2 · 3항목의 계획이 보류되지 않을 수 없었다. 제4항목도 정부의 앞에서와 같은 군사력의 배치로[18] 말미암아 그 전망이 흐려지지 않을 수 없었을 것이며, 따라서 '사발통문'의 거사 계획이 전체적으로 보류되지 않을 수 없었다고 생각된다.

위에서와 같이 볼 때, 전봉준의 금구취당과 밀접한, 그리고 내면적으로 유착된 관계에 있던 서명자 집단을 중심으로 한 세력은 동학교문 당국과는 아무런 관련 없이 독자적으로 고종 30년(1893) 11월 말 무렵에 폭력적 사업을 계획하였음이 드러나게 된다. 이제 전봉준의 금구취당 세력은 고종 30년(1893) 2월과 3월에서의 지향 중의 하나였던, 지방관의 탐학 · 무단 금지 요구를 폭력으로써 구체적으로 실현하려는 단계에로 나아가고 있었다. 실천적인 자세 · 의식이 더욱 첨예화되었다고 볼 수 있다.

2) 고부민란의 전개

'사발통문' 4개 항목 거사 계획은 11월 30일의 조병갑의 익산군수 전임 발령으로 보류되었다고 생각된다. 그런데 한 달이 채 못 된 12월 24일에는, 11월 30일에 고부군수로 발령된 이은용(李垠鎔)이[19] 다시 황해도 안악군수(安岳郡守)로 전임 발령되었다.[20] 여기에서 검토되어야 할 문제는, 이은용이 실제 고부군수로 부임하였는가 여부의 문제이다. 11월 30일에 고부군수로 전임 발령된 당시의 이은용은 평안도의 안주목사(安州牧使)로 재

17) 『일성록』 고종편 30, 고종 30년 11월 30일, 348쪽; 『승정원일기』 고종편 12, 고종 30년 11월 30일, 779쪽.

18) 주 13), 14), 15) 참조.

19) 주 17)과 같음.

20) 『승정원일기』 고종편 12, 고종 30년 12월 24일, 807쪽.

직 중이었다.[21] 그가 고부군수로 부임하려면 안주에서의 해유(解由)가 끝나고 신임 안주목사 민치준(閔致駿)과의 인수인계를 마치고, 서울에서 왕에게 사은숙배(謝恩肅拜)하고 나서야 가능한 것이었다. 따라서 그가 고부군수로 도임하는 데에는 상당한 시일이 걸릴 수밖에 없었다.

『속대전(續大典)』 이전(吏典) 제수(除授)조에는 "무릇 지방에 있으면서 관직에 제수된 자는 근도(近道)일 경우에는 30일, 원도(遠道)일 경우에는 40일 이내에 사은숙배하여야 한다. 이 기한을 넘기는 자는 보고하여 개차(改差)한다"라고[22] 규정되어 있는데, 이로 미루어 보아서 현직 수령이 다른 고을의 수령으로 전임 발령을 받아 실제 도임(到任)하기까지에는 30일 내지 40일이 걸렸다고 보아야 한다. 이렇게 볼 때, 이은용은 고부군수로 도임하지 못하였다고 생각된다.

이렇게 이은용은 고부군수로 도임하지도 못한 상태에서 12월 24일에 안악군수로 전임 발령되었고, 같은 날에 신좌묵(申佐默)이 고부군수로 임명되었으나[23] 그는 25일에 신병을 이유로 사직원을 내어 수리되었고,[24] 그 이튿날인 26일에는 이규백(李奎白)이 고부군수로 임명되었으나[25] 그도 27일에는 신병을 이유로 사직원을 내어 수리되었으며,[26] 같은 날에 하긍일(河肯一)이 고부군수로 임명되었으나,[27] 다시 이튿날인 28일에는 박희성(朴喜聖)이 또 새로이 고부군수로 임명되었고,[28] 그 이튿날인 29일에

21) 『외안(外案)』 전 2책 중의 제2책, 안주(安州)(서울대 고도서).
22) 『속대전(續大典)』 권1, 이전(吏典), 제수(除授), 1974, 경인문화사, 111~112쪽.
23) 주 20)과 같음.
24) 『승정원일기』 고종편 12, 고종 30년 12월 25일, 808쪽.
25) 위의 책, 고종 30년 12월 26일, 810쪽.
26) 위의 책, 고종 30년 12월 27일, 812쪽.
27) 위와 같음.
28) 위의 책, 고종 30년 12월 28일, 813쪽.

는 강인철(康寅喆)이 또 새로이 고부군수로 임명되었으며,[29] 그도 이듬해 고종 31년(1894) 1월 2일에 신병을 이유로 사직원을 내어 수리되었고,[30] 1월 9일에는 조병갑이 다시 고부군수로 임명되었다.[31]

이때 이조(吏曹)에서는 고부군수에 조병갑을 잉임(仍任, 그대로 계속해서 일하게 임명한다는 뜻–인용자)시키기를 장청(狀請)하면서 다음과 같이 건의하였다.

> 전라감사 김문현(金文鉉)의 장계(狀啓)를 보니 "고부의 전 군수 조병갑은 포흠(逋欠)이 많이 누적되었으나 조금씩 해결하였고, 바야흐로 조세를 거둠에 미쳐 일이 아직 단서가 잡히지 않았는데 지금 그를 다른 고을로 옮기고 조세 수납을 새 수령에게 맡기면 잘못 그르침이 없지 않다"라고 하였는데, 도신(道臣)의 장사(狀辭)가 이미 이와 같으니 장청대로 특별히 잉임시키는 것이 어떠하겠습니까.[32]

김문현의 강력한 요청과[33] 정부의 특별 고려에[34] 의한 이러한 건의가

29) 위의 책, 고종 30년 12월 29일, 816쪽.

30) 위의 책, 고종 31년 1월 2일, 822쪽.

31) 위의 책, 고종 31년 1월 9일, 826쪽.

32) 위와 같음, 827쪽;『일성록』고종편 31, 고종 31년 1월 9일, 6쪽. 박은식(朴殷植)도 "조병갑이 고부에 초임(初任)하여 이미 탐학과 뇌물을 자행하였다. 백성이 그 고통을 아직 잊지 않고 있는데, 하여금 재임케 하여 그 탐욕을 거듭 행하게 하니 민란이 일어나지 않을 수 있겠는가"(『박은식전서』 상,「한국통사」, 1975, 단국대 동양학연구소, 108쪽)라고 하였다.

33) 황현은 "조병갑은 고(故) 영상(領相) 조두순(趙斗淳)의 서질이었다. …… 김문현은 조병갑이 권문(權門)의 인척·측근이기 때문에 잉임시키기를 강력하게 요청하였다"고(『오하기문』 1, 45쪽) 말하였다.

34) 고종 31년(1894) 2월 15일, 의정부는 고부민란의 수습책으로서 조병갑의 나문정죄(拿問定罪)를 건의하면서 "애초에 기리는 뜻에서 잉임시키고 종말에는 파면하고 잡아올리게 되니 앞뒤가 상반됨이 어찌 이다지도 심한가"라고 탄식하였다(『일성록』 고종편 31, 고종 31년 2월 15일, 48쪽). '애초에는 기리는 뜻에서 잉임시키고'라는 것이 '특별 고려'의 표현이었다.

고종의 윤허를 받음으로써,[35] 조병갑은 고부군수로 잉임하게 되었다. 이와 같이 조병갑은, 익산군수로 전임 발령된 고종 30년(1893) 11월 30일에서 잉임 발령된 고종 31년(1894) 1월 9일까지의 39일 동안에도 계속 고부군수로서 복무하였던 것이다.[36]

조병갑이 익산군수로 전임 발령되었기 때문에 통문의 서명자 집단은 '사발통문' 거사 계획을 철회하였지만, 조병갑이 아직 고부군수로 복무하고 있었기에 그냥 보고만 있을 수 없었던 전봉준은 고종 30년(1893) 12월에[37] 60여 명의 고부 농민과 함께 전주의 감영에 가서 감사 김문현에게 고부의 폐정을 시정해 달라고 등소(等訴)하였다.[38] 그러나, 김문현은 그 등소를 수리하지 않았을 뿐만 아니라 모두 쫓아내고 말았다.[39]

11월의 '사발통문' 4개 항목 거사 계획에서는 조병갑의 처단과 탐학하는 아전의 격징까지 구상하였던 전봉준이 12월에는 단순한 감영 등소로서 끝나고 있었던 것은, 당시에는 조병갑이 익산군수에로의 전임을 전제로 하고 고부군수로서의 일을 보고 있었기 때문이었다고 생각된다.

---

35) 주 32)와 같음.

36) 주 32)에서 보이는 김문현의 장계에서 "지금 그를 다른 고을로 옮기고 조세 수납을 새 수령에게 맡기면 잘못 그르침이 없지 않다"라고 하였고, 그리고 '잉임'시켰으니까, 조병갑은 39일 동안에도 계속 복무하였음이 확실하다.

37) 두 번째의 등소에 대하여, 전봉준은 제1차 법정재판에서 그 등소처는 말하지 않았으나, 시기는 12월이었다라고 말하였다(「전봉준공초」, '초초문목', 526쪽).

38) 이때의 등소처에 대하여, 이복영(李復榮)은 그의 일기인 『남유수록(南遊隨錄)』 제7 · 제9, 갑오 4월 9일조에서 전주인(全州人) 김용태(金用泰)의 말을 인용하여 고부민들이 전주감영에 등소하였다고 하였고(홍성찬, 1983, 「1894년 집강소기 설포하의 향촌사정」, 『동방학지』 39, 76쪽 주 22)에서 재인용), 박철(朴喆), 1929, 『오십년의 회고』(55~56쪽)와 『조선의 토지개량사업』(27~30쪽)에서도 등소처는 전주감영이었다고 하였다(田保橋潔, 1979, 『근대일지선관계의 연구』, 원서방, 60~61쪽에서 재인용). 당시 조병갑은 후임자를 기다리면서 고부군수로 복무하고 있었으므로 고부의 등소민은 전주감영에 등소하였다고 보는 것이 사리상으로도 합당하다.

39) 「전봉준공초」, '초초문목', 526쪽.

고종 31년(1894) 1월 9일에 조병갑은 고부군수로 잉임되었고, 그 이틀 뒤인 1월 11일에[40] 고부민란이 폭발하였다. 이러한 즉각 대응의 양상은, 조병갑이 익산군수로 전임 발령되었으므로 유보하였던 '사발통문' 4개 항목 중의 제1 · 2 · 3항목을 조병갑의 잉임 즉시로 실천하였다는 사실을 드러낸다. 고부민란의 주도자인 전봉준 · 정익서(鄭益西) · 김도삼(金道三)[41] · 최경선(崔景善)[42] 등 중에서 정익서 이외의 3인이 모두 '사발통문'의 서명자였다는 사실이 눈에 띈다. 그러나, 결의 사항을 보류한 지 40일만에 고부민란이 폭발하였다는 시간적 간격 때문에 '사발통문' 서명자 20명 내지는 금구취당 세력 자체가 바로 고부민란의 조직자이지는 못하였다.

전봉준은 자신이 글자깨나 알고 있어 중민(衆民)이 자신을 추대하였기 때문에 자연스럽게 주도자가 되었다고 법정 진술에서 말하였지만,[43] 그가 피동적으로 주도자가 된 것은 아니었다. 기쿠치 겐조(菊池謙讓)가 1932년 10월에 고부를 답사하여 촌로들에게 들은 바에 의하면, "그(전봉준－인용자)는 이번 변란이 일어나자 아무 주저 없이 궐연(蹶然)히 일어나서 난당

---

40) 최영년은 고부민란의 발생일을 1월 11일이라 하였고(『동학란기록(東學亂記錄)』 상, 「동도문변(東徒問辨)」, 157쪽), 巴溪生은 1월 10일이라고 하였으며(『조선교섭자료)』 중, 「전라도고부민요일기)」, 343~344쪽), 菊池謙讓은 1월 16일이라고 하여(『근대조선사』 하, 214쪽), 확실하지 않으나 당시 전라감사 김문현의 군사마(軍司馬)였던 최영년의 기술이 가장 믿을 만하다.

41) 巴溪生의 「전라도고부민요일기」에서는, 고부민란에서 수령(首領)은 전봉준이었고, 정익서, 김도삼은 전(全)을 보좌하였다고 하였다(『주한일본공사관기록(駐韓日本公使館記錄)』 1, 55, 372쪽).

42) 고종 32년(1895) 2월 9일의 제1차 법정재판에서, 법관의 "당초에 고부에서 기포(起包)할 때 동모자는 누구였는가?"라는 물음에, 전봉준은 "손화중, 최경선 등이었다"라고 답하였다(「전봉준공초」, '초초문목', 531쪽). 오지영도 『동학사』에서, 고부민란과 제1차 농민전쟁을 혼동 · 착종(錯綜)시켜 서술하고 있지만, 최경선이 고부민란에 깊이 개입되었음을 밝히고 있다(『동학사』, 110쪽). 따라서 손화중이 고부민란의 동모자였다는 말은 믿기 어렵지만 최경선이 그 동모자였다는 말은 믿을 만하다.

43) 「전봉준공초」, '초초문목', 525쪽.

의 지휘를 담당하였다"는 것이며, "그(전봉준-인용자)가 고부의 민란에 참여하기 수일 전에 나그네 3, 5명이 어디선지 그에게 왔는데 모두 낯선 사람들이었다. 나중에 보니 그들 나그네는 모두 동학당의 요인들이었다"는 것이다.[44]

전봉준 · 김도삼 · 정익서 · 최경선 등이 고부민란을 조직적으로 일으켰는지의 여부는 알 수 없으나, 그들의 사전 계획과 준비에 의하여 민란의 지도부로 등장하였음에는 틀림없다고 생각된다. 1월 11일 아침에 봉기하여 고부 군아를 습격한 민란의 중민은 조병갑의 학정을 "참고 또 참다가 종말에는 더 참을 수 없어서 기뇨(起鬧)하였다"[45] 그러나, 고부민란에는 전봉준 등의 지도부가 있었고, 지도층 중 전봉준 · 김도삼 · 최경선이 '사발통문' 서명자 집단에 들어 있는데서 드러나듯이 그 지도부는 서명자 집단과도 일정한 관련이 있었고, 전봉준이 원래 금구취당의 주도자였다는 점으로 보아 그 지도부는 금구취당 세력과도 일정한 관련이 있었다고 생각되며, 그랬기 때문에 고부민란에는 다른 민란에서는 보이지 않았던 행동의 지속성이 뚜렷하게 나타나고 있었다.

전봉준 등이 지도한 민란 중민은 1월 11일 아침에 고부 군아를 점령하고 이어 이청(吏廳)의 아전들을 끌어내어 악정의 시말을 엄중하게 취조 처벌하고, 무기고를 부숴서 무기를 차지하고, 수세(水稅)로 거두어들인 양곡 1,400여 석(石)을 몰수하고 진전(陳田)에서 거둔 세곡(稅穀)을 주인에게 돌려주며, 만석보(萬石洑) 밑에 새로 쌓은 둑을 허물었다. 그러는 동안 민란 중민은 읍내에 진을 치고 장막을 치고 밤에는 모닥불을 피웠다.[46] 6일

---

44) 菊池謙讓, 1939, 『근대조선사』 하, 鷄鳴社, 216쪽.

45) 제1차 법정재판에서, "학정(虐政)은 처음부터 행하였는데, 왜 즉시 기포하지 않았는가?"라는 법관의 물음에 전봉준은 "온 고을의 인민이 참고 또 참다가 종말에는 더 참을 수 없어서 기뇨하였다"라고 답하였다(「전봉준공초」, '초초문목', 524쪽).

뒤인 1월 17일에는 말목[馬項] 장터로 진을 이동하였다.[47] 이동하는 과정에서 노소인(老少人)들은 모두 돌려보내고 장정들만으로서 민란군을 구성하였다.[48]

1936년에 간행된 「전봉준실기(全琫準實記)」에는 다음과 같은 기사가 있다.

> 전주진영(全州鎭營) 군위(軍尉) 정석진(鄭錫珍)이 부하 수삼 인을 대동하여 봉준과 면회한 후 해산을 권유하였다. 때마침 수상한 상인 십여 명이 연초포(煙草包)를 부대(負戴)하고 시장으로 입래(入來)함을 견(見)한 전봉준은 그를 다 결박하고 연초포를 피견(披見)함에 전율할 무기가 입(入)하였으니 이는 틀림없는 정 군위의 부하였다. 이 광경을 본 정씨는 도주하다가 난민의 숙장 아래 참혹히 죽었다.[49]

위의 사건은, '시장으로 입래함을 본 전봉준은'이라고 하는 것으로 미루어 보아 전봉준의 민란 부대가 말목 장터에 둔거(屯據)하고 있을 때의 일이었을 것이다. 그러나 이곳도 공수(攻守)에 지세가 불리하여 2월 25일에는 백산(白山)으로 이동하였다.[50] 전봉준은 이렇게 일정한 집단을 거느리고 사태의 추이를 지켜보고 있었다.

---

46) 巴溪生, 『주한일본공사관기록』 1, 「전라도고부민요일기」, 54, 371쪽.

47) 위의 글, 54, 371쪽 참조. 巴溪生은 민란군이 1월 17일 마수역으로 옮겨 1월 25일까지 설영하고 있었다고 하였으나(56, 373쪽), 『대동지지(大東地志)』(1864년의 김정호의 저작)에 의하면 고부군역 안에는 읍의 북쪽 10리에 영원역(瀛原驛)이 있었을 뿐, 마수역은 없다. 따라서 마수역은 巴溪生이 말목[馬項] 장터를 잘못 적은 것으로 생각된다. 말목 장터는 민란 농민이 최초로 집결하였던 곳이며(『동학사』, 110쪽 참조), 전봉준의 집도 그 부근에 있었다.

48) 위의 글, 54, 371쪽.

49) 장봉선, 1937, 「전봉준실기(全琫準實記)」, 『정읍군지(井邑郡誌)』, 이로재, 383쪽.

50) 巴溪生, 『주한일본공사관기록』 1, 「전라도고부민요일기」, 56, 372쪽.

고부군의 상황이 이러하였기에 고종 31년(1894) 2월 15일 정부는 "민란 괴수들의 창궐이 방임되어 있고, 하극상의 악습은 아직도 징계되지 않으니 조정의 명령과 나라의 체통은 어디로 가 버렸는가. …… 지금 들으니 민란이 다시 일어난다는 소문이 낭자하다"라고[51] 탄식하였으며, 그러한 상황에 대한 대책으로서 조병갑을 붙들어 올려 국문토록 하고, 감사 김문현에게는 월봉삼등(越俸三等)의 처분을 내리고, 당시 장흥부사(長興府使)였던 이용태(李容泰)를 고부군 안핵사(按覈使)로 임명하여 주모자를 색출하고 읍폐(邑弊)를 시정할 방책을 조사하도록 하였다.[52] 정부는 같은 날에 용안현감(龍安縣監) 박원명(朴源明)을 고부군수로 임명하고,[53] 이튿날에는 이용태를 안핵사로 임명하였다.[54]

그러나 2월 19일에는 "읍민이 다시 봉기하여 북새통을 이루었다"라고[55] 하는데, 이 보고는 「전라도고부민요일기」의 다음 기사의 사태를 가리키는 것이라고 여겨진다.

> 감영에서 병정 50인을 변장시켜 (농민군－인용자) 진영 속에 침투시켜 틈을 보아 3인(전봉준, 정익서, 김도삼－인용자)을 체포하려고 하였으나 오히려 농민군들에게 간파당하여 50인이 모두 잡혀 버렸다. 이러한 싸움 속에서 병정 1인은 즉사하였고 그 통솔자도 또 살육당하였다는 소문이 있다. (민란군은－인용자) 이때부터 사방의 출입을 엄하게 하고 동진강(東津江)의 도강(渡江)을 금하여 군내의 요소는 모두 그들의 손에 장악되었다. 여행인이라도 눈에 띄는 대로 그들 진영에 잡아들여 병정으로 사역하였다고 한다.[56]

---

51) 『일성록』 고종편 31, 고종 31년 2월 15일, 48쪽.
52) 위와 같음.
53) 『승정원일기』 고종편 12, 고종 31년 2월 15일, 864쪽.
54) 위의 책, 고종 31년 2월 16일, 865쪽.
55) 최영년, 『동학란기록』 상, 「동도문변」, 157쪽.

전라감사 김문현이 이러한 공작을 시도한 것은 자신이 강력하게 요청하여 잉임시킨 조병갑의 치소(治所)에서 민란이 발생하였으므로, "될 수 있는 대로 내밀하게 진압하려는 목적"에서였다.[57] 황현은 위의 사건에 대하여 "김문현이 군대 40명을 주어 군관을 파송(派送)하여 고부에 가서 난민을 효유케 하였는데, 그들은 그대로 잡히고 말았다"라고[58] 하였다.

조병갑을 나문정죄(拿問定罪)하라는 왕명은 2월 15일에 있었지만,[59] 조병갑이 체포·구금된 것은 두 달 남짓이 지나 제1차 농민전쟁이 막바지를 달리던 4월 20일이었다.[60] 의금부에서 그를 구금하고 심문함에, 조병갑은 4월 23일 다음과 같이 원정(原情)하였다.

> 처음에 민란이 터진 것은 나의 징쇄(徵刷)에 말미암았다. 민란이 재차 다시 일어난 것은 파면(2월 15일에 있었음－인용자) 이후이므로 그 까닭은 모르겠다.[61]

2월 15일 이후에 고부민란이 재연된 이유는 모르겠다는 것이었는데, 원정할 때가 4월 23일이므로, 그 이유를 모르겠다는 재차기뇨(再次起鬧)는, 3월 20일[62] 이후의 제1차 농민전쟁을 가리키는 것이라고 얼핏 생각할 수도 있겠으나, 조병갑의 원정이 "납공(納供)이 모호하고 마침내 직초(直招)하지 않는다. 평문(平問)해서는 취복(取服)할 수 없으니 청컨대 형추(刑

56) 巴溪生, 앞의 글, 56, 372쪽.
57) 위의 글, 57, 373쪽.
58) 황현, 『오하기문』 1, 46쪽.
59) 주 52) 참조.
60) 『승정원일기』 고종편 12, 고종 31년 4월 20일, 945쪽.
61) 위의 책, 고종 31년 4월 23일, 948쪽; 『일성록』 고종편 31, 고종 31년 4월 23일, 123쪽.
62) 황현, 『오하기문』 1, 50쪽.

推)해서 실상을 알아냅시다"라고[63] 의금부에서 요청하는 것으로 보건대, 그렇게 생각하는 것은 무리하다. 왜냐하면 전라우도 일대에 확대된 제1차 농민전쟁의 원인을 조병갑을 형추하면서까지 취복하려고는 하지 않았을 것이기 때문이다.

전봉준의 민란 농민군은 일정한 물리적 역량을 갖추고 백산에 둔거하면서 완강한 세력을 이룩하고 있었다. 상황이 그러하였기 때문에 새로 부임한 고부군수 박원명은 다음과 같은 글을 전봉준의 민란군 부대에 보내었다.

> 새로이 명을 받아 이곳에 부임하였다. 나의 목적은 오로지 백성을 휴양케 하는 데에 있다. 지금으로부터 그대들 일당과 이 고을의 시정(時政)을 의논하고자 한다. 그러니 민군(民軍) 중에서 이부(吏部) 이하의 간부를 선발해 주기를 바란다.[64]

2월 말 무렵에는 "일이 일어난 지도 이미 2개월,[65] 인원도 또한 많아져서 그들(전봉준부대—인용자)이 주둔하고 있는 근방은 자연히 물건 파는 상인들의 집합처가 되었고, 음식점 잡화점 따위들이 생겨 장시(場市)를 이루어 대단히 번성하는 경황이었다고 한다."[66]

이와 같이, 전봉준의 민란 부대는 1월 11일의 봉기 이후 해산하지 않고 말목[馬項] 장터, 그리고 백산으로 이동하면서 그 물리적 역량을 계속 확

63) 주 61)과 같음.

64) 巴溪生, 앞의 글, 56, 373쪽.

65) 이를 만 2개월로 보면, 고부민란이 1월 11일에 폭발하였으므로 3월 11일의 일로 보아야 하겠으나, 민란 농민군은 3월 초에 기본적으로는 해산하였으므로, 그것을 막연한 뜻의 2개월째로 풀이하여 2월 말의 일로 생각하였다.

66) 巴溪生, 앞의 글, 55, 372쪽.

보하고 있었는데, 이는 그 이전의 민란에서는 볼 수 없었던 강인한 지속성이었다. "백성은 모두 덕(德)을 따르고 의(義)를 외경(畏敬)하여 반드시 어쩔 수 없이 되고서야 민란을 일으킨다. 때문에 민란에서는 감히 수령과 아전을 죽이거나 성지(城池)를 불태우거나 하지는 않고 오직 장대를 내세우고 억울함을 호소하며 정부의 효유가 있으면 곧 평정된다. 고로 조야(朝野) 모두가 민란에 익숙되어 상사(常事)로 여기고 있다"고[67] 하는, 종래의 민란에서는 전연 볼 수 없었던 행동의 지속성이 고부민란에는 있었다.

백산에 둔거한 민란 농민군의 인원 규모가 어느 정도였는지는 확실하지 않다. 제1차 농민전쟁의 시기였던 4월 7일의 황토현(黃土峴)전투 당시의 전봉준부대의 규모가 약 2천 명이었다는 사실과[68] 1월 11일 말목 장터에서 최초에 집결한 민란군이 약 5백 명이었다는 사실로[69] 미루어 보아, 백산 둔거의 민란 농민군, 즉 전봉준 민란군의 인원 규모는 1천 명도 되지 않았을 것으로 보인다.

이 규모도 항상적인 것은 아니었을 것이라고 생각된다. "민군(民軍)은 서로 교대하여 인원에 감소를 보이지 않았을 뿐만 아니라 죽창을 가지고 삼삼오오 짝을 지어 서로 왕래하는 일이 끊이지 않았다"라고[70] 하듯이, 기본 구성원 약 1천 명이 서로 교대하면서 일정한 규모를 유지하였다고 짐작된다. 1월 20일에 고부 농민 30 내지 40인이 각기 죽창을 가지고 줄포(茁浦)를 지나 본영(本營, 말목 장터 - 인용자)으로 갔고,[71] 1월 22일에는

---

67) 황현, 『오하기문』 1, 24쪽.
68) 菊池謙讓, 『근대조선사』 하, 219~222쪽.
69) 巴溪生, 앞의 글, 54, 371쪽.
70) 위의 글, 55, 372쪽.
71) 위의 글, 55, 371쪽.

민군의 일부가 귀거(歸去)하였다는 것은,[72] 민란군이 교대하는 경우였을 것이라고 짐작된다. 따라서 말목 장터 · 백산에 둔거한 전봉준 민란군의 항상적인 인원 규모는 약 5백 명 안팎이었다고 짐작된다.

이러한 규모의 집단을 항상적으로 유지하는 데에는 식량의 확보가 선결 문제였다. "그들이 어떻게 하여 양식에 궁하지 않은가를 들으니, 전혀 조병갑의 소득미곡(所得米穀, 가렴주구한 쌀－인용자)을 빼앗아 양식에 충당하였던 것이다. 아직도 2개월은 넉넉히 보장된다고 한다"라고[73] 하듯이, 조병갑이 축적한 곡물을 빼앗아서 양식으로 하였겠지만, "3월 초 1일 민군 수백 명이 줄포의 (전운소) 세고(稅庫)를 파괴하였다"고 하는데,[74] 이러한 세곡도 그 양식으로 쓰여졌을 것이다.

새로이 고부군수로 부임한 박원명은 "광주(光州)에 대대로 살아온 부유한 집안 태생으로 자못 임기응변의 능력이 있었는데다가 또 본토 사람으로서 지방 민정(民情)을 훤히 알고 있어"[75] 주 64)에서와 같이 전봉준 민란군과 시정을 의논하고, 또 "3월 3일에는 음식상을 크게 차려놓고 난민을 초대하여 조정에서 농민군들의 죄를 용서하고 돌아가 농사짓고 편히 살 것을 허용하는 뜻으로 타일렀다. 난민은 모두 해산하였고 장두(狀頭) 전봉준 등 3인은 어디로 갔는지 알 수 없다. 얼마 안 있어 안핵사 이용태가 고부에 도착하였다"고[76] 한다. 『전봉준실기』에서도 "박(朴) 군수의 간곡한 효유에 해산하지 않을 수가 없었다"라고[77] 하였다. 이와 같이 전봉준

72) 위의 글, 55, 372쪽.

73) 위의 글, 57, 373쪽.

74) 위와 같음.

75) 황현, 『매천야록』 권2, 고종 31년 갑오, 1971, 국사편찬위원회, 128쪽.

76) 황현, 『오하기문』 1, 47쪽; 황현, 『매천야록』 권2, 고종 31년 갑오, 128쪽.

77) 장봉선, 「전봉준실기, 383쪽.

민란군은 박원명의 설득과 회유에 의하여 3월 3일 무렵에 기본적으로는 해산하였던 것이다.

박원명의 수습에 의하여 2월 말 전후에 고부민란이 진정되는 사정은, 정부에서의 논의에서도 반영되고 있었다. 2월 26일에 의정부는 다음과 같이 계언(啓言)하였다.

> 고부민란에 대하여서는 이미 안핵사를 파견하였다. 그동안의 조사의 여하에 대하여서는 알 수 없지만, 전라도 감사의 연달은 보고를 보건대는, 난민의 정적(情跡)은 갈수록 헤아릴 수가 없다. 먼저 감사 안핵사로 하여금 특별하게 효유하여 정부의 위로하고 어루만지는 뜻을 보여 주도록 하고, 그래도 여전히 난동하면 이는 보통의 민란으로 다스려서는 안 된다. 아 저들 무리지어 모인 우민(愚民)들은 비록 한둘 불령인(不逞人)들의 사주에 협박·강요된 것들이지만 무성하게 퍼지게 할 수는 없다. 비록 무력으로 탄압·해산시키더라도 반드시 형정(刑政)의 남발이 되는 것은 아니다.[78]

의정부에서는 고부민란의 완강한 지속을 크게 우려하여 직접 무력을 동원하여 탄압·해산시킬 것까지도 구상하고 있었다. 그러나 나흘 뒤인 2월 30일의 차대(次對)에서 영의정 심순택(沈舜澤)은 다음과 같이 계언하고 있다.

> 오늘도 전라감영의 전보를 보았다. 고부 사건은 비록 난민이 아직도 다 해산하지는 않았지만, 새 군수도 이미 부임하였고 당초에 듣던 소식에 비해서 지금은 크게 걱정할 것이 없다.[79]

---

78) 『일성록』 고종편 31, 고종 31년 2월 26일, 60쪽.

79) 위의 책, 고종 31년 2월 30일, 63쪽.

이에 대하여 고종은 다음과 같이 말하였다.

진실로 탐묵의 자행이 없었다면 어찌 민란이 일어났겠는가. 백성들로 하여금 박할(剝割)을 견딜 수 없어 오늘날의 모양에 이르도록 한 것에 생각이 미칠 때마다 더욱 원통하고 한탄스럽다. 탐묵은 엄하게 징계하지 않으면 안 된다.[80)]

이와 같이 조정의 논의에서도 고부민란 자체에 대한 우려는 가셔지고 있고, 민란의 원인으로서의 지방관의 탐묵이 크게 문제되고 있었다. 이는 고부민란이 크게 진정되고 있었기 때문이었다고 생각된다.

이용태는 2월 16일에 안핵사에 임명되었으나[81)] 병을 핑계하여 시일만 끌다가[82)] 3월 2일에[83)] 역졸 8백여 명을 거느리고 고부에 난입(攔入)하였다.[84)] 이용태는 "박원명의 조치를 모두 뒤엎어 조병갑을 정당화하고 난민을 역적죄로 몰아 기필코 주륙하려고 하였으니,"[85)] 즉 "신임 군수 박원명을 협박하여 그로 하여금 민란 참가자와 그 괴수를 색출케 하였으며, 역졸은 온 고을에 퍼져 마을에 횡행하면서 부녀자를 강간하고 생선꿰미같

---

80) 위와 같음.

81) 주 54) 참조.

82) 고종 31년(1894) 4월 15일, 의정부에서는 고부 안핵사 이용태의 견책·파면을 건의하면서 "처음에는 병이라 일컫고 안핵하러 가지 않았고, 끝내는 민란을 재발케 하였다"(『승정원일기』 고종편 12, 고종 31년 4월 15일, 938쪽)라고 하였다. 이용태가 이렇게 병을 핑계로 하고 안핵하러 가지 않았던 것은 전봉준 민란군이 현실적인 물리적 역량을 가지고 백산에 둔거하고 있었기 때문이었다고 생각된다. 따라서 3월 2일에야 안핵하러 갔던 것도 그때는 민란군이 기본적으로는 해산되는 국면에 있었기 때문이었다고 생각된다.

83) 菊池謙讓, 『근대조선사』 하, 217쪽. 최영년은 2월 29일 무렵이라고 하였으나(「동도문변」, 157쪽), 주 75)의 기사와 菊池의 기사가 대체로 앞뒤가 맞는다.

84) 최영년, 「동도문변」, 157쪽.

85) 황현, 『오하기문』 1, 47쪽.

이 포박하니 온 고을 백성의 원한이 골수에 맺혔고",[86] "기포 인민을 모두 동학이라 일컫고 이름을 열기(列記)하여 잡아들이고 그 집을 불태웠다. 본인이 없는 경우에는 그 처자를 잡아들이고 살육을 감행하였다."[87]

이러한 잔인을 극한 탄압으로 말미암아 전봉준 민란군은 3월 13일에는 완전히 해산되었다고 보인다.[88] 전봉준 민란군이 3월 초에 기본적으로는 해산되었으나, 3월 13일까지는 아직 잔존하고 있었던 사실은 3월 11일의 김문현의 다음과 같은 상소에도 반영되고 있다.

> 위엄은 탄압하여 움츠리게 하는 데에 부족하고 베풂은 위로하여 따라오게 하며 보호하는 데에 부족하여, 이번에 패란(悖亂)의 무리들이 모여서 불법을 자행하는 데에도 창궐을 일임하고 아직도 근절하지 못하였습니다.[89]

고부민란에는 위에서와 같은 완강한 지속성이 있었는데, 이러한 지속성은 일정한 조직에 바탕되지 않고서는 획득될 수 없는 것이었다.

> 오래지 않아 와해되지 않을까 하는 국외자(局外者)를 놀라게 하는 것은 수령(首領)이 교묘하고 지혜 있는 수단을 쓰고 있다는 것이었다. 즉 수령은 전명숙(全明叔, 전봉준-인용자)·정익서·김모(金某, 김도삼-인용자)의 3인이다. 명숙이 상위이고 2인은 그를 보좌한다. …… 일을 일으킨 처음부터 크고 작은 일은 모두 이 세 사람의 손안에 쥐어졌다.[90]

---

86) 주 84)와 같음.

87) 「전봉준공초」, '초초문목', 526쪽.

88) 巴溪生, 앞의 글, 353쪽.

89) 『승정원일기』 고종편 12, 고종 31년 3월 11일, 903쪽.

90) 巴溪生, 앞의 글, 55~56, 372쪽.

이와 같이 고부민란에는 확고한 지도부가 있었다.

> 그러나 그들(전봉준 등 3인－인용자)은 책임을 자신들에게만 한정시키지 않고, 각 촌의 동장(洞長)·집강(執綱) 등으로 하여금 모두 같은 책임을 지게 하였다. 때문에 하루아침에 일이 그르쳐지는 경우에는 18구면(區面)의 동장·집강도 곧 같은 책임을 지기 때문에, 백성들도 오활하게 퇴산하거나 혹은 싫증을 일으키는 지경에 이르지 않고 단결도 일층 공고해지는 경향이 있었다.[91]

이와 같이 지도부와 민란 중민의 사이에는 동장·집강 등 양자를 연계시키는 중간 기구가 있었다.

> 11일, 12일, 13일, 14일 가맹한 촌락 15개, 전군 1만여 인, 먼저 장정(壯丁)을 뽑고 노소인들은 모두 돌려보내었으며, 장정들을 통솔하는 자는 매 촌락마다 5명이었다. 사방의 이웃 고을에서 모두 동정을 표하였으니 악평을 하는 고을이 없었다.[92]

이는 주 47), 48)에서 보이는, 농민군이 읍내에서 말목[馬項] 장터로 이둔(移屯)하는 무렵의 일이었다. 고부의 전체 19개면[93]의 241개 마을[94] 중에서 1월 14일 현재 15개 마을이 민란에 참가하였다. 참가인은 1만여 인이라고 하였는데, 이는 고부군 전체에서 참가한 인원일 수는 있어도,[95] 15개

---

91) 위의 글, 56, 372쪽. 고부군에는 19개의 면(面)이 있었는데(주 93) 참조), 이 기사에서 18구면(區面)이라고 한 것은 착오라고 보여지고, 따라서 그 18구면이란 것도 민란에 참가한 면의 숫자가 아니라 막연하게 고부군 전체의 면수를 가리키는 것이었다고 생각된다.

92) 위의 글, 54, 371쪽.

93) 정조 13년(1789)에 고부에는 19개 면이 있었고(『호구총수(戶口摠數)』, 165~167쪽), 고종 1년(1864)에도 19개 면이 있었다(김정호, 『대동지지』, 1976, 아세아문화사, 250쪽). 따라서 「전라도고부민요일기」에서의 18구면이란 것은 착오이다.

94) 『호구총수』(165~167쪽)에서 계산한 마을 숫자이다.

마을에서의 참가 인원으로는 볼 수 없다. 따라서 15개 마을이란 자연발생적으로만 민란에 참여한 마을이 아니라 민란 지도자인 전봉준·정익서·김도삼 등에 동원조직상으로 연결되어 있었다고 보인다. 따라서 그 15개 마을의 동장·집강 또는 15개 마을마다의 5명 통솔자도[96] 역시 지도부와 조직상으로 연결되어 있었던 중간 기구였다고 생각된다.

기쿠치 겐조가 1932년에 고부를 답사, 고로(古老)들에게서 들은 회고담에 근거한 기사에는 다음과 같은 대목이 있다.

> 읍민 심덕명(沈德明)·조성국(曺成國)·최시중(崔時中)·김봉현(金鳳賢)·은세방(殷世邦)·은인식(殷仁植) 등이 일어나 군청에 밀어닥쳐 강경하게 담판하는 중, 읍민이 일제히 일어나 군아에 쇄도하여 관공문서를 파기하고 무기고를 파괴하였다.[97]

이는 다음과 같은 4월 24일자의 이용태의 계본(啓本, 고부민란 조사보고서-인용자)과 일치된다.

> 죄인 최시중·김양보(金良甫)는 수갑 지르고 차꼬 채고 칼 씌워 엄하게 가두고, 좌수(座首) 김봉현, 호장(戶長) 은세방, 이방(吏房) 은인식은 한결같이 목에 나무칼을 씌워 가두고, 수교(首校) 은덕초(殷德初), 향민(鄕民) 심덕명, 조성국은 모두 일단 엄하게 가두고 도피 중인 여러 사람의 체포와 사문(査問)을 기다려 같이 품처(稟處)할 것.[98]

---

95) 『호구총수』에 의하면 정조 13년(1789)에 파악된 고부군의 총인구는 28,631명이었다. 고종 31년(1894)에도 이에서 크게 늘어났다고는 보기 어려우므로, 1만여 명을 고부군 전체에서 참가한 인원으로 보아도 과장된 숫자이다. 오지영은 "고부농민은 극도의 격분이 생기어 고부 16면 수백 동리에 있는 수만 명의 인구들이 일시에 일어났다"(『동학사』, 103쪽)라고 하였는데, 16면은 19면의 착오이고 수만 명이라는 것도 과장된 숫자이다.

96) 주 92) 참조.

97) 菊池謙讓, 『근대조선사』 하, 214쪽.

이와 같이 고부민란에는 호장 · 이방 · 군교 등 관속층도 참여하였고 좌수 등 향임(鄕任)도 참여하였음을 알 수 있다. 고부민란의 지도자인 전봉준 · 최경선은 모두 고부의 접주였지만, 고부민란에서 동학의 조직이 민란군의 동원이나 조직에 이용된 자취는 보이지 않는다. 민란군의 동원이나 조직에 역할한 매개체는 위에서와 같이 동장 · 집강 · 향임 등의 향촌 자치기구였다.

고부민란에는 고부 이외의 농민은 참여하지 않았다. 조병갑의 학정에 "온 마을의 인민이 참고 또 참다가 종말에는 더 참을 수 없어서 기뇨하였던"[99] 것이 고부민란이므로, 그것은 고부 농민만의 행동이었다. 고부 농민의 행동에 고부의 울타리를 넘어서지 못하는 이러한 지역성(地域性), 국지성(局地性)이 있었다는 사실과, 그 동원과 조직의 매개체가 향촌 자치기구였다는 것은 상호 적합적인 관계에 있는 것이었다. 즉 그러한 지역성 · 국지성 때문에 향촌 자치기구가 동원 · 조직의 매개체로 될 수 있었고, 향촌 자치기구가 동원 · 조직의 매개체였기 때문에 그 행동에 지역성 · 국지성이라는 한계가 따르지 않을 수 없었다.

고종 32년(1895) 2월 9일의 제1차 법정 재판에서 전봉준은 다음과 같이 말하였다.

> 문(問) : 고부민란 때에 봉기에 참여한 사람에는 동학신도가 많았는가 원민(寃民)이 많았는가?
>
> 공(供) : 원민과 동학 신도가 합세하여 봉기하였지만, 동학신도는 적었고 원민이 많았다.[100]

---

98) 『일성록』 고종편 31, 고종 31년 4월 24일, 125쪽.

99) 주 45)와 같음.

100) 「전봉준공초」, '초초문목', 525쪽.

고부민란 중 민의 일부분인 동학신도도 동학의 조직에 매개되거나 동학의 신앙 때문에 민란에 참여한 것이 아니라, 고부 농민으로서의 사회경제적 처지에서 민란에 참여하였다고 생각된다.[101] 고종 30년(1893) 11월의 '사발통문'에서도 그 통문을 받는 사람은 '각리리집강(各里里執綱)'으로 되어 있었다.[102] 이 이집강(里執綱)과 고부민란에서의 동장 · 집강 · 향임은 결국 성격상으로는 동일한 것이었다는 것이 드러나게 된다.

3) 고부민란의 성격

고부민란의 역사적 성격을 규정하려면 두 측면에서의 고찰이 필요하다. 하나는, 민란을 불러일으킨 사회경제적 소지(素地)이다. 이것은 민란 농민의 주체적 의식 여하에 관계없이 고부민란의 객관적 성격을 이루게 된다. 다른 하나는, 그러한 사회경제적 조건에 민란 농민의 주체적 의식이 어떻게 관련되고 있는가 하는 것이다. 객관적 소여(所與)로서의 사회경제적 조건에, 민란 농민이 어떠한 스스로의 지향에 바탕되어 어떻게 대결하려고 하였는가 하는 민란 농민의 주체적 의식 세계의 문제이다. 이렇게 두 측면으로 나누어 살피는 까닭은, 그 양자 사이의 괴리와 모순에서야말로 민란의 자기운동(自己運動)의 요인, 즉 고부민란과 제1차 농민전쟁의 내재적 연관이 발견될 수 있지 않을까 하고 기대되기 때문이다.

고부민란의 사회경제적 원인에 대하여서는 여러 자료에서 많이 보고되고 있다. 예컨대, 「전봉준공초」(다음의 원인 열거의 전거 밝힘에서는 공이라고 약기함－이하 같음), '고부군안핵사 이용태 계본'[103](계), 『동학사』

101) 이 글의 3) (가)~(하) 참조.

102) 주 10)의 '사발통문' 참조.

103) 『일성록』 고종편 31, 고종 31년 4월 24일, 125쪽.

(동), 「전라도고부민요일기」(고), 『한국통사』(통), 『오하기문』(오) 등이다. 위의 보고들을 종합하면 다음과 같이 정리될 수 있다.

(가) 만석보 밑에 신보(新洑)를 쌓으면서 남의 산에 수백 년 묵은 구목(邱木)을 늑작(勒斫)하였다(공, 523쪽).

(나) 일찍이 태인군수(泰仁郡守)를 지낸 그 아비의 비각(碑閣)을 짓는다고 천여 냥을 늑렴(勒斂)하였다(공, 522쪽).

(다) 고부 경내에 집을 짓고 첩이 살 집을 사고 백성을 사역하기를 공적인 요역(徭役)보다 더 급하게 하여 백성이 살 수가 없었다(오, 45쪽).

(라) 개간한 진답(陳畓)에서 시초(柴草)를 징수하고(계, 125쪽), 개간하지 않은 진답에서도 시초를 징수하였다(동, 102쪽).

(마) 미곡을 호렴(戶斂)하여 장차 바다로 나아가 판매하려고 하였다(통, 108쪽).

(바) 만석보 · 팔왕보(八旺洑) 밑에 필요 없이 신보를 쌓았는데, 돈 한 푼 주지 않고 농민을 사역하였고, 1두락마다 상답(上畓)은 2두, 하답(下畓)은 1두의 수세(水稅)를 받아 착복한 것이 조(租) 7백여 석이었다(공, 522~523쪽; 계, 125쪽; 동, 102쪽).

(사) 왕실에서 전답을 개간하면 도조를 받지 않는다고 약속하였다가 개간하자 도조를 남봉(濫捧)하였다(계, 125쪽; 동, 104쪽).

(아) 진황지(陳荒地)의 경식(耕食)을 백성에게 허용하여 문권(文券)을 만들어 주고 징세하지 않는다고 하고서는 추수 때가 되자 그 세를 강제 징수하였다(공, 522쪽).

(자) 대동미(大同米)를 농민들로부터 징수할 때에는 1결에 정백미(精白米) 16두의 대금납(代金納)을 징수하고 정부에 상납할 때에는 나쁜 쌀을 사서 1결에 12두씩으로 상납하고 그 차액을 모조리 착복하였다(공, 522쪽).

(차) 계사년(1893)에 호우(湖右, 전라도 황해 연안)에 대흉년이 들어 징세할 수 없었다. 고부는 산과 바다가 섞여 북쪽은 아주 흉년이었고 남쪽은 조금 수확이 있었다. 조병갑이 재결(災結)의 승인을 요청하여 감영에서는 북쪽 4개 면의 전결(田結)을 재결로 인정하여 전세를 면제하였다. 그러나 조병

갑은 감영에서 재결을 승인하지 않았다고 거짓 선언하고 북쪽 4개 면의 결세(結稅)를 남쪽에 가중하여 독봉(督捧)하고, 북쪽 4개 면에는 자기가 이결(移結)한 공로를 과시하면서 농민에게 무거운 보상을 요구하여 논 1경(頃)마다 조(租) 1백 두까지 받아내었는데, 그것은 국가에의 결세보다 세 배나 무거운 것이었다(오, 45쪽. 계, 125쪽의 移結. 동, 102쪽의 結卜幻弄도 이것을 가리킨 듯하다).

(카) 고부 세미를 전운사가 경창(京倉)에 납입함에 경창에서 다시 되질하여 부족이 났다고 하고 그것을 고부 농민에게 다시 내게 하였는데, 조병갑도 그것을 기화로 하여 민간에 늑봉하였다(=轉運所摠加量餘新創不足米)(계, 125쪽; 동, 102~103쪽).

(타) 고종 30년(1893) 가을, 고부 지방은 풍작이었음에도 불구하고 방곡령(防穀令)을 발하여 측근인으로 하여금 대량으로 미곡을 매입케 하고 쌀값이 폭등할 때에 이를 방매하여 순식간에 거액의 이익을 보았다(고, 344쪽).

(파) 부민(富民)에게 불효(不孝)·불목(不睦)·음행(淫行)·잡기(雜技) 등의 죄목을 덮어씌워 엽전 2만여 냥을 늑탈(勒奪)하였다(공, 522쪽).

(하) 유망결세(流亡結稅)가 미수(未收)되었다(계, 125쪽).

각종의 자료에서 고부민란의 구체적인 사회적·경제적 원인으로 지적된 것은, 그 자체가 민폐는 아닌 (하)를 제외한 13개 사항이었다. 이상에서 (가)에서 (마)까지의 5개 사항은 조병갑 개인의 군수로서의 읍정의 고유성에 속하는 것이었다. 물론 당시에 수령의 가렴주구는 보편적인 것이었지만, 가렴주구의 현상형태로서의 위의 5개 사항은 조병갑의 고유한 행위였다. 그 나머지 8개 사항은 위의 5개 사항과 어떻게 달랐는가.

(바)와 같은 수세 징수는 고종 30년(1893) 12월 홍주목(洪州牧) 신남면(新南面) 창리(倉理)의 합덕지(合德池)를 에워싸고 일어난 합덕민란에서도 민란의 중요한 원인이었으니,[104] "합덕의 7동민(洞民) 수천 명이 새로 조령(朝令)이 있어서 각처에 방축(防築)하고 수세하기 때문이었다. 홍주 목아

(牧衙)에 들어가 원징(寃徵)을 등소(等訴)하니 목사는 그가 결정할 수 있는 것이 아니라고 물리쳤다"고[105] 한다. 영천(永川) 안핵사 이중하(李重夏)의 고종 31년(1894) 10월 13일자 장계(영천민란 조사보고서－인용자)에서도 영천민란의 세 원인을 들고 있는데, 그 하나로서 명례궁보세(明禮宮洑稅)를 들고 있다.[106]

위에서와 같이 민란의 원인으로까지 되지는 않았지만, 고종 1년(1864) 안변(安邊)에서는 경우궁(景祐宮)의 향감배(鄕監輩)가 구보(舊洑) 위에 두 개의 양(梁)을 새로 열고는 늑봉남세(勒捧濫稅)하였으며,[107] 고종 14년(1877) 경주에서는 이중충(李重忠)이라는 간민(奸民)이 내수사의 관문(關文)을 얻어 수백 년 동안 받지 않았던 보문보(普文洑)의 수세를 강제 징수하여 농민들이 보존하기 어려운 상태에 이르렀고,[108] 농민전쟁의 집강소 시기에 전주 사민(士民)이 연명정장(聯名呈狀)한 중에도 '보세(洑稅)를 혁파할 것'이란 항목이[109] 들어 있었다.

(타)의 방곡령에 의한 모리(謀利)는 『조선사건(朝鮮事件)』에서는 조병갑이 "자기의 친족으로 하여금 쌀 몇천 석을 매집시켜 기리(奇利)를 거두었다"라고[110] 하였다. "원래부터 국내에 있어서 수한(水旱) 등으로 말미암아 흉작이 되는 때에는 중앙에서는 물론 지방관에게까지도 해 지방의 재

---

104) 久間健一, 1933, 「合德百姓一揆의 연구」, 『농업경제연구(農業經濟研究)』, 9-4; 久間健一, 1935, 『朝鮮農業의 近代的 樣相』, 西ケ原刊行會, 68~70쪽.

105) 김윤식, 『속음청사』 상, 권7, 「면양행견일기」, 계사 12월 16일, 294쪽.

106) 『일성록』 고종편 31, 고종 31년 10월 13일 355쪽; 『동학란기록』 상, 「갑오실기」, 고종 31년 10월 13일, 40쪽.

107) 『일성록』 고종편 1, 고종 1년 2월 17일, 147쪽.

108) 『일성록』 고종편 14, 고종 14년 7월 7일, 204쪽.

109) 『관초존안(關草存案)』(奎18087), '우관전라도(右關全羅道) 7호', 개국 503년 8월 3일, 23쪽.

110) 岡田庄兵衛, 1894년(명치 27) 7월, 『內亂實記朝鮮事件』, 東京文眞堂, 3쪽.

정 · 상납 세미 등을 확보하기 위하여 관내 곡물의 타 지방에로의 유출을 방지하는 영[防穀令]을 발포 · 실시할 권한이 부여되어 있었다."[111]

따라서 고을 단위의 방곡령은 일본 상인의 '미곡 매입→유출'과도 관련되어 상당히 일반적으로 취해지고 있었다. 고종 29년(1892) 2월에 전라도에서는 광양(光陽), 흥양(興陽), 영광(靈光), 구례(求禮), 순천(順天), 부안(扶安), 낙안(樂安), 만경(萬頃), 나주(羅州), 강진(康津) 등[112] 그리고 태인(泰仁)에서[113] 실시되고 있었다. "전라도 감사 이하 각읍 수령은 10 중 8, 9가 탐관이었다"는[114] 각 고을 수령이 이러한 방곡령의 권한을 이용하여 조병갑처럼 폭리를 얻었으리라는 것은 쉽게 짐작할 수 있다.

(파)의 부민늑탈(富民勒奪) 역시 보편적인 현상이었다. '초요(稍饒)한 백성이 있으면 죄를 얽어 전재(錢財)를 늑탈하는 일'은 수령들의 일반적인 탐학 행위였다고 전봉준은 제2차 법정 재판에서 말하였다.[115] 3월 초에 민란 농민군이 일단 기본적으로는 해산하고 난 뒤에 "김문현도 또한 요부인(饒富人)을 잡아 가두고 민란을 선동하였다는 혐의를 씌워 협박하여 많은 뇌물을 요구하였다. 이에 백성이 원망하고 분하게 여겨 다시 난을 일으켰다"는 것이다.[116]

제1차 법정 재판에서 전봉준은, "온 고을의 인민이 모두 늑렴의 피해를 입었는데 너는 유독 피해가 없었다니 무슨 때문인가?"라는 법관의 물음에, "공부로서 업을 삼고 소위 논밭이라고는 서 마지기 밖에 없었기 때문이다"

111) 한우근, 1970, 「미곡의 국외유출」, 『한국개항기의 상업연구』, 일조각, 263쪽.

112) 『전라도관초(全羅道關草)』, '임진 2월 25일 관완영(關完營)'(한우근, 위의 책, 274쪽에서 재인용).

113) 『통기(統記)』 제31책, 고종 29년 2월 6일(한우근, 위의 책, 274쪽에서 재인용).

114) 「전봉준공초」, '재초문목(再招問目)', 532쪽,

115) 위와 같음.

116) 황현, 『오하기문』 1, 47쪽.

라고 답하고, 다시 "온 고을의 인민이 모두 늑렴의 피해를 입었는데, 너는 유독 피해가 없었다니 참으로 심히 의심스럽다"라는 물음에, "나는 아침에는 밥이고 저녁에는 죽이니, 어찌 늑렴할 거리가 있겠는가"라고 답하였다.[117] 즉 부민이 가렴주구의 피해가 많았다는 것인데 "소위 목민지관(牧民之官)이라고 하는 자들이 새로 도임한 후에는 여러 가지의 방법으로써 백성을 노략질한다. 소위 존문(存問) 편지라는 것을 밥술이나 먹는 자에게 하여 뇌물을 받는 일이며"[118]라는 바와 같이, '밥술이나 먹는 부민'에 대한 지방관의 수탈은 일반적인 현상이었다. 고종 30년(1893) 충청도 지방에서는 감사 조병식(趙秉式)이 억지로 동학이라는 혐의를 뒤집어 씌워 재물을 빼앗았기 때문에 돈 있는 자는 재산은 다 털리지만 무사하게 벗어났고, 돈 없는 자는 혹 죽거나 혹은 형배(刑配)를 당하였다고 한다.[119]

(사)의 사항은 균전(均田)의 수도(收賭) 문제로서 전주, 김제, 금구, 태인, 임피(臨陂), 부안, 옥구(沃溝), 고부 등 8개 고을에 걸쳐진 문제였다.[120] 이 균전은 고종 28년(1891)부터 명례궁에서 일정한 물력(物力)을 대고 농민들은 노동력과 진전답(陳田畓)을 제공하여 그 진전답을 개간한 것이었다. 균전사(均田使) 김창석(金昌錫)이 국가에의 결세액보다도 낮은 세만 받겠다는 애초의 약속을 어기고 그보다 훨씬 많은 세를 징수하여 결국은 도조를 징수하는 결과가 됨으로써 분쟁이 야기된 것이었다.

(카)는 전운소(轉運所)가 세곡 운수를 담당함으로써 야기된 문제였다. 종래 조운(漕運=漕船)과 선상(船商)에 의하여 세곡을 서울로 나르다가 전운

117) 「전봉준공초」, '초초문목', 524쪽.

118) 오지영, 『동학사』, 99쪽.

119) 「취어(聚語)」, '선무사채심조병식탐학장문(宣撫使採深趙秉式貪虐狀聞)', 130쪽.

120) 김용섭, 1984, 「고종조 왕실의 균전수도문제」, 『증보판 한국근대농업사연구』 하, 일조각 참조.

국(轉運局)을 설치, 총무관(總務官) 겸 전운어사(轉運御使)를 두고 외국에서 구입한 윤선(輪船)에 의한 세곡 운반으로 제도가 바뀐 것은 고종 23년(1886) 7월부터였다.[121] 고종 30년(1893) 1월부터는 이운사(利運社)가 설립되어 세미 운반을 담당하였는데,[122] "공미(貢米) 운송 사업을 위하여 이운사가 생기고서부터 정규의 공미를 독촉할 뿐만 아니라 선박 수선비 및 파선비 등의 밖에 조선 범선과의 운임 차이까지도 아울러서 이를 징수하는 등, 여러 가지 사정으로 인민의 불평은 더욱 쌓여" 갔다고 한다.[123] 전운에 의한 이러한 각종 폐단은 삼남 지방에 함께 걸쳐 있는 문제였다.

(아), (자), (차)의 사항 역시 19세기 말의 조선왕조에서는 보편적인 현상들이었다. (아), (자), (차)의 현상이 일어나는 것은, 조선왕조의 재정구조 그 자체에 원인이 있는 것이었다. 진황지의 면세, 대동미의 1결당 12두의 징수, 재결의 면세 등은 하나의 추상적인 기준이었을 뿐, 국가가 전국의 지편(地片) 하나하나에 대하여 위의 원칙을 관철시키는 것이 아니었다. 고을의 수령은 중앙 정부에 대하여 그 고을의 조세, 즉 배정된 원액(原額)을 완납하는 것으로서 책임이 완결되는 것이었다. 그 원액의 조정에서 진황지 면세, 재결, 1결 12두의 대동미 등이 문제되는 것이었다. 고을 내부에서 여러 가지 세 부담을 어떻게 배정하는가 하는 것은 수령의 고유한 권한이었다. 이 권한이 행사되는 모습은 '읍세민정(邑勢民情)' 즉 향리층, 향임층, 백성들 그리고 수령의 정치 · 경제 · 사회적 상호관계에 의하여 규정되는 것이었다.[124]

---

121) 『일성록』 고종편 23, 고종 23년 7월 15일, 196쪽.

122) 손태현, 1971, 「이운사논고」, 『경제학연구』 19, 14쪽.

123) 志良以染之助, 1894년(명치 27) 6월, 『甲午朝鮮內亂始末』, 大阪駸駸堂, 6쪽.

124) 정창렬, 1984, 「조선후기 농민봉기의 정치의식」, 『한국인의 생활의식과 민중예술』, 성균관대 대동문화연구원, 24~27쪽 참조.

따라서 제도적으로 고을 수령의 임의의 수탈이 보장되어 있었다는 점에서는 모든 고을이 보편적이었지만, 그 필연적인 결과로서의 고을의 '읍세민정'에 따른 고을 수령의 수탈의 현상 형태는 고을마다 다른 것일 수밖에 없었다. 따라서 (아), (자), (차)는 보편성 즉 초지역성(超地域性)과 특수성 즉 지역성(地域性)의 두 측면을 아울러 가지고 있는 것이었다.

이와 같이, 나머지의 8개 사항은 특히 (아), (자), (차)를 제외한 5개 사항은 지역성의 차원에서 생각할 때, (가)~(마)의 5개 사항과는 다른 바가 있었다. 즉 고부 한 고을이라는 지역성의 제한에서 벗어나 있었던 것이다. (바), (카), (타), (파)의 사항은 농업생산력이 발달되고 미곡의 상품화가 활발하였던 삼남 지방에 공통된 것이었고, (사)의 사항은 전라도의 8개 고을에 공통된 문제였으며, (아), (자), (차)의 사항은 조선왕조의 국가 재정구조 자체에 유착된 문제였다.

(가)~(파)의 13개 사항 중 (마)에서 (자)까지와 (카)에서 (파)까지의 8개 사항을 다시 조선왕조 봉건사회의 동요라는 국면과 관련시켜 볼 때, (마), (카), (타)는 개항으로 말미암은 미곡 상품화의 진전을 배경으로 한 미곡시장=농촌장시의 주도권 문제에 유착되어 있었고, (바), (사), (아)는 생산력 발전을 관철하려는 자와 그것을 저해하려는 자의 다툼이며, (자)는 상품화폐 관계의 진전을 에워싼 대항관계의 표출이고, (사)는 농민적 토지소유권의 성장을 에워싼 싸움이며, (파)는 봉건적 수탈자와 부민의 모순을 드러내는 것이었다.

고부민란을 객관적으로 규정한 사회경제적 소지의 성격에서 볼 때, 봉건적인 지역성, 고을의 고립성은 현저하게 해체되고 있었고, 봉건적 억압을 지속하려는 힘과, 그 억압을 농민적 농촌장시의 확보 · 생산력 발전 · 농민적 상품화폐 관계의 발전 · 농민적 토지소유권의 성장 등에 의하여 뚫고 나가려는 힘의 충돌이, 고부민란으로 나타났다고 볼 수 있다. 이렇게 볼 때, 고부민란에는 농민적 농촌장시의 확보 · 농민적 화폐경제의 발전에 특히 날카로운 이해관계를 가지고 있는 소상품생산자적 농민이 상당수 참여하였다고 생각된다.[125)]

그러나 민란 중민의 대부분은 빈농 · 소농이었을 것으로 생각된다. '참고 또 참다가 종말에는 더 참을 수 없어서 기뇨하였다'는 것을, 경제적인 측면에서 본다면, 그것은 영세한 생산규모이지만 최소한의 재생산이 유지되는 한에서는 인내에 인내를 거듭하다가 그 재생산의 유지 자체가 절망되기에, 쌓여 온 원한과 증오를 한꺼번에 불태워버리는 빈농과 소농의 행동이기 때문이다. 이를 빈농 · 소농의 경제적 희망은 소생산자로서의 자립이었다.

지도부와 민란 중민을 연결시키는 중간 기구를 구성하면서 고부민란의 동원 · 조직의 매개체로 역할한 동장 · 집강 등의 향임층이 어떠한 사회경제적 이해관계에 규정되어 있었는지도 역시 궁금한 문제이다. 경제적으로 부유하지 않고는 향임이 될 수 없었다는 점, 그리고 제1차 농민전쟁에서 백산의 호남창의대장소(湖南倡義大將所)에서 발한 격문에서[126)] "방백

125) 馬淵貞利는 1894년의 농민전쟁의 전체적 성격을 "상품경제의 발전에 따라서 진행되고 있었던 국내시장의 재편을 배경으로 하는 정치노선을 둘러싼 (정부와 농민군의-인용자) 대결이었다"(馬淵貞利, 1979, 「갑오농민전쟁의 역사적 위치」, 『조선역사논집』 하, 龍溪書舍, 80쪽)라고 하였고, 梶村秀樹는 농민전쟁의 성격에 대하여 "반란은 소상품생산자의 이윤축적의 욕구에 계기지어져 있었다. …… 반란의 기본적 추진력은 광범한 빈농층의 에네르기였지만 그것은 결국은 소상품생산에로 발전의 길을 열게 방향지어져 있었다"(梶村秀樹, 1977, 「이조말기의 면업의 유통 및 생산구조」, 『조선에 있어서 자본주의의 형성과 전개』, 龍溪書舍, 119쪽 주 17))라고 하였는데, 참고된다.

126) 오지영, 『동학사』, 112쪽. 여기에서는 '甲午正月日'로 되어 있으나, 『동학사』 초고본에는 '甲午正月 17日'로 되어 있다고 한다(김용섭, 1958, 「전봉준공초의 분석」, 『사학연구』 2, 28쪽 주 63) 참조). 『동학사』의 이 부분은 3월 20일 이후의 제1차 농민전쟁을 서술한 것이므로 '甲午正月'이란 것은 오지영의 착오이다. 오지영은 3월 20일의 것인 '무장동학배포고문(茂長東學輩布告文)'도 간본에서는 '甲午正月日'로 잘못 기록하였다. 초고본에서는 '甲午正月日初3日'로 기록하였다고 한다(김용섭, 위와 같음).

과 수령의 밑에 굴욕을 받는 소리(小吏)들은 우리와 같이 원한이 깊은 자라 조금도 주저치 말고 이 시각으로 일어서라"고 한 점 등으로 미루어보아, 부민이면서도 수령에 의한 봉건적 억압을 받고 있었던 이들 향임·향리들은 부민이라는 경제적 위치에 상응하는 사회적 위치를 획득하기 위하여, 즉 수령에 의한 억압을 돌파해 나가기 위하여 고부민란에 참여하지 않았는가 생각된다.

다음 위에서와 같은 사회경제적 조건에 고부민란 농민이 어떠한 지향에 바탕되어 어떻게 대결하였는가 하는, 고부민란 농민의 주체적 의식 세계의 문제를 살펴야 할 차례가 되었다.

고부민란의 중민은 '참고 또 참다가 종말에는 더 참을 수 없어서 기뇨하였다.' 따라서 그 기뇨의 행동은, 쌓이고 쌓여 온 원한을 한꺼번에 불태워버리는 것이었다. 고부군수 조병갑을 응징하려고 하였고, 이청(吏廳)의 아전들을 처벌하고, 만석보 밑에 새로 쌓은 둑을 허물어 버리고, 수세곡(水稅穀)을 몰수하고, 진전세곡(陳田稅穀)을 돌려주는 행동들은, 조병갑의 가정(苛政) 그 자체에 대한 원한의 분풀이었다.

민란 중민들의 의식은 (가)에서 (마)까지의 사항과 그리고 (아), (자), (차) 사항의 지역성의 측면에 철저하게 규정받고 있었던 것이다. 나아가서는 (바)에서 (파)까지의 사항도 조병갑의 읍정(邑政)이라는 차원에서만 인식하고 있었다. 민란 중민의 주체적 의식 세계가 이러한 것이었기 때문에 적어도 (사)에서 (파)까지의 사항은 시정되지 않았음에도 불구하고,[127] 신임군수 박원명의 설득과 회유에 민란은 진정되지 않을 수 없었던 것이다.

고부민란을 지도한 전봉준의 경우에는 그 의식 세계가 위와는 달랐다.

---

127) 이 사항들은 1894년 3월의 제1차 농민전쟁에서도 계속 그 개혁이 제기되고 있었다.

제1차 법정 재판에서 전봉준은 다음과 같이 말하였다.

> 문(問) : 너는 별 피해(조병갑의 학정에 의한 피해－인용자)도 없으면서 무슨 이유로 봉기에 참여하였는가?
>
> 공(供) : 일신상의 피해 때문에 봉기한다는 것이야 어찌 남자가 할 만한 일이겠는가. 뭇 백성이 원통해 하고 탄식하기 때문에 백성을 위하여 해를 제거하려고 하였다.128)

제2차 법정 재판에서는 다음과 같이 말하였다.

> 문(問) : 너는 고부군수에게서 피해도 많지 않았는데 무슨 목적으로 민란을 일으켰는가?
>
> 공(供) : 세상 일이 날로 그릇되어 갔으므로 개연(慨然)히 한번 세상을 건지려는 목적이었다.129)

고부민란이 1월 11일에서 17일까지의 원한의 폭발적 불태움으로서만 끝나지 않고, 그 이후에도 말목[馬項] 장터와 백산에서 대세를 관망하는 형태로 지속되었고, 일정한 조직성이 있었던 것은, 그 지도자인 전봉준에게 '백성을 위하여 해를 제거함으로써 세상을 한번 건져보려는' 목적의식이 쟁취되어 있었기 때문이었다. 즉 조병갑 개인만을 문제 삼지 않고 '백성'과 '세상'이라는 보다 확대되고 열려진 지평이 그 지도자에게 획득되어 있었기 때문에, 고부민란은 종래의 민란과 다를 수밖에 없었다. 즉 고부민란은 조병갑 개인, 또는 이청의 아전에 대한 응징이나 또는 분풀이에서 끝나지 않고 한 걸음 진전될 수가 있었던 것이다.

---

128) 「전봉준공초」, '초초문목', 524쪽.

129) 「전봉준공초」, '재초문목', 534쪽.

「전라도고부민요일기」에는 다음과 같은 기사가 있다.

> 민군(民軍)의 수령은 얼마 전에 비밀히 58주의 동학당에 향하여 격(檄)을 발하였다. 그 목적은 다만 1군의 이해에 관하여서만이 아니라 먼저 전운영(轉運營)을 파괴하고 나아가 폐정을 이혁(釐革)하는 데 있다고 한다. 병량(兵糧)은 우선 군산창(群山倉)의 세곡을 빼앗아 이에 충당한다고 한다.[130]

이 격문을 발한 시기에 대하여서는, 그 기사에서 그냥 '얼마 전에'라고만 하고 자세히는 밝히지 않고 있다. 그러나 이 기사의 바로 앞에는 "감영은 한 번 실패하자, 이번에는 병(兵) 3백을 정읍(井邑)에 매복하고, 근처 9군의 병을 불러 모아, 금일 오시(午時)까지에 정읍으로 집합시켰다는 소문이 있다"라는[131] 기사가 있다. '감영은 한 번 실패하자'라는 것은 주 56), 58)의 김문현의 시도를 가리키는 것이었다.

그런데 『오하기문』 1, 2월 22일조에는 "김문현은 오진영(五鎭營)과 금구, 정읍, 부안, 김제, 담양(潭陽), 무장(茂長), 태인, 흥양 등 11읍에 관문을 보내어 각기 병을 소집하여 대기하도록 하였다"라는[132] 기사가 있다. 9군과 11군이라는 차이가 있으나 두 기사는 같은 사실로 생각된다. 따라서 앞 기사의 '금일 오시까지에'의 금일은 2월 22일에서 며칠 후의 어느 날일 것이며, 그 '금일'에서 기준하여 위의 주 130)의 기사에서의 '얼마 전에'라는 것은 2월 22일 전후가 될 것이다.

2월 23일 무렵에 이르러서는 고부민란 농민군의 주체적 의식 세계에 "폐정의 이혁"이 자리 잡혀졌다. 이는 조선왕조의 통치 이데올로기인 '민

130) 위의 글, 56, 373쪽.
131) 위의 글, 56, 372쪽.
132) 황현, 『오하기문』 1, 45~48쪽.

본주의(民本主義)', '민유방본(民惟邦本)'에 명실이 상부한 실체를 담아줄 것을 제시하는 것이었다. 뒤집어 말하면, 고부의 폐정은 '민본주의' '민유방본'에서 완전히 괴리되어 있다는 현실 파악에, 밑바탕된 것이었다. 이는 고부민란 농민군의 현실 파악이, 조병갑과 몇몇 이서(吏胥)에 대한 원한과 증오에서 한 단계 높은 차원으로 추상화되었음을 드러내며, 민란 농민군의 주체적 의식 세계가 역사적 진실에 더 접근하였음을 드러낸다.

더욱 주목되는 것은 전운영의 파괴를[133] 전라도의 53개 군에[134] 제기하였다는 것과 그 동원의 매개체로 동학당을 구상하였다는 사실이다. 민란 농민군의 주체적 의식 세계가 한 단계 높은 차원으로 추상화되면서 동시에 고부라는 한 고을의 문제의식으로 제한되어 있던 종래의 폐쇄성을 깨뜨리고 전라도 지방이라는 차원, 즉 '1군의 이해에 관하여서만이 아닌' 차원으로 지양·확대되었던 것이다. 동시에 동학의 조직을 매개로 한 전라도의 규모 즉 '지방(地方)'의 규모에서의 행동이 모색되고 있었다.

3월 1일에는 민란군이 해산되고 있었지만 "민군 수백 명이 줄포의 (전운소) 세고를 파괴하였"던 바,[135] 이는 전운소에 대한 민란군의 반감의 최초의 실천적 표현이었다.

그러나 아직 '폐정의 이혁'도 현실적으로는 어디까지나 고부의 폐정의 이혁에 중점이 있는 것이었다. 전운영 파괴의 제기에서와 같이 전라도 지방의 차원에서의 폐정의 이혁이 모색되고 있었지만, 고부 폐정의 이혁이 주제(主題)이고 전운영의 폐단의 시정은 부제(副題)였다. 바꾸어 말하면,

---

133) 민란 농민군이 전운영(轉運營)의 파괴를 제시한 사실은, 이용태의 고종 31년(1894) 4월 24일의 계본에서도 "전운소(轉運所)를 파괴하려고 한 사실은 여러 문초(問招)에서 이미 드러났다"라고 기술되어 있다(『일성록』 고종편 31, 고종 31년 4월 24일, 125쪽).

134) 주 130)의 기사에서는 '58주'라고 하였으나, 이는 당시 전라도에 있었던 총 53주군을 잘못 적은 것으로 생각된다.

135) 주 74)와 같음.

고부 폐정의 이혁을 위한 방법으로서의 전운영의 폐단의 시정이었다.

변혁 주체의 동원에 있어서도 동학을 매개로 한 전라도라는 '지방의 차원'에서의 동원이 모색되었지만, 현실적으로는 아직도 향촌 자치기구를 매개로 한 고부 농민만의 동원에서 머물고 있었다. 이러한 국면에서 지방의 민정을 훤하게 알고 있었다는 박원명의 회유와 설득은, 민란 농민군의 향촌 자치기구에 의한 동원조직을 크게 약화시키고, 따라서 민란 농민군 중민의 민란에서의 이탈을 초래하였던 것이다.

이렇게 고부민란이 진정되고 기본적으로는 해체되고 있었던 국면에서, 안핵사 이용태의 잔인을 극한 탄압은 고부민란의 완전 해체(3월 13일)를 강요하였다. 민란의 객관적인 성격은, 봉건적인 지역성과 고을의 고립성이 크게 허물어지고 있었던 상황에서, 새로운 생산력의 담당자가 봉건적 억압을 돌파해 나가려던 싸움이었다. 그럼에도 불구하고 민란 농민군의 주체적 세계는 현실적으로는 고부의 '읍정 이혁'이라는 좁은 차원에 폐쇄되어 있었고, 변혁 주체의 동원에 있어서도 현실적으로는 고부 농민에 국한되어 있었으며, 조직에 있어서도 현실적으로는 향촌 자치기구에 의존하는 폐쇄성을 벗어나지 못하고 있었다. 이것은 고부민란의 주체적 조건과 객관적 조건 사이의 모순이었다.

그러한 모순에 의하여 고부민란은 2월 말에는 이미 기본적으로는 해체되고 있었다. 그러나 동시에 그 모순을 지양하려는 새로운 요소도 이미 싹트고 있었던 것이다. 그것은 전운영 파괴의 제기에서 나타나는 바, 전라도라는 '지방의 차원'에서의 폐정의 이혁, 동학을 매개체로 한 전라도라는 '지방의 차원'에서의 변혁 주체의 동원 등의 모색이었다. 이용태에 의한 고부민란의 철저한 해체는 동시에 고부민란의 자기지양(自己止揚)이었고, 또 새로운 요소의 전면적인 발현(發顯)을 결과하였다.

5. 제1차 농민전쟁

1월 11일에서 시작되어 3월 3일경에 기본적으로는 해산된 고부민란(古阜民亂)은 제4장에서 살핀 바와 같이 기왕의 민란과는 여러 가지 면에서 성격을 달리하였으나 아직까지도 기본적으로는 민란의 성격에서 벗어나지 못하였다. 그러나 3월 20일에 시작되어 5월 8일에 끝난 농민들의 행동은 농민전쟁이라는 성격을 가지는 것이었다. 농민전쟁은 민란과 어떻게 성격이 다른가 하는 문제를 우선 생각해보기로 한다.

농민전쟁이라는 개념에는 네 가지 조건이 요구된다. 첫째, 봉기의 목적이 '고을' 차원의 것에서 그치지 않고 '전국(全國)' 차원에까지 확대되어야 한다. 즉 봉기에서 제기되는 문제가, 고을의 문제에서 그치지 않고, 전국이나 또는 한 지방 일대의 보편적 문제이거나, 그 문제에 직결될 수 있는 성격의 것이라야 한다. 둘째는 '고을' 차원의 수령(守令)이나 이서(吏胥) 또는 향임(鄕任)에 맞서는 차원의 행동이 아니라 '전국' 차원의 현존 정권의 집권층에 맞서는 차원의 행동이라야 한다. 즉 내전(內戰, civil war)의 성격을 띠어야만 '전쟁'이라고 할 수 있는 것이다.

셋째는 위의 문제제기와 행동의 이념이, 체제 안에서의 개량에 그치는 것이 아니라, 체제 자체의 변혁을 지향하는 내용이라야 한다. 이상의 세 가지 요건들은 사실은 유기적인 전일체(全一體)로서 존재하는 것이지, 따로따로 떨어질 수 있는 것은 아니다. 넷째는 위의 봉기의 주체가 종교집단이나 기타의 인간집단이 아니라 농민이라야 한다. 이상의 네 가지 요건이 구비되어야 농민전쟁이라고 할 수 있다고 생각된다.

이 글에서는 1894년 3월 20일에서 1894년 12월 말까지의 동란(動亂)을 농민전쟁이란 개념·명칭으로 사용하면서, 5, 6, 7장에서 그 구체적 성격과 양상을 서술하려고 한다.

1) 전쟁의 전개과정

(1) 무장봉기와 백산대회

고부민란은 3월 3일경에는 기본적으로 해산되었고, 3월 2일에 고부에 들이닥친 안핵사 이용태(李容泰)는 온갖 만행을 자행하였고 이에 따라 고부민란도 3월 13일경에는 완전 해산의 국면으로 몰리었다.[1]

이러한 상황에서 전봉준(全琫準)은 국면을 전환시키기 위하여 새로운 시도를 벌이게 되었던 바, "고부민란에서 중민이 (전봉준을－필자) 장두(狀頭)로 앉혔다. 그가 그 간모(姦謀)를 미처 펴보지 못한 상태에서 중민이 모두 해산하였다. 고로 전봉준도 창졸간에 도망하여 몸을 숨겼다. 감영과 안핵사가 심히 급하게 찾으니 전봉준은 벗어나기 어렵다고 두려워하여 이에 그 당 김개남(金開南)·손화중(孫化中)·최경선(崔敬善) 등과 함께 민(民)을 유인하여 전화위복하려는 계획을 하고 함께 짜고서 반(反)하였다."에서와[2] 같이, 김개남, 손화중, 최경선과 합력하여 새로운 차원에서의 행동을 도모하였다. 인천항 리키다케상점(力武商店) 고원(雇員) 조지마 도라노스케(城島虎之助)는 "금년 3월 30일(음력 2월 24일－인용자) 광제호(廣濟號)로 출범하여 다음날 31일 군산창(群山倉)에 도착, 이로부터 조선배로 4일 만에 김제부(金堤府)하의 죽산포(竹山浦)에 도착, 이때(음력 2월 29일－인용자)부터 죽산에서 동쪽 40리 되는 곳에 동학당(東學黨)이 둔집(屯集)하였다는 소문을 들었다"라고[3] 보고하였는데, 죽산에서 동쪽 40리

---

1) 제4장의 155~156쪽 참조.

2) 황현, 『오하기문(梧下記聞)』 1, 47쪽.

3) 『주한일본공사관기록』 1, 「1, 전라도민요보고 궁궐내소요의 건 1」, '(25) 경제21호, 동학당에 관한 보고', 1986, 국사편찬위원회, 37, 357쪽.

되는 곳이란 금구(金溝) 원평(院坪)에 해당되는 것이었다.

2월 29일경 금구 원평에서는 동학당이 둔집하고 있었는데 이는 전봉준 휘하의 농민군이었다고 생각된다. 또 인천항 무역상 리키다케 헤이하치(力武平八)의 조선인 고용원 장태윤(張泰允)은 "음력 3월 11, 12일경(양력 4월 16, 17일) 동학당 약 3천 명쯤이 금구로부터 태인(泰仁)을 거쳐 부안(扶安)으로 가는 것을 태인에서 볼 수 있었다. 그 반수는 총기, 그 나머지는 창 혹은 도검을 갖고 5색의 큰 깃발을 세웠으며 그중 지휘자로 보이는 자는 각각 손에 지휘기를 갖고 말을 타고 있었다. 그 자의 복장은 보통의 의관이었지만, 그 밖의 사람은 모두 황색의 천 조각으로 머리를 싸매고 또한 이것을 허리에 감고 있었다. 그리고 대장으로 추대된 자는 전명술(田明述)이라 하며 연령은 40세가량으로서 복장은 보통이었다"라고[4] 제보하였는데, 전명술(=全明叔) 즉 전봉준은 3월 11일, 12일경 약 3,000명의 농민군을 거느리고 부안으로 이동하고 있었다.

또 순오선(順五船) 선장 가와무카이 에이노스케(川向榮之助)는 "약 2, 3십 일 전부터 동학당은 사냥꾼에게 명하기를, 꿩을 잡아오는 자에게는 2관문(貫文)을 준다는 구실로써 크게 총기를 약탈하였다고 한다. 대장은 전명술이라고 하는 자라고 한다"라고[5] 제보하였는데, 20~30일 전이란 인천에 입항한 4월 8일에서 기산한 것이므로 3월 중순에 해당된다. 즉 전명술(=전명숙=전봉준)은 3월 중순경에 총기를 수집하고 있었다.

전봉준은 2월 29일경에서 3월 중순경에 걸쳐서 새로운 차원의 행동을 준비하고 있었는데, 그러한 준비의 결실이 3월 20일의 무장봉기(茂長蜂起)였다.[6] 전봉준은 제1차 재판에서 3월 기포(起包) 즉 제1차 농민전쟁에

4) 위의 책, '(27) 경제24호, 김제의 동학당에 관한 보고', 42, 361쪽.

5) 위의 책, '(25) 경제21호, 동학당에 관한 보고', 39, 358쪽.

6) 제1차 농민전쟁이 3월 20일의 무장봉기로 시작되었음은 신용하, 1985, 「갑오농민전쟁의

서의 자신이 이끈 농민군부대의 이동지를 무장→고부→태인→금구→고부(황토현전투－인용자)의 순서로 밝히고 있고[7] 「전봉준판결선고서원본」에서도 "피고가 친히 기도(其徒)를 영솔(領率)하여 전라도 무장에서 일어나 고부, 태인, 원평, 금구 등 처(處)를 갈 새"라고[8] 하였다. 그리고 황현(黃玹)도 "琫準等大會茂長縣 布告民間 其文曰(하략, 茂長布告文－인용자)"라고[9] 하였다. 무장봉기의 날짜에 대하여 황현은 무장포고문의 내용을 소개하고, 이어서 무장봉기는 서포(徐布) 즉 남접(南接)의 봉기였음을 서술하고 나서, "3월 20일 이후 고부를 비롯하여 연달아서 태인, 흥덕(興德), 고창(高敞), 금구, 부안, 김제, 무장 제읍(諸邑)을 범(犯)하였다"라고[10] 하여, 3월 20일이라고 하였으나 명확성이 조금 희박한 느낌이다.

무장봉기의 날짜에 대하여서는 다음의 기사가 더욱 명확하게 밝혀주고 있다. 줄포(茁浦)에 있던 파계생(巴溪生)은 "그런데 급보가 하늘에서 날아왔으니, 3월 20일 이 날 덕흥리(德興理)의 장꾼들이 돌아와서 이르기를, 동학군 수만 명이 무장의 굴치(屈峙)를 넘어서 흥덕을 지났다고 한다. 다음날(3월 21일－인용자)은 고창에 모여 점차 서쪽으로 올라가고, 일부 군대는 정읍(井邑)에서 고부로 들어가고, 일부 군대는 사포(沙浦)를 지나 줄포로 왔다"라고[11] 말하였다.

제1차 농민전쟁」, 『한국학보』 40, 일지사, 111~114쪽에서 처음으로 밝혀졌다. 이이화, 1989, 「전봉준과 동학농민전쟁 ① 봉기－전주성 점령」, 『역사비평』 9, 234~237쪽에서도 위의 주장을 따르고 있다.

7) 『동학란기록(東學亂記錄)』 하, 「전봉준공초(全琫準供招)」, '초초문목(初招問目)', 530쪽.

8) 「동학농민군 지도자 전봉준 · 손화중 · 최영상(경선) 판결선고서 원본」, 1985, 『한국학보』 39, 일지사, 188쪽.

9) 황현, 『오하기문』 1, 48쪽.

10) 위의 책, 50쪽.

11) 巴溪生, 『주한일본공사관기록』 1, 「2, 전라민요보고 궁궐내소요의 건 2」, '(8) 경제29호, 전라고부민요일기사본송부', 57, 373쪽.

충청도 면천(沔川)에 유배 생활을 하고 있던 김윤식(金允植)은 「면양행견일기(沔陽行遣日記)」의 1894년 4월 4일조에서 "듣건대 호남의 무장·고창 등지에서 동학 수천 명이 건기명포(建旗鳴砲)하고 인가(人家)를 타파(打破)하였다고 한다"라고[12] 기술하였는데, 앞의 파계생의 일기와 이가 맞는다. 이러한 기사로 보아서 무장봉기의 날짜는 3월 20일이 확실하다.

3월 20일 무장봉기에서 발표된 포고문의 내용은 다음과 같다.[13]

세상에서 사람을 가장 귀하다 하는 것은 인륜(人倫)이라는 것이 있기 때문이다. 군신부자(君臣父子)는 인륜 중에서 가장 으뜸가는 것이다.

임금이 어질고 신하가 곧으며 아비가 자식을 사랑하고 아들이 효도한 연후에야 집과 나라에 무강(無疆)의 복이 미칠 수 있는 것이다. 지금 우리 임금은 인효자애(仁孝慈愛)하고 총명한지라, 현량방정(賢良方正)한 신하가 있어서 그 총명을 도울지면 요순(堯舜)의 덕화와 문경(文景)의 선치를 가히 써 바랄 수 있을지라.

그러나 오늘날의 신하된 자는 보국(報國)은 생각지 아니하고 부질없이 녹위(祿位)만 도적질하여 총명을 가리고 아부와 아첨만을 일삼아 충간(忠諫)하는 말을 요언(妖言)이라 하고 정직한 사람을 비도(匪徒)라 하여 안으로는 보국(輔國)의 인재가 없고, 밖으로는 백성을 학대하는 관리가 많도다. 인민의 마음은 날로 흐트러져 생업을 즐길 수 없고, 나아가 몸을 보존할 계책이 없도다.

학정(虐政)은 날로 더해 가고 원성은 그치지 아니하니, 군신의 의와 부자의 윤리와 상하의 명분은 무너지고 말았도다. 관자(管子)가 가로되, 사유(四維,

---

12) 『속음청사(續陰晴史)』 상, 갑오 4월 4일, 306쪽.

13) 오지영, 1941, 『동학사』, 「창의문」, 영창서관, 108~109쪽; 「동비토록(東匪討錄)」, 1976, 『한국학보』 3, 일지사, 235쪽; 황현, 『오하기문』 1, 48~50쪽; 「동학란기록」 상, 「취어(聚語)」, '무장동학배포고문(茂長東學輩布告文)', 142~143쪽. 이 포고문은 전봉준이 쓴 것이라고 생각된다. 무장봉기를 전봉준이 주도하였고, "전봉준 자신의 집필이었다고 전하는 만큼"(이선근, 1963, 『한국사 현대편』, 을유문화사, 58쪽)이라는 점에서 그렇게 추정된다.

禮·義·廉·恥)가 바로 서지 못하면 나라는 멸망한다 하였으니, 오늘의 형세는 옛날보다 더욱 심하도다.

공경(公卿) 이하 방백수령에 이르기까지 국가의 위난을 생각지도 아니하고 부질없이 일신의 비대와 가문의 윤택만을 꾀하고 과거(科擧)의 문을 돈벌이의 길이라 생각하고 응시의 장소는 매매하는 저자로 변하고 말았다.

허다한 돈과 뇌물은 국고로 들어가지 않고 도리어 개인의 사복(私腹)만 채우고 있도다. 국가에는 누적된 빚이 있으나 갚을 것을 생각하지 않고 교만과 사치와 음란한 일만을 거리낌 없이 일삼으니, 팔로(八路)는 어육(魚肉)이 되고 만민은 도탄에 허덕이도다.

수재(守宰)가 탐학하니 백성이 어찌 곤궁치 아니하랴. 백성은 국가의 근본이라, 근본이 쇠잔하면 나라는 반드시 망하는도다. 보국안민(輔國安民)의 방책을 생각지 아니하고 밖으로 향제(鄕第)를 설치하여 오로지 제 몸만을 위하고 부질없이 국록(國祿)만을 도적질하는 것이 그 어찌 옳은 일이라 하겠는가! 우리는 비록 초야의 유민일지라도 나라에 몸 붙여 사는 자라, 국가의 위망(危亡)을 앉아서 보겠는가! 팔역(八域)이 마음을 합하고 수많은 인민이 뜻을 모아 이에 의기(義旗)를 들어 보국안민으로써 사생(死生)의 맹세를 하노니, 금일의 광경은 비록 놀랄 만한 일이기는 하나 경동(驚動)하지 말고 각자 그 업에 안착하여 다같이 태평세월을 빌고 함께 임금의 덕화를 입게 된다면 천만다행으로 생각하노라.

갑오(甲午) 정월(正月)　　일(日)[14]

호남창의소(湖南倡義所)　　전봉준(全琫準)

손화중(孫化中)

김개남(金開男) 등

황현은 주 2)의 기사에 바로 잇따라서 "'동학은 대천리물(代天理物)하고 보국안민(保國安民)하며 죽이거나 약탈하지 않으며 오직 탐관오리만은 용

14) '갑오 정월　일(甲午 正月　日)'이라고 한 것은 오지영의 기억착오로 생각된다.

서하지 않는다'라고 창언(倡言)함에 우민(愚民)이 향응(響應)하고 우연(右沿) 일대 10여 읍이 일시에 봉기하니 열흘 남짓 사이에 수만 명에 이르렀다. 동학이 난민(亂民)과 합함이 이에서 시작되었다"라고[15] 하였는데, 이로 보아서 무장봉기는 전봉준, 김개남(金介男), 손화중, 최경선 등이 연합하여 일으킨 것이었고, 그 봉기에는 동학의 조직이 매개되었음을 알 수 있다.

포고문에서는 민유방본(民惟邦本)의 보국안민 이념을 내세우면서 민씨 척족정권(閔氏戚族政權)과 지방관들의 정치행태를 정면에서 공격하였는데 그 단적인 표현이 '오직 탐관오리만은 용서하지 않는다'는 탐관오리에의 응징의지였다.

이러한 무장봉기에 호응하여 일어난 지역이 특히 호우(湖右)의 연해 일대 10여 읍이라는 사실이 주목된다. 황현은 "호남일도(湖南一道)는 …… 물산이 넉넉하여 전국의 의(衣)·식(食)·이용(利用)의 원천이 반(半)은 호남에 의존한다. …… 농업생산은 전적으로 논농사이기 때문에 큰 가뭄을 만나면 호남이 가장 기근이 심하고 …… 따라서 좌우도(左右道)의 연해에는 도적이 들끓는데, …… 임술민요와 최근의 화적도 호우 연해가 특히 심하였다"라고[16] 하였고, 이어서 "호남에서는 재원(財源)이 많아서 치부(致富)하기가 쉽다. 전주와 장성의 사이에는 소봉(素封=관인이 아닌 巨富=비특권 巨富=庶民富戶-인용자)이 즐비한데 과거를 팔고 벼슬을 팔게 되면 이들 소봉은 직첩을 얻어서 하루아침에 귀한 신분으로 된다. 이들은 이미 돈이 많으므로 거칠 것 없이 돈을 직첩 사는 데에 투자함으로 과거와 벼슬의 값이 날로 올라가는데, 이는 모두 호남인들이 값을 올린 것이다"라고[17] 하였다.

---

15) 주 2)와 같음.

16) 『오하기문』 1, 39~40쪽.

17) 위와 같음.

또한 호남에서는 재물이 풍부하여 수령과 아전의 탐학이 가장 심하였고, 따라서 서울의 속담에서는 "아들을 낳아서 호남에서 벼슬살이 시키는 것이 소원이다"라고 하였으며, 그러므로 호남에서는 민(民)과 이(吏)가 서로 미워하고 이를 갈며 복수를 다짐함이 '백대에 걸친 원수 갚기'와 방불한 바가 있다고 하였다.[18]

이상을 요약하면 호남지방 특히 호남우도의 연해지방에서는 농업생산력의 발달로 인하여 부민(富民)이 많고 계층분화가 현저하며, 따라서 민과 수령·아전의 갈등·대립이 우심하였다는 것이다. 이러한 배경을 가진 지역에서 농민전쟁에의 호응이 특히 현저하였다는 사실이 주목된다.

이러한 상황에 겹쳐서, 조필영(趙弼永)이 전운어사로 와서 교묘하게 명목을 늘리고 세(稅) 위에다가 세를 첨가하여 호남 전체가 병들고, 김창석(金昌錫)이 균전어사(均田御使)로 내려와서는 백지징세(白地徵稅)하고 국결(國結)을 궁장(宮庄)으로 돌림으로써 호남우도가 더욱 병들고, 게다가 김규홍(金圭弘)·김문현(金文鉉)의 탐학이 겹쳐서 천금(千金)의 부자는 밤에도 잠을 못잘 만큼 불안하였고, 소민(小民)은 가대(假貸)할 데가 없어서 숨을 헐떡이고 있다고 황현은 지적하였는데,[19] 요컨대는 서민부호와 소민이 모두 감사·관리·수령·아전에게 수탈당하고 있었다는 것이었다. "간민사란자(姦民思亂者)가 서민부호와 소민을 선동함에 이에 그들이 동학당에 저자에 몰려가듯이 몰려드니, 호남우도에서 호남좌도의 골짜기까지 동학당이 없는 곳이 없었다"라고[20] 하였다.

황현은 동학당을 간민사란자의 집단으로 파악하였고, 계층분화가 현저하여 서민부호와 소민에의 분화가 심하였지만 그들이 모두 수탈되고 있

18) 위의 책, 41쪽.

19) 위의 책, 42쪽.

20) 위와 같음.

었던 전라우도 연해지방에 농민전쟁에의 호응이 현저하였다고 파악하였다. 부농에서 빈농까지의 농민층 전체와 봉건지배층 사이의 모순이 당시 사회의 기본모순이었고, 1894년의 농민전쟁도 이 기본모순의 발현이었음이 반영되고 있다고 할 수 있다. 전라도의 사정 특히 전라우도의 사정이 이러하였기 때문에 "창의문이 한번 세상에 떨어지자 백성들의 수성거리는 소리는 참 굉장하였다. 옳다 인제는 잘되었다. 천리(天理)가 어찌 무심하랴. 이놈의 세상은 얼른 망해야 한다. 망할 것은 얼른 망해버리고 새 세상이 나와야 한다"는[21] 반응이 일어났다고 오지영은 파악하였다.

무장에서 봉기한 전봉준부대, 손화중부대, 최경선부대는 함께[22] 고부로 향하였다. 그 밖의 다른 농민군부대들과 고부 백산(白山)에서 대회를 열기 위한 목적이었다.[23] 황현은 "고부군에서 보(報)하기를, 이달(3월－인용자) 23일에 동도(東徒) 3천여 인이 혹은 창쇠(槍釗)를 가지고 혹은 죽창을 들고 방포(放砲)하면서 고부에 난입하여 향교와 각 공해에 분둔(分屯)하였다"고[24] 하였고, 파계생은 무장에서 온 일 부대가 3월 23일에는 줄포에 도달하였고 점심을 먹고 나서 곧 고부로 향하였으며, 그 인원은 약 3천 명이라고 하였는데,[25] 이 부대는 주 22)에서와 같이 전봉준부대였다고 생각된다.

전봉준부대는 "출발에 임하여 하나의 격문(檄文) 같은 것을 사방의 출

---

21) 『동학사』, 109~110쪽.

22) 전봉준은 1895년 2월 9일의 1차 재판에서 고부기포(古阜起包=고부백산집결－인용자)는 손화중, 최경선, 그리고 기타 인들과의 동모(同謀)라고 하였고, 또 그 동모의 결과 부대 인원수가 약 4천 명이라고 하였다(「전봉준공초」, '초초문목', 531쪽). 다음의 주 23)에서와 같이 줄포를 지나 고부로 가는 부대의 인원은 약 3천 명이라고 하였다. 따라서 이 부대는 전봉준이 통솔하는 전봉준, 손화중, 최경선의 연합부대라고 생각된다.

23) 『동학사』, 111~112쪽 참조.

24) 『오하기문』 1, 52쪽.

25) 주 11)과 같음.

구에 부착하였고, 그것은 폐정의 이혁이라 하는 것으로 그 요점은 아태조(我太祖)의 혁신정치로 돌아가면 그친다는 것이다"라고[26] 하였다. 이 격문은 2월 22일 전후 아마도 2월 23일 무렵의 격에서의 '폐정이혁(廢政釐革)'의[27] 재현이면서, 그 요점이 '아태조의 혁신정치로 돌아감'이라는 보다 진전된 구체화였다. 조선왕조 건국의 이념인 민유방본 이념의 재강조였다고 생각되고, 따라서 보국안민 이념의 재강조였다고 생각된다.

3월 25일에는[28] 백산에서 고창, 무장, 흥덕, 부안, 정읍, 태인, 금구, 김제 등지에서 몰려온 농민군 약 8천 명이[29] 대회를 열고, 대장에 전봉준, 총관령에 손화중 · 김개남, 총참모에 김덕명 · 오시영, 영솔장에 최경선, 비서에 송희옥 · 정백현의 체제를 갖추었다.[30]

이 고부 백산대회(白山大會)에서 농민군은 3월 25일 4개 명의(名義)를 발표하였는데 그 내용은 다음과 같다.

(1) 사람을 죽이지 않고 물건을 해치지 않는다(不殺人 不殺物).
(2) 충효를 다하고 제세안민한다(忠孝雙全 濟世安民).
(3) 일본오랑캐를 축멸하고 성도를 깨끗이 한다(逐滅倭夷 澄淸聖道).
(4) 군대를 몰고 서울로 들어가 권귀를 일소한다(驅兵入京 盡滅權貴).[31]

---

26) 주 11), 25)와 같음.

27) 제4장의 주 130)과 같음.

28) 오지영은 각지에서 몰려든 농민군들이 "고부읍에서 유련(留連)한지 3일 후에 대군을 몰아 고부 백산에 진을 옮겨 치고"(「동학사」, 111쪽)라고 하였고, 정교(鄭喬)는 "전봉준이 우두머리가 되어 드디어 3월 25일에 동학도와 더불어 무리를 향하여 5, 6만이 머리에는 백건(白巾)을 두르고 손에는 황기(黃旗)를 들고 4개 명의를 내걸었다"(『대한계년사(大韓季年史)』, 74쪽)라고 하였다. 전봉준부대가 고부에 도착한 것이 주 24), 25)에서와 같이 3월 23일이고 그 3일 후는 3월 25일이니까, 백산대회는 3월 25일이 된다.

29) 『동학사』, 111쪽에서 계산한 것이다.

30) 위의 책, 111~112쪽.

31) 『대한계년사』, 74쪽.

농민군의 4대 강령이라고 할 수 있다. (1)은 민을 해치지 않는다는 군사행동의 원칙이었고, 나머지에서는 보국안민의 내용으로서의 충효의 다함과 성도를 깨끗이 함과 제세안민을 천명하고, 보국안민의 수단으로서 권귀의 일소를 천명하였다. 그리고 일본의 조선진출에 대한 배격이 뚜렷하게 제시되고 있다.

그리고 같은 날에 격문을 발표하였는데 그 내용은 다음과 같다.

> 우리가 의(義)를 들어 차(此)에 지(至)함은 그 일본의(一本意)가 단단타(斷斷他)에 있지 아니하고 창생(蒼生)을 도탄(塗炭)의 중(中)에서 건지고 국가를 반석의 위에다 두자 함이라. 안으로는 탐학한 관리의 머리를 버히고 밖으로는 횡포한 강적(强敵)의 무리를 구축(驅逐)하자 함이다. 양반과 부호의 앞에 고통을 받는 민중들과 방백과 수령의 밑에 굴욕을 받는 소리(小吏)들은 우리와 같이 원한이 깊은 자라. 조금도 주저치 말고 이 시각으로 일어서라. 만일 기회를 잃으면 후회하여도 미치지 못하리라.
>
> 갑오(甲午) 정월(正月)　　일(日)[32]
>
> 호남창의대장소(湖南倡義大將所) 재백산(在白山)[33]

제세안민하여 보국안민한다는 농민군의 이념이 다시금 강조되고, 그 수단으로서 탐학관리를 처벌한다는 것 역시 재강조되고 있다. 동시에 일본에 대한 배격이 다시금 강조되고 있다. 특이한 점은 아전층에 대하여 농민전쟁에의 동참을 호소하고 있는 점이다. 민과는 삼정(三政)운영에서

32) '갑오 정월　일(甲午 正月　日)'도 오지영의 기억착오라고 생각된다.

33) 『동학사』, 112쪽. 주 30)에서와 같이 전봉준이 농민군의 대장에 추대되었다는 점, 그리고 제2차 재판과 제4차 재판에서 전봉준이 기포에 관계되는 것은 모두 자신이 지휘하였다고 말한 점(「전봉준공초」, 536~537, 558쪽), 그리고 제2차 재판에서 전봉준이 매번의 소지(所志)는 자신이 지어서 원민(寃民)으로 하여금 영읍(營邑)에 제출하게 하였다고 말한 점(「전봉준공초」, 533쪽)으로 미루어서 3월 25일의 4개 명의와 격문도 전봉준이 직접 지었거나 적어도 전봉준의 재가를 거친 것이라고 생각된다.

대립 · 갈등의 관계에 있는 아전층까지 동맹군으로 끌어들임으로써 농민군의 역량을 증대시켜 나아가려는 전략이었다고 생각된다.

3월 25일 전봉준부대는 고부의 군기고를 털어서 무장을 강화하고[34] 화약도 갖추려고 두지면(斗池面)에 있는 화약고를 열어서 화약을 다루다가 실수로 화약을 다 태워버리고[35] 많은 사상자를 내었다.[36]

3월 26일에서 29일까지에 걸쳐서 전봉준부대는 태인현(泰仁縣) 용산면(龍山面) 화호(禾湖)에로 진군하였는데 그들의 목적은 전주에 진입하려는 것이었다.[37]

태인의 용산 화호에 이동한 전봉준부대는 3월 26일 김제군에 전령을 발하여, 공전(公錢) · 공곡(公穀)을 일을 잘하는 아전이 장부와 함께 가지고 노참(路站)에 와서 대기하라고 하였다.[38] 3월 29일에는 '제중의소(濟衆義所)'의[39] 명의로 태인현에 찰(札)을 보내어, 포수(砲手) · 창수(槍手) 100명을 북 · 피리 · 징을 들려서 보내라고 전령하였다.

3월 말에 이미 "3월 20일 이후 …… 수령은 모두 도망하고 아전 · 군교도 따라서 사방으로 흩어졌다. 적이 오기도 전에 읍내가 먼저 텅텅 비어버린다. 또 여러 고을이 본래 성곽이 없고 …… 설사 금성탕지(金城湯池)라 한

34) 『주한일본공사관기록』 1, 「고부민요일기」, 58, 374쪽.

35) 『오하기문』 1, 52쪽.

36) 주 34)와 같음.

37) 『오하기문』 1, 3월 26일, 52쪽; 『주한일본공사관기록』 1, '(3) 完伯 電報의 ①②', 2, 335쪽.

38) 『오하기문』 1, 3월 26일, 52쪽.

39) 제중의소의 명칭은 여기서 처음 나타나고 있다. 다음의 주 41), 42), 43)의 통문에서도 나타나고 있고, 5월 4일 전주성중(全州城中)에서 홍계훈에게 보낸 「적당소지(賊黨訴志)」에서도 나타나고 있는데, 이 경우는 명백히 전봉준이 보낸 소지이다. 다시 전봉준이 6월 6일에 순창(淳昌)에 체재하고 있을 때에도 전봉준이 있는 곳을 제중의소라고 하고 있다(『이륙신보(二六新報)』 1894년 11월 21일 '조선의 一活火'). 뒤의 두 경우에서 미루어서 앞의 두 경우를 모두 전봉준의 행동으로 파악하였다.

들 민이 평소에 수령과 아전을 원망하는데, 누구와 더불어 지킬 것인가. 이로 말미암아 누구하나 중민(衆民)에 호소하여 성을 지키려는 자가 없었다. 성이 떨어졌다는 소식은 날마다 들리지만 실인즉 적은 일찍이 하나의 성도 포위공격한 일이 없었다"는[40] 형편이었다.

박은식(朴殷植)은 3월 말 무렵의 농민군의 동태에 대하여 다음과 같이 서술하였다

古阜鄕長孫化中鄕民全琫準全州民金介男等 俱以東學黨魁 揭竿而起一唱萬應 其衆大集 遂蟠据古阜扶安興德泰仁井邑長城茂長咸平諸郡 聯絡數十營屯 發布檄文 曰吾儕今日之擧 上保宗社 下保黎民 指死爲盟 愼勿驚動 第觀來頭之釐正也 轉運使之爲弊於吏民也 均田官之祛弊生弊也 各市廛之分民收斂也 各浦口之船主勒奪也 他國潛商之峻價貿米也 鹽盆之市稅也 各條弊瘼 不可盡言 凡士農工商之人 同心協力 上輔國家 下安瀕死之生民 豈不幸也哉 於是約束部衆 曰每於行陣時 兵不血刃而勝者 爲首功 雖不得已開戰 切勿傷命 每於行軍所過之地 勿害人物 且孝悌忠信所居之地 十里以內 勿爲駐屯 又有戒飭軍令十二條 又發文於靈光郡吏鄕 曰凡各項文簿之關於吏弊民瘼者 併持來查正[41]

그리고 『동비토록(東匪討錄)』[42] · 『주한일본공사관기록』 1에는[43] 다음과 같은 기사가 있다.

濟衆義所 押圖書 如守令印信

吾儕今日之擧 上保宗社 下安黎民 指死爲誓 勿爲恐動 第觀來頭之釐正也 轉運營之爲弊於吏民也 均田官之去弊生弊也 各市井之分錢收稅也 各浦口船主勒

40) 「오하기문」 1, 50쪽.

41) 박은식, 『박은식전서』 상, 「한국통사」, 1975, 단국대 동양학연구소, 108~109쪽.

42) 「동비토록」, 1976, 『한국학보』 3, 244쪽.

43) 『주한일본공사관기록』 1, 20, 347쪽.

奪也 他國潛商竣價貿來也 鹽盆之市稅也 各項物件都賣取利也 白地徵稅 松田起陳也 臥還之拔本 條條弊瘼 不能盡記 而凡吾士農工商 四業之民 同心協力 上輔國家 下安瀕死民生 豈非幸也哉

위의 격문은 제중의소에서 발표하였고, 4월 4일의 영광군(靈光郡) 법성포(法聖浦) 이향(吏鄕)에의 통문(通文)[44] 이전의 일이었음을 알 수 있다.[45] 그리고 4월 4일에는 조정에서 농민전쟁 대책문제로 시원임대신회의(時原任大臣會議)가 열렸는데 그 자리에서 좌의정 조병세(趙秉世), 판부사(判府事) 정범조(鄭範朝) 등은 농민전쟁을 수습하기 위해서는 거폐구막(袪弊捄瘼)의 대경장대시조(大更張大施措)가 불가피하다고 강조하였다.[46] 조정에서 폐정개혁의 문제가 제기되었음에서 미루어 보아, 9개조목의 폐정을 제시하면서 그 시정을 촉구한 주 42)의 격문을 보고 나서, 4월 4일의 시원임대신회의가 열렸음을 알 수 있다. 따라서 주 42)의 격문은, 4월 4일에서 며칠 전의 일이었음을 알 수 있다. 이렇게 볼 때 이 격문은, 주 39)의 찰(札)과 같은 날인 3월 29일 발표되었다고 생각된다.

주 41)에 의하면 이 격문이 발표된 3월 29일 당시에 농민군은 고부, 부안, 흥덕, 태인, 정읍, 장성, 무장, 함평(咸平) 등 적어도 8개 고을에서 반거(蟠据)하고 있었고, 그 격문은 수십 개 처에 발송되었음을 알 수 있다.

특히 주목되는 것은 3월 29일에서 4월 4일 사이의 무렵에 행진(行陣)의 4개약속(約束=團束令－인용자)과[47] 행동지침으로서 12조계령(戒令)을[48] 마

44) 『동비토록』, '4월 초4일 동도통문법성이향(東徒通文法聖吏鄕)', 1976, 『한국학보』 3, 244쪽; 『주한일본공사관기록』 1, 20, 347쪽.

45) 주 41) 위 끄트머리에서 '우발문어영광군(又發文於靈光郡)'이라 하였음에서 그렇게 추정된다.

46) 『일성록』 고종편 31, 고종 31년 4월 4일, 101쪽.

47) 『속음청사』 상, 고종 31년 5월, 311쪽; 「동비토록」, 244쪽; 『주한일본공사관기록』 1, 19, 346쪽.

련하였다는 사실이다.

4개약속과 12조계령을 소개하면 다음과 같다.

(1) 언제나 적을 대할 때는 칼날에 피를 묻히지 않고 이기는 것을 가장 큰 공(功)으로 삼는다(每於對敵之時 兵不血刀而勝者 爲首功).
(2) 비록 부득이 싸우더라도 절대 인명(人命)을 상하지 않는 것을 귀하게 여긴다(雖不得已戰 切勿傷命 爲貴).
(3) 언제나 행군할 때는 절대 남의 물건을 해쳐서는 안 된다(每於行陣 所過之時 切勿害人物).
(4) 효제충신(孝梯忠信)한 사람이 사는 마을이 있으면, 그 주위 10리 안에는 주둔하지 않는다(孝梯忠信人所居之村 十里內 勿爲屯住).

(1) 항복한 자는 대접을 받는다(降者受待).
(2) 곤궁한 자는 구제한다(困者救濟).
(3) 탐학한 자는 추방한다(貪者逐之).
(4) 순종하는 자에게는 경복한다(順者敬服).
(5) 도주하는 자는 쫓지 말라(走者勿追).
(6) 굶주린 자는 먹인다(飢者饋之).
(7) 간활한 자는 그치게 한다(奸猾息之).
(8) 빈한한 자는 진휼한다(貧者賑恤).
(9) 불충한 자는 제거한다(不忠除之).
(10) 거역하는 자는 효유한다(逆者曉諭).
(11) 병자에게는 약을 준다(病者給藥).
(12) 불효자는 죽인다(不孝殺之).

48) 위와 같음. 3월 25일의 백산대회에서 농민군 전체의 최상층 지휘부가 이루어졌다는 점에서 볼 때, 4개약속과 12조계령은 농민군 전체의 약속·계령이었다고 생각된다.

충효제신(忠孝涕信) 등 유교윤리적 덕목에 기초한 행동지침이었다. 이러한 기율(紀律)에 의하여 농민군이 행동하였기 때문에 "비도(匪徒)가 지나가는 곳에서는 오히려 추호도 민을 범하지 않았고 부민들은 궤향(饋餉=군량 – 인용자)을 즐겁게 제공하였다"는[49] 상황이었다.

위의 격문에서 가장 주목되는 것은 전봉준부대가 보국안민 이념을 재강조하면서 폐정 9개조목을 열거하고 그 개혁을 제기하였다는 사실이다. 폐정개혁이 농민전쟁의 목적임을 처음으로 명백하게 그리고 구체적으로 천명하였다. 그리고 그 폐정도 고부라는 고을 차원의 것이 아니라 전국 차원의 것, 전라도 지방 차원의 것으로 승화·확대되고 있었다.

전봉준부대는 4월 1일 태인(泰仁) 군아(郡衙)에 들어가서 군기(軍器)를 거두어 무장을 강화하고[50] 같은 날 금구 원평으로 나아갔다.[51] 금구 원평에로 나아간 목적은 장차 전주에로 진군하려는 것이었다.[52] 원평에 주둔하던 전봉준부대는 전라감영군 1만여 명이 농민군을 치러 내려온다는 말을 듣고[53] 4월 4일 부안으로 나아갔다.[54]

전봉준부대는 부안에서 4월 4일 영광 법성포의 이향에게 다음과 같은 통문을 발(發)하였다.

> 聖明在上 生民塗炭 何者 民弊之本由於吏逋 吏逋之根 由於貪官 貪官之所犯 由於執權之貪婪 噫 亂極則治 晦變則明 理之常也 今吾儕爲民爲國之地 豈有吏民之別乎 究其本則吏亦民也 各公文簿之吏逋民瘼條件 沒數報來也 當有區別之

49) 『속음청사』 상, 고종 31년 5월, 311쪽.
50) 『오하기문』 1, 4월 초1일, 54쪽.
51) 위의 책, 4월 초1일, 55쪽.
52) 「전봉준공초」, 530쪽.
53) 「전봉준공초」, 530쪽; 「전봉준판결신고서」, 「한국학보」 3, 188쪽.
54) 『오하기문』 1, 4월 초4일, 56쪽; 『주한일본공사관기록』 1, 「고부민요일기」, 58, 374쪽.

方矣 勿慮持來 無違時刻惕念知悉事[55]

역시 보국안민 이념이 강조되고 있고, 민폐(=폐정-인용자)의 근본이 이포(吏逋)→탐관(貪官)→집권지탐람(執權之貪婪)이라 하여, 그 근원이 집권지탐람 즉 권귀에게 있음이 확인되고 있다. 현실파악의 차원이 고을에서 벗어나서 전국·국가에로 승화되었음이 확증되고 있다. 그리고 이포민막(吏逋民瘼)을 자신들이 직접 해결하려는 의지를 희미하게나마 나타내고 있다. 또한 이 통문에서도 주 33)의 3월 25일의 격문에서와 같이 아전층에 대하여 동참을 호소하고 있다. 늦어도 4월 7일 이전의 것인 전라감사서목(全羅監司書目)에서 "각 읍 소리간활자(小吏姦猾者)와 경향(京鄕)의 범법망명자(犯法亡命者)가 모조리 피당(彼黨)에 들어갔다"라고[56] 하였는데, 이미 황토현(黃土峴)전투 이전의 단계에서도 아전들이 농민군에 투신한 경우가 많았음을 알 수 있다. 이러한 배경에서 주 33)과 56)에서와 같이 동참을 호소하였고, 또 그러한 호소에 아전들이 호응하였음을 알 수 있다. 이러한 아전층의 농민군 동참은 점점 증대되어 4월 20일경에 이르러서는 "읍촌무비내응(邑村無非內應)"의 상태가 되었다.[57]

(2) 황토현전투

전봉준부대는 4월 6일에 고부 도교산(道橋山)으로[58] 나아갔다.[59] 이어

55) 주 44)와 같음.

56) 『주한일본공사관기록』 1, '(1) 전라감사서목대개', 1, 335쪽. 서목 안에 4개명의가 언급되어 있고, 초토사의 파견결정 사실이 언급되어 있음에서, 그 직후의 서목으로 추정하였다.

57) 『양호전기(兩湖電記)』, 갑오 4월 23일, 30쪽.

58) 『주한일본공사관기록』 1, 13, 342쪽에 의하면 도교산이 황토현이다.

서 4월 6일 밤에서 7일 새벽에 걸쳐서 관군 2,260여 명과[60] 전봉준부대 2천여 명이[61] 전투를 벌였고,[62] 결과는 관군의 패배였다.[63] 이들 관군과 당시의 농민군의 행태에 대하여 황현은 다음과 같이 말하였다.

> 영병(營兵)은 이른바 연습이 있는 군대이다. 그러나 전진(戰陣)의 경험이 없었기 때문에 향병(鄕兵)과 다름이 없었고 교만하고 패려궂어서 쓸모없는 지가 하루 이틀이 아니었다. 영병은 고부로 가는 연도에서 노략질하고 점포를 부수고 상인들에게서 약탈하였다. 마을마다 두루 퍼져서는 닭과 개를 남겨 두지 않았다. 민은 모두 이를 갈면서도 두려워 피하였다. …… 적은 이미 영읍(營邑)에의 분노가 충만하였고 또 관군의 횡포에 원한이 많아서, 관군의 소행과는 반대되도록 힘써, 영(令)을 발하여 민에게는 추호도 범하지 않았고 심지어는 행군을 하면서 보리가 넘어지면 세워 놓고 갔다. …… 적영(賊營)에는 민이 광주리와 동구미로 먹을 것을 갖다 대었는데 관군들은 굶었다.[64]

황토현전투에서의 승리로 농민군의 사기는 크게 올랐다. 그 이전에는 "오로지 원한 풀기"가 위주였으나, 이후에는 "관부(官府)에 난입(攔入)하여 군기(軍器)를 수취(輸取)하고 건기방포(建旗放砲)하며, 동에 번쩍 서에 번쩍하여 아무도 적대하지 못하였고, 인의예지신(仁義禮智信)이라 쓴 깃발을 들고 다녔고"[65] "5색기를 들고 깃발에는 보국안민대창의(輔國安民大倡

59) 『동학란기록』 상, 「양호초토등록」, 163쪽; 『동비토록』 4월 초7일, 『한국학보』 3, 236쪽.

60) 최영년, 『동학란기록』 상, 「동도문변(東徒問辨)」, '백산패적변(白山敗績辨)', 159쪽. 이에 의하면 감영군 700명, 토병(土兵=각 고을에서 소집된 향병－인용자) 560명, 보부상 1천여 명이었다.

61) 菊池謙讓, 1939, 『근대조선사』 하, 鷄鳴社, 218쪽.

62) 전봉준은 제1차 재판에서 황토현전투는 자신이 지휘하였다고 하였음(「전봉준공초」, 527쪽)에서 미루어서 전봉준부대 단독의 전투였다고 생각된다.

63) 전투경과는 『동학사』, 116~119쪽에 상세하다.

64) 『오하기문』 1, 57쪽.

義)라고 쓰여져 있었다"고[66] 한다. 초토사 홍계훈은 "전라감영군을 크게 패배시킨 후 피(彼)는 남의(濫意)가 일생(日生)하여 각읍각리(各邑各里)에 방문을 붙였는데, 그 말은 임금님의 존엄까지 건드리는 것이어서 전보로 보고하기가 곤란합니다"라고[67] 고종에게 전달(電達)하였다. '임금의 존엄까지 건드리는' 내용의 방문과 통문을 가지고 왕래하는 비도를 단속하라는 지시를, 홍계훈은 4월 11일 각 지방관에게 하달하였다.[68] 홍계훈은 4월 8일의 전보 보고에서 황토현 패배는 고종에게 보고하지 말 것을 민영준(閔泳駿)에게 건의하면서 "피(彼)를 어찌 경시(輕視)할 수 있겠습니까"라고 말하였다.[69] 황현은 "김문현, 홍계훈을 비롯하여 각 읍의 이교(吏校)에 이르기까지 모두 겁먹고 움츠러들어서 오르내리는 공문(公文)에서 모두 감히 적(賊)이라고 쓰지 못하고, 다만 동도(東徒), 피당(彼黨), 궐도(厥徒), 피류(彼類)라고 칭할 뿐이었다"라고[70] 하였다.

초토사 홍계훈이 거느린 800명의 경군(京軍)은 4월 7일에 전주에 도착하였다. 전봉준부대는 황토현에서 남쪽으로 길을 돌려 4월 7일 정읍에 입성하여, 군기를 취하고 아전·보부상의 집을 부수고 이어서 고부삼거리(古阜三巨里)에 들어가 지숙(止宿)하고 4월 8일에는 흥덕에 입성하여 역시 군기를 취하였고, 이어서 고창에 입성하여 지숙하고, 4월 9일에는 무장에 입성하였다.[71] 무장에서 3박한 전봉준부대는 4월 12일 영광에 입성하

---

65) 『속음청사』 상, 고종 31년 4월 9일, 307쪽.

66) 『주한일본공사관기록』 1, 39, 358쪽.

67) 홍계훈, 『양호전기』, 갑오 4월 23일, 30쪽. 『양호전기』는 초토사 홍계훈이 4월 4일에서 5월 28일까지 중앙정부와 주고받은 보고와 지시의 전보를 모은 것이다.

68) 위의 책, 4월 11일, 10쪽.

69) 위의 책, 4월 11일, 4쪽.

70) 『오하기문』 1, 64쪽.

71) 정읍에서 무장까지의 동정은 『동학란기록』 상, 「양호초토등록」, '갑오 4월 12일 보고', 166쪽에 따랐다.

고, 여기서 4박하고 16일에는 함평에 입성하였다.[72)]

전봉준부대가 영광에 주둔하고 있던 12~16일 사이에 영광에는 많은 농민군부대들이 집결하였다. 이때에 전봉준부대의 규모는 4천 명이었고[73)] 무장봉기, 백산대회의 경우와 같이 전봉준·손화중·최경선의 연합부대였다. 초토사 홍계훈의 4월 15일자 비밀전보에서는 "하루에 늘어난 수가 몇천 명이 된지도 알 수 없으며 사방에서 그 추종자들이 운집하여 각처를 왕래하면서 서신을 전달하고 있으며 …… 동학도 1만여 명이 영광군에 주둔하고 있"으며 "고군(孤軍=京軍－인용자)으로서는 가벼이 움직일 수가 없다"고[74)] 하였다. 초토사 홍계훈이 거느린 경군은 800명이 전주에 도착하였으나 4월 12일 무렵에는 200~300명이 도망해 버려서 500~600명만 남아 있었고[75)] 도망한 자의 상당 부분은 농민군에 가담하였다고[76)] 한다. 뿐만 아니라 홍계훈의 경군과 전라감영군 사이에는 "초토사는 발병(發兵)하지 않고 전투도 하지 않으면서 다만 토병(土兵=감영군과 향병)만 앞장세워 외어(外禦)하였기 때문에 토병과 경군은 서로 불평하였다"는[77)] 갈등이 있었다. 도망 경군이 농민군에 가담함으로써 농민군의 행진(行陣)이 상당히 규율화되었다. 예컨대 4월 12일 무렵의 농민군은 "매일 진법(陣法)을 조련(操練)하고 있다"고 포도청 기교(機校)가 보고하고 있다.[78)]

---

72) 위의 책, '갑오 4월 18일과 20일 보고', 168~170쪽. 전봉준은 1895년 2월 9일의 제1차 재판에서 황토현전투 이후의 행진(行陣)을 정읍→고창→무장→함평→장성→전주라고 말하였는데, 이것과 홍계훈의 「양호초토등록」 기사를 종합하여 황토현전투 이후 전주입성까지의 전봉준부대의 행진을 본문서술에서와 같이 파악하였다.

73) 「전봉준공초」, '초초문목', 528쪽.

74) 『주한일본공사관기록』 1, 12, 14, 342, 343쪽; 『만조보』, 1894년(명치 27) 6월 3일; 『양호전기』, 갑오 4월 17일, 24쪽.

75) 『주한일본공사관기록』 1, 12, 342쪽.

76) 『만조보(萬朝報)』, 1894년(명치 27) 6월 6일.

77) 『주한일본공사관기록』 1, 22, 348쪽.

4월 16일 전봉준부대는 함평(咸平) 현아(縣衙)를 점거하면서 “우리들은 한편으로는 탐관오리를 징계하고 또 한편으로는 읍폐민막(邑弊民瘼)을 교정함으로써 보국안민하기 위하여 각 읍을 두루 다니면서 이 고을에 들어오게 되었다”고[79] 선언하였다. 황토현전투 이후 남행(南行)한 것은 홍계훈의 경군과의 대적을 피하기 위한 것이었지만, 동시에 읍폐민막을 교정하기 위한 목적이었음을 처음으로 천명하였다. 그리고 읍폐민막의 교정이 곧 보국안민의 방법이었다.

4월 18일 전봉준부대는 나주공형(羅州公兄)에게 다음과 같은 통문을 보내었다.

吾儕今日之義 上報國家 下安黎民 所經列邑 貪官懲之 廉吏褒之 吏弊民瘼矯之革之 轉運弊瘼永永革祛 聞于天陛奉國太公監國 亂臣賊子 阿意諂容者 一併罷黜之 本意止此而已 奈何汝之官司 不念國勢民情 動兵各邑以攻擊爲主 殺戮爲務 是誠何心 究厥所爲 宜乎相接 無罪吏民 俱焚可矜 古訣云光羅之間 流血成川 道詵云光羅之地 人炬永絕 可怕可懼 此意直告于官司 各邑募軍 一併放送歸農 在囚道人 卽爲解散 則吾不入境矣 以一王之民 豈有攻擊之意哉 可否間卽速馳回[80]

여기에서도 탐관(貪官)을 징계하고 염리(廉吏)를 포상하고 권귀를 몰아냄으로써 보국안민을 실현하겠다는 농민군의 목적을 천명하고 있다. 새로이 제기되고 있는 것은 감영에 향병을 보내지 말 것, 구속 중인 동학인을 석방할 것, 전운(轉運)의 폐단을 제거할 것을 제기하고 대원군의 섭정 희망을 밝히고 있다. 지방 차원에서의 폐정개혁내용, 그리고 국가 차원의

78) 위의 책, 19, 346쪽.

79)『동학란기록』 상, 「양호초토등록」, 갑오 4월 20일, 170쪽.

80)『오하기문』 1, 65~66쪽. 주 81)의 정문(呈文) 이전이기 때문에 4월 18일로 추정하였다.

권력구조문제까지 더욱 구체화되고 있다. 정치의식으로서는 '일왕지민(一王之民)' 의식이 부각되고 있는데, 이는 보국안민 이념의 내용을 더욱 구체화하고 있다.

4월 19일에는 다음과 같은 초토사에의 정문(呈文)을 발하였다.

> 湖南儒生等 抱冤含血百拜上書于嚴威明聽之下 伏以生等 以覆載間參化之人 安敢妄生不義之事 自陷於刑辟乎 夫民者 國之本也 本固邦寧 古聖之遺訓 時務之大綱也 方伯守宰 牧民之人也 以先王之法 治先王之民 則雖歷年千載 其國享久 今之方伯守令 不顧王法 不念王民 貪虐無常 軍錢之無時濫排 還錢之拔本督刷 租稅之無名加排 各項烟役之逐日疊徵 姻戚之排徵無厭 轉運營之加斂督索 均田官之弄結徵稅 各司校隸輩之討索酷虐 不可條條忍耐 而或失其巢者 十居八九 無食無衣者 蔓散道路 扶老携幼者 連塡溝壑 料生之道 萬無一條 哀此民生 死亦不得 互聚數百 欲訴本官 則謂之以亂類 欲訴營門 則目之以逆類 莫重親軍 任意發布 募兵列邑屠以鋒刃 殺之戮之 無忌無憚 宣化牧民之人 固如是乎 生等 今日之事 出於不得已之情景 手執兵器 聊爲保身之計而已 事到此境 則億兆同心 八路詢議 上奉國太公監國 以全父子之倫 君臣之義 下安黎民 更保宗社 誓死不變矣 伏乞鑑察焉[81)]

민유방본 이념, 보국안민 이념이 다시 강조되고 있다. 폐정 8개조목이 열거되고 있으며, 보국안민 이념의 내용이 '고왕법(顧王法) 염왕민(念王民)'으로 구체화되고 있다. 이상에서와 같이 전봉준부대의 경우에는 농민전쟁의 목적이 폐정개혁에 의하여 보국안민의 실체를 구체화하려는 것으로서 확립되었다.

주인의 상용(商用)으로 김제 지방을 여행하고 4월 16일에 인천으로 돌

---

81) 『오하기문』 1, 갑오 4월 19일, 66~67쪽; 『동비토록』, '호남유생원정우초토사문(湖南儒生原情于招討使文)', 『한국학보』 3, 259~260쪽.

아온 장태윤의 제보에 의하면 "들리는 바에 의하면 동학당주의서(東學黨主意書)라는 것이 21개조로 되어 있다고 하며 그 속에는 양이(洋夷)를 배척하지 않으면 안된다는 조항도 있다고 한다."[82] 4월 16일 직전의 시기에, 주 41), 42), 81)의 경우로 보아서 전봉준부대가 그 21개조의 폐정개혁 요구사항을 이미 마련하고 제출하였다고 생각된다. 4월 7일 직후 황토현에서 승리한 농민군부대 즉 전봉준부대가 각읍각리에 붙였다는 방문은[83] 그 내용이 '임금의 존엄까지 건드리는' 것이었다고 한다. 홍계훈은 함평현감 권풍식(權豊植)이 보내온 주 81)의 원정서(原情書)를 보고 "말이 대단히 불궤(不軌)하여 정상이 극히 해괴하다"라고[84] 하였는데, 그것은 대원군 섭정의 희망을 가리킨 것이었고,[85] 따라서 위의 '임금의 존엄까지 건드리는' 것이란 또한 대원군 섭정의 희망이었을 것이다. 이렇게 볼 때 대원군 섭정의 희망조항은 주 81)의 원정서에서 처음 제기된 것이 아니라 이미 4월 7일 직후의 단계에서도 제기된 것이며, 따라서 4월 16일 직전의 시기에 전봉준이 이미 21개조의 폐정개혁안을 마련하고 제기하였다는 것은 충분히 현실성이 있는 것이었다.

4월 10일에서 6월 15일까지 은진(恩津)의 황산(黃山)에 체재하면서 정보를 수집하고 돌아온 일본상인 시라키 히코타로(白木彦太郎)는 다음과 같이 제보하였다.

> 동도가 격문을 전하여 그 취지를 명백하게 한 때에 이르러서는 공주감영(公

82) 『주한일본공사관기록』 1, 43, 362쪽.

83) 주 67)과 같음.

84) 『동학란기록』 상, 「양호초토등록」, 갑오 4월 24일, 171쪽.

85) 4월 25일 전후하여 홍계훈이 올려 보낸 주 81)의 원정서를 본 민비(閔妃)는 대원군 섭정에 노기탱천하여 입에 담을 수 없는 욕을 내뱉었다(『오하기문』 1, 71쪽).

州監營)의 고관(高官, 감사 아래 3번째 되는 重職人과 면회할 때 친히 同官의 말을 들었다 함)과 같은 사람도 동도가 열거하는 시폐(時弊)는 어쨌든 가장 중요한 것에 해당되는 것으로 동도가 일을 일으킨 것은 결코 무리가 아니라고 공언할 정도이다. 일반의 감정이 이와 같은 이상 지방의 폐정을 근저까지 혁제(革除)하지 않는 이상 동도는 가령 일시 해산한다 해도 다른 날에 기회를 기다려 재연될 것은 의심할 여지가 없다. 저들은 한통의 청원서를 남기고 전주를 떠나 장성(長成) 지방으로 갔으나, 그 후 그 청원이 관철되지 않으면 그 지방의 동도들이 다시 일어날 것이라는 소문이 떠들석하였다.[86)]

상황은 5월 10~15일의 것이지만, '동도가 열거하는 시폐'는 주 82)의 것이라고 생각되며, 요는 전봉준부대가 제기하는 폐정개혁안이 중요하며 현실적이라는 것이었다. 이러한 점에서도 황토현전투 승리 이후 농민군의 이념 · 의식은 크게 성장하였으며 그 성장은 당시의 역사적 상황에 유기적으로 현실적으로 밀착되어 있는 것이었다.

그러나 전봉준부대의 전투의식에는 아직도 일정한 한계가 있었다. 전봉준부대는 다음의 주 97), 98)에서와 같이 4월 21일, 22일에 걸쳐서 장성으로 이동하였는데, 4월 21일 아직도 함평에 주둔하고 있던 전봉준부대의 일부는 함평에 도달한 홍계훈의 경군에 향하여, 산에 올라가서 크게 소리치기를 "이 군대는 우리 주상(主上)의 명(命)을 받들어 내려온 것이다. 탐관의 군대(=지방군－인용자)와는 다르다. 결코 항전하지 않겠다. 만일 싸운다면 우리들은 역도(逆徒)의 죄를 벗어날 수 없다"라고 말하였다.[87)] '주상의 명'에는 거역하지 않겠다는 의식이 관철되어 있었다.

전봉준부대의 위에서와 같은 성향에 대비되는 제1차 농민전쟁에서의

---

86) 『주한일본공사관기록』 3, 215쪽. "저들은 한통의 …… 갔으나"를 주 154)와 연관지어 생각할 때, 이 제보에서 서술되는 상황은 5월 10~15일의 것이었다고 생각된다.

87) 『주한일본공사관기록』 1, 24, 349쪽.

다른 농민군부대의 성향을 살펴보기로 한다. 4월 13일 직전의 시기에 전주의 남문루(南門樓)에는 다음과 같은 괘서가 나붙었다.

方今事勢 不可坐以待死 雄兵猛將 各在其信地 而各郡才士 飛書千里 以勤王事 大抵以國勢言之 執權大臣 皆是外戚 終夜經營 只知肥己 以其黨與 派布各邑 害民爲事 民何以堪 今招討使洪啓薰 不啻人本無識 怯東學之威 不得已出兵 妄戮賢良有功之金始豊 欲爲邀功 此必受刑而死 最可惜者 三年之內 我國歸於俄羅斯 是故我東學 大擧義兵 欲安生民[88]

이 괘서는 농민군과 내통하였다는 혐의로 4월 11일에 처형된 전주영장(全州營將) 김시풍(金始豊)의[89] 자서제질(子壻弟姪) 등이 전주남문(全州南門)에 내건 것이고, 그들은 이어서 농민군에 가담하였다.[90] 여기에서도 민씨척족정권에 대한 규탄이 철저하지만 폐정개혁의 의지는 희박하다. 특이한 점은 3년 안에 러시아에 예속된다면서 그러한 사태를 방지하기 위하여 의병을 일으킨다는 주장이었다. 이것이 어떤 현실성을 갖고 있는지에 대하여서는 잘 알 수가 없다.

4월 14일 초토사의 발전(發電)에 의하면 4월 4일 내지는 5일경에 전라도에 다음과 같은 격문이 나돌았다고 한다.

우리들은 천사(天使)의 내임(來臨)을 기다려서 그 영(令)에 따라 거사(擧事)를 일으키려 한다. 지금 우리 하졸(下卒)로서 순행(巡行)하다가 잡혀서 갇힌 자가 50여 명이고, 전일에 붙잡혀 갇힌 자가 나주(羅州)에 27명이 있다. 이들

88) 『주한일본공사관기록』 1, 「4월 13일 오시 초토사전보」, 12, 342쪽; 『대한계년사』 상, 고종 31년 4월, 75쪽.

89) 『동학란기록』 상, 「양호초토등록」, 4월 11일, 186쪽.

90) 『만조보』, 1894년(명치 27) 6월 3일; 岡田庄兵衙, 1894, 『내란실기조선사건』, 10쪽.

은 지금 지극한 고통을 당하고 있다. 이에 각 군의 제장(諸將)은 각기 1,500명의 병정을 거느리고 4월 12일 사시(巳時)에 내회(來會)하라. 조심하여 기일을 어기지 말고 나머지의 장졸(將卒)은 각각 그 부서를 지켜서 결코 장령(將令)에 어긋나지 말 것이다.[91]

나주에 구속되어 있는 27명을 석방시키기 위하여 4월 12일에 나주로 군대를 이끌고 집결하라는 격문이었다. "우리들은 천사의 …… 일으키려 한다"는 내용으로 보아 북접계열의 격문이라고 생각된다. 동학의 북접에서는 1893년에도 "진인(眞人)이 남조선으로부터 동학을 거느리고 다시 나타나서 평정할 것이다"라는 신앙을 가지고 있었고,[92] 1894년 4월 중순에도 "동학대장(東學大將) 이씨(李氏)가 남조선에서 출래(出來)하면 정병(精兵) 10만이 뒤따라 출래하여 난신을 소멸한다"라는 신앙을 고백하고 있었는데,[93] 이들로 미루어 보아서 주 91)의 격문도 북접계열의 것이었다고 생각된다. 이러한 격문에 호응하여 수천 명의 동학군이 4월 12일에 나주를 공격하였으나 나주 향병에게 패퇴하였다.[94] 당시의 상황에서 봉기군의 패배는 이례적인 것이었다. 그러나 북접계열에 속하는 동학군도 제1차 농민전쟁에서 봉기한 것은 명백한 사실이었다.

4월 16일경 청산(靑山)의 북접에서는 무장의 동학군에 다음과 같은 문장을 보내었다.

---

91) 『만조보』, 1894년(명치 27) 6월 7일(음력 5월 4일－인용자).

92) 이복영, 「일기 속오(日記 續五)」, 계사 3월 29일(홍성찬, 1983, 「1894년 집강소기 설포하의 향촌사정」, 『동방학지』 39, 103쪽 주 51) 재인용).

93) 『주한일본공사관기록』 1, 「전라도감사병초토사합계대개」, 13, 343쪽.

94) 『주한일본공사관기록』 1, 10, 341쪽; 『만조보』, 1894년(명치 27) 6월 1일(음력 4월 28일－인용자); 『시사신보(時事新報)』, 1894년(명치 27) 5월 24일; 『동방협회보고(東邦協會報告)』 38회, 96쪽; 『내란실기조선사건』, 8쪽.

지금 황해도와 평안도의 회답을 받아 보니 5회(晦, 5월 그믐날)에 접응한다고 한다. 이에 동남 제부(諸部)에 서(書)를 보낸다. 회덕(懷德)에 있는 제3대(隊)의 두령(頭領) 박(朴)이 파견한 정찰대(偵察隊)가 청산영(靑山營)의 포교(捕校)들에게 붙잡혀 가지고 있던 문부(文簿)도 모두 빼앗겼다고 하니 이 분통을 어찌하면 좋겠는가. 그러므로 지금부터 각 부대에 칙령(飭令)을 내려 다시는 소홀하게 하지 말라. 그리고 기일(期日) 전에는 비록 난처한 일이 있더라도 울분을 참고 성질도 내지 말아서 절대 함부로 동요하지 말고 지휘를 기다리는 것이 좋을 것 같다.[95]

전봉준부대의 행동을 견제하는 것이었다. 이 글의 제2장에서 본 바와 같이 동학사상의 정치이념도 보국안민이었고 전봉준부대의 정치이념도 보국안민이었다. 그러나 그 이념이 현실과 접합될 때의 이념의 실체는 이와 같이 달라지는 것이었다.

그러나 이 단계에서의 양자에는 공통되는 성향도 있었다. 주 93)의 신앙을 고백한 동학군은 "우리들은 다만 역적의 군대만을 적으로 여긴다. 어찌 감히 주상의 명을 받드는 경군에 대항하겠는가"라고[96] 말하였는데, 주 87)의 전봉준부대의 성향과 공통되고 있다. 그러나 전봉준부대의 경우에는 폐정개혁 요구사항의 현실성에 의하여 위의 성향을 극복할 수 있는 계기를 내재화(內在化)하고 있었지만 북접의 경우에는 그 환상적 성향으로 인하여 그 극복의 계기를 내재화하고 있지 못하였다.

95) 『주한일본공사관기록』 1, 23, 349쪽.

96) 주 93)과 같음.

(3) 장성전투와 전주화약

가. 장성전투

함평에 둔거하던 전봉준부대는 4월 21일과[97] 22일[98] 이틀에 걸쳐 장성(長城) 월평촌(月坪村)으로 이동하였다. 4월 18일에 인천을 출발한 450명의 증원군부대가 목포(木浦)에 상륙하여 홍계훈의 경군과 더불어 농민군을 남북으로 협격한다는 정보를[99] 입수한 전봉준부대는 다시 북향의 길을 잡아 장성으로 이동하게 되었다. 그러나 증원군은 행로를 바꾸어 4월 23일 군산창에 상륙하여 영광에서 홍계훈 경군에 합류하였다.[100]

전봉준부대가 21일, 22일 이틀간 장성으로 이동하던 그 때에 전라좌도의 농민군들도 장성으로 집결하여 그 수가 모두 수만 명에 이르렀다고 한다.[101] 홍계훈은 이때의 상황에 대하여 고종에게 "한 조각 고성(孤城)의 약졸은 증원군과 합해도 1천여 명에 불과하고 군기는 비록 좋지만 병사들은 약하고 겁먹고 있어 적과의 싸움에서 막아낼 방법이 없습니다. 전주감영으로 물러나 지키고 싶지만 길이 200여 리나 되는데, 군사화물과 약환(藥丸)이 너무 많아서 또한 쉽게 움직일 수도 없습니다. …… 피(彼)는 도량하고 날로 불어나는데 우리는 고소(孤少)하고 후원도 없습니다"라고[102] 보고하고 있다.

4월 23일 홍계훈부대의 선봉 200여 명이 월평촌에 이르러 전봉준부대를

97) 『오하기문』 1, 갑오 4월 21일, 67쪽.

98) 『주한일본공사관기록』 1, 「4월 22일 전라假都事電」, 30, 352쪽.

99) 『주한일본공사관기록』 1, 64, 379쪽; 『내란실기조선사건』, 14~15쪽; 『만조보』 1894년 (명치 27) 6월 12일(음력 5월 9일).

100) 『동학란기록』 상, 「양호초토등록」, 200쪽.

101) 『동학란기록』 상, 「갑오약력」, 64쪽.

102) 『양호전기』, 갑오 4월 23일, 31쪽.

기습하였다. 전봉준부대는 기습에 놀라 삼봉산(三峯山)에로 후퇴하였다가 전열을 정비하고 다시 공격을 개시하여 전투가 벌어졌고, 경군은 선봉장 이학승(李學承)이 전사하고 대포 2문, 소총 다수를 잃고 패배하였다.[103)]

홍계훈의 경군을 패배시킨 전봉준부대와 전라좌도의 농민군은 정읍을 거쳐 전주에로 직진하여 4월 27일에는 전주에 입성하였다.[104)] 이때 농민군은 승마자가 200여 명이었고[105)] 군사는 보병, 기병 합하여 1만여 명이었으며[106)] 거괴(渠魁)와 정예가 다 모인 것이었다.[107)] 장성에서 합류한 전봉준부대와 전라좌도의 농민군의 인원도 1만여 명이었으므로,[108)] 그 합류부대도 '거괴와 정예가 다 모인' 부대였다. 4월 19일 함평에서 선언한, 농민군의 각지 순회의 목적 즉 탐관을 응징함으로써 읍폐민막을 시정한다는 것으로 보아서는, 전라좌도 일대도 순회함직 한데도 전주에로 바로 나아간 것은 까닭이 있었다. 4월 16일 홍계훈은 전라감사 김문현에게 발령하여, 각지의 향병을 동원하여 순창(淳昌)－담양(潭陽)－광주(光州)－나주에 방어선을 구축함으로써 농민군이 좌도지방에 발을 들여놓지 못하게 하였는데,[109)] 그로 말미암아 농민군이 좌도지방에는 들어가지 못하였다고 생각된다. 게다가 전주가 무방비 상태였으므로, 사발통문, 그리고 주 52)의 4월 1~4일 금구 원평의 전봉준부대의 전주입성의 목적을 이 시기에 다시 수행하기에 적합한 조건이었다. 이러한 사정으로 전봉준부대와 전라좌도 농민군은 길을 재촉하여 전주에 입성하게 되었다.

103) 『오하기문』 1, 갑오 4월 23일, 68쪽; 「동학사」, 122~123쪽.
104) 『오하기문』 1, 갑오 4월 27일, 71~72쪽; 「동학사」, 123~124쪽.
105) 『오하기문』 1, 갑오 4월 23일, 68쪽.
106) 위의 책, 갑오 4월 27일, 71쪽.
107) 위와 같음.
108) 위의 책, 갑오 4월 21일, 67쪽.
109) 『동학란기록』 상, 「양호초토등록」, 4월 16일, 195쪽.

이렇게 볼 때 장성전투는 농민군의 성장에서 매우 중요한 계기를 이루는 것이었다. 첫째는 왕이 파견한 경군을 이겨내었다는 사실이 농민군의 의식에 커다란 진전을 가져오게 하였다. 농민군은 장성전투 승리 이후 "왕사(王師)를 가볍게 여기는 마음이 생겼고 멀리 달려서 전주에 이르렀다"는데,[110] 주상의 명을 받드는 경군에는 대항하지 않는다는 의식을 극복할 수 있는 계기가 마련되었다는 점에서 중요한 의미를 가지는 것이었다. 예컨대 "처음 동학이 난민과 합세함에 대체로는 구사지계(救死之計)에서 나온 것으로, 비록 집단행동은 하였지만 자위(自衛)하려는 것이어서 감히 공공연히 (관군에－인용자) 대적하지는 않았다"는[111] 것인데, 이는 경군과의 대전(對戰)을 의식적으로 회피하였던 4월 23일 장성전투 이전의 경우에 해당되는 것이었다. 그러나 4월 23일 이후 즉 4월 28일에서 5월 8일까지의 전주성전투는 경군에의 정면에서의 대항이었다.

둘째는 장성전투 직전에 전라좌우도의 농민군이 합류하여 대농민군부대를 이룩함으로써 '거괴와 정예가 다 모인' 강력한 농민군부대가 이루어졌고, 그러한 물리력을 배경으로 연래의 목적이었던 전주점령이 성사되었다는 사실이다.

이러한 성장의 하나의 표현이 호남 · 호서지방의 아전에 대한 농민전쟁에의 직접참여 호소였다. 조선남부지방에 정보수집을 위한 여행을 하고 4월 28일에 귀경한 일본인 와타나베 구라요시(渡邊倉吉)는 주한일본공사에게 다음과 같이 제보하였다.

> 적도 중 가장 세력이 있는 것은 각 지방의 관속배(官屬輩)로서, 적도본부(賊

110) 『겸산유고(謙山遺稿)』 권19, 「금성정의록(錦城正義錄)」, 3쪽.
111) 『오하기문』 1, 69쪽.

徒本部) 이방(吏房, 官屬의 首座를 맡은 자)은 전국 각 지방청 이방 앞으로 회람장을 발송하였다. 그 회람장의 주된 내용은 즉시 동맹할 것, 각처에서 폭동을 일으킬 것, 그렇지 않으면 곧바로 싸움터로 와서 가담할 것, 적이 그 지역에 당도하면 즉시 이에 호응할 것 등이며 각각 동맹하지 않으면 후일 도륙을 면치 못하리라는 것이다. 이 회람장은 청풍(淸風)에도 왔다.[112]

제보의 날짜로 미루어 보아서 4월 20~25일 무렵에 적도본부인 전봉준부대가 각지에 발송한 통문이라고 생각된다. 장성전투를 전후한 무렵에 전봉준부대의 전투의식은 매우 가열화되고 있었음을 알 수 있다.

4월 27일의 농민군의 전주입성은 커다란 의미를 과시하는 것이었다. 농민군은 이제 군현 등의 작은 고을뿐만 아니라 한 지방의 중심지역으로서의 감영소재지도 점령할 수 있다는 것이 실증되었다. 또한 중앙정부의 군대와도 싸워서 이길 수 있다는 것이 실증되었다.

이 사실은 서울에 커다란 충격을 주었다. 서울에서는 4월 28일에 "적이 이미 전주를 함락하였다느니, 이미 금강을 건넜다느니 하여 상하 인심이 흉흉하였고"[113] "재상 · 공경들이 시골에서 온 사람을 만나서 적 소식을 듣고서는 모두 탄식하면서 '어찌 그렇게 되지 않을 수 있으리요'라고 하였고"[114] 심지어 관리는 농민군이 서울에 입성했을 때를 예비하여 첩지(帖紙=사령장－인용자)를 태워버렸다.[115] "서울 성내는 비상계엄의 상태에 있었고"[116] 민영준은 고종이 농민군의 전주입성 사실을 알지 못하게 하기 위해 함구령을 내렸기 때문에 하급관리들은 전주의 사정을 알지 못하였다고[117] 한다.

112) 『주한일본공사관기록』 1, 45쪽.

113) 『오하기문』 1, 갑오 4월 28일, 70쪽.

114) 위의 책, 갑오 5월, 75쪽.

115) 『주본(奏本)』 5, '주본 83호'

116) 『조선변란실기』, 55쪽.

나. 전주화약

4월 27일에 농민군 약 1만여 명이 전주에 입성하고 4월 28일에는 홍계훈의 경군이 전주에 도착하여 성 밖의 완산(完山)에 진을 치고 성안의 농민군과 대치하였다. 한편 농민군의 전주입성에 크게 놀란 조정에서는 4월 29일 밤 시원임대신회의를 열었고, 이 자리에서 고종은 청병차용안(淸兵借用案)을 제기하였다. 김병시(金炳始) 등의 반대의견도 있었으나 여러 대신들은 '사세(事勢)'가 부득이하다'고 동의하였다.[118] 그러나 실제상의 상황전개는 다음과 같았다. 이미 4월 28일에는 민영준이 고종의 내락을 받아 원세개(袁世凱)에게 차병안(借兵案)을 제의하였고, 4월 29일에는 시원임대신회의 이전에 정식 외교문서로서 차병요구서를 원세개에게 전달하였다.[119]

이에 따라 청국군 3천여 명이 5월 5일에서 9일까지의 사이에 충청도 아산에 상륙하였다. 한편 이에 앞서 일본은 4월 29일(양력 6월 2일)의 내각회의에서 조선에 대한 무장간섭을 결정하였고, 5월 2일(양력 6월 5일)에는 그를 위한 대본영을 설치하였다.[120] 청군이 파견되자 일본은 5월 6일에서 12일까지 약 4,300명의 군대를 상륙시켰다.[121] 조선을 무대로 한 국제분쟁 야기의 국면은 전주성의 안팎에서의 대치상태에 변화를 강요하였고 그 결과가 5월 8일의 전주화약(全州和約)의 성립과 이에 따른 농민군의 전주성 철수였다.

전봉준은 제1차 재판에서 "경군진영(京軍陣營)으로부터 '너희들의 원하

---

117) 『오하기문』 1, 갑오 4월, 75쪽.

118) 『동학란기록』 상, 「갑오실기」, 8쪽.

119) 이선근, 1963, 『한국사 현대편』, 을유문화사, 83~90쪽.

120) 박종근 저, 박영재 역, 1989, 「청일전쟁과 조선」, 일조각, 16쪽.

121) 위의 책, 17쪽.

는 바를 들어주겠다'는 효유문이 있었으므로 감격하여 (전주로부터-인용자) 해산하였다"라고[122] 말하였고, 「전봉준판결선고서」에서도 "이에 초토사가 격문을 지어 성중으로 던지고 피고 등의 소원을 들어줄 터이니 속히 해산하라 효유하였는데 피고 등이 곧 …… 27조목을 내어 가지고 상주하기를 청하였더니 초토사가 즉시 승낙한 고로 피고는 동년 5월 초 5, 6일에 쾌히 그 무리를 해산하여 각기 취업하게 하고 ……"라고[123] 기술되어 있음에서 볼 때, 양측의 교섭에 의하여, 농민군이 제출한 27개조 폐정개혁안을 상주하여 실시할 것을 조건으로 하여 농민군이 전주성에서 철수함으로써 전주화약이 성립되었음을 확인할 수 있다.

전봉준은 5월 4일 홍계훈에게 소지(訴志)를 제출하였다.[124] 여기에서 전봉준은 "알아차려서 속죄하는 길은 오직 각하(閣下)가 선처하여 임금에게 상계(上啓)함에 있다"라고 하였고, 이 소지에 대한 5월 5일자 회답에서 홍계훈은 "열읍(列邑)의 읍폐민막에서 보존할 것은 보존하고 고쳐야 할 것은 고칠 것이거늘, '지금 적어낸 여러 조항'은 혼잡하여 조리가 없다"라고 하였다.[125] 이로 보아서 5월 4일의 소지에는 읍폐민막의 개혁을 위한, '지금 적어낸 여러 조항' 즉 27개조 폐정개혁안이 들어 있었음을 확인할 수 있다. 따라서 그 소지의 "알아차려서 …… 상계함에 있다"는 말은, 폐정개혁안을 상주(上奏)하여 실시하겠다면 해산하겠다는 뜻이 된다.

주 125)의 제사에서는 전봉준의 제안에 대한 수락의 여부가 애매하다. 5월 5일 내서(內署)의 홍계훈에의 전보에서는 "귀화지설(歸化之說)은 믿을

122) 『동학란기록』 下, 「전봉준공초」, 528쪽.

123) 「전봉준판결선고서원본」, 1985, 『한국학보』 39, 188~189쪽.

124) 『동학란기록』 상, 「양호초토등록」, '적당소지', 207쪽. 여기에는 '제중생등의소(濟衆生等義所)' 제출로 되어 있는데, 주 39)에서와 같은 이유로 전봉준의 것으로 생각된다.

125) 『동학란기록』 상, 「양호초토등록」, '초5일피소제사(初5日彼訴題辭)', 207쪽.

수 없다. 기어이 소멸하도록 하라"라고[126] 시달하였는데, 조정에서는 5월 5일 현재에서는 전봉준의 휴전제의를 거부하기로 결정하였다고 생각된다. 5월 6일 오후 2시에는 전봉준의 사자(使者) 2명이 홍계훈에게 와서 다시 휴전을 제의하였다.[127] 5월 7일에는 그 사자가 일전에 소지한 바 민원(民願=폐정개혁안 27개조－인용자)을 상계(上啓)하고 실시하면 해산하겠다는 공문(供文=각서－인용자)을 제출하였고[128] 5월 8일에도 그 사자가 비슷한 내용의 공문을 제출하였다.[129] 5월 5일 이후 조정의 논의를 거쳐 전봉준의 휴전제의를 수락하기로 결정하고, 고종이 홍계훈에게 수락을 지시함으로써[130] 5월 8일에 휴전화약이 성립되었다. 즉 정부에서는 27개조 폐정개혁안을 실시하고 농민군은 전주에서 철수하기로 협정되었던 것이다. 이제 제1차 농민전쟁은 5월 8일에 종결되었다.

전주화약이 성립되는 양측의 사정에 대하여 살펴보기로 한다. 우선 전봉준과 농민군의 경우를 보기로 한다. 첫째, 청병(淸兵)의 농민군 진압을 크게 두려워하였다. 농민군은 전주화약 후 5월 12일의 통문에서 "듣건대 청병은 3천 명뿐이라고 하는데 (전주화약 때에는－인용자) 수만 명이라고 와전되었고 또 각국 군대가 길에 쫙 깔려 있다고 하기 때문에 우선 잠시 퇴병(退兵)하였더랬다. 지금 들으니 그렇지 않아서 후회가 막급하다. 일이 이왕 이렇게 되었으니 청병이 퇴거(退去)하기를 기다려서 다시 의기

126) 「양호전기」, 갑오 5월 5일, 39쪽.

127) 「양호전기」, 갑오 5월 7일, 40~41쪽.

128) 「양호전기」, 갑오 5월 21일, 65쪽; 『일본외교문서(한국편)』 6, '사항 9, 조선출국병에 관하여 청국 및 조선국과의 교섭의 건', 1981, 태동문화사, 243쪽; 『주한일본공사관기록』 1, 95, 403쪽.

129) 위와 같음.

130) 화약 성립 직후 5월 8일 무렵 삼례(參禮)에 도달한 순변사 이원회는 홍계훈에게 적을 풀어 주었다고 질책함에 홍계훈은 상지(上旨)라고 대답하니 이원회가 말이 막혔다고(『오하기문』 1, 80쪽) 하였음에서 그렇게 생각된다.

(義旗)를 들 것이다"라고[131] 하였다. 수만 명의 청병이 왔다는 소식에 전력의 열세를 고려하여 휴전화약케 되었음을 알 수 있다.

둘째, 농민군의 전투원인 농민들은 당시가 보리수확과 이앙준비에 바쁜 농사철이었기 때문에 휴전을 바라고 있었다. 예를 들면 "지금은 농사 모내기일로 한창 바쁠 때라, 동학당의 과반은 농민이기 때문에 일시 칼을 버리고 호미를 잡기 위하여 휴전하였다고 한다"는[132] 보도가 있다. 또 전봉준은 제3차 재판에서 제2차 농민전쟁의 봉기가 10월로 늦추어진 이유에 대하여 '새 곡식의 수확이 끝나지 않았음'을 들었는데,[133] 이 전주화약에도 농사철의 사정이 반영되었을 것이다.

셋째, 전봉준은 국제분쟁의 확대와 그것으로 인한 국가적 위기를 막아보고자 생각하였다. 주 131)의 "또 각국 군대가 …… 잠시 퇴병하였더랬다"에서도 그런 의도가 시사되고 있다. 순변사(巡邊使) 이원회(李元會)도 전봉준에게 청일(淸日) 양국의 출병은 조선·청국·일본 3국 간의 국제분쟁을 초래할 것이므로 농민군은 해산할 것을 요구하였고, 이것을 전봉준은 깊이 고려하였다고 생각된다.[134] 전봉준은 8월 11일 전주에서 일본인 모(某)를 접견한 자리에서 "그런데 우리들의 거사는 생각지도 않게 오늘 청일이 조선에서 전쟁을 벌이게 되는 실마리가 되기에 이르렀는 바, 우리는 이를 천추의 유감으로 생각한다"라고[135] 하였는데, 국제분쟁을 우려한 전봉준의 생각을 알 수 있다.

넷째, 앞에서와 같이 농민군은 제1차 농민전쟁의 과정에서 폐정개혁안

---

131) 『주한일본공사관기록』 1, 89, 400쪽.

132) 『내란실기조선사건』, 27쪽.

133) 「전봉준공초」, 548쪽.

134) 『전주부사』, 1943, 118쪽.

135) 『일청교전록(日淸交戰錄)』 12, 1894년(명치 27) 10월 16일 발행, 43쪽.

을 끈질기게 제기하고 휴전교섭과정에서도 완강하게 요구하였는데, 이로 보아서 농민군은, 위정자들이 조성된 국가적 위기를 고려하여 농민군의 현실성 있고 절박한 요구를 수락하여 폐정을 개혁하리란 기대를 버리지 않고 있었고, 그러한 이유에서 휴전화약을 제기하였다고 생각된다.

다섯째, 농민군은 경기전(慶基殿)의 더 이상의 파괴를 저지하려고 의도하였다. 전봉준은 제1차 재판에서 경군이 "성중(城中)을 향하여 대포를 쏘아대서 경기전을 훼상하였기 때문에 경군의 전주입성을 허용하였다"라고[136] 말하였다. 이러한 의식의 바탕에는 왕조에의 충(忠)의식이 깔려 있는 것인데, 예컨대 전봉준은 그러한 충의식에서 앞의 주 124)의 소지에서도 홍계훈의 '방포훼전(放砲毁殿)'을 규탄하였고 5월 18일 무렵의 '정읍지자변래(井邑持者便來)'에서도[137] 홍계훈의 '방포양전(放砲兩殿)'을 규탄하였다.[138]

여섯째, 가장 중요한 이유는 전세(戰勢)상에서의 불리함 때문이었다. "관군은 날로 늘어나고 장기간 포위되어 있으며, 외원(外援)은 끊어지고, 연전연패하고, 양식은 바닥이 나고, 총알은 비오듯이 날아들어 성내에서 삿갓을 쓰고 다녀야 하고, 포뢰(砲雷)가 터질 때마다 마루 밑에 엎드려 숨어야 함에 성을 넘어 도망하는 자가 잇따랐다"는 상황에서 농민군들이 대책을 물음에 전봉준은 "'3일만 지나면 반드시 좋은 소식이 있을 것이니 여러분은 걱정말라. 여러분은 이미 내 말을 믿고 사지(死地)에 들어왔는데 어찌 내 말을 한 번 더 믿을 수 없겠는가'라고 하였다. 적당(賊黨)은 본래 전봉준을 믿는지라 잠시 기다리기로 하였"고[139] 곧 화약이 성립되었던

136) 「전봉준공초」, 528쪽.

137) 『동비토록』, 『한국학보』 3, 264~265쪽.

138) 菊池謙讓, 『근대조선사』 하, 227쪽에서도 경기전 훼손의 저지를 휴전화약의 이유로 들고 있다.

것이다. 전세상의 불리함이 여실히 서술되어 있다.

다음 정부 측의 경우를 보기로 한다. 5월 5일의 청병(淸兵) 상륙과 5월 6일의 일병(日兵) 상륙으로 국제분쟁화의 사태에 직면하자 정부에서는 크게 당황하였고 우선은 양국군을 철병시키는 일을 선결과제로 삼게 되었다.[140] 그 표현이 조선정부의 5월 10일 청국에의 철병요구와[141] 5월 11일 일본에의 철병요구였다.[142] 이러한 이유에서 5월 6, 7일경에 주 130)에서와 같이 고종은 홍계훈에게 휴전화약의 타결을 지시하였고, 홍계훈은 청일에의 철병요구에 힘을 붙여주기 위해 5월 8일에 급속히 휴전화약을 타결시켰다고 생각된다. 5월 18일 순변사 이원회의 회환,[143] 5월 19일 초토사 홍계훈의 회환도[144] 청 · 일병의 철병을 더욱 강력하게 요구하기 위한 고육책이었다. 그러나 일본은 조선정부의 농민전쟁 완전종식 주장의 허실을 알아보기 위하여 5월 17일에는 경부(警部) 오기와라 히데지로(荻原秀二郞)를 충청 · 전라도 지방에 파견하고[145] 5월 19일에는 조선정부의 '남비기평(南匪旣平)'을 믿을 수 없다고 이의를 제기하였다.[146]

139) 『오하기문』 1, 77쪽.

140) 『시사신보』, 1894년(명치 27) 6월 16일; 『만조보』, 1894년(명치 27) 6월 26일; 『내란실기조선사건』, 27쪽.

141) 박종근, 1989, 앞의 책, 29쪽.

142) 위와 같음.

143) 주 152) 참조.

144) 『양호전기』, 갑오 5월 19일, 62쪽.

145) 『구한국외교관계부속문서(舊韓國外交關係附屬文書)』 5, 『통서일기(統署日記)』 3, 고종 31년 5월 17일, 330쪽.

146) 위의 책, 고종 31년 5월 19일, 331쪽.

2) 폐정개혁안의 성격

(1) 27개조 폐정개혁안의 내용

제1차 농민전쟁에서 전봉준부대 내지 농민군의 최고의 목적은 폐정개혁(弊政改革)에 의한 보국안민의 실현이었다. 그런데 그 폐정개혁의 구체적 방법은 탐학한 수령과 아전의 응징이었다. 전봉준부대는 4월 16일 함평에서 주 79)와 같이 농민군의 각지 순회를 한편에서는 탐관오리의 징계, 한편에서는 읍폐민막의 교정을 위한 것이라고 선언하였다. 그런데 함평현에서는 각 면의 사민(士民) 1백여 명이 전봉준부대의 진입소식을 듣고서 미리 현아에 모여서 날마다 동헌을 호위하였다. 이에 전봉준부대는 "지금 사민이 들어와 동헌을 호위하는 것을 보니 현감의 치적을 알겠다" 하고서는 그대로 나갔다고 한다.[147] 따라서 농민군의 폐정개혁의 방법은 탐학하는 수령과 아전의 응징이었을 뿐이었다. 즉 응징에 의한 결과로서의 폐정개혁이었다.

전봉준은 제2차 재판에서 3월 기포의 목적은 위민제해(爲民除害) 즉 폐정개혁이었다고 하고 그 방법은 전라도의 탐학관리를 제거하는 것이었다고 하였다. 전라도의 탐학관리를 제거하고 아울러 중앙의 권귀를 축출하면 전국의 탐관이 제거된다고 전망하였으나[148] 후자를 위한 구체적 실천은 없었으므로, 결국은 현실의 구체적 행동에서는 전라도의 탐관을 제거하는 것이 위민제해=폐정개혁의 방법이 되는 것이었다. 그리고 전봉준은 탐관을 제거한 후에는 어떻게 하려고 하였는가 하는 심문에 다른 생각이

---

147) 『동학란기록』 상, 「양호초토등록」, 갑오 4월 20일, 170쪽.

148) 「전봉준공초」, 532쪽.

없었다고 하였다. 여기에서도 전봉준의 제1차 농민전쟁에서의 목적은, 현실적 행동의 차원에서는 탐관오리의 제거에서 더 나아간 것이 없었다. 말하자면 농민군 자신이 지방행정을 장악함으로써 지방의 폐정을 개혁하려는 구상은 전무하였다.

이러한 한계는 다른 농민군의 경우에도 마찬가지였다. 예컨대 4월 27일 전주의 용두치(龍頭峙)를 지나가던 농민군은 함열(咸悅)은 수령이 명치(明治)하고 이배(吏輩)가 무악(無惡)하므로 문책할 죄가 없고, 임피(臨陂)는 관정(官政)이 불치(不治)하고 이습(吏習)이 교활하므로 일차 문책해야겠다고 밝히고 있었다.[149] 이 경우에도 위의 전봉준의 경우와 같았다.

따라서 5월 4일에서 8일까지에 전봉준부대가 폐정개혁 27개조의 실시를 정부에 요구하였다는 것은 농민군의 의식 · 이념의 커다란 발전이었고 성장이었다. 그리고 이러한 요구를 5월 8일에 관철해 내었다는 것은 농민군의 일대승리였다고 하지 않을 수 없다. 4월 23일 장성전투 이후의 성장 · 발전의 결과였다고 생각된다. 따라서 농민군이 제시한 27개조의 폐정개혁 요구사항은 농민군의 이념이 실체화되어 있는 것이어서 크게 주목되는 바이다. 그러므로 27개조의 내용을 복원하는 작업은 제1차 농민전쟁의 성격파악에서 필요한 것이라고 생각된다.

4월 16일 직전의 시기에 이미 마련되어 있었다는 주 82)의 21개조의 동학당주의서나, 또 4월 7일 직후에 각읍각리에 붙였다는 주 67)의 방문과는 일정하게 내용의 질을 달리하는 것이 27개조 폐정개혁 요구사항이었다고 생각된다. 그러나 27개조 중 「전봉준판결선고서」에 밝혀져 있는 14개조 바깥의 13개조의 내용은, 3월 29일의, 주 41)=42)=43)의 격문의 폐정 9개조

149) 이복영, 『일기』, 갑오 5월 3일(홍성찬, 1983, 「1894년 집강소기 설포하의 향촌사정」, 『동방학지』 39, 71쪽 주 13) 재인용).

목에서, 4월 19일의, 주 81)의 초토사에의 원정의 폐정 8개조목과 주 124)의 적당소지(賊黨訴志)까지를 종합하고, 아울러 5월 11일경의[150] '전라도유생등원정우순변사이원회(全羅道儒生等原情于巡邊使李元會)'의 폐정 14개조,[151] 5월 17일경의[152] '원정열록추도자(原情列錄追到者)'의 폐정 24개조,[153] 5월 20일경의[154] '장성원정(長城原情)'을[155] 종합하는 방법으로서[156]

---

150) 『주한일본공사관기록』 1, '5월 초9일 전라감사 전보', 87, 398쪽에 의하면 순변사 이원회는 5월 9일에 전주에 도착하였으므로, 이원회에의 전봉준의 원정(주 153) 참조)은 5월 11일경의 것으로 추정하였다.

151) 『속음청사』 상, 322~323쪽.

152) 『주한일본공사관기록』 3, '5월 18일 재전주감영 고도유학생 전보', 19, 411쪽에 의하면, 순변사 이원회는 5월 18일에 출발하였으므로 그 이전인 5월 17일경으로 추정하였다.

153) 『속음청사』 상, 323~324쪽; 『동비토록』, '호남회생등상서', 『한국학보』 3, 263~264쪽. 전자에는 전문(前文)없이 조목만 열거되어 있는데, 후자에는 전문이 기재되어 있다. 그 전문에서 함평에서 초토사에게 한번 원정을 낸 일이 있다고 하고 있으므로 이 '원정열록추도자'는 전봉준이 제출한 것이라는 것을 알 수 있다. 따라서 추도자에 선행하는 주 150)의 원정도 전봉준이 제출한 것이 확실하다.

154) '장성원정'에는 5월만 밝혀져 있고 날짜는 없다. 그러나 "전호남전운사조필영 · 균전사김창석 시이찬배지전 시동학당퇴거장성"이라고 하였는데, 조필영은 5월 20일에 찬배되었다.(『일성록』 고종편 31, 고종 31년 5월 20일, 155쪽). 따라서 동학당의 장성 퇴거 시는 5월 20일경이 된다고 생각된다. 5월 18일의 '정읍지자변래'(『동비토록』, 『한국학보』 3, 264~265쪽)는 회생(會生) 등이 정읍에서 순변사 이원회에게 제출한 것인데, 주 153)의 '호남회생등상서'의 '회생'과 일치되므로 이것도 역시 전봉준이 정읍에서 이원회에게 제출한 것으로 생각된다. 전봉준은 제4차 재판에서 전주화약 이후의 전라도 지역 순회경로를 금구→김제→태인→장성→순창으로 말했는데 정읍은 태인과 장성 사이에 있으므로 5월 18일에 정읍에 있었던 전봉준이 5월 20일경에 장성에 갔을 것으로 생각되며, 따라서 이 '장성원정'도 전봉준이 제출한 것으로 생각된다.

155) 『대한계년사』 상, 고종 31년 5월, 86쪽.

156) 전봉준은 5월 18일의 '정읍지자변래'에서 폐정개혁안이 실시되지 않음을 들어 홍계훈을 '망민(罔民)'한다고 규탄하면서 "열록계문(列錄啓聞)한다는 약속은 생각건대 틀림없이 기국(欺國)하는 것이었다. 일이 소원조열(所願條列=폐정개혁안 27개조－인용자)대로 되지 않으면 오늘 비록 해산하였지만 내일 다시 회집할 것이며 끝까지 흩어지지 않을 것이다"라고 하였다. 이로써 볼 때 주 151), 153), 155)는 27개조 폐정개혁안의 실시를 재촉구하면서 27개조를 다시 반복한 것이었다고 생각되고, 따라서 이들 요구는 전주화약 이후에 제출된 것이지만 27개조의 밝혀져 있지 않은 13개조목의 복원의 근거가 될 수 있다고 생각된다.

복원할 수 있다고 생각된다.

우선 격문·통문·소지·원정 등에서 거론되고 있는 폐정을 열거해보기로 한다.[157]

(가) 3月 29日 濟衆義所 檄文(주 41), 42), 43) 참조)

(1) 轉運營之爲弊於吏民也

(2) 均田官之去弊生弊也

(3) 各市井之分錢收稅也

(4) 各浦口船主勒奪也

(5) 他國潛商竣價貿來也

(6) 鹽盆之市稅也

(7) 各項物件都賈取利也

(8) 白地徵稅私田起陳也

(9) 臥還之拔本

(나) 4월 19일 湖南儒生原情于招討使文(주 81) 참조)

(1) 軍錢之無時濫排

(2) 還錢之拔本督刷

(3) 租稅之無名加排

(4) 各項烟役之逐日疊徵

(5) 姻戚之排徵無厭

(6) 轉運營之加斂督索

(7) 均田官之弄結徵稅

(8) 各司校隷輩之討索酷

(다) 5月 4日 賊黨訴志(주 124) 참조)

(1) 奉太公監國 其理甚當

157) 한우근, 1964, 「동학군의 폐정개혁안검토」, 『역사학보』 23 참조. 각 항목에서의 오자는 이 글에 의하여 바로잡았다.

(라) 5月 11日頃 全羅道儒生等原情于巡邊使李元會(주 151) 참조)

(1) 軍·還·稅三政 依通編例遵行事

(2) 賑庫則一道內人民之盡膏 卽爲革罷事

(3) 電報(局)多弊民間 撤罷事

(4) 沿陸各項新設稅錢 一併革罷事

(5) 還米之有舊伯之收捧 勿爲再徵事

(6) 各邑貪官汚吏 一併罷黜事

(7) 各邑官況元需外 加磨鍊 一併革罷事

(8) 各邑各庫物種 從時價取用事

(9) 各邑衙典任債 一併勿施事

(10) 各浦口貿米商 一併禁斷事

(11) 輪船上納以後 每結加磨鍊米 至於三四斗之多 卽爲革罷事

(12) 各邑陣浮結 永爲頉下事

(13) 各處任房名色 一併革罷事

(14) 各宮房輪回結 一併革罷事

(마) 5月 17日頃 原情列錄追到者 (주 153) 참조)

(1) 轉運營之漕卜 自該邑上納例復古事

(2) 均田官之幻弄陳結 害民甚大 革罷事

(3) 結米 依舊大同例 復古事

(4) 軍錢 春秋每戶一兩式 元定事

(5) 還穀 舊伯旣爲拔本收錢 則更勿還徵事

(6) 勿論某處 築洑收稅 革罷事

(7) 該邑地方官 買畓用山於本邑 依律勘處事

(8) 各邑市井各物件 分錢收稅 都賈名色革罷事

(9) 公錢之犯逋 千金則殺身贖罪 勿排於族戚事

(10) 私債之年久者 挾官長勒捧 一併禁斷事

(11) 列邑吏屬處 捧任債出差 勿施嚴禁事

(12) 恃勢力奪人先壟者 殺其身懲勵事

(13) 各浦港潛商貿米 一併禁斷事

(14) 各浦魚鹽稅錢 勿施事

(15) 各邑官衙物種所入 從時價排用 常定例 革罷事

(16) 貪官汚吏 侵虐殘民 一一罷黜事

(17) 東學人無辜殺戮係囚者 一一伸寃事

(18) 電報局 爲弊民間最大 革罷事

(19) 負褓商·雜商作黨行悖 永永革罷事

(20) 歉年白地徵稅 勿施事

(21) 烟役別分定加斂條 一併革罷事

(22) 結上頭錢·考錢名色 年增歲加 一併勿施事

(23) 京營兵邸吏料米 依舊例 減削事

(24) 賑庫革罷事

(바) 5月 20日 長城原情(주 155) 참조)

(1) 轉運司革罷 依舊自邑上納事

(2) 均田御史革罷事

(3) 貪官汚吏 懲習逐出事

(4) 各邑逋吏 犯逋千金 則殺其身 勿徵族事

(5) 春秋兩度戶役錢 依舊例 每戶一兩式排定事

(6) 各項結錢收斂錢 平均分排 勿爲濫捧事

(7) 各浦口私貿米 嚴禁事

(8) 各邑守令 該地方用山買庄嚴禁事

(9) 各國人商賈 在各港口買賣 勿入都城設市 勿出各處任意行商事

(10) 行褓商爲弊多端 革罷事

(11) 各邑吏分房時 勿捧債錢 擇可用人任房事

(12) 奸臣弄權 國事日非 懲治其賣官事

(13) 國太公(卽大院君) 干預國政 則民心有庶幾之望事

다음은 27개조의 내용을 복원해 보기로 한다. 「전봉준판결선고서」에 보이는 14개조목(27개조 중의)의 내용은 다음과 같다.[158] 각 항목마다에

(가)~(바)의 관련 항목을 적시하였다.

(1) 轉運所革罷事 (가1, 나6, 마1, 바1)
(2) 國結不爲加事 (나3, 라11, 라12, 마3)
(3) 禁斷步負商人作弊事 (라13, 마19, 바10)
(4) 道內還錢舊伯旣爲捧去 則不得再徵於民間事 (가9, 나2, 라1, 라5, 마5)
(5) 大同上納前 各浦口潛商貿米 禁斷事 (가5, 라10, 마13, 바7)
(6) 洞布錢 每戶春秋二兩式定錢事 (나1, 나5, 라1, 마4, 바5)
(7) 貪官汚吏 竝罷黜事 (나8, 라6, 마16, 바3)
(8) 壅蔽上聰 賣官賣爵 操弄國權之人 一竝逐出事 (바12)
(9) 爲官長者 不得入葬於該境內 且不爲買畓事 (마7)
(10) 田稅依前事 (라1, 라7, 마22, 바6)
(11) 烟戶雜役 減省事 (나4, 마21)
(12) 浦口魚鹽稅 革罷事 (가4, 가6, 라4, 마14)
(13) 洑稅及宮畓勿施事 (라14, 마6)
(14) 各邑倅下來 民人山地 勒標偸葬 勿施事 (마12, 바8)

(가)~(바)의 전체 69항목 중 위에서 적시한 45항목을 뺀 나머지 24항목을 27개조의 폐정개혁안을 의식하면서 종합하면 다음과 같은 13개 항목(15~27)으로 정리될 수 있다. 역시 각 항목에 (가)~(바)의 관련 항목을 적시하였다.

(15) 均田御史使革罷事 (가2, 나7, 마2, 바2)
(16) 各邑市井各物件 分錢收稅 都賈名色 革罷事 (가3, 가7, 라4, 마8)
(17) 白地徵稅 私田起陳 勿施事 (가8, 마20)

158) 「전봉준판결선고서원본」, 『한국학보』 39, 188~189쪽.

(18) 國太公干預國政 則民心有庶幾之望事 (다1, 바13)

(19) 賑庫革罷事 (라2, 마24)

(20) 電報局 爲弊民間最大 革罷事 (라3, 마18)

(21) 各邑各庫物種 從時價取用事 (라8, 마15)

(22) 各邑吏分房時 勿捧債錢 擇可用人任房事 (라9, 마11, 바11)

(23) 各邑逋吏 犯逋千金 則殺其身 勿徵族事 (마9, 바4)

(24) 私債之年久者 挾官長勒捧 一倂禁斷事 (마10)

(25) 東學人無辜殺戮係囚者 一一伸冤事 (마17)

(26) 京營兵邸吏料米 依舊例 減削事 (마23)

(27) 各國人商賈 在各港口買賣 勿入都城設市 勿出各處任意行商事 (바9)

(2) 27개조 폐정개혁안의 성격

농민의 생활에 관련되는 요구사항이 (1), (2), (4), (5), (6), (10), (11), (13), (15), (17), (19), (23), (26) 등 13개조목으로서 전체의 절반에 가깝다. 삼정(三政)에 관련되는 요구사항이 (2), (4), (6), (10), (11), (17), (19), (23), (26)인데 요컨대는 (라)의 (1)에서와 같이 국전(國典=大典通編)대로 실시할 것을 주장하는 것이었다. (13), (15)는 균전(均田)의 문제와 궁방윤회결(宮房輪回結)의 문제를 제기한 것이었고 (9)의 매답(買畓)금단요구는 수령의 관료적 특권에 의한 토지점탈을 문제삼은 것이었는데, 농민적 토지소유권의 성장을 지향하는 것이었다.

(1)의 문제는 농민군의 폐정개혁요구에서 가장 강조되고 있는 것이었다. 전운소의 문제는 이미 고부민란에서도 문제되고 있었다.[159] "윤선(輪船)에 의한 상납 이후 매 결(結)의 가마련미(加磨鍊米)가 3~4두(斗)에 이르

159) 제4장의 주 123), 124), 125) 참조.

렀고"[160] "종래에는 공미(貢米)를 가령 1섬씩 상납하여 오던 것이 근래에 와서는 1.5섬씩 되었다. 이것은 필경 공미운반에도 증기선을 이용하고 또 여러 가지 기계를 구입하는 등 쓸데없는 비용이 많이 들어가서 반섬씩이나 더 부과하게 되었"으므로[161] 금번 민란의 기원은 요컨대 금년 전라도 지방에 있어서 공미징수의 가혹함을 원망하는 동시에 전운(轉運)사업에 불만을 품고 있던 자가 일을 터뜨린 것 같다"는[162] 것이었다. 즉 농민군은 "평소에 전운에 숙혐(宿嫌)이 있었"던[163] 것이다.

1894년 8월 4일 염찰사(廉察使) 엄세영(嚴世永)은 전운의 폐단으로서 1. 양여미(量餘米), 2. 신창명목(新創名目), 3. 조복이획(漕復移劃), 4. 윤비획하(輪費劃下), 5. 종인역졸징색(從人驛卒徵索), 6. 세곡총가(稅穀摠加) 등을 들면서 이들로 말미암아 이포가 점점 늘어나니 민요(民擾)의 발생은 이에 말미암는 것이라고 하였다.[164] 전운영에 대한 공격은 "그 근인(根因)이 민인에게서만 말미암는 것이 아니다. 각 읍의 아전도 전운에 시달려서 한사코 전운을 폐지하려고 하여 민과 함께 부동(符同)하여 안팎에서 상응한다"라고[165] 하여, 전운영 공격은 아전들이 주도하였다고 한다.

특히 전운사(轉運使) 조필영(趙弼永)이 재징수한 양여부족미(量餘不足米)는 선가미(船價米)만이 아니라 세미본곡(稅米本穀)까지도 인천에서 일본상인에게 팔고서는, 그 세미본곡까지도 재징수한 것이었다.[166] 따라서 그것은 미곡수출의 증대에 따른 세미곡 상품화 경향의 증강에 말미암은

160) 『속음청사』 상, 323쪽; 앞의 (라)의 (11).
161) 『주한일본공사관기록』 1, 43, 362쪽.
162) 위의 책, 62, 378쪽.
163) 위의 책, 23, 349쪽.
164) 『관초존안(關草存案)』 1, 갑오 8월 4일.
165) 『주한일본공사관기록』 1, 22, 348쪽.
166) 吉野誠, 1975, 「朝鮮開國後의 穀物輸出에 대하여」, 『조선사연구회논문집』 12, 49쪽.

과세의 가중이었다. 따라서 전운소 혁파의 요구는 미곡상품화의 증대과정에서 탐학관리의 세미곡 상품화에 대한 농민적 미곡상품화 지향의 저항이라는 성격의 측면도 있는 것이었다.

또한 주목되는 것은 (5)의 항목이었다. (가)의 (5) 타국잠상준가무미금단(他國潛商峻價貿米禁斷) 요구와 같은 것이었다. 잠상이란 좁은 의미에서는 조약상 인정되어 있지 않은 잠무(潛貿) 즉 밀무역을 의미하지만[167] 넓은 의미에서는 장시질서(場市秩序) 바깥에서의 매매를 뜻하는 것이었다.[168] 그리고 '준가무미'는 '전대(前貸)의 청전매(靑田買)' 즉 '입도선매(立稻先買)'였다.[169]

일본상인의 내륙지방 행상은 1887년 무렵부터 시작되어 1890년 전후서부터는 본격화되었고, 일본 자본주의의 구조 자체의 내적인 요구에 의하여 1890년부터는 한국으로부터의 미곡수출이 급격히 증가하였다. 농민적 상품 교환의 장으로서의 농촌장시, 이 장시를 중심으로 한 미곡시장, 그 내부에 미곡판매농민과 구매농민을 함께 거느리는 재래의 시장구조가 수출시장과의 접촉에 의하여 동요·파괴되기 시작하였다.[170] 그러나 1894년 당시에는 수출시장과의 연관을 전면적으로 차단한다는 것은 이미 현실적인 가능성이 결여된 것이었다. (가)의 (5)와 (라)의 (10), 그리고 (마)의 (13)

---

167) 주 157)의 글, 68쪽.

168) 吉野誠, 1978, 「李朝末期에 있어서 米穀輸出의 展開와 防穀令」, 『조선사연구회논문집』 15, 113쪽 참조.

169) 『만조보』, 1894년(명치 27) 6월 7일과 『내란실기조선사건』, 24~25쪽에서는 주 41), 42), 43)의 격문을 보도하면서 '준가(峻價)'에 '전대(前貸)의 매입'이라고 괄호 안에서 보충 설명하였다. 당시의 전대에는 장기의 것, 단기의 것 두 가지가 있었는데(吉野誠, 1978의 글, 129쪽 주 44) 참조), 이 경우에는 농민으로부터의 무미(貿米)이니까 장기의 것인 '전대청전매' 즉 '입도선매'였다. 따라서 준가무미의 금단요구는 정상적 장시질서에서 어긋나는 거래질서에 대한 금단의 요구였다고 할 수 있다.

170) 吉野誠, 1978, 「이조말기에 있어서 미곡유출의 전개와 방곡령」, 『조선사연구회논문집』 15, 110쪽.

과 (바)의 (7) 등은 수출시장과의 연관을 전면적으로 차단할 것을 요구하는 것이 아니라 그 핵심은 미곡매매를 농촌장시의 시장질서 내부에로 한정함으로써 농촌장시를 중심으로 한 재래의 시장구조의 파괴를 막고, 그럼으로써 지역적인 재상산구조의 유지를 도모하는 것이었다고 할 수 있다.[171] 27개조목의 (5)의 "대동상납(大同上納) 전에는 각 개항장의 잠상이 쌀을 구입하는 것을 금단할 것"에서는 그 금단의 시기를 대동상납 전 즉 보리가 나오기 전의 봄철에만 한정하고 있다.[172] 이 경우에는 쌀값이 올라가는 춘궁기에 있어서의 농촌장시의 보호 · 방어에 역점을 두고 있다. 즉 수출시장과의 연관을 객관적인 사실로 인정 · 전제하고서 농촌장시=농민적 시장을 중심으로 한 재생산구조의 유지를 도모하고 있었다고 볼 수 있다. 예를 들면 1895년 2월 11일의 제2차 법정신문에서 전봉준이 재봉기한 이유를 "일본이 대궐을 범한 연유를 따지고자 하였다"하자 법관이 "그러면 일본군대와 경성에 머무르는 외국인들을 모조리 구축하려고 하였는가"라고 물었으며 이에 전봉준은 "그렇지 않다. 다른 나라는 단지 통상만 하고 있을 뿐이다. 그런데 일본은 군대를 거느리고서 경성에 주둔하고 있어서 우리나라 영토를 침략하려는 것이 아닌가 의심되었다."라고[173] 하였듯이 외국과의 무역관계에 대해서는 객관적인 사실로서 전제하고 있었던 것이다.

넓은 의미에서의 잠무의 문제에 연관되는 (라)의 (10), (마)의 (13), (바)

171) 위의 글, 114쪽 참조.

172) '대동상납전(大同上納前)'은 "수확 후 조세 납입까지의 기간으로서 미가(米價)가 가장 하락하는 시기"(吉野誠, 「朝鮮開國後의 穀物輸出에 대하여」, 60쪽의 주74))가 아니라, "대동미의 수납은 춘추 두 번으로 나누는데 삼남과 강원도는 이듬해 봄에 한꺼번에 합쳐서 상납한다"(「대전회통(大典會通)」 권2 호전(戶典), 요부(徭賦), 1969, 경인문화사, 282쪽)라고 하였듯이 미가가 가장 올라가는 봄철을 의미한다.

173) 「전봉준공초」, 538쪽.

의 (7) 그리고 27개조의 (5)의 요구는 빈농 · 소농의 희망이 반영되어 있는 것이었다. 전주화약 후인 5월 28일에 흥덕에서 농민군은 일본의 쌀 구입 상인에게 "현재 이곳 근방의 미가의 폭등을 초래한 것은 해외수출이 심히 많은 데서 연유한다. 그러므로 너희들 일본인들이 이 내지까지 들어와서 미곡을 매집하면 토착민들이 졸지에 기근으로 죽을 지경이 된다. 따라서 금일부터 방곡을 엄행(嚴行)하게 될 것이므로 작홉(勺合)도 실어내지 못한다"고[174] 통고하고 있다. 장시에서 쌀을 구매하여 생활을 영위하는 소농 · 빈농에게는 잠무의 성행이 심각한 타격이 되고 있었다.

상인의 생활에 관련되는 요구사항은 (3), (12), (16), (21), (27) 등 5개 항목이었다. 여기에서 우선 주목되는 것은 (16)의 분전수세(分錢收稅) 철폐의 요구였다. 일본상인에의 분세(分稅)는 이미 1894년 2월 20일에 철폐되고 있었는데,[175] 국내상인에게는 부과되고 있었다. 4월 18일 무렵에 농민전쟁 수습책의 일환으로서 부분적인 지방관 경질이 있고 나서 각 군현에는 분세징수가 경감되었지만[176] 여전히 징수되고 있었는데, 따라서 그 철폐요구는 민족적 성격도 부분적으로 갖게 되는 것이었다.

역시 (16)의 도고혁파(都賈革罷)요구도 주목되는 것이었다. 백산의 대회 이튿날인 3월 26일에 이미 김제의 농민군은 죽산포의 객주도고(客主都賈)를 습격하고 있었다.[177] 특히 (27)의 요구가 주목된다. (5)와 비슷한 궤(軌)의 것인데, 외국상인은 개항장에서만 영업하고 내륙에서는 영업을 하지 못하게 하라는 것이었다. 개항장 상권에 대항하여 농촌장시 중심의 내

174) 『주한일본공사관기록』 3, 210쪽.

175) 『충청도관초(忠淸道關草)』, 갑오 2월 20일, 37쪽.

176) 『주한일본공사관기록』 3, 203쪽; 『구한국외교관계부속문서』 5, 『통서일기』 3, 고종 31년 2월 20일, 271쪽.

177) 『주한일본공사관기록』 1, 38, 357쪽.

륙상권을 성장시켜 나가려는 국내상인의 이해관계가 깊이 연관되어 있는 요구였다고 생각된다.

다음 아전층의 생활에 관련되는 요구사항은 (22)였다. 이것은 아전의 수가 아전의 임과(任窠)에 비하여 배도 넘었고 그로 인하여 아전의 직임획득 경쟁이 치열하였음에서[178] 말미암은 것이었다. 이와 관련하여 4월 7일 직전의 전라감사와 충청감사의 서목에서 농민군에 소리가 많이 투입되어 있다고 한 대목이 주목된다.[179] (20), (25)는 농민전쟁을 수행하는 농민군의 행동상의 편의를 위한 것, 그리고 동학신자의 신앙의 자유를 획득하기 위한 것이었다. 그리고 (9), (14)의 수령의 민인산지(民人山地)에의 늑표투장(勒標偸葬) 금단의 요구는 장지(葬地)를 중요시하는 농민들의 생활 관습상의 절실한 관심사에 터전하는 것이었다.

다음 (7), (8), (18)은 정치적 요구사항이었다. (7) 탐관오리 축출은 폐정개혁을 위한 구체적 실천적 방법이었다. 제1차 농민전쟁에서 농민군의 현실적 · 구체적 의식 · 이념은 이 요구사항을 가장 중요시하고 있었다. (8)과 (18)은 정치권력구조의 문제를 제기한 것이었다. (8)은 주 31)의 3월 25일의 4개명의에서도 이미 나타나 있고, 그것은 직접 민씨척족정권의 퇴진을 요구하는 것이었지만, 구체적 실천성은 희박하였다. 이러한 구체적 실천성의 희박, 바꾸어 말하면 현실성의 희박이라는 한계 때문에, 그 대안으로서 제기된 (18)의 대원군 섭정의 요구는, 기본적으로는 민비와 대원군의 대립관계라는 집권통치층 내부의 대립 · 갈등관계에 폐쇄되어 있는 것이었다. 농민군의 정치의식에는 많은 한계가 있었다. 그러나 농민들의 의식 · 이념이 자신들의 생활과 직접 연관되어 있는 사회경제적 조건들 안에

178) 『공문목록(公文目錄)』 4, 갑오 8월 2일.

179) 『주한일본공사관기록』 1, 1, 335쪽.

서만 갇혀 있지는 않았고, 그것보다 한 단계 고차원의 세계인 정치권력의 문제에까지 확장되어 있었다는 것은, 농민전쟁이라는 행동의 과정에서 비로소 획득된 것이라는 점에서 매우 중요한 진전이었다. 이것은 1862년 민란에서는 전혀 나타나지 않았던[180] 새로운 성향이었다.

3) 전쟁의 주체

(1) 주력층

농민전쟁의 주력층(主力層)이 누구인가 하는 문제는 동란의 질이 난(亂)이냐 전쟁(戰爭)이냐 혁명(革命)이냐라는 문제와 함께 지금까지의 연구사에서 최대의 쟁점이었다. 명칭에서도 난, 전쟁, 혁명의 각각의 앞에 동학, 동학농민, 농민의 세 가지 호칭이 착종됨으로써 여러 가지 형태로 다기화(多岐化)되어 있는 상황이다.[181] 이러한 다기화의 요인은 주력층의 파악 여하에 있었다. 단적으로는 동학신도인가 농민층인가 하는 것이 문제의 핵심이었다. 오늘날까지도 그러한 다기화가 지속되고 있다는 현상 자체가 그 주력층을 양자택일식으로 단순 명쾌하게 규정할 수는 없다는 것을 단적으로 증명하고 있다.

이 문제에 접근하기 위한 첫걸음으로서 농민전쟁 당시에는 어떻게 파악되었는지를 살펴보는 것도 하나의 방법이라고 생각된다. 1894년 3월 23일의 의정부 계(啓)에 인용된 전라감사 김문현의 장계에서는 금산(錦山) 농

---

180) 정창렬, 1984, 「조선후기 농민봉기의 정치의식」, 『한국인의 생활의식과 민중예술』, 성균관대 대동문화연구원, 55~56쪽.

181) 김용섭, 1958, 「동학란연구론」, 『역사교육』 3; 한우근, 1983, 「동학과 동학란」, 『한국학입문』, 학술원; 정창렬, 1981, 「동학과 동학란」, 『한국학연구입문』, 지식산업사; 정창렬, 1987, 「갑오농민전쟁과 갑오개혁」, 『제2판 한국사연구입문』, 지식산업사.

민군의 봉기를 동도(東徒)의 발통취회(發通聚會)라고 하였고[182] 3월 25일의 의정부 계언에서는 '협잡지류 취당행패 무탄작경(挾雜之類 聚黨行悖 無憚作梗)'이라고,[183] 4월 2일 내무부(內務府) 계언에서는 '동도정형 거익파측(東徒情形 去益叵測)'이라고[184] 하였다. 4월 4일의 시원임대신회의에서는 인식이 조금 다기화되고 있다. 김홍집은 '비류(匪類)'라는 호칭을 썼고, 조병세는 동란은 오로지 탐학의 정사를 견뎌 내지 못한 때문이므로 읍폐민막의 개혁이 첩경이라고 말하여 확대된 민란으로 인식하였고, 정범조는 동당비류(東黨匪類)가 민요에 합세한 것이라고 하였고, 고종도 조병세·정범조의 인식에 동조하는 편이었다.[185] 이후 조정에서의 파악의 경향은 대체로는 민란에 동비가 편승함으로써 확대된 민란으로 되었다는 것이 대세였다.

이러한 대세의 경향은 지식인의 경우에도 나타나고 있다. 경상도 예천군에 살았던 유생 박주대(朴周大)는 1894년 3월에 민요에 동학당이 합세한 것이라고 하였고[186] 황현은 3월 20일의 무장봉기에서 '동학의 민란에의 합세'가 시작되었다고 인식하였다.[187] 동란 당시의 인식에서는 위에서와 같이 기본적으로는 확대된 민란이 대세였다고 생각된다. 때문에 농민전쟁 수습을 위한 읍폐민막의 개혁이 끊임없이 제기되고 논의되고 있었던 것이다.

농민전쟁이 동도의 난 또는 동비의 난 또는 동학란이라고 일컬어진 데

---

182) 『일성록』 고종편 31, 고종 31년 3월 23일, 90쪽.

183) 위의 책, 고종 31년 3월 25일, 92쪽.

184) 위의 책, 고종 31년 4월 2일, 99쪽.

185) 위의 책, 고종 31년 4월 4일, 101쪽.

186) 『나암수록』, 갑오 3월, 1980, 국사편찬위원회, 369쪽.

187) 『오하기문』 1, 48쪽.

에는 그럴만한 이유가 있었다. 동란에 참여하여 싸우는 사람들을 "동도라고 이름 붙인 것은, 최초에는 지방관 등이 이름 붙인 것으로서, 그들은 자기의 비정(秕政) 때문에 민란이 자기의 지배영역 안에서 일어났다고 인식되는 것을 두려워하여서 그렇게 이름 붙인 것이다."[188] 즉 동도, 동비, 동학의 난으로 몰아야 자신의 지방관으로서의 행정에 책임이 귀결되지 않기 때문에, 지방관들은 그렇게 보고하였던 것이다.

대원군도 "또한 지방관은 이번 난도를 가리켜 동학당의 재기라고 진심으로 말하지만 사실 난도는 지방관의 가렴강징에 기인된 것"이라고[189] 하였다. "원래 금번의 난민은 소위 동학도와 다르고"[190] "이 소요는 본래 민간으로부터 일어나 결국 이속과 민간이 합세하였음에도 불구하고 수령들은 동학도라고 지칭하였다"고[191] 한다.

조정에서도 당시 권력구조에서 핵심의 위치에 있었던 민영준은 "탐관오리가 어디에 있단 말인가. …… 지금 동학도라고 하는 자는 모두 반란민이며 망명자들이다. 이들 무리를 효유만 하고 죽이지 않는다면 결국 악을 조장하는 것이 된다"라고[192] 하여 동비의 난으로 몰고, 난민은 죽여야 한다고 하였다. 5월 4일 민영준의 집에는 "영준은 나라의 난신(亂臣)이며 민씨 가문의 적자(賊子)라. 방백수령으로 탐학한 자는 모두 영준의 충복(忠僕)으로서 나라의 시신(侍臣)이 아니다. 금번 비류의 작란(作亂)은 백성들의 도탄에 빠져 일으킨 것이니, 먼저 영준의 목을 벤 연후에 나라꼴이 되고 백성도 백성답게 되리라. 만약 그렇지 않는다면 반드시 천벌이

---

188) 『동경일일신문』, 1894년(명치 27) 6월 26일(信夫淸三郎, 1970, 「增補日淸戰爭」, 13쪽에서 재인용).

189) 『주한일본공사관기록』 1, 2, 335쪽.

190) 『주한일본공사관기록』 2, 98쪽.

191) 『주한일본공사관기록』 1, 33, 355쪽.

192) 『주한일본공사관기록』 2, 148~149, 431~432쪽.

내릴 것이니 네가 네 죄를 알으렸다"라는[193] 봉서(封書)가 투척되었다.

위의 27개 항목의 13개 항목이 농민생활에 관련된 것이라는 점이 농민전쟁의 주체는 농민임을 드러내고 있다. 그 13개 항목도 대부분 소농·빈농의 생활조건에 관련되는 것에서 드러나듯이 농민전쟁의 주력층은 소농, 빈농, 그리고 반무산자층(半無產者層)이었다. 잠무로 인한 미곡가의 앙등을 이유로 잠무의 금지와 3항구의 폐쇄를 요구하였던 농민군의 경우에서,[194] 장시에서 쌀을 구입하여 생활하던 빈농과 반무산자층이 농민전쟁의 주력층이었음이 반영되고 있다.

"물론 조선에는 동학당이라는 일종의 불평완고당이 있지만 …… 전라·충청도에서 봉기한 지금의 폭도는 저들과는 전혀 다르다. 이들 폭도는 처음에는 두 분자들로 이루어졌다. 그 하나는 보통의 농민들이었고, 다른 하나는 소리들이었다. 그리고 이 농민이야말로 내란의 원동력인데 …… 그들은 앉아서 굶어죽기보다는 차라리 무력에 호소하여 깨끗하게 죽는 것이 낫다고 한다"는[195] 것이었다. 홍계훈은 전주화약 이후의 농민군의 동태에 대하여 "유실유가자(有室有家者)는 모두 귀화하였다. 길에서 방황하는 자는 무실무가(無室無家)로서 체포당할까 겁이 나서 아직 흩어지지 않고 있다"고[196] 하였는데, 이들 무실무가의 사람들이 반무산자층이었다.

5월 18일 전주에 가서 정보를 수집하였던 오기와라 히데지로는 "무장에

---

193) 『주한일본공사관기록』 1, 78, 391쪽.

194) 『이륙신보(二六新報)』, '조선의 一活火(2)', 1894년(명치 27) 11월 21일. 이 기사에는 제1차 농민전쟁의 농민군의 폐정개혁안 중에는 3항구를 닫으라는 요구도 있었다고 하였다.

195) 『보지신문(報知新聞)』, 1894년(명치 27) 6월 13, 14일(信夫淸三郎, 앞의 책, 14~16쪽에서 재인용).

196) 『양호전기』, 갑오 5월 21일, 64쪽.

서 동학도의 폭동이 일어나 동학당이라 칭하면서 각지를 설치고 다녔으며, 불평을 품은 자, 혹은 동학이란 이름에 현혹되어 입당한 자, 또는 각지에서 도둑질을 업으로 하는 무리들이 이에 따라붙어 끝내는 서로 힘을 합하기에 이르러, 결국 전주에까지 발을 들여놓을 만한 세력이 되었다"라고[197] 하였다.

이들 소농·빈농·반무산자층의 사회신분은 상민·천민이었다고 보인다. 4월 초순의 시점에서 "동도로서 사상자는 반은 모두 평민이었기 때문에 민이 많이 원망하고 있다"는[198] 사정이었는데, 농민군의 다수는 상민 신분이었다. 김윤식은 농민군의 구성에 관하여 "상천(常賤)이 아닌 것이 없으며, 사노(私奴), 관속(官屬)의 하례(下隸), 반종(班種)의 패가낭자(敗家浪子)들이다"라고[199] 하였다. 상민과 천민이 비슷한 구성비율이었다고 짐작된다. 김개남부대에는 창우(倡優)와 재인(才人) 1천여 명으로 구성된 부대가 있었고[200] 손화중은 "도한(屠漢)·재인·역부(驛夫)·야장(冶匠)·승도(僧徒) 등 평소에 가장 천대되었던 사람들을 모아 접(接)을 별설(別設)하였고"[201] 또 "도내(道內)의 재인을 모아 한 포(布)를 만들고 홍낙관(洪洛官)이 거느리게 하였다"[202]고 하는데, 손화중부대에는 독립부대로서 천인접과 재인포도 있었다.

197) 『주한일본공사관기록』 1, 112, 413쪽.

198) 『동학란기록』 상, 「갑오실기」, 갑오 4월 19일, 6쪽.

199) 『주한일본공사관기록』, '1894년 동학당에 관한 건', 갑오 10월 16일(한우근, 1973, 「19세기말 한국의 사회상황」, 『한국사』 17, 근대편, 국사편찬위원회, 66쪽에서 재인용).

200) 『오하기문』 3, 22쪽.

201) 위의 책, 96쪽.

202) 위의 책, 34쪽, 첩지(貼紙).

(2) 동조층

27개조 폐정개혁안의 (5), (27)에서처럼, 개항장 중심의 유통권과 외국 상인에 의하여 내륙의 농촌장시의 질서와 내륙유통권이 침해당하는 것을 저지하려는 농민층은 주로 중농 · 부농이었다고 생각된다. 왜냐하면 농촌 장시와 내륙유통권의 안정적 지속은, 소상품생산자로서 자립할 수 있는 현실적 가능성을 갖고 있던 중농 · 부농에게는 필수적으로 요구되는 전제 조건이었기 때문이다.[203)]

1893년 3월 보은취회 이후 "지방의 관리는 오히려 초요자(稍饒者)를 잡아다가 사학(邪學)이라고 협박하고서는 뇌물을 받고서 석방하니 초요자의 파산이 잇따랐다"고[204)] 한다. 고부민란 때에는 이용태가 안핵사로서 고부에 이르러 "난민을 역적의 죄로 몰아 기어이 버히려고 하였다. 김문현도 요부(饒富)를 체포 구속하고 창란(倡亂)으로 어거지로 얽어서는 많은 뇌물을 강제로 훑어 내니 이에 민이 분원(忿怨)하여 다시 난동하였다"고[205)] 한다. 오지영도 "이용태는 고부, 부안, 고창, 무장 등지를 돌아다니며 백성들의 재물을 노략한 일이 많았었다. 하루는 무장선운사에게 밥술이나 먹는 백성들을 잡아다가 동학군이라고 트집을 잡아 묶어 가지고 서울로 올라오다가 ……"라고[206)] 하였는데, '밥술이나 먹는 백성' 즉 초요=요부에 대한 수탈이 자행되었는데, 이는 이용태 · 김문현만 그렇게 한 것이 아니라, 당시 지방수령들의 일반화된 행태였다.[207)] 1894년 5월 20일의 상

---

203) 정창렬, 1982, 「한말 변혁운동의 정치 · 경제적 성격」, 『한국민족주의론』 Ⅰ, 창작과 비평사, 50쪽 참조.

204) 『오하기문』 1, 43~44쪽.

205) 위의 책, 47쪽.

206) 『동학사』, 106~107쪽.

207) 『일본외교문서(한국편)』 5, 606~607쪽.

소에서 이설(李偰)도 “신(臣)은 오랫동안 시골에 살면서 요즈음 방백수령들의 행위를 보면, 보국의 마음은 없이 비기(肥己)의 욕심만 있어서, 혹 부지런히 힘써 농사짓거나 장사하여 밥술이나 먹는 백성이 있으면 억지로 비류로 몰거나 무거운 죄목을 씌워서 옥에 가두고 차꼬 채워 닦달한다. …… 이때 동학도가 꾀어서 말하기를 ‘자네가 우리 당에 들어오면 침어(侵魚)를 면할 수 있고 이런 고생도 하지 않아도 된다’고 한다. 민이 이에 줄지어 동학당에 들어갔다. …… 이것이 동도와 난민이 합하여 하나로 되는 까닭이다”라고[208] 하여 ‘밥술이나 먹는 백성’=요부가 농민전쟁에 참여하게 되는 과정을 서술하였다.

4월 하순의 시점에서 부상호농(富商豪農)이 농민군에 돈과 곡식을 제공하여 농민군은 군량에 차질이 없었고,[209] 나아가서는 호농신상(豪農紳商)이 적지 않게 동학당에 참여하였는데[210] 참여의 이유는 앞에서와 같은 수탈에서 벗어나고 부(富) 축적의 안정을 원하기 때문이었다고 한다.[211] 예컨대 순천(順天)의 이사유(李士維), 여수(麗水)의 김성오(金成五)는 부민으로서 농민전쟁 때의 접주(接主)·거괴였다.[212]

그러나 ‘밥술이나 먹는 백성’ 즉 부민 즉 부농·부상의 농민전쟁 참여는 돈이나 곡식 등 재물 제공이 주요형태였으므로 주력으로서의 참여가 아니라 동조층(同調層)으로서의 참여였다. 이 동조층으로서의 참여도, 농민전쟁에서는 전시기를 통하여 부민에의 탈재(奪財)가 보편화되었기 때문에 제한적이었다고 보인다.

---

208) 『오하기문』 1, 90쪽.

209) 『만조보』, 1894년(명치 27) 6월 8일, 9일.

210) 『이륙신보』, 1894년(명치 27) 6월 10일.

211) 『만조보』, 1894년(명치 27) 6월 10일.

212) 『염기(廉記)』, 경자 10월(홍성찬, 1983, 앞의 글, 106쪽에서 재인용).

아전층의 농민전쟁 참여는 황토현전투 이전의 시기에서도 이미 지적되고 있었다. 4월 7일 이전의[213] 서목에서 전라감사 김문현은 "각 읍의 간활한 소리와 경향 각지에서 범법한 망명자들이 그들(농민군－인용자)의 도당에 들어와 ……"라고[214] 하였고 충청감사 조병호(趙秉鎬)도 "그 도당(농민군－인용자)의 두령들은 모두 각 읍의 소리로서 망명한 자들이라"라고[215] 하였다. 4월 하순의 시기에는 "이번 소요는 처음에는 민(民)이 일으켰는데 이어서 이(吏)와 민이 부동(符同)하였다. 수령은 그들을 동도라고 몰아붙였고 때문에 동도는 놀라서 드디어 이와 민이 부(附)하여 3당(黨)이 합세하게 되었다. 그중에서 이요(吏擾)가 가장 두렵다. 왜냐하면 이는 꾀가 많고 일을 잘 알고, 산천도로(山川道路)의 형편과 부고(府庫)의 전곡(錢穀)사정을 꿰뚫고 있기 때문이다"라는[216] 상황이었다. 장성전투에서의 패배도 "반드시 이배(吏輩)의 통모(通謀)가 있었기 때문"이라는[217] 것이었고, 전주성의 함락도 "영부관속배(營府官屬輩)로서 내응한 자가 많았기 때문이었다"라고[218] 한다. 이러한 사정을 배경으로 하여 전봉준부대는 4월 20~25일 무렵에 각지의 아전층에게 주 112)의 통문을 발송하여 농민전쟁에의 적극적 참여를 촉구하였다.

그러나 이들 아전층의 참여는 주력으로서의 참여가 아니라 동조층으로서의 참여였다고 생각된다. 왜냐하면 오지영이 "갑오 12월부터는 조선 남

213) 3월 25일의 농민군의 4개 명의와 3월 29일의 홍계훈 초토군 파견 결정이 언급되면서도 황토현전투에 대해서는 전혀 언급이 없고, 일자는 기재되어 있지 않지만 편책상의 위치로 보아 4월 7일 이전으로 추정된다.

214) 『주한일본공사관기록』 1, 1, 335쪽.

215) 위와 같음.

216) 『주한일본공사관기록』 1, 33, 355쪽.

217) 위와 같음.

218) 『동학란기록』 상, 「양호초토등록」, 173쪽.

방은 관병과 일병의 천지가 되고 말았었다. …… 이때에 있어서 조선사람의 사상은 또다시 두 쪽으로 갈려 있게 되어 있음을 보게 되었었다. 한편으로는 관리, 양반, 부자, 유림, 소리, 사졸과 서학군은 모두 정당이 되어 관병과 일병에게 한데 섞이어 …… 관리나 양반이나 소리나 사졸배로서 동학당에 참여했던 자들은 일조에 표변하여 도리어 동학당의 원수가 되었었다"라고[219] 지적한 바와 같이, 그 기회주의적 속성으로 말미암아 동조층 이상으로는 참여하지 않았다고 생각된다.

(3) 주도층

제1차 농민전쟁에서는 주 91), 94)에서와 같이 순수한 동학신자의 입장에서의 농민전쟁 참여도 있었다. 그러나 이러한 경우는 드물었다고 보인다. 4월 8일의 흥덕에서의 상황은 "원래 금번의 난민은 소위 동학도와 다르다. 오로지 양민이 관가의 무거운 수탈을 원망하여 원수 갚기를 꾀함에 있다. 각기 죽장·목곤을 지니고 밤을 틈타서 일어나고 낮에는 집에 있으면서 소요를 일으키지 않는다고 한다. 전일 정읍에서 곤도(棍徒) 70여 명을 생포하였는데, 동학도는 겨우 5, 6명에 불과하였다"는[220] 것이었다. 정읍의 농민군 70여 명 중 동학신자는 5, 6명에 불과할 만큼 동학신자는 드물었다. 3월 말 4월 초의 시기에도 농민군의 구성은 주 191)과 같이 불평을 품는 자, 동학이란 이름에 현혹되어 입당한 자, 각지에서 도둑질을 업으로 하는 무리들이었다. 사정이 이러하였기에 황현도 농민군에는 지극히 어리석고 무식한 자와 흉악하고 음험하여 난을 도모하면서 동학으로

219) 『동학사』, 154쪽.

220) 『주한일본공사관기록』 2, 98~99, 390쪽.

위장하여 반란하는 자들로 이루어져 있다고 파악하였다.[221]

이러하였음에도 불구하고 동란의 주도자는 당시에는 동학으로 지목되고 있었다. 4월 4일의 시원임대신회의에서 동란을 확대된 민란으로 인식하면서도 주도층(主導層)은 동학교문으로 파악하였다.[222] 이후 조정의 농민전쟁 수습은 이러한 파악에서 대책이 강구되고 있었다. 왜냐하면 농민군의 구성내용은 주 221)과 같았지만, 그 외형적 모습 즉 농민군부대의 형성은 동학조직인 접이나 포의 형태를 띠고 있었던 것이다. 당시의 사회경제구성에서는 자본주의적 관계의 진전이 아직은 미약하여 계급관계의 분화가, 사회적 결합의 유대로서 등장할 만큼의 수준에까지는 이르지 못하였고, 따라서 당시의 지역의 고립 · 분산성을 뛰어넘어 변혁역량을 동원할 수 있는 매개체는 동학의 교문조직 이외에서는 발견될 수 없었다.

예컨대 전봉준은 제2차 재판에서 농민전쟁에서 농민군을 지휘한 자들은 접주 · 접사(接司)였고 그 접주 · 접사는 본래의 것 이외에 기포할 때에도 창설되었다고[223] 하였는데, 이것은 농민전쟁의 진행과정에서 봉기한 농민군이 동학의 조직을 빌리고 있는 경우를 지적한 것이었다. 제1차 농민전쟁 진행 중에 "동비가 난을 일으켜 각기 포당(包黨)을 설립하였다. 큰 경우는 수만이었고 적어도 7, 8천은 되었다"라는[224] 것도 같은 현상을 지적한 것이었다. 농민군이 이렇게 동학의 조직을 빌리고 그것에 일정하게 의존하는 이상, 동학적인 모습을 일정하게 띠게 되는 것은 불가피한 일이었다. 그것이 4월 12일 무렵의 농민군이 매일 진법을 조련하면서 동시에 "매일 밤 경문을 읊조리고 읽었"던 현상이다.[225] 오지영도 "여러 가지 불

221) 『오하기문』 1, 103~104쪽.

222) 주 185)와 같음.

223) 「전봉준공초」, 535쪽.

224) 『동학란기록』 하, 「이규태왕복서 병묘지명」, '양호순무선봉장이공묘비명 병서', 463쪽.

평으로써 몇백 년을 두고 내려오는 상민이나 노비, 서자 등 불평을 가진 사람들이 비로소 동학군의 손을 빌어 일시에 폭발되었던 것은 사실이었으나 결코 동학군 그 자체가 흉험하여 그런 소란을 일으켰다고 생각을 갖는 것은 오해일 것이다"라고[226] 하여 동학조직이 농민군에 의하여 차용(借用)되었음을 밝히고 있다.

아산(牙山)의 유생 이범석(李範奭)도 "민란(=농민전쟁－인용자)이 처음 일어났을 때 조정에서는 탐리(貪吏)를 처벌하지 않고 난민만 처벌하였다. 민은 모두 동학에 들어갔다. 그 수괴인 전봉준은 난민을 몰아서 당을 만들고 호남전체에서 창궐하였다"고[227] 하였고, 정석모(鄭碩謨)는 "전봉준 같은 경우는 동도에 빙자 · 의뢰하여 혁명을 도모한 것이다"라고[228] 하였으며, 제2차 농민전쟁에 직접 참여하였던 권병덕(權秉德)은 전봉준은 동학을 이용하였다고 파악하였다.[229] 모두가 제1차 농민전쟁에서 동학의 조직이 농민군에 의하여 차용되고 활용되었음을 지적한 것이었다고 생각된다.

농민군이 동원과 조직의 매개체로서 동학의 조직에 의존하면서, 그 조직을 차용하고 활용하는 역할은 동학 내부의 남접이 하였다. 그 역할을 한 동학조직은 최시형(崔時亨)을 정점으로 한 동학교문 당국, 이른바 북접은 아니었다. 김윤식은 그의 「면양행견일기」 갑오 4월 5일조에서 "또 대접주 최법헌(崔法軒)이란 자가 그 무리들에게 통문으로 지시한 것을 보니 작폐(作弊)의 일(농민전쟁－인용자)을 금지한 것이었다"라고[230] 하였

---

225) 주 78)과 같음.

226) 『동학사』, 169쪽.

227) 이범석, 『확재집』 4, 권8, 「경란록」(홍성찬, 1983의 글, 76쪽에서 재인용).

228) 『동학란기록』 상, 「갑오약력」, 65쪽.

229) 권병덕, 『이조전쟁사』, 대동사문회, 354쪽(홍성찬, 앞의 글, 77쪽에서 재인용).

다. ‘최시형등공소장(崔時亨等公訴狀)’에서도 “피고가 차(此=고부민란과 농민전쟁–인용자)에 지사화응(指使和應)한 사(事)는 무(無)하다”라고[231] 하였으며, 그 판결 선고에서도 마찬가지였다.[232] 위에서 매개체로서 역할한 동학조직은 남접이었다.

황현이 『오하기문』에서 “대체로 남접은 곧 서포(徐布)였고, 북접은 곧 법포(法布)였다. 이때에 법포는 은거하여 수도(修道)할 것을 일컬었기 때문에 봉기하지 않았다. 봉기한 것은 오직 서포였다”라고[233] 하였고, 또 “처음에 동학에서는 그 당을 일컬어 포라고 하였는데, 법포와 서포가 있었다. 법포는 최시형을 존숭하였는데, 시형의 호가 법헌(法軒)이기 때문이었다. 서포는 서장옥을 존숭하였는데, 장옥은 수원 사람이었다. (두 사람은 서로–인용자) 약속하기를 서포가 먼저 봉기하고 법포가 나중에 봉기하기로 하였다. 때문에 서포는 또한 기포(起布)라고도 일컬었고, 법포는 또한 좌포(坐布)라고도 일컬었다. 전봉준 등이 봉기함에 미쳐서는 모두가 서포였다”라고[234] 하였듯이, 전라도 지방 일대에서의 농민의 광범한 봉기에 동원·조직의 매개체로서 역할한 것은 서포=기포=남접이었다.

이들 남접도 동학신자였고 접주였다. 예컨대 전봉준, 손화중, 최경선, 김개남 등 모두가 접주였다. 전봉준도 동학은 보국안민을 그 주의(主意)로 하는 것이고 자신은 동학을 지독하게 좋아한다고 하였다.[235] 그러나 동학을 행교(行敎)한 일 즉 종교적 활동을 한 일은 없었다고 하였다.[236]

---

230) 『속음청사』 상, 권7, 306쪽.

231) ‘새 자료’ 「동학 제2세 교주 최시형조서·판결서」, 1976, 『한국학보』 2, 253쪽.

232) 위의 글, 258쪽.

233) 『오하기문』 1, 103쪽.

234) 위의 책, 49쪽.

235) 「전봉준공초」, 534쪽.

236) 위의 글, 525쪽.

그리고 "동학당의 소위 경천수심(敬天守心)이라는 주의에서 생각할 때, 정심(正心) 외에 협동일치의 뜻을 포함하고 있기 때문에 결당(結黨)하는 것의 중요함을 본다. 마음을 바로 한 자의 일치는 간악한 관리를 없애고 보국안민의 업을 이룰 수 있기 때문에" 입당하였다고 하였다.[237] 동학의 사상과 조직을 협동단결→결당의 수단·방법으로 하였음을 말하고 있다.

전봉준은 동학신자이고 접주였지만 동학신자·접주의 입지에서가 아니라 철저하게 변혁의 입지=농민군의 입지에서 행동하였다. 때문에 그는 "그때 조선은 …… 소위 사회란 것은 모두가 산란무통(散亂無統)하여 여간해서는 도저히 민중적으로 무슨 운동을 일으킬 수가 없으므로 각 방면으로 인물과 민중의 집단된 곳을 널리 탐색하다가 …… 비밀단체 동학당이 있는 것을 발견하고 무엇보다도 기뻐하며 '옳다. 이곳이 나의 갈 곳이요. 나의 일할 곳이다'하고 …… 또 그가 동학당에서 세력을 가진 것은 마치 맹호에 우익이 생기고 교룡이 운우를 얻은 것과 같아서 영웅이 용무(用武)할 땅이 생긴 것이었다"[238] "전봉준은 동학당 수령의 한 사람으로서 고천의식과 주문 등에 조금도 관심을 가지지 아니하였"고 동학교문에서 "용무지지(用武之地)를 발견하게 되었을 것이다"라는[239] 것이었다. 대원군도 4월 30일에 "금번 백성들의 소요는 동학당이 아니라 백성들이 지방관의 폭정으로 고통을 당하여 견딜 수 없었기 때문에 봉기한 것으로서, 그중에는 비범한 인물도 가담하고 있어서 그 책략행위가 놀랄만한 일도 많다. 아마도 쉽사리 진정하기가 어려울 것으로 생각한다"라고[240] 하여,

237) 『동경조일신문』, 1895년(명치 28) 3월 6일, '동학당 대두목의 후속심문'(1988, 『사회와 사상』 1, 262쪽).

238) 차상찬, 1936, 「근세사상의 동학당수령 전봉준」, 『조광』 2-5, 89쪽.

239) 김상기, 1975, 『동학과 동학란』, 한국일보사, 100쪽.

240) 『주한일본공사관기록』 2, 44, 347쪽.

농민전쟁 지도자가 동학교문을 용무지지로 활용하는 측면을 주목하고 있었다.

이상에서와 같이 제1차 농민전쟁의 주도층은 남접의 접주들이었다. 그 접주에는 두 종류가 있었다. 하나는 본래 접주였지만 동학신도의 입지에서가 아니라 농민군의 입지에서 전쟁을 수행한 접주들이었다. 다른 하나는 본래는 동학접주가 아니었지만, 농민전쟁에 참여하면서 동학조직을 차용·활용하는 새로운 접주들이었다. 양자는 제1차 농민전쟁 이전에는 동학신도의 여부에서 차이가 있었지만, 전쟁 발발 이후에는 동질적인 성격으로 화하였다. 이러한 점에서 3월에서 5월까지의 동란은 농민전쟁이었고[241] 그 성격은 그 이후에도 기본적으로 지속되었다.

241) 김용섭, 1958, 「전봉준공초의 분석」, 『사학연구』 2, 37쪽 참조.

6. 집강소의 개혁정치

5월 8일의 전주화약은 4월 23일 장성전투 승리 이후 농민군의 의식 · 행동의 진전 · 성장의 결과이고, 따라서 농민군의 큰 승리였다. 이후 10월 중순의 제2차 농민전쟁의 개시 때까지 농민군은 사실상 전라도 지방을 장악하고 있었다. 이 시기에 농민군은 각지에 집강소(執綱所)를 설치하여 폐정개혁을 스스로의 힘에 의하여 스스로가 주체적으로 실행하였다. 제1차 농민전쟁에서는 탐학관리를 응징하는 것이 폐정개정의 구체적 실천적 방법이었음에 대비할 때, 이것은 큰 성장이었다고 하지 않을 수 없다.

스스로의 힘에 의하여 스스로가 주체적으로 개혁을 실행하였으므로 이 시기의 집강소 개혁사업에서 농민군의 의지와 이념, 그리고 개혁의 역량이 가장 전형적으로 드러나고 그 한계도 가장 뚜렷하게 나타나지 않을 수 없었다. 이러한 점에서는 갑오농민전쟁 전체의 현실적 성격, 농민적 변혁역량의 가능성, 그리고 그 한계성도 이 집강소의 단계에서 가장 잘 드러나게 된다고 생각된다.

여기 이 6장에서는 집강소의 발전을, 7월 6일에 성립되었던 김학진(金鶴鎭)과 전봉준(全琫準)의 관민상화(官民相和) 합작(合作)을 경계로 하여 앞뒤의 두 단계로 나누고, 앞의 단계는 6월 15일경을 경계로 하여 다시 나누어, 모두 세 단계로 나누어서 집강소 1기, 2기, 3기로 하고, 그 전 단계로서 휴전기(休戰期)를 두어서 4단계로 나누어 살펴보기로 한다.

1) 휴전기(5월 8일~5월 18일)

5월 8일의 전주화약(全州和約)에서 농민군은 27개조의 폐정개혁안을 왕에게 계문(啓聞)하여 실시토록 한다는 약속을 정부 측으로부터 받아 내었다. 전봉준부대는 제1차 농민전쟁에서 현실적 구체적 행동에서는 탐학관리를 응징함으로써 폐정을 개혁한다는 수준에서 행동하였다는 점에서 볼 때, 폐정개혁안의 실시 약속을 정부 측으로부터 받아 내었다는 것은 농민군의 행동의 커다란 발전이었고 따라서 농민군의 승리였다.

홍계훈(洪啓薰)은 기왕에 각지에서 소집된 향병(鄕兵)을 돌려보내고 농민군들에게는 물침표(勿侵標)를 주어 돌아가는 길의 안전을 보장하고 각 군현에 발령하여 돌아오거나 지나가는 농민군을 체포하지 않도록 조처를 취하였다.[1] 농민군은 화약에 의하여, 그리고 위의 조처에 의하여 각자의 고향으로 돌아갔다. 그러나 무장을 풀지는 않고 기왕의 조직도 대체로는 유지하고 있었다. 다만 전투행위는 하지 않았다. 농민군은 폐정개혁의 실시를 구체적으로 보기 전에는 농민군의 무장과 조직을 견지하려고 하였다. 예컨대 제5장의 주 131)과 같이 전봉준은 5월 12일 이전에, 청병(淸兵)의 퇴거(退去)를 기다려서 재기하겠다고 하였지만, 그러나 꼭 재기하겠다는 의지이기 보다는 상황의 여하에 따라서는 재기할 것이니 무장을 해제하지 말고 대기하라는 취지의 것이었다고 생각된다. 같은 주 131)의 통문을 돌리는 자를 잡아서 알아보니, "5 · 6백 명씩 작대(作隊)하여 각처 깊은 산에 숨어있다"는[2] 것이었다.

전봉준은 또한 5월 8일 금구(金溝)에서 인솔부대에 다짐하기를 "우선 잠시 행선지에서 안신(安身)하고 결코 망동(妄動)하지 말라. 경군(京軍)과 청군이 비록 쫓아와 추격하더라도 결코 상전(相戰)하지 말고 기일을 기다리라"고[3] 하였다. 무장과 조직을 해제하지 않은 채, 폐정개혁의 실시를

---

1) 『동학란기록』 상, 「양호초토등록」, 209~218쪽.

2) 제5장의 주 131)과 같음.

3) 『주한일본공사관기록』 1, '5월 12일 탐정자보고', 89~90, 400쪽. 전봉준은 제4차 재판에서 전주화약으로 전주성에서 물러나 처음 금구에 갔는데 5월 8일이었다고 하였다. 5월

지켜보려는 자세의 반영이었다고 생각된다.

이에 앞서 4월 27일 조정에서는 전주성 함락위기의 책임을 물어 홍계훈은 대죄행군(待罪行軍)케 하고 새로이 이원회(李元會)를 순변사에 임명하고, 그로 하여금 군사를 이끌고 내려가서 기왕에 내려간 초토군까지 아울러 지휘하게 하는 조치를 취하였고,[4] 28일 순변사 이원회는 출발하였다.[5] 이원회는 5월 9일에 전주에 도착하였는데,[6] 전봉준은 5월 11일경에는 이원회에게 제5장의 주 151)의 원정(原情)을, 5월 17일경에는 제5장의 주 153)의 추도원정(追到原情)을, 5월 18일에는 역시 이원회에게[7] 다시 다음과 같은 원정(='井邑持者便來')을 제출하였다.

井邑持者便來

伏以生等 至寃極痛之狀 控訴無處 而向日入完 亦出不得已 東學 自是先王朝化中之遺民 舊伯 如之何起兵掩殺 致此大亂乎 招討使之初不曉喩 擧兵屠戮 未知其可也 放砲兩殿 火燒民家 亦是大罪 而反謂生等曰逆賊 以捕捉爲主 甘結列邑 反致騷動 歸家安業之說 全是罔民也 列錄啓聞 想必欺國 事不如所願條列 則今日雖散 明日復會 無期而至矣 諒此情景 特爲啓聞 以雪至寃之情 則自然安業矣 伏乞鑑之

五月 十八日　會生等　井邑境[8]

12일의 탐정자 보고에서 "彼徒屯聚於金溝"라고 하니까, 전봉준부대를 가리킨 것이었다고 생각된다.

4) 『일성록』 고종편 31, 고종 31년 4월 27일, 129~130쪽.

5) 위의 책, 고종 31년 4월 28일, 130쪽.

6) 『주한일본공사관기록』 1, '5월 초9일 전라감사 전보', 87, 398쪽.

7) 이 원정의 제출처는 명기되어있지 않다. 내용에서 초토사(招討使)를 비난하고 있고, 이원회가 형식상으로는 홍계훈의 상위에 있으며, 5월 17일경의 이원회에의 상서에서와 같이 회생(會生) 등이 제출한 것으로 되어 있어서 이원회에게 제출된 것으로 생각된다. 제출자가 전봉준이라는 것은 제5장의 주 153)에서 이미 언급하였다.

8) 『동비토록』, 『한국학보』 3, 264~265쪽.

전봉준은 이 원정에서 일이 소원조열(所願條列=27개조 폐정개혁안－인용자) 대로 되지 않으면 결코 언제까지나 해산하지 않을 것이라고 강조하였다. 폐정개혁안의 조속한 실시를 이원회에게 촉구하고 있었다. 전봉준은 5월 20일경 장성(長城)에서 이번에는 전라감사 김학진에게 13조의 원정을 제출하였는데, 이것 역시 폐정개혁의 실시를 재촉하는 성격의 것이었다고 생각된다.

농민군이 무장을 해제하지 않고 상황의 변화에 대비하고 있었기 때문에 전라도 지방에는 농민군의 지배력이 일정하게 성립되고 있었다. "적이 처음 봉기하였을 때에는 민간에 재물을 약탈하지 않고 다만 군읍(郡邑)만 범하였기 때문에 우민들은 적이 장차 그네들을 살려 줄 것이라고 여겼다. 장성에서부터 전주를 함락함에 이르러서는 노략질이 헤아릴 수 없었다. 전주에서 물러나고서는 좌우도에 만연하여 마을에 있는 말, 노새말, 총통, 창, 칼 등을 모두 거두고 부잣집을 노략질하여 돈과 곡식을 빼앗아서 가져갔다. 따르는 자가 날로 늘어나고 똘똘 뭉쳐서 흩어지지 않았다"는[9] 상황이었다.

전봉준도 제1차 재판에서 전주화약 이후 일부의 불항지도(不恒之徒)는 민간에 표략(剽掠)하였지만, 그것은 자신의 농민군부대와는 관계없다고 하였다.[10] 또 전봉준은 제5장의 주 124)의 5월 4일 소지(訴志)에서, 전주입성 이전에 이미 보복과 굴총(掘塚)과 토재(討財)가 있었지만 그것은 '우리들도 엄중히 금지하는 바였다'라고 하였다.[11] 김개남은 당시 태인접주(泰仁接主)로서 태인을 근거지로 하고 있었는데 그 지역에서 겁략(劫掠)이 심하였다.[12]

---

9) 『오하기문』 1, 82쪽.

10) 「전봉준공초」, 528쪽.

11) 『주한일본공사관기록』 3, 14, 406~407쪽에서도 같은 현상이 지적되고 있다.

농민군의 전라도 지역의 사실상의 장악과 폐정개혁 실시에의 강력한 의지, 그리고 정부의 폐정개혁문제 외면 등의 사정이 착종되면서 5월 중순경에는 산발적으로 집강소가 설립되기 시작하였다고 생각된다. 5월 15일경에[13] 감사 김학진은 다음과 같은 효유문을 농민군에게 발하였다.

再諭道內亂民文　　　　　　　　開國五百三年甲午五月

爾等之自全州散去也 意謂釋兵歸農 各復舊業 使所以不欲揭宿戾 而究之 亟圖發新政而安之者也 今聞幾處餘黨 猶復不釋兵器 所在屯結 此無乃使之不能宣布我 聖上若保之至意 致使爾等終有疑懼之情也耶 然則爾等之竟至凶辟 寔由於使之溺職 思之及此若恫在己 玆具短牘 遣軍官李容仁 更暴眞心 如獲爾等之諒此言信此心 乃爾等全生安業之日 而使之慶幸 亦莫大於此矣 爰將幾條約誓 明以示爾 爾若終是執迷冥頑不化 則是乃爾之自取誅戮 於我心亦無憾焉 見今 中國兵下陸者 馬步六千 巡邊招討所轄三陣 數逾三千 龍驤虎躍 必欲以兵刃從事 而遲遲不發者 是出於使之苦心挽住也 如或事謬不然 諸軍分路水陸前進 則蕩掃爾鋤耰棘矜之輩 猶若熾烘爐而燎一毛 身被惡名 血膏原野 哀我赤子 謂之何哉 我之於爾猶父母也 父母之於子 豈有一毫欺誑之心 亦豈有一毫虛張之說也 特出至哀極悲 自不能不言之至此也 爾其明聽尙信我言之出於肝肺也

一 弊政之爲害於民者 已有所面承 聖敎者 一切矯革 固不待爾等之言 小者自本營革罷 大者方 啓聞請革事

一 朝廷旣許爾歸化 爾等歸家之日 卽是良民 如或隣里以舊愆指目 官吏以前事侵索 則非徒爾等踪跡之鮠甂 安有 朝廷赦爾之本意乎 本營門方另飭痛禁 期使爾等安堵乃已 故爾等所居面里 各置執綱 如有爾等寃鬱之可言者 該執綱具由直訴於本使 以待公決事

一 爾等兵器 宜卽昭詳開錄 各納於所在州縣事

12) 『오하기문』 2, 43~44쪽.

13) 『주한일본공사관기록』 1, 114, 415쪽에 의하면 이 효유문이 김제(金堤)에는 5월 19일에 도부(到付)하고 있다. 따라서 감영에서 발포되던 시기는 5월 15일경으로 생각된다. 주 14)의 『오하기문』 2, 39쪽에 의하면 구례(求禮)에는 6월 3일에 도부하였다.

一 兵器還納之外 凡係財穀等件 雖有欲推之民訴 今日以前付之元平赦前 以永永勿論之意 方自本營門 著式發關各邑事

一 爾等既失農又蕩産 今雖歸家 必難資活 今年戶稅與各項公納 當一概蠲減事

一 爾等歸化之後 使得安業樂生 責在本使 諸般急務 方次第施措 今不可一一枚擧事[14]

제1조에서는 너희들의 말을 기다리지 않고도 민에게 해를 끼치는 폐정은 작은 것은 본영에서 혁파하고 큰 것은 계문하여 그 혁파를 요청하겠다고 하였다. 제2조에서는 너희들이 사는 면리(面里)에 집강을 임명하여, 농민들의 억울한 일이 있으면, 그 집강이 감사에게 직접 소지케 하여 공결(公決)하겠다고 하였다. 이로 보아서 농민군이 집강을 두어서 농민의 억울한 일을 해결하는 것을 위주로 하는 폐정개혁사업을 이미 시작하고 있었음을 알 수 있다. 김윤식도 일기에서 5월 중순경,[15] "호비(湖匪)는 아직도 곳곳에서 둔취(屯聚)하고 있었는데, 지나가는 곳에서 추호도 범하지 않았다. 민이 억울한 일이 있어 호소하면 옳고 그름을 갈라서 즉시 해결하니 오히려 민심을 얻었다"라고[16] 하였는데, 위의 사정을 반영하고 있다.

그러나 전반적으로는, 5월 15일에 전라도 지방의 상황을 보고하라는 일본공사의 지령을 받고서 5월 16일에 전보로 보고한 다카지마(高島) 유학생(당시 전주에 있었음)은, 그 보고에서 "어느 곳에서도 동학당의 소요가

14) 김성규(金星圭), 『초정집(草亭集)』 4, 권7, 공문. 김성규는 당시 김학진의 종사관(從事官)으로서 효유문을 직접 자신이 제작하였으며, 김학진의 핵심 막료였다(『오하기문』 2, 39~41쪽).

15) 주 16)의 기사에 잇따라서 이남규(李南珪)가 다시 상소한 사실을 기록하고 있는데, 이남규의 재상소는 5월 20일에 있었으므로(『고종시대사』 3, 고종 31년 5월 20일, 1969, 국사편찬위원회, 458쪽; 『동학란기록』 상, 「갑오실기」, 11쪽) 주 16)의 현상은 5월 중순의 일로 생각된다.

16) 『속음청사』 상, 고종 31년 6월 12일, 318쪽.

재발될 기미가 없다. 우리들은 돌아가도 좋은가"라고[17] 하였듯이, 농민군은 폐정개혁의 실시를 기다리고 있는 형세였다. 황현은 5월의 농민군의 상황에 대하여 "봉준 등은 비록 죽지 못해 창란(倡亂)하였지만 또한 이와 같이 궤열(潰裂)되리라고는 예상하지 못했다. 5월 이후 봉준은 열읍(列邑)을 순회하면서 절제(節制)하려고 하였지만 그의 영(令)은 오히려 시행되지 않고 농민군부대는 각기 접(接)을 이루어서 오로지 서로 강성하기만을 다투었다"라고[18] 파악하였다. 전봉준의 5월 8일부터의 전라도 순회 즉 금구(5. 8)→김제(5. 9)→태인(5. 10)→부안(5. 13경)[19]→정읍(5. 18)[20]→장성(5. 20경)[21]→나주(5. 25경)[22]→순창(6. 6)[23]→담양(6. 10경)[24]→남원(6. 15경)[25]에서 대체로 장성까지는 농민군 질서의 혼란을 절제하려는 것이었다고 보인다. 나주 유생 이병수(李炳壽)는 "초토사는 궁한 도적은 쫓지 말아야 한다고 생각하여 군사를 돌려 돌아갔다. 동도(東徒)는 초토사가 회군하고 오히려 징계하지 않고 무기를 거두어들이는 것을 보고는 더욱더 폭위를 떨쳐 곳곳에서 개미떼같이 둔취하였다"라고[26] 하여 5월 19일의 초토사의 회군을 경계로 한 농민군의 동태의 현격한 차이를 강조하였다. 5월 19일 이전의 농민군 동태의 상대적 안온(安穩)을 알 수 있다.

---

17) 『주한일본공사관기록』 3, 19, 410쪽.

18) 『오하기문』 1, 갑오 5월, 106쪽.

19) 『주한일본공사관기록』 1, '6월 17일(음력 5월 14일－인용자)에 받은 탐보자(探報者)의 보고', 70, 384쪽에서는 "한편 그 전녹두(全祿斗)도 도피하여 살았다는 말이 있는데, 그는 현재 부안(扶安) 등지에서 횡행하고 있다 합니다"라고 되어 있다.

20) 제5장의 주 154)와 주 8) 참조.

21) 제5장의 주 154) 참조.

22) 『주한일본공사관기록』 3, 「일본상인 白木彦太郎으로부터의 문취서요점」, 216, 586쪽.

23) 『이륙신보』, 1894년(명치 27) 11월 21일.

24) 『속음청사』 상, 갑오 6월 9일, 316쪽.

25) 『오하기문』 2, 61쪽.

26) 『겸산유고(謙山遺稿)』 권19, 「금성정의록(錦城正義錄)」 갑편(甲編), 3쪽.

이렇게 볼 때 5월 8일에서 5월 18일까지는 기본적으로는 휴전기였으나 그 말기에는 이미 지역에 따라서는 집강소가 설립되어 농민군 스스로의 힘에 의하여 스스로가 주체적으로 폐정을 개혁하는 사업이 시작되고 있었다고 할 수 있다.

2) 집강소 1기(5월 19일~6월 15일경)

앞의 전주화약 (5장, 1), (3), 가)에서 본 바와 같이 조정에서는 청 · 일군의 철병을 요구하면서 그 여건을 마련하기 위하여 이미 5월 13일에는 총제영병정 500명을 전주에서 서울로 철병하였고[27] 5월 18일에는 순변사 이원회가, 그리고 5월 19일에는 초토사 홍계훈이 전주에서 철수하여 서울로 돌아갔다. 전주에는 강화영병 200명만이 남게 되었다.[28] 전라도 지방에는 정부 측의 무장력이 사실상 없는 상태가 되었다. 아울러 정부에서는 계속하여 폐정개혁을 외면하고 있었다.

이제 농민군은 폐정개혁실시의 촉구를 그만두고 주 26)과 같이 곳곳에서 개미떼같이 둔취하고 "날마다 봉기하여 열읍을 편행(遍行)하며 군고(軍庫)를 파괴하여 병기를 모두 탈취하고, …… 전라도 50고을이 문득 사비(邪匪)의 소굴이 되었다. 기군(起軍)하는 것을 기포(起包)라 하였는데 대포(大包), 소포(小包)의 칭이 있었고 접괴(接魁)는 접주(接主)라고 하였는데 대접(大接), 사접(私接)의 명칭이 있었으며, 큰 접은 몇 수천 인을 훨씬 넘었고 작은 접도 5 · 6백 인을 내려가지 않았다. 또 접사(接司), 성찰(省察), 포사(砲士), 동몽(童蒙)의 칭호가 있었"는데[29] '또 접사 …… 동몽

27) 『동학란기록』 상, 「양호초토등록」, 갑오 5월 13일, 215쪽.

28) 위의 책, 「갑오약력」, 갑오 5월 16일, 65쪽; 위의 책, 「양호초토등록」, 갑오 5월 19일, 176~177쪽.

이 있었다'는 것으로 볼 때 그 포(布)·접(接)은 대개가 집강소를 가리킨 것이었다고 보인다.

황현은 5월 하순의 농민군의 상황을 다음과 같이 서술하였다.

이에 오랫동안 동학에 물들었으면서도 두려워하여 엎드려서 관망하던 자들이 일시에 함께 일어나서 모두 도인(道人)이라 일컫고, 승복(僧服)을 입고 두건은 쓰지 않고 염주를 목에 걸고서 부적을 붙이고 주문을 외며, 노새나 말을 가려서 타지 않고 총과 칼을 잡고 무리를 이루고 진을 결성하여 산과 들에 가득했다.

대체로 도인이라고 자칭하는 자들은, 그 학문을 이름하여 도(道)라 하고, 그 무리를 포(包)라고 하며, 그 모이는 곳을 접(接)이라 했다. 그 괴수는 대접주(大接主)라 했고, 그 다음은 수접주(首接主)라 하고, 또 그 다음은 접주(接主)라 하며, 서로 존칭하여 접장(接長)이라 하고, 상대방에게 자기를 하접(下接)이라고 했다. 혹 만 명이 한 접이 되기도 하고, 혹 천 명이 한 접이 되기도 하고, 혹 백 명 혹 수십 명도 역시 스스로 한 접이라 한다. 큰 읍은 수십 접이요, 작은 읍은 3, 4접이다.

이들은 어지럽고 수가 많아서 마치 찢어진 솜에 불이 붙은 것처럼 어느 곳에서나 타지 않는 곳이 없고, 엎질러진 수은이 땅이 배듯이 틈마다 들어가지 않은 곳이 없었다. 여기에 대해서 봉준 등은 역시 두루 형세를 알아서 단속하지 못하고, 다만 서로 물어서 서포(徐布), 북포(北布)니, 남접(南接), 북접(北接)으로 그 연원을 찾을 뿐이었다. 대개 남(南)은 곧 서(徐)요 북(北)은 곧 법(法)이니, 이때에 법포(法布)라는 자는 은거해서 도(道)를 닦는 것을 말한 때문에 일어나지 않았고, 일어난 자는 오직 서포였는데, 그 무리들은 이미 이러한 것이었다 한다. ……

또 읍마다 접을 설치하여 이를 대도소(大都所)라고 하고, 한 사람의 접주를 내어 태수(太守)의 일을 행하게 하고 이를 집강(執綱)이라고 했으니, 이는 벼

29) 주 26)과 같음.

슬이 있고 없는 것을 의논하지 않았다. 도소(都所)는 또 대의소(大義所)라고 일컬었고, 도로에 있어서는 행군의소(行軍義所)라고 일컬었다. 그 전하는 문자를 영지(令紙)라고 일컫고, 그 법은 귀천이나 노소가 없이 모두 같은 상대로 절하고 읍(揖)한다. 포군을 일컬어 포사접장(砲士接長)이라 하고, 동몽을 동몽접장(童蒙接長)이라고 한다. 종과 주인이 모두 입도하면 또한 서로 접장이라고 불러 친구와 같이 한다.[30]

5월 하순에는 한 고을에 한 사람의 집강이 있는 대도소=도소=대의소=행군의소=집강소[31]가 전라도 지방에 보편적으로 설치되고 집강은 수령의 일을 하게 되었으며, 집강의 지시를 영지라고 일컬었다고 한다. 집강소 시기가 본격적으로 시작되었다. 상황이 이러하였기 때문에 감영과 고을의 기존의 행정체계에 사실상 종속되는 집강제도를 허용하겠다는 주 14)의 효유문을 6월 3일에 받아 본 농민군들은 비웃었다고 한다.[32]

전라도 지방에서의 집강소의 보편화에는 감사 김학진의 무국(撫局=休戰和約의 국면－인용자)을 유지하려는 농민군대책도 하나의 요인이 되었다. 김학진은 4월 18일에 감사에 임명되고 4월 24일의 사폐(辭陛)에서도[33] "편의종사(便宜從事)의 권한을 주셔야만 부임하겠습니다"라면서 고종에게 강청하였고 고종은 마지못해 "경(卿)의 소위(所爲)에 일임하겠다"라고 허락하였다.[34] 이러한 농민전쟁 수습에서의 일정한 전결권(專決權)을 획득하였기에, 김학진은 전주화약의 성립에도, "경군과 농민군 양쪽에 사신을

30) 『오하기문』 1, 갑오 5월, 103~105쪽.

31) 『오하기문』 2, 갑오 7월, 64~65쪽에서는 도소(都所)를 집강소(執綱所), 집강처(執綱處)라고 하였다.

32) 『오하기문』 2, 갑오 5월, 39쪽.

33) 『일성록』 고종편 31, 고종 31년 4월 24일, 124쪽.

34) 『오하기문』 1, 갑오 4월, 69쪽.

보내어 조정의 명으로써 화해하게 하였다”라고[35] 하듯이, 큰 역할을 하였던 것이다.

예를 들면 5월 19일 이후 5월 하순에 순창(淳昌)에는 집강소가 설치되었다. “순창군수 이성렬(李聖烈)은 성을 지켜 적을 들이지 않으려고 하였으나 적은 이미 열군(列郡)에 둔거(屯據)하였고, 경군은 차례로 북퇴함에 성원(聲援)은 끊어지고 김학진은 연달아 각 고을에 관문(關文)을 보내어서 무국(撫局)을 무너뜨리지 말라고 하였다. 이성렬은 고립되어 대책도 없어서 이민(吏民)이 의탁하여 입도함과 도소를 설치함과 집강을 두는 것을 허용하였다. 경내를 단속하여 다른 고을의 적이 순창을 침범하지 못하게 할 뿐이었다. 이민이 원래 그의 정사에 복종하였고 적도 또한 그의 성망(聲望)을 존경하였으므로 감히 세력을 믿고 침범하거나 마음대로 횡포하지는 못하여 고을 사람들이 편안하게 여겼다. 그러나 이성렬은 뜻대로 시정(施政)할 수 없어서 울울하고 즐겁지가 않았다. 여러 번 가만히 도망하려고 하였으나 이민들에게 들켜서 도망가지 못하였다”는[36] 사정이었다. 농민집강소와 기존의 행정기구가 병립되어 있었지만 농민집강소 측의 지배력이 우세한 상태였다고 생각된다. 예컨대 “수령의 정사에 그 무리들(=농민군－인용자)은 매일 교비(矯非)하여 수령은 마음대로 할 수 없었다”는[37] 상황이었다.

“적은 양언(揚言)하기를 ‘관리는 믿어 의뢰할 수 없고 지금 나라는 대란(大亂)하니 우리가 마땅히 대천리물(代天理物)하고 보국안민(輔國安民)해야 한다’라고 하고 드디어 포마(砲馬)를 거두어들이고 전량(錢粮)을 나누어 주고 사방으로 내려가서 노략질하였다. 난민(亂民)이 곳곳에서 봉기하

35) 『동학란기록』 상, 「갑오약력」 65쪽.

36) 『오하기문』 2, 갑오 5월, 42쪽.

37) 『김약제일기(金若濟日記)』 3, 갑오 6월 2일.

니 천리가 호응하였다. 달포 사이에 삼남이 들끓고 수령은 혹 도망하여 숨고 혹은 잡히어서 굴욕당하여 한 사람도 자기의 관할지역을 지키는 자가 없었다."[38]

이러한 수령·농민군 병립의 상태하에서의 농민군의 행태에 대하여 황현은 다음과 같이 서술하였다.

> 한번 그 당에 들어가면 하지 못하는 일이 없어, 남의 무덤을 파고, 사사로운 채무를 받아 내고, 부자 백성을 겁탈하고, 양반을 욕하고, 관장을 조롱하며 욕하고 이교(吏校)를 결박하는 등, 천둥처럼 내닫고 바람처럼 달려서, 그 묵고 쌓인 원통하고 분한 기운을 다 풀었다.
>
> 그런 때문에 천한 자가 들어가고, 죄진 자가 들어가고, 사나운 자가 들어갔다. 부자도 혹 들어갔으나 이는 약탈당할 것을 두려워한 것이나, 들어갔어도 마침내 면치 못했다. ……
>
> 그러나 당에 부호(富戶)가 있으면 또한 주뢰를 쓰기 때문에, 한 달 사이에 50주(州)의 백성이 들 밖에 2경(頃)의 토지가 있고 집에 백금(百金)이 있으면 주뢰를 받지 않는 자가 없어, 이에 어지러워지고 짓밟아 달리고 모이고 합했다가 흩어져서, 적 같기도 한데 적이 아니고, 백성 같기도 하고 백성이 아니어서 수천 리 땅을 반드시 장차 다 없애고 말려고 했다.[39]

폐정개혁을 목적으로 한 집강소의 설치였지만 그 폐정의 개혁은 '묵고 쌓인 원통하고 분한 기운을 다 풀어버리는' 즉 억울한 일을 해결하는 사업 중심이었다. 따라서 이 시기에는 곳곳에 설접(設接)되고 집강소가 설치되어[40] 농민군의 힘이 비약적으로 증강되었으나, 증강되는 농민군은 구성

---

38) 『매천야록』, 갑오 6월, 154쪽.

39) 『오하기문』 1, 갑오 5월, 105~106쪽.

40) 박주대는 "하루에도 한 고을에서 설접됨이 몇 수십이 되는지 알 수 없었다"라고 하였다(『나암수록』, 갑오 7월, 382쪽).

면에서는 빈민·소농·빈농이었고 신분면에서는 천민들이었으며 따라서 집강소 질서의 최대의 특징은 종래의 계서적 신분제 질서의 현저한 붕괴였다. 황현은 주 30)의 기사에 잇따라서 다음과 같이 말하였다.

> 그런 때문에 사노(私奴), 역인(驛人), 무부(巫夫), 수척(水尺) 등 모든 천인들이 가장 즐겨 여기에 따랐다.[41]

상황이 이러하였기 때문에 김학진은 5월 말경의 효유문에서[42] 내용상으로는 5월 15일경의 효유문 (주 14) '再諭道內亂民文')을 반복하면서 전혀 위압함이 없이 농민군의 진정을 애걸하였다. 농민군에 의한 집강소의 보편적 설립을 반영하는 것이었다고 생각된다. 김학진은 이어서 6월 7일에는 다음과 같은 효유문을 발표하였다.

> 四諭道內亂民文　　　　　　　　開國五百三年甲午六月初七日
>
> 本使之曉諭爾等 非止一再 爾等之訴寃 亦云累矣 固知爾等之尙且觀望 實出疑懼之情 故所以言文之不憚煩複 期使爾等洞然知 聖上至意 本使苦心者也 今見爾等輸納兵器 且見蘖芽騷擾之痛憎切禁云者 可認爾等良善之實心 旣往之由於窮迫 愈切惻然 而本使本意之今焉可就 亦深有幸焉 又因李容仁口傳 爾等所持各邑軍物 各納於所在邑云 必須昭詳錄納于各官 使卽轉報營門하며 無賴之賊假托東學 淫以渭濁 非但地方之患害卽亦爾等之所讐 而其於各邑詗捉之際 慮或良莠難辨 致滋事端 爾等各就其土 擇謹愼有義者 爲執綱 隨現隨捕 以交該邑勘處 如或執綱難擅이거든 指名報官 以爲設法捕捉이되 無或任非其人祛弊生弊하며 至若羅州之當初刑殺 在於爾等黕昧之日 今日以後 自有本使之適宜處理矣 玆遣親軍武南營軍司馬宋寅會 將此諭文及繼此發關辭意 與夫歸化者安業之節一

41) 주 30)과 같음.

42) 『초정집(草亭集)』 4, 권7, '삼유도내난민문(三諭道內亂民文)', 28쪽.

一面曉 惟爾有衆明聽此言 共慶維新 各歸其土 各復舊業 副此至切之望焉 此亦中以歸化者安業方便 及軍器收儲賊類捉治之節 現方發甘於各邑[43)]

김학진은 한 고을에 한 명의 집강을 농민들이 뽑아서, 기존의 지방관청과 협력하여 전라도 각 고을의 질서를 잡아 나가자는 제의를 농민군에게 하였다. 뿐만 아니라 나주성의 집강소 설치 거부로 야기된 문제까지도 해결하겠다는 의사를 시사하였다. 이것은 농민군의 집강소 질서를 사실상 인정하는 태도였다. 농민군의 집강소 질서의 보편적 확립을 반영하는 것이라고 생각된다. 아울러 농민군 내부에서도, 무기를 고을에 반납하고, 표략(剽掠)하는 무리들을 싫어하면서 표략을 금지하고 나아가서는 그들을 체포하는 움직임까지도 있었다는 것을 알 수 있다. 이것은 전봉준부대의 경우였다고 보인다.[44)]

이 시기의 농민군 집강소 질서는 “이때 호남적(湖南賊)은 여러 부분으로 나뉘어 있었다. 김기범(金箕範) 등은 우도(右道)를 경영하였고 전봉준은 좌도(左道)를 경영하였다”라거나,[45)] “全琫準擁數千之衆 據金溝院坪 行號令于右道 金開南擁數萬之衆 據南原城 統轄左道 其餘金德明 · 孫和中 · 崔景善輩 各據一方”이라고[46)] 하였듯이, 전봉준, 김개남, 김덕명, 손화중, 최경선 등은 각기 한 지역을 장악 · 지배하고 있었다. 6월 이후 김인배(金仁培)도 순천을 근거지로 하여 영호도회소(嶺湖道會所)를 설치하고 부근 일대를 장악 · 지배하였다.[47)]

---

43) 위의 책, 권7, ‘공문(公文)’, 29~30쪽.

44) 뒤의 주 70) 참조.

45) 『오하기문』 2, 갑오 5월, 39쪽. 주 46)으로 미루어서 좌우(左右)자가 바뀌었다고 보인다.

46) 『동학란기록』 상, 「갑오약력」 65쪽.

47) 위의 책, 「순무선봉진등록」, 680쪽.

제1차 농민전쟁 때에도, 3월 25일에 제5장의 주 30)과 같이 농민군 최상층에서의 서열만 조직화 · 체계화되었을 뿐, 행동은 전혀 분산적 · 분할적으로 행동하였고 휴전기에서도 주 18)과 같이 '각기 접을 이루어서 오로지 서로 강성하기만을 다툰' 분할성이 집강소 1기에서도 여전히 지속되고 있었다. 봉건체제가 아직까지는 철폐되지 않았고 자본주의적 관계의 미성숙으로 말미암아 국민적 규모에서의 경제적 연계가 유기화 · 유착화 · 단일화되지 않았던 사회경제적 조건에서는 그 분할성은 극복되기 어려운 것이었다. 이와 같은 분할성에 따라서 각 지역의 집강소 질서도 상대적으로 특색이 있었는데 "而其貪虐不法 開南居最 如全琫準者 籍賴東徒 以圖革命 以所謂巨魁輩 各自以謂大將 只以誅求爲事 不聽約束 故琫準亦無如之何也 如是而拖至七八月 去益無法 富戶擧皆離散 賤民竝皆跳梁 不獨討財圖報宿怨 湖南一帶 爲混沌世界也"라고[48] 하였듯이 주 39)에서의 '묵고 쌓인 원통하고 분한 기운을 다 풀어버리는' 행태는 김개남의 장악 · 지배지역에서 상대적으로 현저하였다.

이 무렵 전봉준의 장악 · 지배력은 흥덕이남 나주이북 일대의 지방이었다고 생각된다.[49] 이 지역의 상황에 대하여 살펴보기로 한다. "동학당은 지금 더욱더 창궐하여 무장 · 장성 · 정읍 등지는 현재 동학당의 집결지로 되어 있고 지방관 같은 것은 유명무실하여 동학당에게 좌우된다"라거나[50] "흥덕이남 나주이북 일대의 지방에서는 모든 정령이 모두 당인(黨人)의 손에서 나와 지방관은 단지 그 콧김을 살피는 형편이 된 일"이라는[51] 보

---

48) 주 46)과 같음.

49) 주 20), 21), 22), 23), 24)에서와 같이 5월 20일에서 6월 10일경까지 전봉준은 흥덕이남 나주이북 지역을 순행하고 있었는데, 이 지역의 집강소 질서를 정비하고 있었다고 생각된다.

50) 『주한일본공사관기록』 3, 「본함 분대장 복정대위 문취서시말」, 214, 585쪽.

51) 위의 책, 「축자함의 군산진 시찰보고」, 210, 582쪽.

고가 있다. 6월 15일까지 은진(恩津)의 황산(黃山)에 체류하면서 전라도 지방의 농민군 상황에 대한 정보를 수집하고 돌아온 시라키 히코타로(白木彦太郞) 는 그 보고에서 "지금 나주에 있는 전명숙(全明淑=전봉준－인용자) 및 광주(光州)의 손화중 등으로 현재 5천여 명의 무리를 거느리고 있다"라고[52] 하였음에서 전봉준의 장악 · 지배지역은 흥덕이남 나주이북 일대의 지방임이 확실하다고 생각된다. 아울러 손화중의 장악 · 지배지역은 광주 일대라고 생각된다.

5월 하순 쌀을 매입하러 흥덕에 체재하였던 히다카 도모시로(日高友四郞)는 인천영사에게 다음과 같이 보고하였다.

> 과연 5월 28일(양력 7월 1일) 밤 동도의 접주(2천~3천 명의 首領이라고 함) 한 사람이 그 수하인 30명 정도를 인솔하고 여사(旅舍)에 와서 사들인 쌀의 유무를 묻기에 있다고만 말했더니, 그가 말하기를 "현재 이곳 근방의 미가의 폭등을 초래한 것은 해외 수출이 심히 많은 데서 연유한다. 그러므로 너희들 일본인들이 이 내지까지 들어와서 미곡을 매집하면 토착민들이 졸지에 기근으로 죽을 지경이 된다. 따라서 금일부터 방곡(防穀)을 엄행(嚴行)하게 될 것이므로 작홉(勺合)도 실어내지 못한다"는 뜻을 말했기 때문에, 나는 조약에 의거하여 정당한 수속을 밟고 내지에서 행상하는 자임을 내세워 항변하고 또 방곡령은 어느 곳에서 발포한 것인지 또 영문(令文)이 있는지 반문하였다. 그랬더니 그는 회중(懷中)에서 한 통의 공문(公文) 같은 것을 끄집어내면서 동학당의 수령으로부터 발령된 것이라고 말하였다.[53]

'동학당의 수령'인 전봉준은 5월 28일에 자신의 장악 · 지배지역 일대에 방곡령을 실시하고 있었다. 그리고 같은 보고에서 "동도는 항상 부호자로

---

52) 위의 책, 216, 586쪽.
53) 위의 책, 210, 582쪽.

부터 재곡(財穀)을 강탈하여 빈곤자에게 진휼하고 혹은 약탈한 미곡을 시가(時價)에 비하여 5, 6할 염가(廉價)로서 방매하는 등 일반 인민의 환심을 사는데에 급급한 상태였다"라고 하였다. 그리고 위의 방곡령 공문을 본 히다카 도모시로가 "그래서 곧 등서(謄書)를 시작하려 하였으나 그것을 허락하지 않고서 회중에 넣어 버렸으며 또 말하기를 '일본인이 조약에 의거하여 미곡을 사들였다고 말하면 지금 잠시 이것을 의논해야만 하겠지만 현재 이 도매상 창고에 쌓아 놓은 것이 도매상이 사들인 물건이면 모두 다 실어 내게 하라'는 말을 하였다. 현장의 실황을 살펴보건대 도저히 이론으로써 저항하는 것은 불이익이 된다는 것을 깨닫고서 여러 방면으로 손을 써서 중재를 신청해 당시 사들인 쌀 백 석만 무사히 실어낼 수 있었다"는[54] 것이었다. 전봉준부대의 경우에는 외국과의 조약은 준수하겠다는 의지가 반영되어 있으며, 도매행위는 응징하겠다는 의지를 강력하게 나타내고 있었다. 전봉준의 장악 · 지배지역에서는 '묵고 쌓인 원통하고 분한 기운을 다 풀어버리는' 질서에서 벗어나서, 민생문제를 현실적 · 구체적으로 해결하는 집강소 질서가 구축되고 있었다고 생각된다.

또 히다카 도모시로는 "그런데 음력 5월 8, 9일경(양력 6월 11, 12일경) 전주에서 내려오는 동학군 2천 명가량(同軍은 四路로 나누어 남향하였을 지라도 흥덕에서 목격한 것은 2천 명가량 됨)이 흥덕을 경과하여 무장 지방으로 향했다. 이때부터 흥덕주는 여러 가지 풍설이 나돌았기 때문에 숙주(宿主)는 자기가 생각지 않은 화를 입을 것을 걱정하여 당분간 잠복해 있으라고 충고하였다. 이 때문에 그의 말에 따라 잠닉(潛慝)해 있었어도 더욱 안심이 안되었기 때문에 서신을 현감(縣監) 이하영(李夏榮)에 보내어 보호를 요청하였더니 전혀 위험하지 않으므로 안도하고서 상업을 하

54) 위와 같음.

다가 돌아가라고 한 별지을호(別紙乙號)와 같은 회답이 있었다. 그래서 10일을 체류한 후 동도가 별지병호(別紙丙號)와 같은 포고를 발하였기 때문에 더한층 안심하여 쌀을 사들이는데 착수하였다"라고[55] 하였다.

전봉준부대가 장악 · 지배하기 이전인 5월 20일경(=10일을 체류한 후－인용자)의 흥덕에서는 다음과 같은 포고가 발해졌기 때문에 일본인 쌀 구입상이 마음 놓고 쌀을 매입할 수 있는 상황이었다고 한다.

> 포고(布告)
>
> 우리 도(道)의 종지(宗旨)는 진실로 나라를 돕고 백성을 편안하게 하는데[輔國安民] 있다. 다행히 국왕의 은혜를 입고 지금 귀화하려고 하는 바 어찌 천덕(天德)을 더럽히고 어찌 감히 국명(國命)을 어길 것인가. 도인(道人)이라 칭하면서 본업인 농업에 힘쓰지 아니하고 민심을 선동하면 이는 곧 난도(亂徒)이다. 지금 이후부터는 화해하고 근신하여 다시는 죄를 범하는 일이 없어야 한다. 만일 이같이 포고한 뒤에도 포고한 뜻을 준행하지 않으면 단연코 법에 따라 조처할 것이다. 후회하는 일이 없도록 바란다.
>
> 甲午　五月　日
>
> 義所[56]

내용상으로 보아서 북접계열 농민군의 포고로 생각된다. 민생문제를 현실적 · 구체적으로 해결하려는 의지는 전무하다. 전봉준부대의 방곡령 실시, 도고응징은 이러한 북접계열 농민군의 성향에 극명하게 대조되고 있다.

전봉준은 6월 6일 순창에서[57] 일본인 스즈키(鈴木)를 만나, 그의 질문

55) 위와 같음.

56) 위의 책, 213, 584쪽.

57) 『이륙신보』, 1894년(명치 27) 8월 12일, '마사검명록'(『사회와 사상』 1, 252쪽)에 의하면 전봉준은 약 500명의 부대를 거느리고 6월 6일 순창에 체재하고 있었다.

에 당시 열읍을 순행하는 목적은 폐정을 개혁하기 위한 것이라고 밝혔다.[58] 위에서와 같은 방곡령 실시, 도고의 응징도 결국은 폐정을 개혁하는 사업의 일환이었다. 5월 하순 염찰사(廉察使) 엄세영(嚴世永)은 "봉준에게 가서 서로 깊이 결(結)하고 전봉준의 포사 10명을 구걸하여 전도(前導)로 삼고 구례에 이르렀다"고[59] 하는데, 전봉준의 장악 · 지배의 정도를 나타내고 있다. 전봉준은 6월 9일에는 순창에서 담양으로 갔고[60] 이어서 6월 15일경에는[61] 남원으로 갔는데, 역시 모두 폐정을 개혁하기 위한 각지 순행의 지속이었다고 생각된다. 주 48)의 '이도혁명(以圖革命)'의 혁명은 기왕의 질서와는 다른 새로운 질서를 의미하지 않을까 생각되고 '불청약속(不聽約束)'의 약속은 새로운 질서를 수립함에서의 농민군의 행동의 준칙 즉 '묵고 쌓인 원통하고 분한 기운을 다 풀어버리는' 행태에서 벗어나서 '새로운 질서 수립' 위주의 행태를 의미하지 않을까 생각된다. 예컨대 전봉준은 순창에서 6월 7일에 천우협(天佑俠)에 보낸 회답서장에서 "심하도다, 유교의 도가 행하여지지 않는 것이"라면서 '민유방본(民惟邦本) 본고방녕(本固邦寧)'의 이념을 재강조하고 있다.[62] 이렇게 볼 때 '새로운 질서'란 '유교의 본래적인 도'가 행하여지는 세계를 의미하는 것이 아닌가 생각된다.

58) 『이륙신보』, 1894년(명치 27) 11월 21일, '조선의 1활화'.

59) 『오하기문』 2, 갑오 5월, 42쪽.

60) 『이륙신보』, 1894년(명치 27) 8월 11일 「마사검명록」 제5회(『사회와 사상』 1, 252쪽).

61) 『오하기문』 2, 61쪽.

62) 『이륙신보』, 1894년(명치 27) 8월 15일 「마사검명록」 제7회(『사회와 사상』 1, 255쪽).

3) 집강소 2기(6월 15일경~7월 5일)

황현은 『오하기문』 2의 7월조에서 다음과 같이 기술하였다.

> 是月望間 琫準開南等 大會于南原 衆數萬人 琫準傳令各邑布中 邑設都所 樹其親黨爲執綱 行守令之事 於是道內軍馬錢糧 皆爲賊有 人始知其逆謀 已成不止 爲亂民也 然金鶴鎭 恃其就撫 猶依違持之[63)]

우선 '시월(是月)'이 집강소의 발전 시기 획정에서 중요한 관건이 된다. 7월조의 부분에서 시월이라고 하였으니까 7월로 파악되기 쉽다.[64)] 그러나 '시월망간(是月望間)의 남원대회(南原大會)' 이후 김학진과 전봉준 사이에 일련의 교섭이 있었고 그 뒤 주 70)에서와 같이 7월 6일에 김학진과 전봉준이 전주감영에서 만나서 새로운 질서의 집강소에 합의하였으므로 시월은 6월로 될 수밖에 없다. 『오하기문』은 대체적으로는 강목체(綱目體)이지만 이 기사는 강목체가 아니라 일련의 사상(事象)을 시간적 순서에 따라 서술하고 있으므로 6월이 될 수밖에 없다. 『김약제일기(金若濟日記)』 제3책에서도 7월 27일조에서, 일본군의 6월 21일 경복궁 점령사건을 "차월이십일일지왜요입궐(此月二十一日之倭擾入闕)"이라고 기술하였는데, 이런 점에서도 시월은 6월임이 분명하다.

6월 15일 무렵 전봉준과 김개남은 남원에서 농민군 대회를 열고, 각 고을에 도소(都所=집강소－인용자)를 설치하고 농민군 중에서 집강을 두어 수령의 일을 행하도록, 각 고을의 농민군에 영(令)을 내렸다. 농민군에 의한 집강소가 본격적으로 설치됨으로써 새로운 단계의 집강소 시기가 시

63) 『오하기문』 2, 갑오 7월, 61쪽.

64) 이이화, 1990, 「전봉준과 동학농민전쟁 2」, 『역사비평』 8, 344쪽.

작되었다. 이 결과 집강소는 군마와 공전(公錢), 그리고 공곡(公穀)을 관리하는 행정기관으로서의 성격을 갖게 되었고, 이러한 행정기관으로서의 집강소가 나주를 제외한 전라도의 모든 지역 52개 고을(당시 전라도에는 56개 고을이 있었는데, 제주도의 제주, 대정, 정의도 제외됨)에[65] 설치되었다.[66] 전봉준과 김개남이 '묵고 쌓인 원통하고 분한 기운을 다 풀어버리는' 행태에서 '새로운 질서 수립' 위주의 행태에로 집강소 질서를 전환시키는 데에 합의하였기 때문에, 행정기관으로서의 성격이 보다 더 강화되는 집강소를 본격화시키는 이러한 새로운 조치를 취하게 되었다고 생각된다. 이러한 농민군 집강소의 본격적 전개에 대하여 김학진은 대책을 결정하지 못한 채 지켜보고[猶依違持之] 있었다.

김학진은 7월 1일 무렵에 다음과 같은 감결(甘結)을 각 고을에 보내었다. (이 기사를 편의상 A로 약칭하기로 한다)

甘結五十三州　　　　　　　　　　開國五百三年甲午七月

今見東學生等所呈原情內以爲 一齊感化 歸棲古堵 所持砲鎗 輸納營門 而感化之人 反謂匪徒 疑懼之心 轉而益深 棲接之方 罔有其所 失業之賊 不恒之類 踵時櫱芽 禁止不得 騷擾之變 非生等所爲 今將痛憎切禁云 且言各邑軍器 將還納各官云 今此革舊自新 可見天彝之良心 自此以後 俱是改過之平民 切勿以舊愆指目 雖言語之間 出入之際 無或有絲毫碍滯이되 兵器之來納者 一一照數 捧留軍器庫 隨卽馳報 至於不恒之類藉托起鬧者 亦當自其中定執綱隨現捉納於本邑矣 這卽監囚報來 俾爲照法嚴勘 而譏捉之方 如或疎虞 不得不借力於地方官者 則聽其來告發 送校差 使之合力捉得 無滯報來하며 至於歸化者 安接之方 向已發關各邑有所後錄條列이견과 今又不憚煩更錄發關 依此擧行宜當者

左開 略[67]

---

65)『동학사』, 126쪽에는 53고을로 되어 있으나 나주는 빠져야 한다.

66)『겸산유고』 권19,「금성정의록」 갑편, 8~9쪽; 이범석『확재집』 4, 권8,「경란록」(홍성찬, 1983의 글 73쪽, 주 18)에서 재인용).

황현은 주 63)의 기사에 잇따라서 다음과 같이 서술하였다. (이 기사를 편의상 B로 약칭하기로 한다)

及聞京師亂 鶴鎭使軍官宋司馬 持書入南原 喩琫準等 約以同赴國難使率道人共守全州 蓋琫準外示悔禍 聲言歸化 故鶴鎭召之 觀其去就 琫準持書猶豫 已而歎曰 要當一死報國 贖吾倡亂之罪 遂整衆作行計 開南不應 率所部 間道逃歸 琫準入全州 比至其衆 懼誅多道亡 只與親信四五十人 謁鶴鎭于宣化堂 鶴鎭使軍士 刀戟夾道 琫準等戰慄失色 叩頭聽撫 願在軍前效用 鶴鎭信之 謂琫準降則諸賊一紙可招 不世之功可集 遂開誠與語 披露腹心 以示不疑 營下軍政 皆屬之 已而京軍留營者 皆北去 營衛單弱 鶴鎭文吏 無駕馭才 琫準自念 罪重難貰 且諸賊不從號令 尾大不掉京師安危未可知 若據有全湖 坐觀成敗 則亦一甄萱偏霸之局也 於是挾鶴鎭作奇貨 專制一道 鶴鎭左右 皆其黨與 密召諸賊登陴 名曰守城而實則圍城也 鶴鎭如傀儡須人 起居唾嚔 不得自恣 但奉行文書而已 民謂之道人監司[68]

황현은 김학진이 7월 7일경에[69] 다시 감결을 각 고을에 보낸 일에 대하여 다음과 같이 서술하였다. (이 기사를 편의상 C로 약칭하기로 한다)

金鶴鎭甘結道內 其文曰 近以無賴雜類禁戢事 因全琫準等稟辭 已有甘飭 不啻申複 而連見幾邑所報 則此輩之討索錢穀 恣行劫掠 遍滿列邑弊益甚焉 而各邑則如之何 弁髦營飭 初不禁遏砲聲一出 官吏奔走恬然晏然 任他跳踉 甚至於殺人掘塚 官不與聞 遂使眞東學人 被其所累 至於定執綱 設其禁斷之擧 而爲守土者 反爲袖手 興言及此 寧不寒心 今初六日 全琫準等 與其學徒 來進營門 實

67) 『초정집』 4, 권7, '공문', 31쪽. 다음의 주 70)의 기사에서의 전봉준의 7월 6일 김학진과의 전주회담에 선행되는 것으로 추정됨으로, 7월 1일경의 감결로 생각된다.

68) 『오하기문』 2, 갑오 7월, 61~62쪽.

69) 7월 6일의 김학진과 전봉준의 회담 직후에 낸 것으로 보이고, 각 고을에 7월 12일에 도부(到付)한 것이기 때문에 7월 7일경의 것으로 생각된다.

心悉陳後 又定牢約 于列邑執綱 著成通文云 而第取其通文見之 則言由實心 事皆停當 懇切周詳 靡不用極故擧其槪 錄于左 玆更發甘 到卽揭付坊曲 俾大小民人 警惕擧行 從玆以往 若或有此輩之依前作拏者 雖眞東學 隨現發 不待關飭 自其洞中 并力捉納于官 不容一毫疎虞 以爲照律勘處 亦卽通及於執綱所 以爲齊心禁究毋論某邑 如其一向放過 認作姑息 則該倅之故縱悖類 不念民害者也 視彼全琫準等 實心辦事 能不有愧乎 按事之地 不可仍置 斷當啓聞論罷 除尋常惕念 甘到形止 先卽馳報 後錄內 各邑執綱處 全琫準通文 原幅略曰今我此擧 專是爲民除害 而雖彼巧詐 浮浪之輩 跳踉放肆 侵虐平民 殘傷閭里 微嫌小過 動輒必報 此是反德害善之類也 使各邑執綱 明察禁斷云其後錄略曰 一 已收之砲槍刀馬 已屬公納 輪通各接主 砲鎗劍馬數爻所持者姓名居住 昭詳註錄 成册兩件 粧納于巡營成貼後 一 件留上營門 一件還置各執綱所 以爲後考 一 驛馬與商賈馬各歸本主 一 從今以後 收砲索馬 一切禁斷 討索錢穀者 指名報營 依施軍律 一 掘人塚 捧私債 勿論是非 切勿施行 而若犯此科者 當報營勘律

十二日到付[70]

위의 A, B, C를 종합하여 사상(事象)의 전개과정을 시간순서에 따라 정리하면 대체로 다음과 같이 요약될 수 있다.

6월 15일경 : 남원대회, 집강소 설치령.

6월 20일 전후의 무렵 : 전봉준의 原情(A의 一齊感化에서 今將痛憎切禁云까지). =C의 全琫準等稟辭. 새로운 내용의 집강소 질서를 수립하려는 전봉준의 의지의 반영이라고 생각된다.

6월 20일 무렵의 직후 : 전봉준이 집강들로 하여금 殺人掘塚, 不恒之類 藉托起鬧者를 禁斷하여 本邑에 捉納케 함(A의 至於不恒之類에서 捉納於本邑矣까지, C의 至於定執綱에서 禁斷之擧까지. B에서는 이것을 琫準外示悔禍 聲言歸化라고 파악함.

6월 21일 : 일본군의 경복궁 점령사건(B의 '及聞京師亂'의 京師亂).

---

70) 『오하기문』 2, 갑오 7월, 64~65쪽.

6월 23일 : 豊島海戰과 淸日戰爭의 발발.

6월 25일 : 成歡전투에서의 일본군 승리와 일본군의 公州南下說.

6월 28일경 : 김학진이 전봉준에게 '率道人하여 共守全州하여 同赴國難하자'는 내용의 書를 宋寅會를 시켜 남원에 있는 전봉준과 김개남에게 보냄(B의 처음부터 觀其去就까지). 그런 제의를 하게 된 이유는 기본적으로는 민족적 위기를 타개코자 하는 것이었으나, 또 전봉준 등이 '外示悔禍 聲言歸化'했다고 파악했고 그렇다면 연합이 가능하다고 인식했던 것으로 보인다. 「甲午略曆」에도 "6월에 관찰사가 전봉준 등을 감영에 초청하였다"(65쪽)라고 했는데 '등'이라고 한 점으로 보아 김개남도 초청하였다고 생각된다.

7월 1일경 : 김학진이 A='감결 53주'=C의 甘飭(已有甘飭의)을 발함.

6월 28일경에서 7월 5일경까지 : 김학진의 제의에 대하여 전봉준이 심사숙고함(B의 持書猶豫).

7월 4일경 : 전봉준이 민족적 위기를 해결하고 집강소 질서의 발전을 위하여 김학진의 제의를 수락하기로 결심(B의 已而歡曰에서 作行計까지). 김개남은 거부하고 돌아감(B의 開南不應에서 逃歸까지).

7월 5일경 : 전봉준은 '列邑執綱에의 通文'을 著成함(C의 又定牢約에서 用極까지. 7월 6일의 회담에서 通文을 제시하고 있으므로 그 전인 7월 5일경에 작성되었다고 생각된다). 그 내용은 C의 今我此擧에서 끝까지임. 새로운 집강소 질서를 위한 구체적 항목이 4개항으로 정리되고 있다.

7월 6일 : 전봉준이 親信 40~50인(B)=學徒(C)와 더불어 宣化堂으로 김학진을 찾아가서(B)[71] 회담=開誠與語 披露腹心(B)=實心悉陳(C)을 한 결과 營下의 軍政을 모두 전봉준에게 맡기게 되었다(B).

7월 7일경 : 김학진이 甘結(C)을 보냄. 이 감결에 전봉준의 '列邑執綱에의 通文'이 첨부되어서 보내어졌고 구례에는 이 감결이 7월 12일에 到付되었다.

---

71) 이때의 광경을 B에서는 학진사군사(鶴鎭使軍士)에서 군적효용(軍前效用)까지로 묘사하였고, 「갑오약력」에서는 "是時 守城軍卒 各持銃槍 整列左右 全琫準以峨冠麻衣昻然而入 少無忌憚"이라고 하였다(65쪽).

위와 같은 경과를 거쳐서 7월 6일부터는 새로운 단계의 집강소 즉 김학진과의 타협에 의하여, 정부 측에 의하여 공식적으로 인정된 집강소가 새로이 활동하게 되었다. 따라서 2기의 집강소 시기는 7월 5일에서 끝나게 되었다. 우선 이 시기에는 농민군의 숫자가 더욱 불어나 “열읍에는 모두 접주가 있고 대접(大接)은 수만여 인이었고 소접(小接)도 수천 인이나 되었다”고[72] 한다. 공주에서도 공주 한 고을 안에 접이 수십여 개이고 그 중 대접은 1천여 인이며, 소접도 3·400인을 내려가지 않았다고 한다.[73]

이 시기의 이러한 농민군의 증가도 형태상으로는 동학교회의 형식하에서 이루어지고 있었다. 예컨대 황현은 주 30), 41)의 기사에 잇따라서 입도하려는 사람이 많아지자 이전에는 입도절차에서 요구되었던 주문 외우기도 생략한 채 입도식이 거행되었다고 하였고, 오지영도 “포덕(布德)에 대하여 무더기로 식(式)을 행하였었다. 한 마당에서 10인이나 100인 이상의 다수가 입도를 하였”다고[74] 하였다. 이렇게 외형상의 형태는 동학교문의 접이었지만 실체는 농민군이었기 때문에 이규태(李圭泰)도 “목금부내비류(目今府內匪類) 유각유접(類各有接) 접주즉기괴야(接主卽其魁也)”라고[75] 하여, 접을 농민군부대, 접주를 농민군부대장으로 인식하고 있다.

농민군의 입도에 따른 단위 교문으로서의 접의 팽창에 따라 접의 내부 조직이 교정(敎政)과 군정(軍政)으로 분화되어 나가고 있었다고 보인다. 예컨대 황현은 “그 접주 이외에 또 도접(都接), 접사(接師), 강사(講師), 강장(講長), 교장(校長), 교사(敎師), 교수(敎授) 등의 명목이 있으니 이는 모두 포덕 때 쓰는 것이요, 성찰(省察), 검찰(檢察), 규찰(糾察), 주찰(周察),

---

72) 『영상일기(嶺上日記)』, 갑오 6월 25일. 이 책은 남원 유생 김재홍(金在洪)의 일기이다.

73) 『시문기(時聞記)』, 19~20쪽.

74) 『동학사』, 152쪽.

75) 『동학란기록』 하, 「이규태 왕복서 병묘지명」, ‘부 잡록’, 503~504쪽.

통찰(通察), 통령(統領), 공사장(公事長), 기포(騎砲) 등의 명목은 모두 기포(起布) 때에 쓰는 것이다"라고[76] 하였는데, 포덕 조직에는 도접 이하 교수까지가, 기포(起布=起包 – 인용자) 조직에는 성찰 이하 기포까지가 있었고, 이 양자를 총괄하는 것이 접주였음을 알 수 있다. 말하자면 포덕[教政]과 기포[軍政]로 접의 내부조직이 분화되고 있었다고 할 수 있다. 즉 접주는 "영솔지칭(領率之稱)"이며[77] "영솔도중자(領率徒衆者)"였다.[78]

이 시기의 집강소는 이전에 비하여 행정기관화의 경향을 증대시키면서 굴총(掘塚)이나 토재(討財) 등의 행위는 규제되고 있었으나 부민(富民)에의 토재는 여전하였다. 그러나 이전의 토재와는 다른 성격의 것이었다고 생각된다. 예컨대 "부자를 협박하여 금곡(金穀)을 빼앗아와 이를 빈민에게 (값싸게) 나누어 주고 …… 빈부를 공통으로 하여 소수인으로 하여금 부를 오로지하는 것을 허락하지 않는 데에 있다"라는[79] 보도가 있었는데, 이는 주 53)에 이어지는 기사에서의 농민군의 행태, 즉 전봉준의 장악 · 지배지역에서의 농민군 행태의 지속으로 생각된다. 전봉준 장악 · 지배지역의 집강소에서는 균산주의(均産主義)적 이념이 농민군의 행동에서 현실화되고 있었다고 생각된다.

『강진읍지(康津邑誌)』, '명승초의전(名僧草衣傳)'(草本謄寫)에는 다음과 같은 기사가 있다고 한다.

초의(草衣)는 정다산의 시우(詩友)일 뿐만 아니라 도교(道交)였다. 다산이

76) 『오하기문』 1, 104쪽.

77) 「전봉준공초」, 535쪽.

78) 『동학란기록』 상, 「갑오약력」, 67쪽.

79) 『동경일일신문』, 1894년(명치 27) 8월 5일(음력 7월 5일 – 인용자)(박종근, 『청일전쟁과 조선』, 209쪽에서 재인용). 음력 7월 5일의 보도이니까 6월 20일경의 상황이었다고 생각된다.

> 유배로부터 고향으로 돌아가기 직전에 『경세유포』를 밀실에서 저작하여 그의 문생 이청(李晴)과 친승(親僧) 초의에게 주어서 비밀히 보관 전포할 것을 부탁하였다. 그 전문은 중간에 유실되었고, 그 일부가 그 후, 대원군에게 박해당한 남상교(南尙敎), 남종삼(南鍾三) 부자 및 홍봉주(洪鳳周) 일파에게 전하여졌으며, 그 일부는 그 후 강진의 윤세환(尹世煥), 윤세현(尹世顯), 김병태(金炳泰), 강운백(姜雲伯) 등과 해남의 주정호(朱挺浩), 김도일(金道一) 등을 통하여 갑오년에 기병한 전녹두(全綠豆), 김개남 일파의 수중에 들어가서 그들이 이용하였다. 전쟁 끝에 관군은 『정다산비결』이 녹두 일파의 '비적'을 선동하였다고 하여, 정다산의 유배지 부근의 민가와 고성사(高聲寺), 백련사(白蓮寺), 대둔사(大芚寺) 등 사찰들을 수색한 일까지 있었다.[80]

전봉준, 김개남 등의 농민군이 정약용이 밀실에서 저작한 『경세유표』 즉 『정다산비결』을 이용하였다고 한다. 『경세유표』에 나타난 정약용의 토지제도 개혁 구상은, 토지국유화를 거쳐서 경작농민의 경작능력에 따라서 재분배되는 사적 소유의 독립 자영농체제의 수립을 목적으로 하였다고[81] 이해되기도 하고, 궁극적 목적에서는 경작능력에 따른 농자득전(農者得田)이 지향되었다고[82] 이해되기도 하며, 토지왕유제하에서의 경작능력에 따른 농자득전이었다고[83] 이해되기도 하였다. 경작능력에 따른 득전을 원칙으로 한 토지제도의 전면적 개혁이라고 이해할 수 있다.

균산주의적 이념이 농민군의 행동에서 현실화되고 있었던 집강소 2기의 농민군들이 『정다산비결』을 이용할 수 있는 개연성은 충분히 있을 수

80) 최익한, 1955, 『실학파와 정다산』. 여기 인용은 1989, 청년사 재간본, 411쪽에 의함. 번역을 부분적으로 약간 수정하였다.

81) 김용섭, 1984, 「18, 19세기의 농업실정과 새로운 농업경영론」, 『증보판 한국근대농업사연구』 상, 일조각, 110~141쪽 참조.

82) 박찬승, 1986, 「정약용의 정전제론 고찰」, 『역사학보』 110, 125~130쪽 참조.

83) 강만길, 1990, 「다산 토지소유관의 연구」, 『민족사의 전개와 그 문화』 하, 창작과 비평사, 368~376쪽 참조.

있다고 생각된다. 농민군은 행동과 실천을 통하여 자신들의 생활상의 문제를 해결하려고 하였고, 간고의 시련과 투쟁을 통하여 개혁이념을 조금씩 다듬어 나가던 과정에서, 이제는 실학의 유산을 적극적으로 수용함으로써 자신들의 개혁이념을 더욱 승화·체계화시키게 되었다고 짐작된다.

4) 집강소 3기(7월 6일~10월)

(1) 집강소의 공식적 인정

앞의 B기사에서는 7월 6일 이후의 상황을 다음과 같이 서술하였다.

> 전봉준은 이에 학진을 끼고 기화로 삼고 한 도를 전제하였다. 학진의 좌우는 모두 전봉준의 당여(黨與)였다. 그들 좌우는 은밀히 적들을 불러 올렸으니 명분은 수성(守成)이었지만 사실은 위성(圍城)이었다. 학진은 수염 달린 꼭두각시 같아서 일체의 행동을 마음대로 하지 못하였고 전봉준의 문서를 봉행할 뿐이었다. 민(民)이 그를 일러 도인감사(道人監司)라 하였다.

공주 유생 이용규(李容珪)도 다음과 같이 서술하였다.

> 신감사 김학진은 겁을 먹어 감히 들어가지 못하고 여산(礪山)에 이르러 한 달 가량을 체류하였다가, 전봉준이 전주성을 떠난 후에야 비로소 감영에 들어갔다. 전봉준은 귀화하였다고 일컫고 단신으로 감영에 들어와 감사의 일을 맡아 하였다. 순영의 관문 감결은 반드시 전봉준의 결재가 있은 연후에야 열읍에서 거행하였다. 전봉준이 여러 날 행정을 실시하면서 형살(刑殺)은 없었으나 양호(兩湖)의 대화(大禍)가 양성(釀成)되었던 것이다.[84]

84) 『약사(若史)』 2, 갑오.

전 감사 김문현의 군사마였던 최영년(崔永年)은 "김학진은 …… 그 도임에 미쳐서는 선화당(宣化堂)을 적에게 내어 주고 스스로 징청각(澄淸閣)에 거하였는데 매사는 적에 의하여 행해졌다"라고[85] 하였고, 황현은 다시 김학진은 "적에게 동정을 구걸하고 적의 호령에 빙자하였으니 마치 봉행하여 관화(關和)하는 것 같았다"라고[86] 하여, 김학진과 전봉준의 타협 · 합작을 비난하였고, 나아가서는 "아침에는 학진의 머리를 매달아 게시하고 저녁에는 전봉준의 시체를 찢었으면 좋겠다"고까지[87] 비분강개하였다. 이렇게 전직관료나 보수적 유생이 비분강개하는 까닭은, 본격화는 되었지만 아직은 농민군에 의한 일방적 행동이었던 집강소가, 7월 6일부터는 정부 측에 의하여 공식적으로 인정된 집강소가 성립되었기 때문이다.

공적으로 인정되는 집강소를 성립시킨 원칙은 김학진과 전봉준이 확인한 관민상화의 원칙이었다. 예컨대 정석모는 "觀察使相議官民相和之策 許置執綱于各郡 於是東徒割據各邑 設執綱所于公廨 置書記 · 省察 · 執事 · 童蒙之名色 宛成一官廳 日以討索民財爲事 所謂邑宰只有名位 不得行政 甚者逐送邑宰吏胥輩盡爲入籍于東黨 以保姓名"이라고[88] 하였는데, 여기에서 관민상화의 원칙이 확인되고 있다. 다시 말하면 전라도의 지방행정을 관과 민 즉 감영 · 군아와 농민군이 협력 · 합력하여 운영한다는 것이다. 구체적으로는 어느 일방의 결정 · 결재에 의하지 않고 쌍방의 결정 · 결재의 공존하에서 지방 행정을 운영한다는 것이었다.

예컨대 김철규(金澈圭)는 7월 3일에 전라좌수사에 임명되었는데,[89] 그

85) 『동학란기록』 상, 「동도문변」, 갑오 7월, 160쪽.
86) 『오하기문』 2, 66쪽.
87) 『오하기문』 2, 63쪽.
88) 『동학란기록』 상, 「갑오약력」, 65쪽.
89) 『일성록』 고종편 31, 고종 31년 7월 3일, 207쪽.

가 여수의 좌수영에 도임하는 데에는 전봉준의 표신(標信)과 전봉준부대 성찰 4명의 호행(護行)이 있어서야 실현되었다.[90]

정부에서는 6월 22일에 김학진을 병조판서에 임명하고 장흥부사인 박제순(朴齊純)을 전라감사에 임명하였다.[91] 그러나 김학진은 병조판서로 나아가려 하지 않았다. 박제순이 7월 8일 무렵에[92] 전주에 이르렀으나, 김학진은 아마도 7월 10일 무렵에 "동도들이 제가 병조판서로 나아가는 것을 말리고 있습니다. 만일 신이 하루라도 없으면 무국이 장차 무너지고 전공(前功)이 모두 무너지며, 후환이 악화될 것입니다"라고 계청하였다.[93] 이에 박제순은 7월 17일에 김학진의 거명(拒命)에 분개하여 김학진을 협적요군(挾賊要君)이라고 규탄하면서 전라감사직을 사직하는 상소를 올렸다.[94] 여기에서는 김학진의 병조판서 취임도 양측의 합의에 의하여 결정되고 있었다. 황현은 이를 가리켜 "김학진은 부름을 받은지 달포가 되었는데도 전봉준 등에게 만류당하여 출발할 수가 없었다"라고[95] 하였다.

나주목사 민종렬(閔種烈)과 나주영장 이원우(李源佑)는 7월 18일 파직되고 있다.[96] 이에 대하여 황현은 "전봉준이, 나주에서는 도인을 많이 죽였다는 이유로서 학진을 위협하여 두 사람(민종렬 · 이원우 – 인용자)을 논파(論罷)함으로써 도인들의 마음을 위로하였다"라고[97] 하였다. 지방수령

90) 『오하기문』 2, 갑오 7월, 66~67쪽.

91) 『일성록』 고종편 31, 고종 31년 6월 22일, 188쪽.

92) 위의 책, 고종 31년 7월 8일, 213쪽.

93) 『오하기문』 2, 62쪽. 이에서 보아도 주 63)의 시월(是月)이 6월임을 알 수 있다.

94) 『일성록』 고종편 31, 고종 31년 7월 17일, 236쪽; 『오하기문』 2, 62쪽.

95) 『매천야록』, 갑오 7월, 157쪽.

96) 『오하기문』 2, 갑오 7월, 77쪽. 여기에는 파직일자가 없는데, 『일성록』 고종편 31, 고종 31년 7월 18일, 238~239쪽에 의하면 민종렬은 7월 18일에 동부승지(同副承旨)에 임명되었다가 임소(任所)에 있다는 이유로 같은 날에 교체되고 있는데, 이로 미루어서 파직일자를 7월 18일로 추정하였다.

의 임면문제도 양측의 합의에 의하여 결정하고 있었다.

전봉준은 8월 13일 농민군의 집강소 설치를 거부하고 있는 나주에 들어가서, 그 거부를 취소할 것을 권유하는[98] 감사의 지시를[99] 제시하면서 집강소 설치를 수용할 것을 권하였다. 그러나 나주목사 민종렬은 끝내 거부하였고, 전봉준은 14일 장성에서 나왔다. 나주에는 끝까지 집강소가 설치되지 않았다.

이상에서 특히 주목되는 것은 김학진이 전봉준부대나 농민군부대의 무력에 위압되어서만 농민군과의 타협=관민합작을 진행한 것이 아니라는 사실이다. 김학진은 이미 6월 22일에 병조판서 발령을 받았으므로 전주를 떠나려면 얼마든지 떠날 수 있었다. 6월 21일의 일본군의 경복궁 점령사건 이후 조성된 국가적·민족적 위기 상황 속에서 주 68)의 '공수전주(共守全州) 동부국난(同赴國難)' 구상을 다듬으면서 6월 28일경에는 그 구상을 전봉준·김개남에게 제의하였고, 7월 6일에는 전봉준과 회담하여 관민합작의 타협을 성립시키고, 7월 10일경에는 병조판서 임명의 인사를 취소해 줄 것을 고종에게 건의하였다(주 93)참조). 당시의 정치질서에서는 이러한 경우는 파격적인 것이었다고 생각된다. 김학진은 그런 파격을 무릅쓰면서 관민합작의 집강소 질서 수립에 진력하고 있었다.

더욱 주목되는 것은 위와 같은 김학진의 의지는 그 개인의 고립적인 의지가 아니었다고 생각된다. 전라감사에 임명되어 부임하기 위해 전주의 위봉산성에까지 이르렀으나 김학진의 거명으로 전주에 들어가지 못하고

---

97) 『오하기문』 2, 갑오 7월, 77쪽.

98) 전봉준은 제4차 재판에서 "八晦間 帶有巡相之令 前往羅州 勸解民堡之歸路"라고 하였다(「전봉준공초」, 552쪽). '八晦間'은 8월 13일을 잘못 기억한 것이다.

99) 위에서 순상지령(巡相之令)을 대(帶)하였다고 하였고, 『영상일기(嶺上日記)』에서는 전봉준이 "吾有巡營門文牒"이라고 하였다(8월 13일, 13쪽).

있던 박제순은, 7월 17일에 주 94)와 같이 김학진을 '협적요군(적을 끼고서 임금을 협박한다)'한다고 규탄하는 상소를 올렸으며, 이에 "조정에서는 김학진을 나문(拿問)하려 하였으나 김가진(金嘉鎭)이 힘껏 김학진을 보호하였다. 조정에서는 (7월 18일에[100] – 인용자) 박제순을 충청감사로 이동시키고 (같은 7월 18일에[101] – 인용자) 김학진의 죄를 용서하여 잉임케 하였다"고[102] 한다. 황현은 이러한 사태에 비분강개하여 "세상에서는 김학진이 부적(附賊)한 죄가 전봉준보다 더 크다고 한다. 그러나 내 생각으로는 김홍집(金弘集)이 유적(宥賊)한 죄가 전봉준보다 더 크다"라고[103] 하여 당시의 개량적 개화파를 크게 규탄하였다.

개량적 개화파의 이러한 동태도 이 무렵에 갑자기 돌출된 것은 아니었다. 정교(鄭喬)는 『대한계년사(大韓季年史)』 갑오 10월조의 김학우(金鶴羽) 암살사건 서술부분에서 "동도가 초기(初起)했을 때 유길준(兪吉濬), 김학우 등은 승기(乘機)하여 민씨들의 집정을 타도하고 집권하고자 비밀리에 동도에 통모하였다"라고[104] 하였다. 민씨척족정권을 무너뜨리고 집권하기 위하여 농민군에 통모하였다면 그 시기는 4월 27일 이후 5월 초순까지의 시기였다고 생각된다. 제1차 농민전쟁의 과정에서 농민군의 민씨척족정권 퇴진 요구는 명백하게 제시되었고, 따라서 전주함락 이후 민씨척족정권 특히 민영준의 정치적 입지는 크게 취약해졌으며, 일본군의 군사개입으로 민영준 그리고 민씨척족정권의 정치적 위기는 극도에 달하였기 때문이다.

예컨대 김가진은 4월 20일 "전라도의 반란민은 원래 지방관리들의 학정

---

100) 『일성록』 고종편 31, 고종 31년 7월 18일, 240쪽.

101) 위의 책, 고종편 31, 같은 날, 239쪽.

102) 『오하기문』 2, 갑오 7월, 62~63쪽.

103) 위의 책, 63쪽.

104) 『대한계년사』 상, 갑오 10월, 99쪽.

에 견디지 못해 일어난 것으로 별다른 깊은 뜻을 품고 있는 것으로 생각되지는 않습니다"라고 하여, 농민군을 비적시하지는 않았고[105] 김가진과 유길준은 5월 3일, 민영준의 차청병(借淸兵)을 규탄하면서 농민전쟁의 근원은 민씨척족정권의 부정부패 때문이라고 하였고, 조선의 중립화를 희망하였다.[106] 사정이 이러하였기에 대원군은 4월 30일 "경성에서도 반드시 봉기할 것이다. 그러나 절박한 것은 아니다. 만약 일어나는 일이라도 있게 되면 민씨 무리들은 발뼈까지 남지 못할 것이다. …… 민씨에 대하여 모두 반대하고 있다. 민씨를 좋다고 하는 자는 한 사람도 없다. …… 과연 이곳에서 봉기한다면, 그것은 민씨의 반대당이 일으킬 것이다"라고[107] 말하였다. 주한 일본영사 우치다(內田)는 "경성에서도 조만간 사변이 일어나는 것을 면할 수 없는 느낌"이라고[108] 하였다. 당시의 보도에서도 이번의 사변은 결코 민란에서 그치지만은 않을 것이고 정치상의 혁명으로 될 수 있는 가능성도 없지 않다고 하였다.[109]

또 주목되는 것은 농민전쟁 진행 중인, 4월 말경에 "희생된 김옥균의 혼이 폭동자들 가운데 나타났고 또한 지금까지 무적의 대군을 지휘하고 있다"는[110] 소문이 돌고 있었다. 그리고 "고 김옥균 씨의 실제인 김각균(金珏均) 씨가 …… 요즈음의 풍설에 따르면 감옥에서 탈주하여 동학당에 가

---

105) 『주한일본공사관기록』 2, 149쪽.

106) 위의 책, 268, 538쪽; 강만길, 1978, 「유길준의 한반도 중립화론」, 『분단시대의 역사인식』 참조.

107) 『주한일본공사관기록』 2, 44, 346쪽.

108) 위의 책, 43, 345쪽.

109) 『국민신문』, 1894년(명치 27) 5월 31일(음력 4월 27일)(信夫淸三郎, 1970, 『증보일청전쟁』, 37쪽에서 재인용).

110) 『크라이쓰니 아르히브』(러시아말), '1894년 6월 8일 주일 러시아공사 히뜨로워가 러시아 외상 기르스에게 보낸 편지'(『조선전사 13, 근대편 1』, 1980, 과학·백과출판사, 321쪽에서 재인용); 『만조보』, 1894년(명치 27) 6월 8일.

맹하였다고 하는데, 진위는 알 수 없지만 동씨의 기량(器量)은 형과 막상막하로 결코 쳐지지 않아서 조선 국내에서는 드물게 보이는 인물이라고 한다"라는[111] 보도도 있었다. 이러한 풍설은 개화파 쪽에서 만들어 낸 것으로 생각된다. 왜냐하면 제1차 농민전쟁에서 농민군은 명백하게 대원군의 섭정을 희망·요구하고 있었기 때문이다. 이렇게 볼 때 『대한계년사』에서의 비밀통모설은 충분히 개연성이 있으며, 농민군의 자세에서 볼 때, 그 통모는 농민군에 의하여 거부되었을 개연성이 짙다고 생각된다.

그러나 농민군의 의식·이념도 전쟁의 진전과 집강소의 경험에 따라 성장·발전되었고, 주 79)~83)의 관련 부분 서술에서와 같이 실학의 유산을 적극적으로 수용함으로써 자신들의 개혁이념을 더욱 승화·체계화시키게 되었다고 짐작되고, 이러한 여건하에서 개량적 개화파는 관민합작을 도모하였고, 농민군 역시 관민합작에 의한 집강소 질서의 공식화를 도모하게 되었다.

이러한 개화파와 농민군의 타협·합작 국면은, 이에 앞서 6월 11일에 중앙정치무대에서 소극적인 모습으로 전개되고 있었다. 정부의 폐정개혁 외면으로 전라도 지방에서 집강소가 보편화되기 시작하였던 5월 25일의 시원임대신회의에서는 자수자강(自修自强)의 경장(更張)에 대체로 합의하였고,[112] 6월 11일에는 폐정개혁과 정치를 일신하기 위하여 교정청(校正廳)을 설치하였다.[113] 6월 16일에는 교정청에서 12개 항목의 개혁조치를 취하였는데,[114] 모두가 농민군의 폐정개혁안의 것이었다고 한다.[115] 농민군

---

111) 『시사신보』, 1894년(명치 27) 6월 8일(음력 5월 5일).

112) 『일성록』 고종편 31, 고종 31년 5월 25일 160~162쪽.

113) 위의 책, 고종 31년 6월 11일, 176쪽.

114) 『속음청사』 상, 325~326쪽.

115) 위의 책, 320쪽.

과의 폐정개혁 약속 이행이 뒤늦게 시도되고 있었다. "그러나 다급해짐에 색책(塞責)하려는 것으로 여전히 하나의 겉치레였을 뿐이다. 어찌 족히 난(=농민전쟁－인용자)을 진정시킬 수 있으랴"라고[116] 개량적 개화파인 김윤식은 개탄하였다. '다급해짐에 색책으로서의 겉치레'일지라도 개화파와 농민군의 타협 국면의 소극적 양상이라고 할 수는 있겠다.

관민상화를 원칙으로 한 전라도 지방에서의 관민합작 즉, 김학진과 농민군의 합작은, 주 68)에서와 같이 김개남은 거부하였으므로, 김학진과 전봉준 농민군의 합작이었다. 그리고 그 일차적인 결과가 농민군 집강소의 공식적 인정이었다.

(2) 집강소의 구성과 조직

집강소 3기에 농민군은 더욱 늘어났다. "신부자(新附者)가 날로 늘어나고 협종자(脅從者)도 늘어나 시끄럽기 짝이 없었다. 한 도의 모든 고을이 그들에게 장악되었고"[117] "저 흉악한 자들은, 전일 전주성에 들어갈 때에 비하면 열 배나 된다"는[118] 것이었다. 충청도 태안에서는 농민군에 가입하지 않으면 위협하였으므로 98~99%는 가입하는 상황이었다고 한다.[119]

이렇게 늘어나는 농민군은 대부분이 천민신분의 농민이었다고 생각된다. 예컨대 "적당(賊黨)은 모두 천인 노예였다. 때문에 양반 사족을 가장 미워하였다. 갓 쓴 자를 만나면 문득 '너도 양반이냐'라고 욕하면서 빼앗아서 찢어 버리거나 자기가 쓰고는 저자를 횡행함으로써 욕보였다. 노비

116) 위와 같음.
117) 『겸산유고』 권19, 「금성정의록」 갑편, 12쪽.
118) 위의 책, 11쪽.
119) 『김약제일기』 3, 갑오 8월 23일, 24일.

들은 적에 가입했거나 안했거나를 막론하고 모두 적을 당겨서 상전 주인을 위협하여 강제로 노비문서를 태워 종량(從良)케 하였다. 혹은 상전 주인을 묶어서 주리를 틀고 곤장치고 매질하였다. 이에 노비를 가진 자는 대세에 눌려 노비문서를 불태움으로써 피해를 막았다. 순근(淳謹)한 노비는 혹 태우지 말라고 하기도 하였으나 분위기가 이미 그런지라 상전 주인은 노비를 더욱 두려워하였다. 혹 사족 상전과 노비가 같이 적에 가입하면 서로 접장이라고 불러서 적의 법에 순응하였다. 도한(屠漢)·재인(才人)들도 평민·사족과 맞먹으니 사람들이 더욱 이를 갈았다"라고[120] 하듯이, 노비 천민들의 농민군 가입이 특히 현저하였다.

이러한 추세는 갑오개혁에서 '벽파반상등급(劈破班常等級)'·'공사노비지전(公私奴婢之典) 일절혁파(一切革罷)'의 조치가 취해지면서[121] 더욱 강화되었다.[122] 고종 31년(1894) 경상도 김산군(金山郡) 과내면(果內面)에서는 사노 김벽완(金碧完)이 방우(放牛)하여 여생원택(呂生員宅)의 논에 피해가 있자, 여생원택에서 김(金)을 불러다가 꾸짖으니 김은 "당신도 사람이고 나도 사람인데 당신이 어찌 나를 꾸짖는가. 내가 장차 당신을 꾸짖는 날이 있을 것이다"라고 하였다고 한다.[123] 이러한 상황에서 김개남 예하의 재인접(才人接),[124] 손화중 예하의 천인접(賤人接),[125] 홍낙관(洪洛官)이 거느린 재인포(才人布)는[126] 더욱 증강되었을 것이다.

---

120) 『오하기문』 2, 갑오 8월, 96쪽.

121) 『일성록』 고종편 31, 고종 31년 6월 28일, 200쪽.

122) 『김약제일기』 3, 갑오 7월 25일. 주 121)의 개혁조치가 있자 천민·상민의 마음이 더욱 거리낌 없어져서 노비는 자퇴면천(自退免賤)했다고 한다.

123) 『송안(訟案)』 2, 광무 1년 8월 일.

124) 제5장의 주 200) 참조.

125) 제5장의 주 201) 참조.

126) 제5장의 주 202) 참조.

상민신분의 농민들은 집강소 3기의 시기에 더욱 농민군에 참여하였다고 생각된다. 주 122)에서와 같이 갑오개혁의 신분제 폐지에 '더욱 거리낌 없어졌고' 따라서 농민군에 적극적으로 참여하게 되었다. 예컨대 고종 31년(1894) 12월 12일 이규태가 무안현에 보내는 감결에서 "금년 동학배가 창궐함에 피륵자(被勒者, 강요되어 동학군에 가입한 자－인용자)는 요행이라고 생각하고 낙종자(樂從者, 자원하여 농민군에 가입한 자－인용자)는 지금이 시세를 탈 수 있는 때라고 생각하여 민첩하게 일제히 난장판에 몰려 들었다. 평민으로서 농민군에 가입하지 않은 자는 거의 드물었다"라고[127] 하였듯이, 상민신분 농민의 농민군 참여가 더욱 보편화되었다고 생각된다.

집강소 3기의 경우에도 동학신자들이 농민군에 많이 참여하였지만 이전의 경우와 마찬가지로 농민으로서의 입지에서 참여하는 것이었다. 그러나 동학신자의 자세를 버리는 것이 아니라, 그 자세는 그냥 가지면서 농민적인 입지에서 행동하는 것이었다. 동학신자로서의 자세는 예컨대 "적은 사례(師禮)를 매우 존중하였는데 제우(濟愚), 시형(時亨) 등에 대해서는 모두 그 이름 부르기를 기위하였다. 제우를 가리켜서는 '제자우자(濟字愚字)'라고 하고 시형을 가리켜서는 '시자형자(時字亨字)'라고 하였다. 접주에 대하여서도 마찬가지였는데 혹은 별호를 칭하고 혹은 모장모씨(某丈某氏)라고 하였다"고[128] 한다.

집강소 상호 간의 관계에서는 어떤 질서였는지에 대하여 살펴보기로 한다. 이 시기에도 전라도 농민군은 크게 보아 세 지역으로 갈라져 있었다고 보인다. 전봉준의 우도, 김개남의 좌도 그리고 손화중·최경선의 광

127) 『동학란기록』 하, 「선봉진 각읍료 발관 급감결」, '감결 무안현', 328쪽.
128) 『오하기문』 2, 갑오 8월, 97~98쪽.

주 일대로[129] 나뉘어져 있었다고 보인다. 예컨대 "거괴에는 김개남, 손화중, 전봉준 등이 있었는데 각기 수만의 무리를 장악하고 있었다"고[130] 한다. 이들 3거괴에 소속되지 않으면서 독립되어 있는 집강소도 많았다.

상부의 거괴를 달리하는 집강소끼리는 갈등 · 대립도 많았다. "내종에는 남이 관리하는 사람을 유인하는 등 남의 진영에 들어가 인마, 총포, 탄약 등을 약탈하는 일까지도 있었다"고[131] 한다. 9월 18일에 순천(順天) 집강 양하일(梁河一)이 금구접(金溝接)과 남원접(南原接)의 협력을 얻어서 낙안(樂安)에 침입하였는데 낙안에서는 낙안 집강 김사일(金士逸)이 보성접(寶城接)의 힘을 빌려서 방어하였으나 패배하였다.[132] 순창(淳昌)에서는 5월 하순 이래 군수 이성렬(李聖烈)과 집강 이사문(李士文) 병립(竝立)의 집강소가[133] 행정을 처리하고 있었는데, 6월 6일 전봉준의 순창 순행에서 나타나듯이 이사문은 전봉준 계열의 집강이었다. 9월 초순에 김개남 예하의 전량관(典糧官)이면서 담양(潭陽) 접주인 남응삼(南應三)이 순창에 난입하여 소동을 피웠으나 이사문의 방어에 의하여 쫓겨났다.[134] 김개남이 전봉준의 장악 · 지배지역을 잠식하려는 시도였다고 생각된다. 그러나 김개남, 전봉준이 꼭 대립하고 있었던 것은 아니었다. 7월 이후 운봉(雲峰)은 박봉양(朴鳳陽)이 민포(民砲)를 조직하고 농민군을 축출하여 집강소가 없는 고을이었고, 박봉양은 김개남과 대립하고 있었는데,[135] 8월 말경, 전봉준은 운봉에 들어가 박봉양과 김개남을 통호(通好)케 하려고 노력하였

---

129) 『겸산유고』 권19, 「금성정의록」 갑편, 15쪽.
130) 위의 책, 11쪽.
131) 『동학사』, 153쪽.
132) 『오하기문』 3, 갑오 9월, 10쪽.
133) 주 36) 참조.
134) 『오하기문』 3, 갑오 9월, 13~14쪽.
135) 『동학란기록』 하, 「박봉양경력서」, 511쪽.

으나 실패하였다.[136] 여기에서는 전봉준과 김개남의 협력관계를 읽을 수 있다.

다음 집강소의 조직에 대하여 살펴보기로 한다. 집강소 3기에 집강소가 공식적으로 인정됨으로써 집강소 조직도 크게 정비되기에 이르렀다. 예컨대 정석모는 집강소가 "완연히 하나의 관청을 이루었다"라고[137] 하였듯이, 집강소는 행정기관화되면서 조직까지 정비되었던 것이다.

첫째, 집행기관 기능이 있었는데, 이에는 서기, 성찰, 집사, 동몽 등의 직임이 있었다. 이들은 집강의 지휘를 받으면서 행정관련 사무를 처리하였다. 김덕명은 "원평점(院坪店)에 도소를 설치하고 공곡 · 공전을 거두었고",[138] 집강소에서는 "군기(軍器) · 군량(軍粮)과 왕세(王稅) · 군목(軍木)을 거두고 …… 말, 나귀와 사람, 총, 식칼까지라도 모두 거두어 들"였으며,[139] "적(賊)은 군수미(軍需米) · 군수전(軍需錢) · 군포(軍布)를 거두었다"라고[140] 하듯이, 우선 조세징수 기능을 수행하였다. 집강소 질서하에서는 전운영의 기능이 소멸됨으로써[141] 집강소에서 거둔 조세는 중앙에 수납되지 않았고 지방질서의 유지와 농민군의 무장력 유지에 사용되었다. 태인의 집강소에는『요역절목』1책과『전세도록』1책이 보관되고 있었는데[142] 조세수납 행정에 쓰인 참고자료였다고 생각된다. 충청도의 홍산(鴻山)에서는 농민군이 장청(將廳)과 작청(作廳)까지도 장악하여 운영하고 있었다.[143] 따라서 주 88)에서 "이서배(吏胥輩)는 모두 동학당에 입적(入

136)『오하기문』2, 갑오 8월, 93쪽.
137) 주 88)과 같음.
138)『동학란기록』상,「순무선봉진등록」, 669~670쪽.
139)『동학사』, 153~154쪽.
140)『오하기문』2, 갑오 8월, 98쪽.
141) 위의 책, 갑오 8월, 78쪽.
142)『동학란기록』하,「선봉진 각읍료 발관 급감결」, 349쪽.

籍)하여 성명(姓名)을 보존하였다"라고 한 이서배의 농민군 참여는, 집행기관의 서기, 성찰, 집사 등을 보조하는 역할이었다고 생각된다.

둘째, 의결기관이 있었다고 생각된다. 이는 "집강소를 설립하여 …… 매 읍에 …… 의사원(議事員) 약간 인을 두었으며"라는[144] 기술에서 알 수 있다. 이 기관도 집강이 장악하고 있었다고 생각된다.

셋째, 호위군이 있었다고 생각된다. 이는 "관민 간에 남은 군기와 마필을 거두어 집강소의 호위군을 세우고 만일을 경계하였다"라는 기술에서[145] 알 수 있다.

(3) 집강소의 폐정개혁사업

농민군이 집강소를 설치한 것은 폐정을 자신의 힘으로 스스로가 주체적으로 개혁하기 위한 것이었고, 그 성장과 발전의 결과 7월 6일 이후에는 집강소가 공식적으로 인정되었다. 관민의 타협·합작에 의한 공식적 인정하에서도 폐정개혁사업은 지속되었다. 폐정개혁사업에서의 관민합작의 표현이 '폐정개혁 12조'라고[146] 생각된다. 다음에서 보이듯이 그 12개조의 제1조에서는 "도인(道人)과 정부 사이에는 숙혐(宿嫌)을 탕척하고 서정(庶政)을 협력할 사(事)"라고 되어 있는데, 이것은 폐정개혁사업의 원칙을 천명한 것이었고, 그 원칙은 7월 6일의 합작 당시의 관민상화의 원칙과 완전 일치됨으로, 그 '폐정개혁 12조'가 집강소 3기의 폐정개혁사업의 강령이었다고 생각된다.

---

143) 이복영, 『일기 제10』, 갑오 10월 14일(홍성찬, 1983의 글, 82쪽에서 재인용).
144) 『동학사』, 126쪽.
145) 위의 책, 130쪽.
146) 위의 책, 126~127쪽.

김학진이 7월 10일 무렵에는 자신의 병조판서 임명 인사의 철회를 계청하고 있었고,[147] 그 직후에는 조정에서 김학진 처벌을 에워싸고 정치세력 사이에 밀고 당김이 벌어지고 있었으며,[148] 7월 18일에야 김학진의 잉임이 결정된[149] 점으로 보아서 '폐정개혁 12조'는 7월 20일 전후의 무렵에 김학진과 전봉준 사이에서 합의되었다고 생각된다. 즉 '폐정개혁 12조'는 농민군의 일방적 선언이나 일방적 강령이 아니라, 어디까지나 타협을 거쳐서 양측 간에 합의된 개혁강령이었다고 생각된다.

'폐정개혁 12조'의 내용은 다음과 같다.

1. 道人과 政府와 사이에는 宿嫌을 蕩滌하고 庶政을 協力할 事
2. 貪官汚吏는 그 罪目을 査得하여 一一嚴懲할 事
3. 橫暴한 富豪輩는 嚴懲할 事
4. 不良한 儒林과 兩班輩는 懲習할 事
5. 奴婢文書는 燒祛할 事
6. 七班賤人의 待遇는 改善하고 白丁頭上에 平壤笠은 脫去할 事
7. 靑春寡婦는 改嫁를 許할 事
8. 無名雜稅는 一幷勿施할 事
9. 官吏採用은 地閥을 打破하고 人材를 登用할 事
10. 外敵과[150] 奸通하는 者는 嚴懲할 事
11. 公私債를 勿論하고 已往의 것은 幷勿施할 事
12. 土地는 平均으로 分作케 할 事

(1, 2 등의 번호는 인용자가 편의상 붙인 것임)

---

147) 주 93)과 같음.
148) 주 94), 103) 참조.
149) 주 102)와 같음.
150) '○'으로 되어 있는 것을 『동학사 초고본』에 의하여 '외적(外敵)'으로 고쳤다.

첫째, 뚜렷하게 드러나는 특징은 봉건적인 계서적 신분제도를 전면적으로 철폐하려는 원칙이었다. 4조, 5조, 6조, 7조, 그리고 9조가 그것이었다. 7조는 이미 상민층, 천민층에서는 관행화되어 있었던 것을 공식적인 제도화로서 재확인하는 것이었고, 4 · 5 · 6조는 제1차 농민전쟁과 집강소 시기에 농민군에 의하여 실천되었던 것을 공식적 제도화로서 재확인하는 것이었다. 그리고 이것은 9조와 함께 갑오개혁에서 국가의 차원에서도 제도화되었다. 따라서 봉건적인 계서적 신분제도는 집강소 질서하에서 철폐되었다고 생각된다.

둘째, 봉건적 정치행태를 개량하려는 원칙도 두드러지고 있다. 2조와 9조가 그것인데, 2조 역시 제1차 농민전쟁과 집강소 시기에 농민군에 의하여 실천되었던 것을 공식적 제도화로서 재확인하는 것이었다. 9조는 갑오개혁에서 국가의 차원에서도 제도화됨으로써, 집강소 질서하에서 봉건적 정치행태는 크게 개량되었다고 생각된다.

셋째, 경제관계에서의 봉건적 폐단을 개혁하려는 원칙이었다. 8조와 11조가 그것인데, 8조는 교정청의 개혁에서도 확인되고 있고[151] 갑오개혁에서도 제도화되었다. 공사채(公私債)의 물시(勿施) 조항은 농민군 측에게는 생활상의 절실한 문제였다. 부여 대방면에서 오봉룡(吳鳳龍)은 이복영(李復榮)으로부터 1888년에 조(租) 10두(斗)를 빌려서 1893년에 원리금 합하여 4석(石)의 조를 갚았는데, 집강소 질서하에서 오(吳)는 4석조(石租)의 반환을 요구하였고 결국 1894년 10월에 이복영은 4석조를 반환하고 있다.[152] 충청도 태안에서는 집강소 질서하에서, 평민이 양반에게 20년 전에 갚은 400금(金)의 반환을 요구하였고 양반은 그것을 반환하였다.[153] 역

151) 『일성록』 고종편 31, 고종 31년 6월 14일, 179쪽; 『속음청사』 상, 갑오 6월 21일, 319쪽.
152) 홍성찬, 1893의 글, 88~89쪽에서 인용.
153) 『김약제일기』 3, 갑오 7월 27일.

시 태안에서 금현(琴峴)의 장청일(張淸一)은 입도(入道)하고 나서 전에 갚은 원리금을 모두 반환하기를 양반 채주(債主)에게 요구하였으나, 그 양반 채주가 걸면(乞免)함에 포기하고 있었다.[154] 충청도에서 이러하였으니까 농민군의 우세가 더욱 현저하였던 전라도 지역에서는 위와 같은 경우가 더욱 많았다고 짐작된다. 그러나 역시 부여 대방면의 집강소의 접사(接司)는 국전(國典)의 자모정식법에 준거하여 고리채 문제를 해결하려고 하고 있었는데[155] 이러한 경우도 많았으리라고 짐작되며, 특히 고리채 문제는 지역에 따른 농민군의 지배력에 따라 편차가 많았으리라고 생각된다. 이상과 같이 집강소 질서하에서 경제관계에서의 봉건적 폐단도 일정하게 개혁되었다고 생각된다.

넷째, 횡포한 부민을 응징함으로써 균산(均産)의 이념을 실현하려는 원칙이었는데 3조에서 나타나고 있다. 이는 농민군에 의하여 제1차 농민전쟁과 집강소 시기에 실천되고 있던 현상이었다.[156] 그러나 그것은 무조건적인 부민(富民) 응징이거나 부민으로부터의 토재(討財)는 아니었다. 그것은 부민도 이미 농민전쟁에 동조층으로서 참여하고 있었다는 점에서 증명되고 있다. 예컨대 "중류 이하의 민(民)은 이번의 소란에 오히려 돈벌이의 기회가 열림을 반겨하였지만, 상류의 재산가로서 평소 사람들에게 인심을 잃었던 자들은 풍성학려하여 약탈당하지 않을까 두려워하여 아무데로나 도망하는 자가 많았다"라는 보도가 있고,[157] 또한 충청도 홍주에서는 농민군 활동기의 절정기에서도 평소 윤산(潤産)을 도모하지 않고 대

154) 위의 책, 갑오 8월 1일.

155) 홍성찬, 앞의 글, 89쪽.

156) 오지영은, 집강소 질서하에서는 "또는 부자나 양반이나 그 죄과를 징습(懲習)하는 일방"(『동학사』, 152쪽)이라고 하였다.

157) 『조선변란실기』, 26쪽(信夫淸三郎, 위의 책, 25쪽에서 재인용).

객(待客)과 주빈(賙貧)에도 힘을 기울였던 송씨가(宋氏家)에는, 농민군들이 서로 경계시키면서 침입하지 않았다는 견문기사도[158] 있음에서 그렇게 생각된다. 이와 관련하여 주목되는 것이, 집강소 2기 말에서 3기에 걸쳐 전봉준 농민군이 균산주의 이념을 다듬어 나가면서 『정다산비결』을 이용하였다는 사실이다. 앞의 주 81)~83) 관련 부분의 서술에서와 같이 전봉준부대가 '경작능력에 따른 득전(得田)' 원칙에 눈뜨고 있었다고 생각되는데, 이 원칙에서 벗어나지 않은 부민은 토재의 대상에서 제외되어 있었던 것이 아닌가 추정된다. 이 원칙은 김학진의 입장 즉 개화파의 입장에서는 현실적으로 수용하기 어려운 것이었지만 상대적인 열세로 말미암아 부득이 양보함으로써 집강소 질서하에서 봉건적·관료적 특권에 의한 부 축적은 크게 제약되었고, 동시에 그런 방법에 의하여 부를 축적한 봉건적·관료특권적 부민은 크게 탈재(奪財)당하였다고 생각된다.

다섯째, 외적(外敵) 구체적으로는 일본과 간통하는 자는 응징한다는 민족주의적 원칙이었다. 농민군은 3월 25일의 4개명의[159] 이래 척왜(斥倭)의 원칙을 일관되게 견지하였다. 그러나 농민군은 일본의 조선진출을 식민지화의 위기로는 인식하지 않았고[160] 6월 21일 일본군의 경복궁 점령사건도 식민지화의 결정적 위기로까지는 인식하지 않았다고 생각된다.[161]

---

158) 홍건(洪楗), 『홍양기사(洪陽紀事)』, 「난중기문(亂中記聞)」, 111~112쪽.

159) 제5장의 주 31) 참조.

160) 어느 공주 유생은 "곳곳에서 봉기하니, 봉기하지 않은 고을이 없었다. 모두 척왜를 명분으로 하지만 실은 화적(火賊)이었다"라고 하였고(『시문기(時聞記)』, 갑오 4월, 19쪽), 일본인 기자는 "양이왜노(洋夷倭奴)를 척양(斥攘)해야 한다고 부르짖지만 이것은 구실일 뿐이고 실은 정부를 전복하여 혁신하려는 데에 목적이 있다"라고 보도하였다(『동방협회보고(東邦協會報告)』 38회, 1894년(명치 27) 6월 27일 보고, 95쪽).

161) 전봉준은 제2차 재판에서 일본군의 경복궁 점령사건을 '침략아국경토(侵掠我國境土)' 즉 식민지화의 위기로 인식하면서 그것에 대한 대처에 골몰하였다(「전봉준공초」, 538쪽). 8월 11일 전봉준은 전주에서 일본인과의 회견에서, 일본군의 경복궁 점령사건 이후 "우리는 일본의 행동, 대원군의 행동을 아직 자세히 몰라서 안심할 수 없기

농민군의 최대·최고의 목적은 폐정개혁이었고 집강소 3기의 단계에서는 봉건적 모순의 근본적 해결이 최우선의 과제였다. 그 과제를 온전하게 수행하기 위한 여건으로서의 척왜였다고 생각된다.

개화파도 일본에 의하여 장악되어 있는 상황이 아니었다. 김홍집은 평양의 청진(淸陣)에 편지를 보내어 청일전쟁의 승패결과에 대비하면서 조선의 국외중립(局外中立)을 구상하고 있었고,[162] 김가진도 청일 간의 승패의 귀결을 관망하고 있었다.[163] 개화파에 의한 갑오개혁도, 빨라도 8월 17일의 평양성 전투에서의 일본의 대승 이전까지는, 개화파의 구상에 의하여 시행되었다고 생각된다.[164]

따라서 이 원칙은 양측에 의하여 합의되었고, 은진(恩津)의 황산(黃山)에서는 6월 21일의 사건 이후 "이전 동도는 일본인에 대하여 하등의 방해를 하지 않았으나 이번은 일본인에 대한 감정이 매우 나쁘며"[165] 공주에서는 역시 6월 21일의 사건 이후 농민군이 일본을 토평(討平)하는 데에 군량이 필요하다는 이유로 부민·사족가(士族家)에 곡물·말·총 등을 복정(卜定)하고 있었음에서[166] 나타나듯이, 철저하게 준수되고 있었다.

여섯째, 토지소유 내지는 득전의 문제에 관한 원칙이었는데, 12조가 그것이다. 관민합작의 집강소, 공식적으로 인정된 집강소의 성격규정 문제에서 가장 핵심적인 관건이 되는 조항이라고 생각된다. 12조는 말 그대

때문에, 나는 힘써 동지들의 분격을 가라앉힘과 동시에 우리 정부의 동태를 알려고 하고 있다"라고 말하였다(『일청교전록(日清交戰錄)』 12, 1894년(명치 27) 10월 16일(음력 9월 18일), 42~43쪽). 8월 17일 일본군의 평양전투 승리 이전에는 청일 간의 우열이 분명치 않았고, 일본의 한국지배도 극히 불안정한 정세였다.

162) 伊藤博文 編, 1970, 『朝鮮交涉資料』 中, 原書房, 635~636쪽.

163) 『일본외교문서(한국편)』 5, '445. 京城狀況報告의 件', 701~702쪽.

164) 유영익, 1990, 「갑오경장을 위요한 일본의 대한정책」, 『갑오경장연구』, 일조각, 3쪽.

165) 『주한일본공사관기록』 3, 240쪽.

166) 『시문기』, 갑오 7월 5일, 20쪽.

로 토지의 경작을 평균되게 한다는 경작평균의 원칙이었다고 생각되며, 2조~11조 특히 11조가 김학진 곧 개화파의 상대적 양보였고, 그것에 반하여 12조는 농민군 측 즉 전봉준의 상대적 양보였다고 짐작된다. 다시 말하면 김학진 측은 경작평균안을 제시하였고, 전봉준 측은 균산주의 이념에 입각한 경작능력에 따른 득전안을 제시하였는데, 전봉준 측이 양보하여 김학진 측의 안을 수용하였다고 짐작된다.

우선 김학진 측의 안에 대하여 살펴보기로 한다. 김학진의 종사관으로서 김학진의 난민 효유문을 모두 작성하면서 농민전쟁 수습책에서 김학진의 두뇌역할을 한 김성규(金星圭)의 토지제도개혁안이 주목되어야 하리라고 생각된다. 김성규의 지주전호제 개혁안은 요약하면 소작지(小作地)의 균등분작(均等分作)과 그 소작인의 상정화(常定化)를 전제조건으로 한 생산물의 1/4 수준에서의 항정도조법(恒定賭租法)이었고,[167] 이러한 구상은 1904년에 확립된 것이지만,[168] 그가 "이와 같은 지주제 개혁안을 구상하게 된 것은 그 부친의 토지론이나 다산의 농업개혁론과도 관련하여 이미 오래전부터의 일이"었다.[169] 경작평균의 원칙이 김학진 측의 안이었음이 드러나고 있다.

다음 전봉준 측의 안을 살펴보기로 한다. 먼저 농민전쟁 진행과정에서 토지문제에 관련하여 어떤 행동을 하였는지를 살펴볼 필요가 있다. 1894년 7월 30일 태안에서 농민군 이모(李某)에게 답문기(畓文記)를 빼앗긴 어떤 지주는 "도인들이 애초에 경계설(經界說)이 없어서 답문기를 빼앗아 갔다"라고[170] 말하고 있다. 도인들이 토지사유를 부정하고 있다는 것이었다.

---

167) 김용섭, 1984, 「광무개혁기의 양무감리 김성규의 사회경제론」, 『증보판 한국근대농업사연구』 하, 일조각, 134쪽.

168) 김용섭, 앞의 글, 139쪽.

169) 김용섭, 위의 글, 135쪽.

역시 태안에서 김약제(金若濟)의 종숙(從叔)은 일단 답권(畓券)을 농민군들에게 빼앗겼다가 나중에 찾아오고 있다.[171] 농민전쟁 진행 중에 부안에서는 농민군 남진원(南眞元), 김보일(金甫一)이 김병희(金丙喜)의 시작답(時作畓)을 탈경하였다.[172] 역시 농민전쟁 진행 중인 7월과 9월에 광주의 최경선 농민군은 지주인 정사진(鄭士辰)의 병조(并租)를 탈취하고 있다.[173] 장성에서도 농민군이 지주의 도조를 탈취하였다.[174] 농민군들이 지주전호제를 반대하고 토지소유를 지향하고 있음이 드러나고 있다.

전봉준부대의 경우에는, 5월 하순에 나주이북 흥덕이남 지역에서 균산주의적 행동을 하였고(주 53)에 이어지는 기사 참조) 6월 하순에도 균산주의적 이념의 행동을 하였으며(주 79) 참조), 『정다산비결』을 이용하면서 '경작능력에 따른 득전'의 원칙을 수용하고 있었다고 짐작된다(주 80)~83) 참조). 그리고 전봉준은, 동학당정토군 독립 제19대대 사령관 미나미 고시로(南小四郎) 소좌가 포획 당시에[175] 그를 취조한 구공서(口供書)에서 "나의 종국의 목적은 …… 전제(田制) · 산림제(山林制)를 개정하"는[176] 것이었다고 하였다. 전봉준은 전제의 근본적 개정을 종국의 목적의 하나로 하고 있었다. 이렇게 볼 때, 전봉준은 전제의 근본적 개정을 구상하고 있었다고 보이며, 『정다산비결』에서의 '경작능력에 따른 득전'의 원칙을 개혁

170) 『김약제일기』 3, 갑오 7월 30일.

171) 위의 책, 갑오 8월 21일.

172) 『민장치부책(民狀置付冊)』 2, 을미 3월 2일, 30쪽.

173) 『광주군범치명옥사초복검문안(光州郡范治明獄事初覆檢文案)』.

174) 『동학란기록』 상, 「순무선봉진등록」, 650~651쪽.

175) 전봉준은 12월 2일에 순창(淳昌)에서 체포되어, 12월 7일에 일본군에게 인도되었다(『동학란기록』 상, 「순무선봉진등록」, 611쪽). 따라서 구공서는 12월 초순에 이루어졌다고 생각된다.

176) 『동경조일신문』, 1895년(명치 28) 3월 5일, '동학당 대두목과 그 자백'(1988, 『사회와 사상』 1, 261쪽).

안으로서 김학진 측에게 일단 제시하였으리라고 짐작된다.

그러나 전봉준은 김학진 측의 '경작평균'의 안을 수용하였다고 생각된다. 그 가능성을 살펴보기로 한다. 『정다산비결』=『경세유표』의 또 하나의 다른 차원의 전제개혁안은[177] 현실의 지주전호관계를 그냥 용인한 채, 토지의 경작만을 경작능력에 따라 평균되게 조정하는 것이었다.[178] 전봉준은 『정다산비결』=『경세유표』의 또 하나 다른 차원의 전제개혁안에 근거하여, 김학진 측의 경작평균안을 수용하게 되었다고 생각된다.

그러나 이러한 차원에서의 개혁원칙이었지만 양측의 타협으로서의 개혁안으로서만 존재하였을 뿐 현실화되지는 않았다. 그러나 봉건제도의 가장 핵심인 토지문제에서 양측이 일단 합의를 이룩하였다는 것은, 농민군과 개화파가 조선의 '근대화'과정에서 연합과 합력 · 동맹의 관계를 이룩할 수 있는 가능성이 현실적 · 역사적으로 당시에는 실재하고 있었다는 것을 나타내고 실증하는 것이었다고 생각된다.

이상에서와 같이 집강소 질서하에서 12조를 제외한 다른 조항은 실현되었다고 보인다. 봉건제도가 근본적으로 변혁되지는 않았지만 계서적인 신분제도는 전면적으로 해체됨으로써 봉건제도는 크게 개혁되었다고 생각된다. 그리고 농민군의 집강소가 기존의 행정체계와 이원적으로 병립되었지만 농민군의 자치적 행정기관으로서 확립되었고, 농민군의 군사적 우위하에서 곳에 따라서는 사실상 일원화됨으로써 농민의 지방권력기구로 성립되기도 하였다. 농민군은 지역의 차원이긴 하지만 자신의 힘으로

177) 『경세유표』의 「정전의(井田議)」가 그것이었다(박찬승, 1986, 「정약용의 정전제론 고찰」, 『역사학보』 110, 130~144쪽 참조).

178) 박종근, 1963, 「다산 정약용의 토지개혁사상의 고찰」, 『조선학보』 28, 111쪽; 정석종, 1970, 「다산 정약용의 경제사상」, 『이해남박사화갑기념사학논총』, 일조각, 194~195쪽; 신용하, 1976, 「조선후기 실학파의 토지개혁사상」, 『한국사상대계 Ⅱ 사회경제사상편』, 성균관대 대동문화연구원, 392~394쪽; 박찬승, 위의 글, 135~136쪽.

스스로가 주체적으로 자신들의 사회경제적 생활질서를 다듬어 나가고 새롭게 창출하기도 하였다. 조선사회의 역사적 전진이었고 농민군의 비약적 성장이었다고 할 수 있다.

7. 제2차 농민전쟁과 농민군의 몰락

집강소 2기에 농민군 집강소가 본격적으로 전개되고 있었던 상황에서 6월 21일 일본군의 경복궁 점령사건은 농민군에게는 커다란 충격이었다. 장성(長城)에서는 6월 29일 "왜병(倭兵)이 장차 이를 것이다. 일이 심히 급박하다"면서[1] 5·600명의 농민군이 성중(城中)에 난입하여 군기고를 열고 군기를 모두 빼앗아 갔다. 이 시기의 전라도의 일반적인 상황에 대하여 "전에 폐정을 개혁할 목적으로 일어났으나 조유(詔諭)를 만나 초토사와 화약을 맺고 …… 잠시 무기를 내려놓고 있었지만 일본은 대병을 파견하여 우리나라를 집어삼키려고 한다", "조금이라도 나라를 걱정하는 사람은 …… 궁중의 일을 물을 겨를조차 없으므로 우리가 먼저 일어나 일병을 막아내어야 한다"고 했다는 보도가[2] 있다. 충청도 이인(利仁) 반송(盤松)에서도 7월 5일에 "지금 외국이 내침하여 종사(宗社)가 심히 위험하므로 군사를 일으켜 토벌하여 환란을 평정하려고 한다"면서[3] 봉기하였다.

그러나 전봉준(全琫準)은 8월 11일에 "일본의 행동, 대원군의 행동을 우리는 아직 자세히 알지 못해서, 안심할 수 없기 때문에, 나는 힘써 동지들의 분격을 가라앉힘과 동시에 우리 정부의 동태를 알려고 하고 있다"고[4] 말하였다. 전봉준은 대원군·개화파 연립정권의 대응을 지켜보고자 하였다. 전봉준은 당시의 상황을 국권상실의 결정적 위기로는 인식하지 않았던 것 같고, 대원군·개화파 연립정권이 민족적 위기를 수습해 나갈 역량

---

1) 『古文書 2, 官府文書』, '古80943', 1987, 서울대 도서관, 412쪽.

2) 『東京日日新聞』, 1894년(명치 27) 8월 5일(음력 7월 5일)(박종근, 1989, 『청일전쟁과 조선』, 일조각, 213쪽에서 재인용).

3) 『時聞記』, 갑오 7월 5일, 6일, 20~21쪽.

4) 『日淸交戰錄』 12, 1894년(명치 27) 10월 16일, 42~43쪽.

을 결여하고 있다고 파악했던 것 같지도 않다.[5)]

그러나 8월 17일 평양성 전투에서 일본군의 대승과 잇따른 중국대륙에로의 진군은 조선의 국내정세에도 커다란 영향을 끼치게 되었다. 청일 간의 우열의 판가름을 기다리며 지켜보던 정파들은 친일의 쪽으로 기울어지기 시작하였고 따라서 일본의 조선에 대한 압력도 점차 강화되기 시작하였다.

조선을 둘러싼 국제적 힘관계의 복잡성, 그리고 그것에 규정되는 국내정치세력의 대립과 갈등의 복잡성, 그리고 거기에 겹쳐서 농민군 내부에서의 개혁노선의 차이(예컨대 관민합작의 집강소 질서의 전봉준의 개혁노선과, 관민합작을 거부하고 대부민 투쟁과 설원 위주의 김개남의 개혁노선의 대립 · 갈등) 등에 얽혀서 농민군의 동태도 매우 복잡하게 전개되었다. 이러한 농민군 내부의 개혁노선의 대립 · 갈등에 주목하면서 일본의 제국주의적 침략에 의하여 농민군이 몰락하게 되는 과정을 이하에서 살펴보려고 한다.

1) 농민군의 재봉기

(1) 개화파정부와 일본군의 결탁

일본은 6월 23일에 청일전쟁을 도발하고 나서, 최소한으로는 러시아의

---

5) 전봉준은 제3 · 4차 재판에서 6월 21일의 일본군 경복궁 점령사건을 7월에 남원에서 들었다고 말하였으나 주 1), 2)로 미루어 보아 그것은 사실이 아니었다고 보인다. 그리고 제2차 재판에서는 일본이 조선 경토를 침략하는 것이라고 의아하여, 즉 국권 상실의 심각한 위기라고 생각되어서 재봉기하였다고 하였으나(「전봉준 공초」, 538쪽), 제6장에서 7월 6일의 김학진과의 관민합작에서 보이듯이, 전봉준은 당시의 민족적 위기를 개화파와의 연합에 의하여 극복하려 하였다고 생각된다.

남하정책에 대처함에 필요한 전략적 시설을 한반도 안에서 확보하고, 불평등조약체제를 더욱 강화하여 본원적 축적을 강행하는 정책을, 최대한으로는 조선을 일본의 보호국으로는 만드는 정책을 추구하였다.[6] 7월 20일에는 '조일잠정합동조관'을, 7월 26일에는 '조일맹약'을 조선의 개화파정부(開化派政府)와 체결하였다. 그리고 이에 앞서 오토리 게이스케(大鳥圭介)는 6월 8일에 청이 제의한 공동철병안을 무력화시키고 장차 청일전쟁을 도발하기 위하여 '내정개혁방안강목(27조)'을 조선정부에 제시하였다. 그리고 그때 이미 오토리 게이스케는, 위의 강목의 필행(必行)을 강요할 구실로 "조선정부는 내정이 정돈 못되어 자주 변란을 도발하는 동시에 외병(外兵)을 초래하여 일본국에 위협을 끼치고 있다. 일본은 정사(政事) 및 무역상 조선국과의 관계가 심심한 고로 자위(自衛)상 조선내정의 개혁을 촉구하여 변란의 근원을 단절할 수밖에 없다"는 것을 내세울 것을 방안의 하나로 삼고 있었다.[7] '변란의 근원을 단절함' 즉 밑으로부터의 변혁운동을 압살하는 것이, 이미 6월 8일의 시점에서 명백하게 착목되고 있었다.

그러나 오토리 게이스케는 러시아의 경고와 조선의 개화파들이 반발할 것을 우려하여 침략정책을 노골화 · 강행하지는 않았다. 그러나 8월 17일의 평양성 전투에서의 승리 이후, 일본은 대조선정책을 침략의 노골화 · 강행 쪽으로 전환하였다.[8]

일본은 청일전쟁을 대비하기 위해, 그리고 전쟁 발발 이후에는 군대와 군수품의 수송을 위해 부산에서 서울에 이르는 종관로(縱貫路)의 요지에

---

6) 유영익, 1990, 「청일전쟁중 일본의 조선보호국화기도와 갑오 · 을미경장」, 『갑오경장연구』, 일조각, 25쪽.

7) 『일본외교문서(한국편)』 5, '398. 7월 10일, 조선내정개혁의 권고가 거절될 때 우리가 취해야 할 수단에 대한 건', 1981, 태동문화사, 634쪽.

8) 유영익, 앞의 글, 29~30쪽.

21개소의 일본병참부를 설치하고 조선인 노동력을 강제동원하였다. 이러한 강제동원에 반항하여 7월 12일 대구에서는 조선인 100여 명이 봉기하였고,[9] 7월 하순에는 함창현(咸昌縣)에서 동학당이 일본군의 강제동원에 응하지 말 것을 선동하였다.[10] 7월 2일에는 공주 유생 서상철(徐相轍)의 주도하에 안동(安東)에서 반일의병(反日義兵)의 봉기가 있었고, 이 의병부대는 태봉(台封)→충주(忠州)→제천(堤川)→원주(原州)→곤지암(昆池岩)(9월 20일) 등지를 이동하면서 의병활동을 전개하였다.[11] 당시 조선인민의 뜻있는 사람은 "제국 일본은 조선을 병탄한다고 믿고 모든 일본인을 원수로 믿고"[12] 있었다고 한다. 7월 25일에 개통된 일본의 경부 간 군용전선도 조선인민에 의하여 자주 절단되고[13] 전주(電柱)가 파괴당하였다.[14]

한편 농민군도 반일봉기의 움직임을 나타내고 있었다. 8월 15일 양호선무사(兩湖宣撫使) 정경원(鄭敬源)은 "흩어졌던 자들이 다시 모이고 해산했던 자들이 다시 결당(結黨)하고 있다"고[15] 보고하였고, 8월 27일 전라감사 김학진은 고부, 고창, 금구, 무장, 장성, 흥덕, 태인, 함평, 부안, 정읍 등 10고을에서 군기를 빼앗겼다고 보고하였는데,[16] 이는 농민군에게 군기를 빼앗긴 경우임에 틀림없는 것이었다. 9월 초 서울에서는 "또 들으니 양호(兩湖)의 동학도(東學徒)가 무리를 끌어모아서 서울로 향하였는데 장차 보름쯤에는 서울을 범한다고 한다"는[17] 소문이 떠돌고 있었다. 9월 9일

9) 『時事新報』, 1894년(명치 27) 8월 15일(박종근, 앞의 책, 200쪽에서 재인용).

10) 『中路兵站監本部陣中日誌』, 67쪽(박종근, 위의 책, 200쪽에서 재인용).

11) 김상기, 1989, 「조선말 갑오의병전쟁의 전개와 성격」, 『한국민족운동사연구』 3, 지식산업사, 46, 52쪽.

12) 『東京日日新聞』, 1894년(명치 27) 27년 8월 5일(박종근, 앞의 책, 213쪽에서 재인용).

13) 『주한일본공사관기록』 2, 55쪽.

14) 위의 책, 61, 360쪽.

15) 『일성록』 고종편 31, 고종 31년 8월 15일, 277쪽.

16) 위의 책, 고종 31년 8월 21일, 284쪽.

직전에는 경기도의 동학군이 죽산(竹山)과 안성(安城)에서 봉기하였다.[18] 이에 정부에서는 장위영 영관 이두황(李斗璜)을 죽산부사에, 경리청 영관 성하영(成夏泳)을 안성군수에 임명하였고,[19] 이들은 9월 19일과 9월 24일에 각각 군대를 이끌고 가서 토벌하였다.[20] 주목되는 것은 이두황과 성하영의 초토행(勦討行)에 용산수비대 2소대도 같이 종사하였다는 사실이다.[21] 또 주목되는 것은 9월 1일(양력 9월 29일)에 무쓰(陸奧) 일본외무대신이 하야시(林) 외무차관에게 지시하기를, "동학당에 대하여서는 이미 부산에서 2중대를 파견하였다는데, 그 군대로서 진정될 수 있는 전망이 있는지"에 대한 오토리(大鳥)의 의견을 알아보라고 한 사실이다.[22] 이에 의하면 일본은 농민군 진압을 위하여 부산 주둔의 2개 중대를 9월 1일 이전에 이미 투입하였던 것이다. 8월 말에 이미 일본은 일방적으로 농민군 진압에, 조선 주둔의 수비병력의 일부를 투입하고 있었다. 이러한 군대 투입을 조선정부에 상의하고서 허락을 받은 흔적은 외교문서상에서는 보이지 않는다. 완전히 일방적인 행위였다고 생각된다. 9월 9일 오토리 게이스케는 외무대신 무쓰에게 그때 막 도착한 하세가와 요시미치(長谷川好道) 여단의 일부를 할애하거나 혹은 병참군(兵站軍)을 동원하여 본격적으로 농민군 토벌에 전념할 수 있는 태세를 취함이 좋겠다고 상신하였다.[23] 남부병참감 이토 스케요시(伊藤祐義)도 대본영에 군대를 파견할 것을 상

17) 『속음청사』 상, 고종 31년 9월 7일, 339쪽.

18) 『일성록』 고종편 31, 고종 31년 9월 9일, 305쪽.

19) 『동학란기록』 상, 「양호우선봉일기」, 259쪽.

20) 위의 책, 259, 262쪽.

21) 『주한일본공사관기록』 3, '동학당鎭撫를 위한 安城·竹山으로의 출병의 건', 356, 711~712쪽.

22) 『일본외교문서(한국편)』 5, '452. 9월 29일. 조선국정부의 절박한 內情에 대한 처치에 관하여 의견을 묻는 건', 태동문화사, 713~714쪽.

23) 박종근, 앞의 책, 211쪽.

신하였다.[24] 오토리 게이스케는 일방적인 군사력 투입(농민군 진압을 위한)을 계속하고 확대할 계획이었다고 보인다.

9월 16일 오토리 게이스케는 순안(順安)에 주둔하고 있는 야마가타 아리토모(山縣有朋)에게 보내는 전보에서 "동학당의 세력이 점차 치열해져서 경성 100리 내외까지 육박해 이 정부에서는 원병을 구하지만 당지에는 파견할 만한 병정이 없어 현재 대본영에 청구 중임"이라고 하였다.[25] 여기에서 우리는 다음과 같은 사실을 알 수 있다. 9월 16일에 조선정부는 일본에게, 농민군 초토를 위하여 일본군대를 파견해 줄 것을 이미 요청하였다는 사실이다. 이에 대한 승낙으로 일본은 9월 18일, 일본병 약간을 파병하여 조선병을 도와서 토비(討匪)하고 싶다고 하였고,[26] 또 주 21)의 2개 소대 파병도 있었다고 생각된다. 9월 21일 조선정부는 일본의 9월 18일의 제의를 수락하였다.[27] 따라서 일본은 이미 8월 말에 일방적으로 농민군 초토에 일본군대를 투입하였고, 9월 19일에는 조선정부의 요청에 따라 농민군 초토에 일본군대를 투입하였으며, 그 이전인 9월 9일에는 농민군 초토에 일본군을 적극적으로 투입시킬 계획을 세우고 있었다는 사실이다. 요컨대 9월 21일에는 농민군 초토를 위한 개화파 정부와 일본의 결탁이 성립되었다는 사실은 주목을 요하는 것이었다. 이것은 농민군을 초토하는 조선군대에 응원병으로 보내는 성격의 것이었다. 9월 27일에 도임한 이노우에 가오루(井上馨)는 이튿날인 9월 28일, 대본영에 조선의 농민군을 완전히 소탕할 임무를 띤 1개 대대의 병력을 파병할 것을 요청하였다.[28] 이미 9월 21일에 조선의 농민군을 본격적으로 토벌하기로 정책을

24) 『주한일본공사관기록』 3, '충청도동학당정토보고', 287, 648~649쪽.

25) 『주한일본공사관기록』 3, '(110)동학당에 관한 건', 354, 710쪽.

26) 『구한국외교문서 3, 일안 3』, '3216. 東徒진압병파견통보와 동취지포유의뢰', 94~95쪽.

27) 위의 책, '3221. 동학당진무병파견에 대한 치사 및 처리신중요망', 98쪽.

세운 대본영에서는[29] 9월 29일 후비보병 독립 제19대대에 "동학당에 대한 조치는 엄렬(嚴烈)함을 요한다. 향후 모두 살육하라"고 훈령하였고,[30] 10월 2일에는 후비보병 독립 제19대대를 우지나 항(宇品港)에서 출발시켰다.[31]

후비보병 독립 제19대대는 미나미 고시로의 인솔하에 10월 9일에 인천에 도착하였고[32] 10월 14일에는 용산(龍山)에 도착하였으며, 15일에는 농민군을 토벌하려 남하(南下)하였다.[33] 전봉준부대를 위시한 농민군이 삼례(參禮)를 출발하여 북상(北上)의 길에 오른 것은 10월 14일이었는데, 그 이전에 이미 일본은 농민군을 완전히 소탕할 계획을 확정하였고, 그 계획에 조선의 개화당정권을 끌어들였던 것이다.

(2) 농민군의 재봉기

전봉준은 주 4)와 같이 8월 초순에도 사태의 추이를 지켜보고 있었다. 개화파와 갑오개혁에 대하여서도 빨라도 8월 17일 무렵까지는 일정하게 기대하고 있었던 것이 아닌가 하는 생각이 든다. 갑오개혁의 대부분의 개혁조치는 6월 25일에서 8월 17일경까지의 기간에 이루어졌다. 계서적 신분

28) 박종근, 앞의 책, 159~160쪽.

29) 『주한일본공사관기록』 3, 「경성수비병력의 증강에 관한 건」, 287, 648~649쪽.

30) 『南部兵站監部陣中日誌』, 1894년(명치 27) 10월 27일(박종근, 앞의 책, 218쪽에서 재인용).

31) 『주한일본공사관기록』 3, 「경성수비를 위한 후비보병 3개 중대 파견의 건」, 293, 653~654쪽.

32) 『구한국외교문서 3, 일안 3』, '3298. 동학당조초 병 경 · 전도 파견계획통고와 예비사의의 핵판요청', 130쪽; 『주한일본공사관기록』 3, '남부병참감과 동학당토벌에 관한 건', 369, 723쪽.

33) 위의 책, '3323. 충청 · 전라위무사의 남진일군사령관 南소좌 합류칙령요망', 138~139쪽.

제도가 전면적으로 철폐되었고 조세금납화조치도 이루어졌다. 6월 28일의 신분제도의 철폐는 집강소 질서하에서의 신분질서 철폐운동을 더욱 촉진시키기도 하였다.

7월 10일에는 조세금납화를 10월부터 실시하기로 결정하였다. 그것은 각양(各樣) 부세(賦稅), 군보(軍保) 등 일절 상납을 모두 결복(結卜)으로 하여 그것을 금납으로 하는 혁신적 개혁이었다. 말하자면 조선 후기의 도결(都結)을 법제화한 것이라고 할 수 있다. 12월에는 결세(結稅)는 1결에 30냥, 호세(戶稅)는 1호에 3냥으로 하고 그 이외의 과렴(科斂)은 일체를 폐지하였다. 이는 당시에 "근세에는 결정(結政)이 크게 무너져 민(民)으로부터 쌀을 징수함에 고을마다 같지 않았다. 1결에 미납(米納)이 100두(斗)에 이르기도 하고 6·70두에 이르기도 하였고, 가장 가벼운 경우가 50두였다. 그것에 겹쳐서 포(布)니 두(豆)니 하여 명목이 수없이 많았는데 그 값을 다 치면 100냥을 넘었다"는[34] 것이었다. "새 정령이 한번 반포되자 백성은 모두 펄쩍 뛰며 좋아하여 양(洋)을 따랐는지 왜(倭)를 따랐는지는 묻지 않고 모두 기뻐하여 재생의 기색이 있었으며",[35] "세미(稅米)를 대전(代錢)으로 하는 반령(頒令)이 있고부터 민정(民情)은 흡연하여 앞을 다투어 바쳤다"고[36] 한다. 이기(李沂)도 "작년부터 전세는 돈으로 걷는데 농민에게는 창비(倉費)가 없어지고 국가에는 조폐(漕弊)가 없어지게 되었으니 실로 만세에 고쳐서는 안될 법이다"[37]라고 평가하였다. 실제 1894년 12월에 결가를 1결에 30냥으로 정할 때 1결의 현물세를 쌀 19두 6승 2홉으로 잡고 당시의 쌀값으로 환산한 것이니까[38] 농민층에 대한 개화당 정부의

34) 『매천야록』, 갑오 12월, 168~169쪽.

35) 위의 책, 169쪽.

36) 위의 책, 을미 5월, 178쪽,

37) 『해학유서(海鶴遺書)』, 「전제망언(田制妄言)」, 1955, 국사편찬위원회, 8쪽.

조세 면에서의 상당한 양보이기도 하였던 것이다. 이러한 배경으로 보아서 갑오경장에 대한 농민군의 일정한 기대는 충분히 상상할 수 있다고 생각된다.

그러나 8월 17일의 평양전투에서의 대승을 전기로 하여 일본은 조선의 내정에 적극적으로 간섭하기 시작하였고, 따라서 친일적인 개화파가 강세를 띠기 시작하였고[39] 그것에 비례하여 개혁적 성격도 희석화하기 시작하였다고 생각된다.[40] 예컨대 8월 10일 정부에서는, 6월 28일의 '벽파문벌반상등급(劈破門閥班常等級)'의 조치를 '관리등용에서 귀천을 가리지 않는다'는 것으로 환골탈태하였고, 또한 6월 28일의 '공사노비지전(公私奴婢之典) 일체혁파(一切革罷)'의 조치를, '압량위천(壓良爲賤)하여 세세위역(世世爲役)을 금지한다'는 것으로 환골탈태하였다.[41]

이러한 사태의 추이에 대하여 가장 먼저 반응을 나타낸 농민군 거괴(巨魁)는 김개남이었다. 8월 25일 김개남은 좌도(左道)의 농민군들 약 7만명을 남원에 소집하여 대회를 열었다.[42] 이 대회는 장차 전면적으로 봉기하기 위한 것이었다고 생각된다.

이때 이 대회의 소식을 들은 전봉준이 먼저 남원에 달려가서 "지금 시세(時勢)를 보건대 왜와 청이 전쟁 중인데 어느 쪽이 이기든지 반드시 군

38) 김용섭, 1984, 「광무년간의 양전 · 지계사업」, 『증보판 한국근대농업사연구』 하, 일조각, 228쪽.

39) 8월 1일에 박영효(朴泳孝)의 원정(原情)이 받아들여지고 8월 5일에는 사면되고 있음이 그 예이다(『일성록』 고종편 31, 고종 31년 8월 1일, 5일, 262, 265쪽). 9월 4일 김기홍(金基弘)의 '김홍집 규탄상소'도 그 반영이다. 9월 5일, 6일, 7일에는 김홍집을 위시한 개량적 개화파가 일제히 사표를 내었다(『일성록』 고종편 31, 300~302쪽).

40) 이러한 경향의 직접적 반영은 아니지만, "바야흐로 각도의 봉기지당(蜂起之黨)도 이영효의 사면 때문에 더욱 치열해지고 있다"(『일성록』 고종편 31, 고종 31년 8월 10일, 272쪽)는 8월 10일의 이희화(李喜和)의 상소는 주목을 요한다.

41) 『관초존안(關草存案)』 1, 고종 31년 8월 10일.

42) 『오하기문』 2, 갑오 8월 25일, 91~92쪽.

사를 우리들에게 돌릴 것이다. 우리들은 비록 무리는 많지만 오합지중(烏合之衆)이어서 쉽게 무너진다. 이 무리로서는 끝내 뜻을 이룰 수가 없다. 귀화(歸化)에 탁(托)하여(=官民相和의 질서하에서－인용자) 각 고을에 농민군 역량을 보존하면서 시세의 변이를 지켜보자"라고[43] 하면서 전면봉기의 계획을 보류할 것을 권고하였다.

손화중도 잇따라 달려와서 "우리들이 봉기한 지 반년이 되었다. 전라도가 모두 호응하고 있지만 성망 있는 사족(士族)이 지지하지 않고, 부민(富民)이 지지하지 않으며, 지식인이 지지하지 않는다. 더불어 접장(接長)이라고 부르는 자들은 모두 우천(愚賤)해서 화(禍)를 즐기며 표절(剽竊)을 일삼는 자들뿐이다. 인심의 향배를 알 수 있다. 반드시 일이 뜻대로 되지 않을 것이다. 사방에 우리 역량을 보존하여 구전(苟全)을 도모하는 것이 좋다"라고[44] 말하였다. 손화중은 초기에는 전봉준의 '관민합작'의 집강소 질서에 대하여 동의 · 지지 여부의 태도를 나타내지 않았으나, 8월 중순경에는 '관민합작'의 집강소 질서에 동의하였다.[45] 전봉준과 손화중은 8월 말에도 아직은 '관민상화'의 집강소 질서를 지속하려고 하였음을 알 수 있다.

전봉준의 경우에는 9월 초 무렵에도 친일이 아닌 개화파와는 연합과 동맹의 가능성을 기대하고 있었기 때문에 개화파와의 합작인 '관민합작'의 집강소 질서의 지속을 원하고 있었다고도 생각된다. 예컨대 "갑오년에 동비(東匪)가 봉기하였는데 공(公=李沂－인용자)은 당시 구례의 집에 있었다. 이때가 군대를 이끌고 입경(入京)하여 정부를 전복하고 간악한 권귀(權貴)를 축출하고, 주상을 받들고 국헌(國憲=국가의 제도－인용자)을 일신할 때이며, 빨리 실행에 옮기는 것이 좋다고 생각하고서는 달려가 전봉

43) 위의 책, 갑오 8월, 92쪽.

44) 위의 책, 92~93쪽.

45) 「전봉준공초」, '4차문목', 552쪽 참조.

준을 설득하였다. 전봉준은 비(匪)의 수령으로 매우 호쾌하여 공의 뜻에 찬동하면서 '나는 따르겠다. 남원에 김개남이 있는데 공이 가서 만나보라' 고 말하였다. 공이 즉시 달려 남원에 이르렀으나 김개남은 거부하고 만나지도 않았다"는 기사가[46] 있다. 이기는 자주적 개화사상의 입장이었는데[47] 전봉준과 김개남은 반응이 상반되고 있다. 이러한 상반은 대원군과의 연합 여부에서 양자의 생각이 크게 달랐던 9월 초의 일이라고 짐작된다.

김개남은 "이 큰 무리가 한번 흩어지면 다시 합하기가 어렵다"면서[48] 전봉준과 손화중의 제의를 거부하였다. 전봉준과 손화중은 농민군의 역량을 냉정하게 평가하면서 전면봉기 불가의 원칙을 주장하였으나, 김개남은 전면봉기의 계획을 계속 추진하겠다는 뜻을 나타내었다.

김개남의 이러한 결의, 일본의 조선내정에 대한 적극적 간섭, 그리고 개화파정권 자체의 대일(對日) 예속화로 인한 개화파와의 연합가능성의 희석화 등으로 말미암아 전봉준도 9월 중순에는 전면적 봉기 태세를 준비하기 시작하였다. 전봉준은 9월 10일경 전주를 출발하여 금구(金溝) 원평(院坪)을 거쳐 9월 14일에는[49] 삼례(參禮)에 이르러, 각처에 일군(日軍)에 대항할 의병을 제창하는 통문(通文)을 보내었다.

삼례에서 손화중·최경선(崔慶善)과 상의하여 손화중과 최경선은 나주(羅州)·광주(光州)로 가서 그곳을 지키기로 하였다. 일본군이 해로를 이용하여 북상하는 농민군의 후방을 공격하는 경우에 대비하기 위한 것이었다.[50] 전라도 각지의 농민군들은 전봉준의 재봉기 호소에 호응하여 다

46) 정인보(鄭寅普), 「해학이공묘지명(海鶴李公墓誌銘)」, 『해학유서(海鶴遺書)』.

47) 김도형, 1982, 「해학 이기의 정치사상연구」, 『동방학지』 31, 181~183쪽.

48) 『오하기문』 2, 갑오 8월, 92쪽.

49) 『주한일본공사관기록』 1, 129, 426쪽.

50) 「전봉준공초」, 528~529, 531~532쪽.

시 봉기하였다. 예컨대 의정부에서는 전라도의 읍재(邑宰)·진장(鎭將)으로서 군기를 농민군에게 빼앗긴 경우가 29개 처라고 상계하고 있는데,[51] 이것은 재봉기한 농민군이 군기고를 열어서 재무장한 경우일 것이다. 이 재봉기한 농민군들이 삼례로 집결하는 것을 기다리는 동안 전봉준은 각지에 영을 발하여 군수전(軍需錢)·군수곡(軍需穀)을 축적하고 있었다.[52] 이렇게 전곡(錢穀)을 축적하고 농사철이 끝나는 것을 기다리느라[53] 10월 14일에야[54] 강경(江景)으로 출발하였다. 제2차 농민전쟁의 시발이었다고 할 수 있다. 당시 전봉준의 농민군부대는 약 4천 명이었다.[55]

강경으로 출발하기 2일 전, 10월 12일에[56] 전봉준은 경군(京軍)과 충청감영군에 보내는 통문을 발표하였다.

고시(告示) 경군 여영병 이교시민(京軍與營兵而敎示民)

무타(無他)라 일본과 됴선이 ᄀᆡ국(開國) 이후로 비록 인방(隣邦)이ᄂᆞ 누ᄃᆡ(累代) 젹국(敵國)이더니 셩상(聖上)의 인후(仁厚)ᄒᆞ심을 힘입어 삼항(三港)을 허ᄀᆡ(許開)ᄒᆞ여 통샹이후(通商以後) 갑신십월의 ᄉᆞ흉(四凶)이 협젹(挾敵)ᄒᆞ야

---

51) 『일성록』 고종편 31, 고종 31년 9월 17일, 319쪽.

52) 『각도등보존안』, 갑오 9월 26일.

53) 「전봉준공초」, '3초문목', 548쪽.

54) 『구한국외교문서 3, 일안 3』, '3328. 동학군 북상과 공주일군의 계속 주류요청', 141쪽.

55) 「전봉준공초」, 530, 545, 555쪽.

56) 자료에는 11월 12일로 되어있다. 11월 12일자의 통문은 한문으로 되어 있는 주 100)의 또 하나의 통문이 있다. 순 한문의 통문에서는 척왜만 강조되고 있는데 순 한글의 이 통문에서는 척왜와 척화 즉 척개화가 아울러 강조되고 있는 점에서 내용의 성격이 상당히 다르다. 더욱이 이 순 한글의 통문에서는 9월 말의 공주 대전평(大田坪)에서의 염도희(廉道希)와의 전투에서 염도희를 소살(燒殺)한 일(『일성록』 고종편 31, 고종 31년 10월 9일, 350쪽; 『오하기문』 2, 78쪽, 첩지)에 대한 후회의 언급이 있을 뿐 공주에서의 1차·2차 전투에 대해서는 전혀 언급이 없다. 자료대로 11월 12일이라면 그것에 대한 언급이 없이 공주 대전평의 전투만을 언급한다는 것은 사리에 맞지 않다. 따라서 이 통문은 10월 12일의 것으로 보는 것이 합당하다고 생각된다.

군부(君父)의 위ᄐᆡ(危殆)ᄒᆞ미 됴석(朝夕)의 잇더니 종ᄉᆞ(宗社)의 흥복(興復)으로 간당(奸黨)을 쇼멸(消滅)ᄒᆞ고 금년 육월의 ᄀᆡ화간당(開化奸黨)이 왜국(倭國)을 쳐결(締結)ᄒᆞ여 승야입경(乘夜入京)ᄒᆞ야 군부를 핍박(逼迫)ᄒᆞ고 국권(國權)을 천ᄌᆞ(擅資)ᄒᆞ며 우황 방ᄇᆡᆨ슈령(方伯守令)이 다 ᄀᆡ화즁 쇼쇽으로 인민을 무휼(撫恤)ᄒᆞ지 안이코 살륙(殺戮)을 죠하ᄒᆞ며 ᄉᆡᆼ녕(生靈)을 도탄(塗炭)ᄒᆞ미 이제 우리 동도가 의병을 드러 왜적을 쇼멸ᄒᆞ고 ᄀᆡ화를 제어ᄒᆞ며 됴정(朝廷)을 청평(淸平)ᄒᆞ고 ᄉᆞ직(社稷)을 안보ᄒᆞᆯᄉᆡ ᄆᆡ양 의병 이르ᄂᆞᆫ 곳의 병정과 군교(軍校)가 의리를 ᄉᆡᆼ각지 아니ᄒᆞ고 나와 졉젼(接戰)ᄒᆞᄆᆡ 비록 승ᄑᆡ(勝敗)ᄂᆞᆫ 업스ᄂᆞ 인명이 피ᄎᆞ의 샹ᄒᆞ니 엇지 불샹치 아니ᄒᆞ리요 기실은 됴션'기리 샹전(相戰)ᄒᆞ쟈 ᄒᆞᄂᆞᆫᄇᆡ 아니여를 여시(如是) 골육샹젼(骨肉相戰)ᄒᆞ니 엇지 ᄋᆡ닯지 아니리요 ᄯᅩᄒᆞᆫ 공쥬(公州) 한밧(大田) 일로 논지ᄒᆞ여도 비록 츈간의 보원(報怨)ᄒᆞᆫ 것시라ᄒᆞᄂᆞ 일이 ᄎᆞᆷ혹ᄒᆞ며 후회막급이며 방금 ᄃᆡ군이 압경(壓京)의 팔방이 흉흉ᄒᆞᆫᄃᆡ 편벽도이 샹젹만 ᄒᆞ면 가위 골육샹젼이라 일변 ᄉᆡᆼ각컨ᄃᆡ 됴션ᄉᆞ람 기리라도 도ᄂᆞᆫ 다르ᄂᆞ 쳑왜(斥倭)와 쳑화(斥華)ᄂᆞᆫ[57] 기의(其義)가 일반이라 두어ᄌᆞ 글로 의혹을 푸러 알게 ᄒᆞ노니 각기 돌려보고 튱군(忠君)·우국지심(憂國之心)이 잇거든 곳 의리로 도라오면 샹의ᄒᆞ야 갓치 쳑왜쳑화(斥倭斥華)ᄒᆞ야 됴선으로 왜국이 되지 안이케 ᄒᆞ고 동심합녁ᄒᆞ야 ᄃᆡᄉᆞ를 이루게 ᄒᆞ올ᄉᆡ라.

갑오 십일월 십이일　　동도창의쇼[58]

개화파정권과 일본의 결탁에 의하여 국권이 허구화되어 있다고 지적하

57) 이 통문에 적혀있는 한문은 국사편찬위원회에서 자료를 편찬하면서 임의로 기입한 것이다. 『고종시대사』 3(1969, 국사편찬위원회)의 660쪽과 661쪽에 사이에 간지로 끼어 있는 원자료의 사진판에는 한문이 전혀 병기되어 있지 않다. 통문의 일부분에서 "이제 우리 동도(東徒)가 의병을 들어 왜적을 소멸하고 개화를 제어하며"라고 함을 보아서는 척화는 斥華가 아니라 개화를 배척한다는 斥化로 풀이되어야 할 것이다. 때문에 『동학란기록』 하, 379쪽에는 斥華로 되어 있으나, 위와 같은 이유로 斥化로 해석하였다.

58) 『동학란기록』 하, 「선유방문 병동도상서소지등서」, 379~380쪽.

고 척왜(斥倭)와 척화(斥化)를 원칙으로 한 조선사람의 단결에 의하여 국가와 국권에 실체를 부여할 것을 제의하고 있다. 개화의 노선에 대한 배척을 처음으로 명백히 제시하면서 항일의 의병(義兵)을 제창하였다. 공초(供草)에서 말한 충의지심(忠義之心, '초초문목' 530쪽, '재초문목' 540쪽)에 바탕한 격일(擊日, '4차문목' 553쪽)의 의병('4차문목' 555쪽)이란 말과 완전히 부합된다. 전봉준은 10월의 시점에 와서는 국권상실의 결정적 위기로 파악하고 항일의병의 기치하에서 연합전선을 제창하였던 것이다. 이러한 제의에 호응하여, 농민군을 공격하기 위하여 군사를 일으켰던 이유상(李裕相)과 김원식(金元植)이 농민군에 투신하게 되었다.[59)]

전봉준부대는 10월 16일 논산에 이르렀고, 전봉준은 충청감사 박제순에게 편지를 보내었다.

全琫準 上書

兩湖倡義領袖全琫準 謹百拜上書于湖西巡相閤下 覆載之間 人有綱紀稱以萬物之靈 其食言欺心者 不可以人類論之 況玆國有艱憂 豈敢以外飾內誘 容息於天日下 一瞬之命哉 日寇之搆釁動兵 逼我君父 擾我民黎 寗忍說乎 在昔壬辰之禍 夷凌寢·焚闕廟 辱君親 戮黎庶臣民之共憤 而千古未忘之恨也 在於草野 匹夫昧童 尙鬱悒不暇 而況閤下世祿忠勳 尤倍於平民小夫哉 目今朝廷大臣 妄生苟全之心 上脅君父 下罔黎民 連腸於東夷 致怨於南民 妄動親兵 欲害先王之赤子 誠何意哉 竟欲何爲 今生之所爲 固知其極難 然一片丹心 誓死不易 掃除天下之爲人臣而懷二心者 以謝先王朝五百年遺育之恩 伏願閤下猛省 同死以義 千萬幸甚

甲午 十月 十六日　　在論山謹呈[60)]

개화파정부가 일본의 앞잡이로 되어 국왕과 국권을 허구화시키고 있음

59) 『동학사』, 141~144쪽.

60) 『동학란기록』 하, 「선유방문 병동도상서소지등서」, 383~384쪽.

을 격렬하게 규탄하면서 박제순에게 충의(忠義)의 입장으로 돌아와 항일의병에 동참해줄 것을 호소하고 있다. 여기에서 주목되는 것은 전봉준이, 농민군이 의도하는 북상과 일병의 축출이 지극히 성사되기 어려운 일이라는 것을 명백히 인식하고 있다는 사실이다. 성사의 어려움에도 영사불이(營死不易)하지 않을 수 없다는 것이었다. 10월 12일의 통문에 비교하여 근왕(勤王)의식이 두드러지는데, 연합전선으로서의 항일의병을 위한 전략의 측면도 있지만, 전봉준 자신에게도 근왕주의(勤王主義)의식이 엄연히 존재함을 나타내고 있다고 할 수 있다.

2) 전봉준부대와 공주전투

(1) 남북접의 연합시도

오지영은 『동학사』에서 제2차 농민전쟁에서 남북접(南北接)의 연합이 삼례에서 이루어졌다고 말하였다.[61] 그러나 이것은 오지영이 자신의 활동을 부각시키기 위한 과장이었다고 생각된다. 전봉준이 척사위정 유생에게까지 항일을 위한 통일전선을 제의하였다는 점에서 볼 때 전봉준이 오지영의 연합시도에 동의하거나 또는 스스로가 북접에 직접 제의했을 가능성이 많다. 그러나 이러한 노력은 북접에 의해 거부되었다.

예컨대 오지영은 북접이, 오지영의 설득을 받아들여, 자신들이 이미 마련해 두었던 "도로써 난을 지음은 불가한 일이다. 호남의 전봉준과 호서의 서장옥은 국가의 역적이오, 사문(師門)의 난적(亂賊)이라. 우리는 빨리 모여 그것을 공격하자"는 통문을 거두었다고 말하였다.[62] 그런데 9월 하

61) 『동학사』, 136~139쪽.

순에 선산군수는 경상감영에 다음과 같이 보고하였다.

> 북접이 선산의 비류(匪類)에게 통문을 보내었는데, 그 통문에서 "남접의 전봉준과 서장옥은 곧 사문의 난적이다. 8도의 북접도인은 각기 호신의 무기를 가지고 한꺼번에 내회(來會)하여 일본인을 같이 토벌하자"라고 하였다.[63]

북접은 항일투쟁을 위한 남북접의 연합을 거부하였다. 남접과 북접은 각기 독자적으로 항일투쟁을 전개하였다. 전봉준은 제2차 재판에서 9월의 재봉기는 최시형과의 상의 없이 독자적으로 봉기한 것이라고 말하였다.[64] 11월 15일, 16일 청산(靑山)에서는 동도 2만 명이 항일봉기를 위하여 회집(會集)하였는데 이는 최시형의 지시에 따라 모인 북접의 동도들이었다.[65] 최시형은 11월 3일에는 흥락도집강(興樂都執綱)에게 흥락의 궁답화곡(宮畓禾穀)을 군량곡으로 속공(屬公)시키라는 통문을 발하고 있다.[66] 이런 점으로 보아서 북접도 항일투쟁에 적극 참여하였음을 알 수 있다.

북접의 최고지휘부는 남접과의 연합을 거부하였으나 남북접 연합이 전연 이루어지지 않은 것은 아니었다. 전봉준은 북접 산하의 각 접에 통문을 보내어 우리가 장차 서울로 북상할 것이니 그것에 대비하여 양초(粮草)를 갖추라고 전령하였고[67] 9월 하순, 호서의 각 접에서는 호남에 청원(請援)하였다고[68] 하는데, 이는 전봉준부대에 청원한 것이라고 생각된다.

---

62) 위의 책, 138, 139쪽.

63) 『구한국외교관계부속문서 5, 통서일기 3』, 고종 31년 9월 29일, 428쪽.

64) 「전봉준공초」, 540쪽.

65) 『한국동학당봉기1건』, 「公제242호」(박종근, 앞의 책, 223~224쪽에서 재인용).

66) 『고문서 6, 관부문서』, '古155855', 515~516쪽.

67) 『속음청사』 상, 고종 31년 9월 18일, 20일, 340쪽; 『관초존안』 1, 고종 31년 9월 18일.

그리하여 전봉준부대는 북접 산하의 단위 접(接)과 개별적으로 연합을 하게 되었다고 보인다. 예컨대 공주전투에서 10월 23일의 옥천포(沃川包)와 전봉준부대의 연합,[69] 11월 11일의 유구포(維鳩包)와 전봉준의 연합[70] 등이 그 단적인 예이다.

(2) 공주전투와 농민군의 몰락

전봉준은 논산(論山)에서 10월 23일까지 둔거하면서 다시 농민군을 널리 모집하였다.[71] 논산에서 전봉준부대는 약 1만 명으로 늘어나게 되었다.[72] 이러한 광모(廣募)에는 '이번 의거에 불응하면 불충무도(不忠無道)하다'라는 협박도 있었고,[73] 강제동원도 있었다.[74] 그러나 이 광모에는 전라도 이외의 도에서 많은 농민군이 응모하였는데[75] 아마도 충청도에서 온 경우가 많았으리라고 짐작된다. 왜냐하면 남북접 간의 연합이 북접지도층에 의하여 거부됨으로써 단위 포(包) 또는 개인의 차원에서만 남북접의 연합이 가능해졌기 때문이었다.

논산에서 이루어진 1만여 명의 전봉준부대가 공주(公州)전투의 농민군 주력부대였는데, 이 경우에도 제1차 농민전쟁과 마찬가지로 농민이 주력이었다. 전봉준이 신곡(新穀)이 미등(未登)하여 재기포가 저절로 10월로

68) 『오하기문』 3, 갑오 9월, 8쪽.

69) 『승정원일기』 고종편 13, 고종 31년 11월 3일, 107~8쪽; 『동학란기록』 하, 「순무사정보첩」, 10쪽.

70) 『동학란기록』 상, 「양호우선봉일기」, 고종 31년 11월 11일, 311쪽.

71) 「전봉준공초」, 555쪽.

72) 위의 글, 531쪽.

73) 위의 글, 530쪽.

74) 『동학란기록』 상, 「순무선봉진등록」, 627쪽.

75) 「전봉준공초」, 529~530쪽.

미루어졌다고[76] 말하였고, 또 이규태가 "적도(賊徒)의 행색이 모여 있으면 동학군임을 알겠는데 흩어지면 농민이어서 일일이 추살할 수가 없었다"라고[77] 하였듯이, 농민이 주력이었다.

이 농민군의 외형적 형태도 동학교문조직인 접의 형식으로 나타나고 있었다. 즉 "비류에는 각기 접이 있었고 접주(接主)는 곧 그 두목이었다."[78] 예컨대 1894년 말 1895년 초에 "적괴(賊魁)는 차례로 붙잡혔으나 그 당(黨)들은 마을에 흩어져 숨었기 때문에 적도를 다 죽일 수는 없었다. 때문에 여론은 접주, 접사(接師), 교장(教長), 통령(統領) 등속만 죽이고 나머지는 눈감자는 것이었다. 그러나 그 (접주 등의－인용자) 수도 또한 수천 명이었다"라고[79] 하듯이 단위 농민군부대의 간부 수천 명이 동학교문조직의 형식을 띠고 있었던 것이다. 전봉준은 9월 초순경에 전주에서 삼례로 나가면서 김개남에게 여러 차례 통문을 보내어서 후원(後援)이 되어 달라고 요청하였다.[80]

김개남은 전봉준의 요청에 응하여 10월 14일 남원을 출발하여 전주로 나아갔다. 이때의 김개남부대는 총통(銃筒)을 가진 자가 8천 명이었고 치중(輜重)이 백 리에 연이었다고 한다.[81] 10월 16일에 전주에 도착하였고[82] 여기에서 고부군수 양필환, 남원부사 이용헌, 순천부사 이수홍 등을 처벌하였다.[83] 이어서 10월 23일에는 금산(錦山)을 점령하였다.[84] 11월 10일에는

76) 위의 글, 548쪽.
77) 『동학란기록』 하, 「순무사정보첩」, 51쪽.
78) 위의 책, 「이규태왕복서 병묘지명」, 503~504쪽.
79) 『오하기문』 3, 78~79쪽.
80) 위의 책, 갑오 10월, 18~19쪽; 『동학란기록』 하, 「선봉진 상순무사서」, 309~310쪽.
81) 『오하기문』 3, 갑오 10월, 18~19쪽.
82) 『고문서2, 관부문서』, '古80942', 415쪽.
83) 『초정집(草亭集)』 6, '부록', 14쪽.

진잠(鎭岑)을, 11일에는 회덕(懷德), 신탄진(新灘津)을 점령하고[85] 13일에는 청주(淸州)에로 나아갔으나 청주병영군(淸州兵營軍)에게 패배하였다.[86] 김개남은 진잠, 연산(連山)을 거쳐 남하하여 11월 17일에는 강경에서, 공주전투에서 패배하고 역시 남하하던 전봉준부대와 만나서 경군과 싸웠으나 패배하고, 두 사람은 헤어져서 각기 도귀(逃歸)하였다.[87] 제2차 농민전쟁에서 전봉준과 김개남은 긴밀한 동맹관계에 있었다. 좌선봉 이규태가 12월 6일에 노획한 농민군의 거래문적(去來文蹟)에 의하면 효포전(孝浦戰)·청주전(淸州戰)·금산전(錦山戰)은 설계가 극히 흉포하였다고 하는데,[88] 효포전투는 전봉준부대, 청주전투와 금산전투는 김개남부대의 전투였던 바, 양자는 긴밀한 관련하에서 작전하였던 것으로 생각된다.

제2차 농민전쟁 때에 전라도 농민군의 행동은 전체적으로 통일적인 전략구상에서 전개되었던 것이었다고 보인다. 예컨대 손화중·최경선은 북상농민군의 후방안전을 위해 광주(光州)·나주(羅州)를 방어하였고, 영호도접주 김인배(金仁培)는 순천에 둔거하면서 경상도 쪽에서의 일군·경군의 전라도 진입을 방어하였고 중간 수십 읍의 산접(散接)인 34접은 남원에 모여서 운봉을 공략하였다.[89] 즉 전봉준·김개남은 북상하고 나머지 농민군부대는 전라도 지역을 농민군의 근거지로서 확보하는 전략을 구사하고 있었던 것이다.

전봉준부대는 10월 23일 논산을 출발하여 경천(敬天)으로 올라갔고[90]

84) 『오하기문』 3, 갑오 10월, 25쪽.

85) 『동학란기록』 상, 「순무선봉진등록」, 499~500쪽; 『동학란기록』 하, 「순무사정보첩」, 35쪽.

86) 위의 책, 「금영래찰(錦營來札) (道園)」, 갑오 11월 17일, 83쪽; 「순무선봉진등록」, 507쪽; 「갑오약력」, 74~75쪽; 『찰이전존안(札移電存案)』 고종 31년, 11월 17일.

87) 『오하기문』 3, 갑오 11월, 33~34쪽.

88) 『동학란기록』 상, 「순무선봉진등록」, 620쪽.

89) 『오하기문』 3, 갑오 10월, 30쪽.

10월 24일에는 공주 공격을 개시하였다.[91] 24일, 25일의 제1차 전투에서 전봉준부대는 패배하여 경천으로 후퇴하였다가 11월 8일에서 10일까지 다시 공주를 공격하였으나 제2차 전투에서도 패배하였다. 당시 일본군은 약 200명이었고[92] 조선정부군은 약 2,500명이었다.[93] 농민군은 전봉준부대 1만여 명과 각지에서 참전한 농민군 약 1만 명, 합하여 약 2만 명이었다고 짐작된다.[94]

농민군의 전투인원은 초토군(剿討軍)인 경군 · 일본군의 약 7.4배였다. 그러나 전력에서는 크게 뒤떨어졌다. 김윤식은 1894년 10월 12일, 일본군 1인은 비도(匪徒) 수천 인을 상대할 수 있고, 경군 1인은 비도 수십 인을 상대할 수 있는 전력인데, 그 이유는 토총(土銃)과 양창(洋槍=洋銃－인용자)의 기능 차이라고 하였다.[95] 진주(晉州) 지방에서 농민군 초토에 종사하였던 지석영(池錫永)은 토총은 심지에 불을 붙여서 타들어가는 것을 기다려야 하고 사정거리가 100여 보임에 비하여 양총은 자발식(自發式)이고 500보의 사정거리였고, 따라서 초토군이 100여 보 이상의 거리에서 사격하면 농민군은 숙시(熟視)할 뿐 응사할 수 없었다고 하였다.[96] 예천 유생 박주대(朴周大)는 일본군과 농민군의 전투력이 1:250의 꼴로 일본군의 전

90) 위의 책, 갑오 10월, 25쪽.

91) 전투경과는 『동학란기록』에 상세하다.

92) 강재언, 1970, 『조선근대사연구』, 일본평론사, 192, 200쪽.

93) 『동학란기록』 하, 「각진장졸성책」에 의하여 계산하면, 정부군은 최대 2,627명, 최소 2,345명으로서, 약 2,500명으로 생각된다.

94) 강재언, 앞의 책, 192, 200쪽. 『동학사』, 134~135쪽에는 봉기군을 11만 5,500명이라고 하였으나, 전봉준의 진술에 비추어 볼 때 지나친 과장이며, 그 숫자도 전라도 지방 전체의 것이고 공주전투 참전군 숫자는 아니다. 이유상(李裕相)은 박제순에의 상서(上書)에서 전봉준부대의 인원을 16만 7천 명이라고 하였으나(『동학란기록』 하, 「선유방문 병동도상서소지등서」, 381쪽), 역시 지나친 과장으로 생각된다.

95) 『동학란기록』 상, 「금영래찰 (雲養)」, 갑오 10월 12일, 90~91쪽.

96) 『오하기문』 3, 갑오 10월, 19쪽.

투력이 절대 우세라고 평가하였다.[97] 그러한 토총이나마 농민군은 11월 9일 이후에는 화약이 절대 부족하여 사실상 전투력이 없다고 이규태는 파악하고 있었다.[98] 농민군은 제2차 농민전쟁 때 제약소를 설치하여 화약을 만들어 내고 있었지만[99] 필요량을 채우기에는 역부족의 상황이었다.

(3) 전봉준부대의 해체

11월 10일 공주전투에서 결정적으로 패배한 전봉준부대는 11일에는 노성(魯城)에로 후퇴하였다. 전봉준은 11월 12일 노성에서 경병과 공주감영병에 보내는 격문을 발표하였다.

> 示京軍營兵
>
> 兩次交兵 悔莫及矣 當初擧義 斥邪遠倭而已 京軍之助邪 寔非本心 營兵之扶倭 豈或自意 畢竟之事 同歸天理 自今以後 切勿互相爭鬪 · 妄殺人命 · 火燒人家 同扶大義 上輔國家 下安民庶而已 吾若欺慢 必有天罪 君如欺心 必有自滅 顧指天誓日 更無傷害幸甚 日昨爭進 借路而已
>
> 甲午 十一月 十二日　　倡義所[100]

보국안민(輔國安民)의 이념을 다시 강조하면서, 농민군과 경군 · 영군이 연합하여 항일의 투쟁을 벌일 것을 호소하였다. 항일의병의 연합전선을 제창하고 있었다. 연합의 목적은 국권의 소멸위기, 국왕의 허구화 위기를 극복하려는 것이었다.

---

97) 『나암수록』, 382쪽.

98) 『동학란기록』 하, 「선봉진상순무사서」, 292쪽.

99) 위의 책, 「일본사관함등」, 428쪽.

100) 위의 책, 「선봉진정보첩」, 185~186쪽.

그러나 이 단계에서도 국권의 확립, 국왕의 실체화도 보국안민 즉 폐정개혁을 위한 하나의 방법이었을 뿐, 전봉준의 최고 최대의 목적은 보국안민 즉 폐정개혁이었다. 전봉준은 12월 초순[101] 미나미 고시로(南小四郎)에의 구공(口供)에서 다음과 같이 말하였다.

> 원래 우리들이 병을 일으킨 것은 민족(閔族)을 타도하고 폐정을 개혁할 목적이었지만, 민족은 우리들의 입경에 앞서 타도되었기 때문에 일단 병을 해산했다. 그런데 그 후 7월 일본군이 경성에 들어가 왕궁을 포위했다는 것을 듣고 크게 놀라 동지를 모아서 이를 쳐 없애려고 다시 병을 일으켰다. 단 나의 종국의 목적은, 첫째 민족을 무너뜨리고 한패인 간신을 물리쳐서 폐정을 개혁하는데 있고, 또한 전운사(轉運使)를 폐지하고 전제(田制)·산림제(山林制)를 개정하고 사리(私利)를 취하는 소리(小吏)를 엄중히 처단할 것을 원할 뿐이다.[102]

전봉준의 종국의 목적은 폐정계혁과 전제의 개정, 즉 내정의 혁신이었다. 국권의 확립과 국왕의 실체화도 그것을 위한 하나의 방법이었다. 당장에 국권이 소멸될 위기에 있었고, 또 각지에서 농민들의 반일봉기가 산발하고 있었기 때문에 전술의 문제로서 항일의 연합전선을 제창하였던 것이다. 당시에도 "적어도 전봉준의 존재하는 한은 …… 일본을 배격하기 위하여 그들의 내정경신(內政更新)이라는 본원(本願)을 희생에 바칠 것 같지는 않다"라는 보도가[103] 있었다.

전봉준은 공주에서 일본군·경군을 타도하고 서울에 올라가서는 "일본병을 물러나게 하고 악간(惡奸)의 관리를 축출해서 임금의 곁을 깨끗

101) 제6장의 주 175) 참조.

102) 제6장의 주 176)과 같음.

103) 『이륙신보』, 1894년(명치 27) 11월 11일.

이"[104] 하려고 하였다. 그러나 이것만으로서는 폐정개혁, 내정혁신은 보장되지 못한다. 전봉준은 다음과 같이 말하였다.

> 임금 곁을 깨끗이 한 후에는 몇 사람 주석(柱石)의 사(士)를 내세워서 정치를 하게 하고 우리들은 곧장 농촌에 들어가 상직(常職)인 농업에 종사할 생각이었다. 하지만, 국사(國事)를 들어 한 사람의 세력가에게 맡기는 것은 크게 폐해가 있는 것을 알기 때문에 몇 사람의 명사가 협합(協合)하여 합의법(合議法)에 의하여 정치를 담당하게 할 생각이었다.[105]

전봉준은 폐정개혁, 내정혁신을 담보하는 새로운 권력구조로서 몇 사람의 명망가의 합의법에 의한 권력구조를 구상하고 있었다. 전봉준은 한 사람의 세력가가 정치를 담당하는 민씨척족정권의 권력구조 형태와 대원군 권력구조 형태를 모두 비판하였다. 전봉준은 "원래 우리나라의 정치를 그르친 것은 모두 대원군이기 때문에, 인민이 그에게 복종하지 않는다"라고[106] 하였다 전봉준은 이제 대원군에의 기대에서 완전히 벗어나고 있었다.

그러나 전봉준은 대원군을 배척하지는 않았다. 척양과 척왜에서는 일치되고 있음을 인정하였다.[107] 전봉준이 말하는 '몇 사람 주석의 사'에는 대원군 세력도 포함되는 것이리라고 짐작된다. 그리고 주 58)에서 갑신정변을 주도한 변법적 개화파를 격렬하게 성토하고 있고, 전봉준이 처형당할 때 특히 박영효와 서광범을 역적이라고 규탄한 점으로 보아서[108] 개량

---

104) 『동경조일신문』, 1895년(명치 28) 3월 6일, '동학수령과 합의정치'(1988, 『사회와 사상』 1, 263쪽).

105) 위와 같음.

106) 『동경조일신문』, 1895년(명치 28) 3월 5일, '동학당 대두목과 그 자백'(1988, 『사회와 사상』 1, 261쪽).

107) 『동학사』, 158쪽.

108) 『오하기문』 3, 을미 3월, 104쪽; 『매천야록』, 을미 3월, 173쪽.

적 개화파 세력도 포함되는 것이리라고 짐작된다. 항일 연합전선의 대상인 척사위정의 보수유림세력도 또한 포함되는 것이리라고 짐작된다. 따라서 농민군 세력도 포함되는 것이리라고 짐작된다. 전봉준은 제2차 농민전쟁의 단계에서는 내정혁신을 위한 방법으로서 항일의 연합전선과 연합정권까지 구상하였으며, 농민군 세력을 연합정권의 일각에 자리시키고 있었다고 짐작된다.

전봉준은 노성에서도 경군에 쫓기어 11월 14일 논산으로 후퇴하고 이어 강경(11월 15일)→전주(11월 19일)→금구(11월 23일)→태인(11월 28일?)→입암산성(笠巖山城, 11월 29일)→순창(12월 2일?) 하였다가 12월 2일 순창군 피로리(避老里)에서 한신현(韓信賢) 등에게 체포되었다.[109] 12월 7일에는 일본군대에 인도되었고[110] 12월 9일에는 전주에서 서울로 압송되었다.[111] 1895년 1월 24일에는 주한 일본공사관에 인도되었고,[112] 2월 3일에는 법무아문으로 인도되었으며,[113] 2월 9일부터 3월 10일까지 법무아문 권설재판소에서 5차에 걸쳐 재판을 받았고, 3월 29일에는 『대전회통(大典會通)』 형전(刑典)의 '군복기마작변관문자 부대시참(軍服騎馬作變官門者不待時斬)' 율(律)에 의하여 사형을 선고받고, 그날 손화중, 최경선, 김덕명(金德明), 성두한(成斗漢)과 함께 사형당하였다.[114]

109) 『동학란기록』 下, 「선봉진정보첩」, 208쪽.

110) 위의 책, 「순무선봉진등록」, 574쪽.

111) 『일성록』 고종편 31, 고종 31년 12월 10일, 406쪽.

112) 주 106)의 기사, 258쪽.

113) 위의 기사, 263쪽.

114) 「전봉준판결선고서원본」, 『한국학보』 39, 191쪽.

8. 결론 -갑오농민전쟁의 성격

1894년 3월 20일에 시작된 갑오농민전쟁은 같은 해 12월에는 좌절로서 끝막음되었다. 이 전쟁은 세 단계로 나눌 수 있다. 첫째는 3월 20일에서 5월 8일까지의 제1차 농민전쟁, 둘째는 5월 19일에서 10월까지의 집강소 개혁, 셋째는 10월에서 12월까지의 제2차 농민전쟁이었다. 이 농민전쟁이 전개된 마당은 전라도와 충청도였고 경상도의 서남방에서도 전개되었다. 이하에서는 이들 세 단계의 움직임의 성격과 특징을, 2장에서 7장까지의 서술을 요약하는 방식으로 살펴보려고 한다.

제1차 농민전쟁은 3월 20일의 무장봉기(茂長蜂起)에서 시작되었다. 이어서 3월 25일에는 고부(古阜)의 백산(白山)에서 농민군대회를 열었고, 이에 호응하여 각지에서 농민군이 봉기하였는데 특히 전라우도 연해지방에서 호응이 많았다. 이 지방은 부민과 빈민으로의 분화현상이 가장 심각하였고, 봉건적 수탈은 부민과 빈민에게 모두 가해졌으며 따라서 기본적 대립 · 갈등은 봉건지배층과 부민 · 빈민의 사이에 있었으며, 부민과 빈민 사이의 대립 · 갈등은 부차적인 것이었다.

따라서 제1차 농민전쟁의 주체는 농민계층이었다. 빈농 · 소농은 전쟁의 주력층(主力層)이었고 부농 · 중농은 동조층이었다. 농민전쟁의 주체에서의 이러한 성격은 농민전쟁이 끝날 때까지 지속되었다. 이들 부농의 희망은 소상품생산자로서 자립하는 것이었다. 그러기 위하여서는 부를 축적하는 조건의 안정화가 필요하였고, 그 안정화를 위협하는 봉건적 수탈의 제거가 당면의 과제였다. 소농 · 빈농의 희망은 우선은 소생산농민으로서 자립하는 것이었다. 이 자립을 가로막고 있는 것이 제반의 봉건적 수탈이었던 바, 이 제거가 당면의 과제였다. 중농 역시 소상품생산자로서 상승하는 것이 희망이었는데, 그 가능성을 제약하고 있는 봉건적 수탈의 제거가 당면의 과제로 되고 있었다. 따라서 부농 · 중농과 소농 · 빈농은 봉건제도의 억압을 제고하고자 연합하여 농민전쟁을 수행하였다. 그러나 이들 상호 간에도 대립 · 갈등이 있었는데, 그 표현이 1, 2차 농민전쟁, 특히 집강소 시기에서의 농민군의 대부민토재(對富民討財)였다. 농민전쟁의 주력층은 빈농, 소농이었고 동조층은 부농, 중농 그리고 농촌의 소상인이었으며, 주도층은 동학교문(東學敎門)의 남접(南接)이었다.

제1차 농민전쟁에서 농민군의 조직단위는 접(接)이었고, 그것은 외적인 형태에서는 동학교문의 단위조직이었다. 실체는 농민군이었는데 외피는 동학교문이었다. 이것은 당시의 조선사회의 사회경제적 발전의 수준과 동학교문의 성격이라는 양면에서 규정된 것이었다. 당시의 조선사회에는 자본주의적 관계의 성장이 미약하였고, 따라서 계급적 관계가 미숙하였으며, 따라서 계급관계를 유대로 하여 사람들이 결집될 수는 없었다. 당시 농민들의 사회적 해방의 희원은 고을의 차원을 넘어서는, 적어도 지방적 차원에서의 결집관계를 요구하고 있었는데, 이에 대응될 수 있는 조직은 동학교문 이외에는 없었다. 바꾸어 말하면 자본주의적 관계의 미성숙이 동학교문조직의 효용성을 결과하였다고 할 수 있다. 동학사상은 그 정치적 공동성(空洞性) 때문에 그 자체로서는 원천적으로 사회변혁의 사상이 될 수 없었다. 그러나 현존의 질서를 비록 환상적으로나마 총체적으로 부정하고 있었기 때문에 그 사상과 조직이 현실의 변혁을 희원하는 농민들에게 자철(磁鐵)이 될 수는 있었고, 따라서 동학사상과 동학교문이 농민들의 현실변혁 행동을 원천적으로 저지 · 억압하지는 않았다. 이러한 양면적인 규정에 의하여 동학교문의 조직이 농민군의 외피로 될 수 있었다. 농민군의 외피로서의 동학교문이라는 성격 역시, 지역과 시기에 따른 짙음과 얕음의 차이는 있었지만, 농민전쟁의 끝막음까지 지속되었다. 전봉준과 그 세력집단도 동학이라는 외피 속에서 농민적 반대세력으로 성장하여 1893년 초에는 동학과는 별개의 독자적 세력집단으로 성장하였던 것이다.

제1차 농민전쟁에서 농민군은 폐정의 개혁, 민씨척족정권의 퇴진, 대원군 섭정의 성립, 외세의 배척 등을 목적으로서 천명하였다. 그러나 현실적 의미를 가지는 구체적 행동에서는 폐정개혁이 최대의 목적이었고, 그것도 다시 구체적 방법에서 본다면, 탐학관리의 응징이었다. 따라서 자신들의 새로운 세계상(世界像)을 제시하는 측면보다는 '쌓이고 쌓인 원한과 증오를 풀어버리는' 설원(雪冤)의 측면이 상대적으로 짙은 것이었다.

정치이념으로서는 보국안민(輔國安民)을 내걸었다. 동학사상에서도 정치이념으로서 보국안민을 내세웠지만 그것은 현실적으로는 정치성공동(政治性空洞)의 이념이었다. 전봉준과 농민군은 이 동학의 보국안민 이념을 계승하여 그것에 구체적 정치성을 담아냄으로써, 현실성이 있는 정치이념으로 환골탈태하였다고 생각된다. 즉 폐정을 개혁함으로써 방본(邦本=國本)으로서의 민이 '일왕지민(一王之民)'(194쪽 참조)이 되도록 하려는 것이었다. 이 일왕지민에는 두 개의 개념이 들어있다고 생각된다. 하나는 일왕지하만민(一王之下萬民)의 개념이다. 왕과 만민 사이의 중간에 존재하는 위정자들에 대한 배척이 아닌가 짐작된다. 또 하나는 만민의 제일성(齊一性)의 개념이다. 민의 평등을 희원하는 것이 아닌가 짐작된다. '고왕법(顧王法)하고 염왕민(念王民)하는 정치'(195쪽 참조)도 '일왕지민'을 현실화시키는 방법이었다고 생각된다. 즉 동학의 환상적 보국안민 이념을 환골탈태함으로써 '일왕지민'의 현실화를 내용으로 하는 보국안민 이념을 창출하였다고 생각된다.

위와 같이 농민군은 자신들의 사회적 이익을 실현하기 위하여 보국안민의 이념을 내세우고, 탐학관리를 응징함으로써 폐정이 개혁되기를 희망하였다. 그러나 이러한 의식과 이념도 고정불변의 것은 아니었다. 농민군의 행동에서의 여러 변수에 의하여 변화될 수 있는 것이었다. 황토현전투와 장성전투의 승리는 자신들의 역량에 대한 새로운 자각과 자신을 초래하였고, 그것에 비례하여 농민군은 자신들의 세계상을 발전시켜 나갈 수 있게 되었다.

5월 8일의 휴전과 5월 19일의 초토군의 회환은, 농민군의 행동과 의식을 그리고 이념까지도 한 단계 더 고차원의 세계에로 승화시키는 계기가 되었다. 농민군은 이제 폐정의 개혁을 자신의 힘에 의하여 스스로가 주체적으로 실행하려고 하였다. 그러나 이와 유사한 역사적 경험을 전연 가져보지 못하였던 농민군 스스로의 폐정개혁에는 '쌓이고 쌓인 원한과 증오의 폭발' 경향이 수반될 수밖에 없었고, 이것은 폐정의 현실적 개혁에 장애가 되는 것이기도 하였다. 이를 극복하기 위한 농민군 스스로의 노력이 6월 16일경의 남원대회였고 그 이후에는 집강소의 폐정개혁에 일정한 질서가 정착되었다고 생각된다. 이 질서하에서 농민군은 균산주의(均産主義)적 이념을 다듬어 나갔고, 그것에 연관되어 실학의 유산과도 접목되기 시작하였다고 짐작된다.

6월 21일 일본군의 경복궁 점령사건과 6월 23일 청일전쟁의 발발, 그리고 6월 25일 이후 일본군의 남하 소식은 민족적 위기를 조성하게 되었다. 이 민족적 위기를 극복하기 위하여 개량적 개화파와 전봉준부대는 관민(官民)이 상화(相和)·합작(合作)하여 집강소 질서를 공식화하고, 관민이 합작·합력(合力)하기로 타협·합의하였다. 전봉준부대는 앞에서의 실학과의 접목에 기반하여 개화사상과도 접목하게 되었다고 짐작된다.

이러한 접목의 결과가 관민합작(官民合作) 집강소 질서하에서의 폐정개혁 12개조 강령이었다. 이것은 농민군의 일방적 선언이나 강령이 아니라 관민합작의 결과라는 점이 주목되어야 한다. 농민군의 군사력의 압도적 우세라는 조건하에서이긴 하지만, 이러한 개화사상과의 접목·관민합작에 의하여 농민군의 세계상은 비약적으로 성장하게 되었던 바, 그 표현이 봉건제도 자체의 개혁이었다. 제1차 농민전쟁에서의 폐정개혁은, 주관적으로는 봉건제도 안에서의 개량에 지나지 않았다. 물론 그것이 객관적으로는 봉건제도의 근본적 개혁이라는 성격을 갖는 것이었지만, 농민군의 주관적 세계상에서는 개량이었음에 반하여, 집강소 개혁에서의 농민군의 세계상은, 농민군의 주관에서도 봉건제도 자체의 개혁이었음이 주목된다. 이제 농민군은 자신의 힘에 의하여 스스로가 주체적으로 봉건제도 자체를 개혁하려는 역사적 경지에 들어서게 되었던 것이다. 아울러 농민군은 개화사상에 접목하고 개화파와 합력 · 연합하여 민족적 위기를 돌파하려고 하였음이 주목된다. 이 반영이 빨라도 8월 17일 이전까지의 갑오개혁의 내용이었다. 그 개혁들에는 지주적 노선의 확집(確執)이라는 한계 안에서나마 농민군의 폐정개혁 구상이 적극적으로 수용되고 있었다. 이는 조선사회의 역사적 전진이었고 농민군의 비약적 성장이었다.

이러한 전진과 성장을 가로막고 나선 것이 일본의 제국주의적 침략이었다. 이것에 규정되어, 계급적 기반의 취약성과 그에 따른 부르주아적 개혁성의 취약을 그 본질로 하였던 개화파는, 그 개혁의 방향을 상부구조의 근대화와 하부구조의 유통기구의 근대화에로만 왜소화시키고 스스로가 농민군과의 합력 · 연합의 영역을 폐쇄화시키면서 친일의 경향에로 기울어지기 시작하였다.

중앙정치무대의 유동성 · 복합성을 주시하면서 가느다랗게나마 남아있던 개화파와의 연합의 가능성의 영역에 기대를 걸었던 전봉준은, 10월에 들어서서 위의 가능성의 영역이 전면적으로 폐쇄됨에, 항일의병의 기치를 내세우고 보수유림과의 연합전선 전술로 노선을 전환하면서 항일전쟁을 전개하게 되었다. 그러나 이 항일전쟁은 전술의 차원이었고, 이 단계에서도 전봉준과 농민군의 종국의 목적은 폐정개혁의 실행이었다. 그러나 항일전쟁이라는 전면전쟁이었다는 조건, 그리고 현실적 실천에서의 현존정권의 타도라는 조건에 규정되어서 폐정개혁의 실천도 다시 한 걸음 더 질적으로 성장하게 되었다.

그 성장의 표현이 정치권력구조의 개편구상이었다. 농민군은 제1차 농민전쟁의 단계에서는 민씨척족정권의 퇴진과 대원군 섭정을 희망하였다. 민씨척족정권에 대한 농민군의 부정이 당시의 권력관계에서 그것의 대극점에 위치하고 있었던 대원군의 섭정에로 귀결되었다는 것은 농민군의 권력구상이 기존의 권력관계의 울타리에서 벗어나 있지 못하였다는 것을 단적으로 드러낸다. 봉건적 억압과 외래 자본주의 침략의 억압으로부터 벗어나 소상품생산자 · 소생산자로서의 자립 · 발전을 지향하였던 농민군이 사회적 해방의 권력의 이미지는 대원군의 섭정에서 끝막음하고 있었던 것이다.

그러나 제2차 농민전쟁의 단계에서 농민군은, 대원군 섭정의 희망을 폐기하고, '몇 사람의 주석(柱石)의 사(士)가 협합(協合)하여 합의법(合議法)에 의하여 정치를 담당하'는 권력구조형태를 구상하였고, 그것을 자신들의 실력에 의하여 실천하려고 하였다. 이러한 권력구조형태의 변혁에 의하여, 지방의 차원에서가 아니라 전국의 차원에서 폐정개혁 즉 내정혁신(內政革新)을 실현하려고 하였다. 그 내정혁신의 내용은 집강소 단계에서 이미 실현되었던 봉건제도 그 자체의 개혁이었다. 농민군의 개혁의식과 개혁이념은 제2차 농민전쟁의 단계에서 다시 한번 비약하였다.

제1차 농민전쟁의 단계에서 농민군은 봉건체제 안의 개량의 차원에서 문제를 제기하고 탐학관리를 응징하는 차원의 행동을 하였다. 그 이후 집강소의 경험, 그리고 일본제국주의의 침략과 그것을 극복하고 지양하려는 간고의 체험을 통하여 농민군은 현존정권과 일본군대를 타도 · 축출하고 봉건체제를 근본적으로 지양하며, 그것을 새로운 권력구조형태로서 담보하려고 하였다. 따라서 1894년의 동란은 농민전쟁 밖의 것이 아니었다.

갑오농민전쟁에서는 농민군이 스스로를 민족으로서 의식하고 민족으로서 실천하고 행동하였는데, 이것은 일본의 제국주의 침략을 극복·지양하지 않고서는 봉건체제의 극복·지양이 원천적으로 불가능하였기 때문이었다. 이것이 갑오농민전쟁이 독일농민전쟁과 성격을 달리하는 측면이었다고 생각한다. 즉 후자에서는 민족 내부의 모순 해결에 그 역사과제가 국한되고 있었지만, 전자에서는 민족 내부의 모순뿐만 아니라 민족 외부의 모순까지도 그 해결이 역사과제로서 제기되고 있었다는 점이 양자의 차이성이었다고 생각된다.

그러나 위와 같이 비약적으로 발전한 의식과 이념도 그 현실성은 크게 의문시된다. 전봉준은 8월 말의 단계에서도 이미 농민군의 변혁역량에 대하여 냉정한 자기비판을 하고 있었고, 10월 16일 충청감사 박제순에의 상서에서도 농민군의 이념의 성사는 불가능할 것이라고 판단하고 있었다. 농민군의 현실적 역량과 농민군의 이념과의 현실적 거리를 전봉준은 자각하고 있었다. 국권상실의 결정적 위기하에서의 건곤일척(乾坤一擲)의 시도였음을 자백하고 있었다고 생각된다.

농민군은 남접의 농민군조차 기본적으로는 통일체가 아니라 고을 중심부대의 산술적 연합일 뿐이었다. 자본주의적 경제관계의 미성숙에 규정되는, 조선주민의 경제적 연관의 유기적 일체화의 결여, 즉 조선민족 형성의 미숙성에 말미암은 지역적 분할성의 필연적 산물이었다. 그럼에도 불구하고 농민군은 제1차 농민전쟁, 집강소 개혁 등의 실천을 통하여 의식과 이념을 다듬어 나가면서 제2차 농민전쟁의 단계에 와서는 스스로를 민족으로서 의식하고 민족으로서 실천하고 행동하였다. 다시 말하면 봉건제도를 제도 자체로서 개혁하고 정치권력구조를 개혁함으로써 그것을 전국의 차원에서 담보하고, 그럼으로써 국권을 확고하게 지키려는 근대민족주의 이념을 일단 형성시켰다고 생각된다.

그러나 그 이념은 앞에서와 같이 아직도 조선민족구성원의 절대다수를 모두 자신의 내포로 포섭할 수 있는 근대민족주의를 확립시키지는 못하였다. 근대민족주의의 확립은 세계사적 통례에서는 농민계층의 몫이 아니라 부르주아 몫이었다. 19세기 말의 조선에서는 그것이 부르주아계급에 의해서보다는 농민계층에 의하여 보다 더 본격적으로 시도되고 실천되었다는 점이 한국사의 특징이었다고 생각된다. 예컨대 부르주아적 변혁운동인 갑신개혁·갑오개혁에서는 봉건제의 부정과 지양이 소극적이었음에 반하여, 갑오농민전쟁에서는 그 부정과 지양이 상대적으로 적극적이었다. 이러한 특징을 불가피하게 한 역사적 조건은 외면적으로는 일본제국주의의 조선침략이었다. 이 침략이 개화파와 농민군의 합력·연합의 가능성을 전면적으로 왜소화시키고 막다른 골목으로 몰아넣었다. 그러나 본질적으로는 당시의 조선부르주아계급의 계급적 기반의 취약성과 그것에 따른 계급적 유동성 그리고 그것에 말미암은 부르주아적 개혁성의 취약성이었다.

기본적으로는 19세기 말의 조선부르주아계급의 취약성으로 말미암아 근대민족주의의 확립이 저지되었다고 할 수 있다. 뿐만 아니라 그 취약성은 외래 자본주의 침략세력과 객관적으로 결탁되면서 위로부터의 부르주아적 개혁 코스와 밑으로부터의 농민적 개혁 코스를 격리·차단시키고 나아가서는 대립·갈등의 관계로 정착시켰으며, 결과적으로는 한국의 근대화과정을 매우 지난하고 험난한 것으로 만들었다고 생각되며, 그 지난성·험난성은 기본적으로는 오늘날까지에도 지속되고 있는 것이 아닌가 하는 생각을 가지게 된다. 이러한 점에서 1894년의 갑오농민전쟁은 한국의 근대화과정의 성격의 일면을 특징짓는 분기점이라고도 생각된다.

참고문헌

1. 자료

『高宗純宗實錄』, 국사편찬위원회.

『日省錄』高宗編, 서울大古典刊行會.

『承政院日記』高宗編, 국사편찬위원회.

『備邊司謄錄』28, 국사편찬위원회.

『各司謄錄』, 국사편찬위원회.

『東學亂記錄』上 · 下, 국사편찬위원회.

『日本外交文書(韓國編)』, 泰東文化社.

『淸季中日韓關係史料』.

『駐韓日本公使館記錄』, 국사편찬위원회.

『舊韓國外交文書, 日案』, 高麗大아세아문제연구소.

『舊韓國外交關係附屬文書(統署日記)』3冊, 高麗大아세아문제연구소.

『東經大全』.

『龍潭遺詞』.

黃玹, 『梧下記聞』7冊.

黃玹, 『梅泉野錄』, 국사편찬위원회.

金允植, 『續陰晴史』上 · 下, 국사편찬위원회.

李容珪, 『若史』4冊 (서울大奎章閣, 古4254-43).

吳知泳, 『東學史』, 永昌書館.

『大明律直解』, 景仁文化社.

鄭喬, 『大韓季年史』.

金星圭, 『草亭集』.

洪啓薰, 『兩湖電記』(국립도서관, 古朝-78-10).

李鑪永, 『錦藩集略』(국립도서관, 古朝-56-31).

洪楗, 『洪陽紀事』(국사편찬위원회 장서).

『金若濟日記』(국사편찬위원회 장서).

『朝鮮近史』(국사편찬위원회 장서).
『時聞記』(국립도서관, 古朝-51-193).
『公文目錄』4册 (서울大奎章閣, 奎18149).
金在洪,『嶺上日記』(국사편찬위원회 장서).
李炳壽,『謙山遺稿』.

2. 연구 저서

田保橋潔, 1930,『近代日支鮮關係의 硏究』.
田保橋潔, 1940,『近代日鮮關係의 硏究』, 朝鮮總督府中樞院.
村山智順, 1935,『朝鮮의 類似宗教』, 朝鮮總督府中樞院.
金庠基, 1975,『東學과 東學亂』, 春秋文庫.
李瑄根, 1963,『韓國史, 現代編』, 乙酉文化社.
金義煥, 1964,『우리나라 近代化史論考』, 三協出版社.
金義煥, 1974,『全琫準傳記』, 博英文庫.
金義煥, 1986,『近代朝鮮東學農民運動史의 硏究』, 和泉書院.
中塚明, 1968,『日淸戰爭의 硏究』, 青木書店.
彭澤周, 1969,『明治初期日韓淸關係의 硏究』, 塙書房.
姜在彦, 1970,『朝鮮近代史硏究』, 日本評論社.
姜在彦, 1980,『朝鮮의 開化思想』, 岩波書店.
姜在彦, 1985,『韓國의 近代思想』, 한길사.
林明德, 1970,『袁世凱與朝鮮』, 中央硏究院近代史硏究所.
韓沽劤, 1970,『韓國開港期의 商業硏究』, 一潮閣.
韓沽劤, 1971,『東學亂起因에 관한 硏究』, 서울大韓國文化硏究所.
한우근, 1976,『동학농민봉기』, 세종대왕기념사업회.
韓沽劤, 1983,『東學과 農民蜂起』, 一潮閣.
金榮作, 1975,『韓末 내쇼날리즘의 硏究』, 東京大出版會.
崔文衡, 1979,『列强의 東아시아政策』, 一潮閣.
崔文衡, 1990,『列强과 韓國』, 民音社.

朴宗根, 1982,『日淸戰爭과 朝鮮』, 靑木書店.
申福龍, 1982,『全琫準의 生涯와 思想』, 養英閣.
鄭奭鍾, 1983,『朝鮮後期社會變動硏究』, 一潮閣.
金容燮, 1984,『增補版 韓國近代農業史硏究』, 上 · 下, 一潮閣.
姜萬吉, 1984,『韓國近代史』, 創作과 批評社.
姜萬吉, 1984,『韓國現代史』, 創作과 批評社.
權泰檍, 1989,『韓國近代綿業史硏究』, 一潮閣.
柳永益, 1990,『甲午更張硏究』, 一潮閣.
高承濟, 1970,『韓國金融史硏究』, 一潮閣.
安秉珆, 1970,『朝鮮近代經濟史硏究』, 日本評論社.
安秉珆, 1977,『朝鮮社會의 構造와 日本帝國主義』, 龍溪書舍.
趙璣濬, 1973,『韓國資本主義成立史論』, 高麗大出版部.
梶村秀樹, 1976,『朝鮮에 있어서 資本主義의 形成과 展開』, 龍溪書舍.
高嶋雅明, 1978,『朝鮮에 있어서 植民地金融史의 硏究』, 大原新生社.
高秉雲, 1978,『近代朝鮮經濟史의 硏究』, 雄山閣.
吳斗煥, 1984,『韓國開港期의 貨幣制度 및 流通에 關한 硏究』, 서울大博士學位論文.
李炳天, 1985,『開港期 外國商人의 侵入과 韓國商人의 對應』, 서울大博士學位論文.

3. 연구 논문

石井壽夫, 1941,「敎祖崔濟愚에 있어서 東學思想의 歷史的展開」,『歷史學硏究』11-1.
全錫淡, 1949,「李朝封建社會의 總結로서의 東學農民亂」,『朝鮮經濟史』, 博文出版社.
朴慶植, 1953,「開國과 甲午農民戰爭」,『歷史學硏究』특집호,『朝鮮史의 諸問題』.
金容燮, 1958,「東學亂硏究論」,『歷史敎育』3.
金容燮, 1958,「全琫準供草의 分析」,『史學硏究』2.
朴宗根, 1962,「東學과 1894년의 農民戰爭에 대하여」,『歷史學硏究』269.
朴宗根, 1962,「甲午農民戰爭에 있어서 全州和約과 弊政改革案」,『歷史評論』140.
山邊健太郎, 1962,「甲申事變과 東學의 亂」,『世界의 歷史』11, 筑摩書房.
金龍德, 1963,「北學思想과 東學」,『史學硏究』16.

金龍德, 1964, 「東學思想研究」, 『中央大論文集』 9.
金義煥, 1970, 「1892 · 3年의 東學農民運動과 그 性格」, 『韓國史研究』 5.
金義煥, 1974, 「全州和約과 執綱所」, 『韓國思想』 12.
김의환, 1974, 「갑오동학농민항쟁과 남 · 북접 문제」, 『나라사랑』 15.
韓沽劤, 1964, 「東學軍의 弊政改革案檢討」, 『歷史學報』 23.
韓沽劤, 1964, 「東學亂起因에 관한 研究-특히 日本의 경제적 침투와 관련하여-」, 『亞細亞研究』 15 · 16.
韓沽劤, 1969, 「東學思想의 本質」, 『東方學志』 10.
韓沽劤, 1970, 「東學의 리더쉽」, 『白山學報』 8.
韓沽劤, 1973, 「東學의 性格과 東學教徒의 運動」, 『한국사 17』, 국사편찬위원회.
韓沽劤, 1973, 「東學農民軍의 第1次蜂起」, 『한국사 17』, 국사편찬위원회.
韓沽劤, 1973, 「東學農民軍의 第2次蜂起」, 『한국사 17』, 국사편찬위원회.
韓沽劤, 1976, 「朝鮮初期 儒教理念의 實踐과 信仰 · 宗教」, 『韓國史論』 3.
崔東熙, 1970, 「韓國東學 및 天道教史」, 『韓國文化史大系』 6 宗教哲學史, 高麗大民族文化研究所.
横川正夫, 1976, 「全琫準에 대한 一考察」, 『朝鮮史研究會論文集』 13.
申一澈, 1979, 「東學思想」, 『韓國思想大系 Ⅲ』, 成均館大大東文化研究院.
馬淵貞利, 1979, 「甲午農民戰爭의 歷史的位置」, 『朝鮮歷史論集』 下, 龍溪書舍.
瀬古邦子, 1979, 「甲午農民戰爭期에 있어서 執綱所에 대하여」, 『朝鮮史研究會論文集』 16.
趙景達, 1982, 「東學農民運動과 甲午農民戰爭의 歷史的性格」, 『朝鮮史研究會論文集』 19.
趙景達, 1983, 「甲午農民戰爭指導者=全琫準의 研究」, 『朝鮮史叢』 7.
洪性讚, 1983, 「1894年 執綱所期 設包下의 鄉村事情」, 『東方學志』 39.
朴贊勝, 1985, 「동학농민전쟁의 사회 · 경제적 지향」, 『韓國民族主義論 Ⅲ』, 創作과批評社.
愼鏞廈, 1985, 「甲午農民戰爭의 第1次 農民戰爭」, 『韓國學報』 40.
愼鏞廈, 1985, 「甲午農民戰爭時期의 農民執綱所의 設置」, 『韓國學報』 41.
愼鏞廈, 1985, 「甲午農民戰爭時期 農民執綱所의 活動」, 『韓國文化』 6, 서울大韓國文化研究所.

愼鏞廈, 1985, 「甲午農民戰爭의 主體勢力과 社會身分」, 『韓國史研究』 50 · 51.
鄭昌烈, 1981, 「東學과 東學亂」, 『韓國學研究入門』 李佑成外編, 知識産業社.
鄭昌烈, 1981, 「東學과 農民戰爭」, 『韓國史研究入門』, 知識産業社.
鄭昌烈, 1987, 「甲午農民戰爭과 甲午改革」, 『제2판 한국사연구입문』, 지식산업사.
尹錫山, 1984, 「龍潭遺詞에 나타난 水雲의 人間觀」, 『韓國學論集』 5.
河元鎬, 1985, 「開港後 防穀令實施의 原因에 관한 研究」, 『韓國史研究』 49, 50 · 51.
姜昌一, 1988, 「天佑俠과 '朝鮮問題'」, 『史學雜誌』 97-8.
李離和, 1989~1990, 「전봉준과 동학농민전쟁」 1~4, 『역사비평』 7~10.
田保橋潔, 1944, 「近代朝鮮에 있어서 政治的改革」, 『近代朝鮮史研究』, 朝鮮總督府 朝鮮史編修會.
千寬宇, 1954, 「甲午更張과 近代化」, 『思想界』, 1954년 12월호.
姜德相, 1962, 「李氏朝鮮開港直後에 있어서 朝日貿易의 展開」, 『歷史學研究』 265.
姜德相, 1967, 「甲午改革에 있어서 新式貨幣發行章程의 研究」, 『朝鮮史研究會論文集』 3.
李元淳, 1967, 「韓末濟州道의 漁採問題」, 『歷史教育』 10.
金仁順, 1968, 「朝鮮에 있어서 1894年의 內政改革의 研究」, 『國際關係論研究』 3.
金敬泰, 1971, 「開港直後의 關稅權回收問題」, 『韓國史研究』 8.
金敬泰, 1972, 「對日不平等條約改正問題發生의 일前提－開港前期의 米穀問題에서 본 外壓의 實態」, 『梨大史苑』 10.
元裕漢, 1973, 「甲午改革」, 『한국사 17』, 국사편찬위원회.
夫貞愛, 1973, 「朝鮮海關의 創設經緯」, 『韓國史論』 1.
崔柳吉, 1972, 「李朝開港直後의 朝日貿易의 動向」, 『亞細亞研究』 15-3.
崔柳吉, 1973, 「19世紀末葉 韓國貿易에 관한 推計 및 分析」, 『經濟論集』 12-3.
村上勝彦, 1973, 「第一銀行朝鮮支店과 植民地金融」, 『土地制度史學』 61.
村上勝彦, 1975, 「植民地」, 『日本産業革命의 研究』 下, 大石嘉一郎編, 東京大出版會.
村上勝彦, 1979, 「日本資本主義에 의한 朝鮮綿業의 再編成」, 『日本帝國主義와 東아시아』, 小島麗逸編, 아시아經濟研究所.
宮嶋博史, 1974, 「朝鮮甲午改革以後의 商業的農業」, 『史林』 57.
吉野誠, 1975, 「朝鮮開港後의 穀物輸出에 대하여」, 『朝鮮史研究會論文集』 12.

吉野誠, 1978,「李朝末期에 있어서 米穀輸出의 展開와 防穀令」,『朝鮮史研究會論文集』 15.
吉野誠, 1979,「李朝末期에 있어서 綿製品輸入의 展開」,『朝鮮歷史論集』 下.
崔泰鎬, 1979,「開港以後 湖南을 둘러싼 列强의 角逐」,『東洋學』 9.
金正起, 1976,「朝鮮政府의 清借款導入」,『韓國史論』 3.
金正起, 1981,「朝鮮政府의 日本借款導入」,『韓沽劤博士停年紀念史學論叢』.
金正起, 1984,「甲午更張期 日本의 對朝鮮經濟政策」,『韓國史研究』 47.

▶ 연세대학교 대학원 사학과 박사학위논문, 1991.

동학농민전쟁과 프랑스 혁명의 한 비교

1.

1789년의 프랑스 혁명과 1894년의 동학농민전쟁은 1백여 년의 시간 격차를 두고서 그리고 공간적으로 격리된 채 일어난 사건이다. 양자 사이에는 아무런 내적 연관이 없다. 따라서 이 글에서는 1894년의 동학농민전쟁의 기본적 성격을 해명하고, 그 성격을 1789년의 '대공포'의 특징과 비교하고, 나아가서는 프랑스 혁명의 특징과 비교하려고 한다.

1894년의 동학농민전쟁은 농민이 주체가 되어 일으킨 일대 변혁운동이었다. 우선 농민전쟁의 사회경제적 배경을 보기로 한다. 조선 후기에서부터 한국의 농민층은 심하게 계층분화되고 있었는데, 1876년의 개항 이후에는 개항으로 말미암은 증가 일로의 미곡 수출 때문에, 지주층의 토지 집적과 지대 징수가 더욱 강화되었고, 따라서 농민층의 계층분화도 더욱 심화되었으며, 농민층에 대한 국가와 지주층의 봉건적 수탈도 더욱 강화되었다.

19세기 말 무렵의 농민층의 토지소유 상황을, 1900년에 조사 작성된 경기도의 광주·수원·안성과 충청도의 온양·연산의 촌락들의 토지대장에 의하여 살펴보면 다음과 같다.[1)]

〈표 1〉 토지소유 상황

토지소유	호	동상 백분비	총 소유지	동상 백분비
1결 이상	14	5.7%	31결- -5속	50.2%
50부 이상	14	5.7%	9결-91부-1속	16.1%
25부 이상	30	12.3%	10결-59부-3속	17.2%
1속 이상	121	49.7%	10결-21부-5속	16.5%
0	65	26.6%	0	0
합계	244	100%	61결-72부-4속	100%

1결 이상의 농지를 소유한 약 6%의 가호가 전체 농지의 50.2%를, 25부 미만의 농지를 소유한 약 50%의 가호가 전체 농지의 16.5%를 소유하고 있고, 약 27%의 가호가 한뼘의 농지도 소유하고 있지 못하였다. 따라서 농지소유만으로서는 전혀 생계를 이어갈 수 없는 25부 미만의 가호가 농촌 가호의 약 77%가 되었다. 전라도의 농민층 분화는 이보다 더욱 심하였을 것이다.

황현(黃玹)은 호남 지방의 농민생활에 대하여 다음과 같이 말하였다.

> 또 근세에는 탐묵(貪墨)이 날로 심해졌는데, 호남은 물산이 풍부하여 그 탐묵의 한없는 욕심을 메울 수 있었다. 무릇 호남에서 벼슬살이하는 자들은 백성을 마치 양이나 돼지처럼 여겨서 묶고 빼앗아 먹고, 평생 종을 치고 북을 두드리듯이 하면서, 사방에 널려 있는 밭이랑에서 재물을 가져다가 썼다. 때문에 서울에서는 "아들을 낳아 호남에서 벼슬살이 시키는 게 소원이다"라는 속담까지 있었다.[2)]

1) 김용섭, 1984, 「광무년간의 양전지계사업」, 『증보판 한국근대농업사연구』 하, 일조각, 346~348쪽.

2) 황현(黃玹), 『오하기문(梧下記聞)』 1, 41쪽.

위에서와 같이 전라도에서는 국가에 의한 농민의 세수(稅收) 수탈과 그에 따른 자의적 수탈이 극심하였다. 국가에 대한 농민의 부담을 증가시킨 중요한 요소의 하나는 개항으로 말미암은 중앙 정부의 지출 증가였다. 또 하나의 요소는 중앙과 지방의 봉건 관리들의 불법적인 중간 착복이었다. 1878년 전라도에서는 1결을 자작하는 농민의 경우, 국전(國典)에 규정된 것 20여 두, 계판(計版)에 실리는 것 30여 두, 계판에도 실리지 않는 환자(還上)·민고(民庫)·신구관쇄마가(新舊官刷馬價)·표선접응(漂船接應)·서원고급조(書員考給租)·면주인근수조(面主人勤受租) 등 약 50여 두 등을 합치면 쌀 100두에 이르렀는데,[3] 이는 1결 당 평균 생산액의 약 42%에 이르는 것이었다. 1894년 무렵 한국의 주요한 쌀 생산지역인 남부 지방을 여행한 한 일본인은 국가가 농민에게 부과한 각종 세의 명목이 103개였다고 말하였다.[4]

당시의 농민들은 국가와 지주에 의한 봉건적 수탈의 강화도, 일본의 한국에 대한 경제적 침략에 의하여 더욱 강화·촉진되었다고 생각하였다. 예컨대 동학농민들은 1893년 4월에 충청도 보은에서 척양척왜(斥洋斥倭)의 농성 시위를 벌였는데, 시위대의 대표들은 "탐묵도 개항 이래 더욱 거침없이 횡행되었다"[5]라고 말하였다.

---

3) 『일성록(日省錄)』, 고종편 15, 고종 15년 4월 4일(1972, 서울대 고전간행회, 130쪽).

4) 大庭寬一, 1894, 『朝鮮論』, 동방협회, 동경(이상백, 1965, 『한국사·근세후기편』, 을유문화사, 293쪽 주 재인용).

5) 「취어」, 『동학란기록』 상, 1971, 국사편찬위원회, 122쪽.

2.

현실에서의 생활 상태의 악화만으로 농민전쟁이 자동적으로 발생되는 것은 아니다. 현실의 지배 질서 자체에 대한 회의나 비판 또는 부정이 전제되어야 농민전쟁은 발생한다. 이것은 농민의 주체적 의식의 문제이다. 한국에서 1894년에 농민전쟁이 발생되는 주체적 조건의 하나는 동학사상에 의하여 제공되었다.

동학은 현실의 세상을 부패하고 타락한 세상으로 단정하고, '상제(上帝)의 세상'이 새로이 창건되어야 한다고 주장하였다. 상제는 유교에서 말하는 천(天)과도 비슷하지만, 우주 만물을 창조하고 지배하는 존재라는 점에서 그 천과는 다르고 천주교의 유일신 야훼와 비슷하지만, 인격신이 아니라는 점에서는 그 야훼와도 다르다. 유교와 천주교에서 아울러 영향 받아 형성된 것이지만 독창적인 것이었다. 현실의 세상은 부하고 귀한 자가 가난하고 천한 자를 억압하는 세상, 서양 세력이 동양 그리고 한국을 멸망시키려고 하는 세상으로 파악·인식되었다. 가난하고 천한 자가 부하고 귀한 자와 더불어 모두 함께 부하고 귀하게 되는[同歸一體] '상제의 세상'이 이루어짐으로써만, 한국인들은 서양의 침략으로부터 자신의 주체성을 지켜낼 수 있다고 주장하였다.

위와 같은 '상제의 세상'은, 상제의 의지의 조화에 의해서만 이루어지고, 그 실현을 목적으로 하는 인간의 의도적·목적적 실천 행동에 의해서는 이루어지지 않으며, 또 그렇게 이루어져서는 안 된다고 주장하였다. 인간이 할 수 있고 또 해야 할 일은, 상제의 의지의 조화 즉 '무위이화(無爲而化)'를 확신하고, 그 조화를 기원하는 동학 신앙을 두터이 하는 것뿐이었다.[6] 동학은 서양의 세력이 중국과 한국을 향하여 밀려오고 있음에서 야기된 민족적 위기의식과, 부하고 귀한 자의 가난하고 천한 자에 대한 억압에의 반감을 그 요인으로 하여 발생 · 형성된 것이었다.

동학은 위에서와 같이 인간의 주체적 · 실천적 행동을 배제하였기 때문에 그 사회사상은 현실적으로 공동(空洞)이었다. 현실 변혁의 방법 구상도 지극히 관념적이었고 환상적이었다. 그러나 동학은 현실의 사회를 근원적이고 총체적으로 그리고 전면적으로 부정하고, 새로운 '상제의 세상'으로 근원적으로 바뀌어야 한다고 주장하였다. 현실을 총체적으로 부정하고, 현실의 세상에, 정감록적인 새로운 왕조가 아니라, 질서 자체가 근원적으로 새로운 세상을 대극적으로 제시하였다는 점이 중요하다.

18세기 이래 고을 단위로 발생한 수많은 민란에서, 그리고 특히 1862년의 70여 고을에서의 삼남 민란에서[7] 농민들은 수령 · 아전 · 향임 등 고을 지배자 집단의 자의적 수탈에 항의하면서 봉기하였지만, 특정 개인의 선악문제와 우리 고을만 왜 이러냐 라는 문제의 차원을 넘어서는 전국의 차원에서, 농민층의 보편적 사회경제적 조건을 문제 삼는 의식은 없었다. 그러한 봉기의 좌절을 경험하거나 또는 사회적 전승에 의하여 추체험한 농민들은 보다 시야가 확대된 의식을 요구하게 되었고, 갈수록 심화되는 현실 사회의 모순이 그러한 의식의 필요를 뒷받침하였다.[8]

이러한 요구에 동학은 적합적이었다. 그리고 주 5)에서와 같이 봉건적 수탈이 개항으로 말미암아 더욱 격화되었다고 인식한 농민들은 배타적인 주체주의를 요구하게 되었는데, 이러한 요구에도 동학은 적합적이었다. 황현은 1894년 이전의 전라도 지방에서의 동학과 농민의 관계에 대하여

6) 정창렬, 1986, 「동학사상의 사회의식」, 『한국학논집』 9, 287~297쪽.

7) 오영교, 1988, 「1862년 농민항쟁의 성격」, 『1862년 농민항쟁』(망원한국사연구실 19세기 농민항쟁분과 지음), 동녘, 62쪽.

8) 정창렬, 1984, 「조선후기 농민봉기의 정치의식」, 『한국인의 생활의식과 민중예술』, 성균관대 출판부, 59~64쪽.

다음과 같이 말하였다.

> 조필영(趙弼永)이 전운사(轉運使)가 되자 교묘하게 명목을 늘려서 세 위에 세를 더하여 해마다 백만 민(緡:꾸레미-인용자)을 바치게 하니 3년 사이에 갑자기 소론(少論)의 갑부가 되었고 호남 전체는 모두 병들었다. 김창석(金昌錫)이 균전(均田)어사가 되어 백지징세(白地徵稅)하고 국결(國結)을 잠식하면서 사욕을 채웠다. 진헌(進獻)은 끊이지 않아 백성의 원망을 모았으나 왕의 총애를 사서 시골집에 편안히 누워서 녹공(錄功)되고 승지에까지 이르니 전라우도는 더욱 병들었다. 그 위에 김규홍(金圭弘)·김문현(金文鉉)의 탐학과 어둡고 용렬함이 또 더해져서, 천금의 집에서도 밤에 잠을 자지 못하니, 소민(小民)은 빠져나갈 길이 없어 숨이 끊어질 지경이었다. 슬프다, 호남의 백성은 재주는 있으나 천대받고 있으며 이미 원망이 쌓여서 장차 모두가 죽게 되었다. 간민(姦民)으로서 난을 생각하는 자들이 따라서 선동하니 이에 동학의 당에 저자에 사람들이 몰리듯 하여 전라우도로부터 전라좌도 골짜기에까지 동학이 없는 고을이 없고, 그 무리가 수십만이었다.[9]

동학은 봉건적 수탈과 개항으로 말미암은 수탈의 격화가 더욱 심했던 삼남지방 특히 전라도 지방에서 많은 신도를 획득하게 되었다.

현실을 총체적·근원적으로 부정한 동학은, 위에서와 같은 적합성을 바탕으로 지배이데올로기에 유폐되어 있던 농민들로 하여금 현실의 모순을, 고을의 울타리를 넘어서는 전국의 일반적 문제로서, 개별·특수의 차원을 넘어서는 농민층 일반의 보편적 문제로서 인식하게 하는 사상적 도약대의 구실을 하게 되었다. 아울러 동학은 농민들로 하여금 현실 사회의 총체적인 모습의 대극점에 미래의 새로운 총체적 사회상을 모색하게 하는 사상적 도약대의 구실도 하게 되었다. 따라서 동학은, 국가와 지배계급에

9) 황현, 앞의 책, 41~42쪽.

게 자신들의 사회경제적 요구를 제기하고, 그 요구를 거부하는 상대에게 비판을 제기하면서 저항하는 농민들에게 그 저항이라는 행동의 정당성의 확신을 제공하는 구실까지도 하게 되었다.

그러나 동학은 현실의 세상에 전면적 · 근원적으로 대치되는 '상제의 세상'에 구체적 · 현실적 내용을 담아내지 못하였다. 왜냐하면 그 '상제의 세상'은 인간의 의지와 실천행동에 매개되지 않고 상제의 의지의 조화에 의하여서만 이루어지고 이루어져야만 한다는 것이었기 때문이었다.

수많은 민란 좌절의 체험과 그 사회적 전승에 의하여, 현실의 모순은 농민들의 주체적 · 실천적 행동에 의해서도 극복 · 지양되기가 지난하다는 사실을 확고하게 알고 있는 농민들은, 자신들의 사회적 · 계급적 이익의 실현과 그것을 위한 현실 변혁을 위하여 동학을 일정하게 수정하여 수요하게 되었다. 그 수정이 '무위이화'의 부정이었다. 농민적 동학사상이라고 할 수 있겠는데, 이것이 농민전쟁의 사상적 기반이 되었다.

농민들은 동학에 의하여, 현실을 인식하는 시야의 질적인 비약과 확대, 그리고 자신들의 행동의 정당성 확신을 제공받으면서, '상제의 세상'의 구체적 · 현실적 내용을 스스로가 마련하여 나아가게 되었다. 그 구체적 내용은 사회경제적 · 정치적 조건에 규정되는 농민들의 사회경제적 · 정치적 이익이 실현되는 방향으로 마련되었다. 이 내용이 동학농민전쟁의 진정한 사상이었고, 동학사상은 그것의 기반이었다. 이 내용 곧 사회경제적 · 정치적 사상이 어떻게 형성되고 발전되었는가를 다음에서 보기로 한다.

3.

1894년의 동학농민전쟁은 세 단계로 나누어진다. 제1단계는 3월 20일에서 5월 7일까지의 제1차 동학농민전쟁이고, 제2단계는 6월 15일 무렵에서 9월까지의 집강소(執綱所) 개혁실시의 단계이며, 제3단계는 9월에서 12월까지의 제2차 동학농민전쟁이었다. 그리고 동학농민전쟁의 직접적 전주곡은 1월 11일에서 3월 13일 무렵까지의 고부 농민봉기였다.

고부 농민봉기는 자연발생적 민란도 아니었지만 농민전쟁도 아닌 중간 과도기적인 성격의 것이었다.[10] 제1차 동학농민전쟁은, 황현이 "동학이 난민과 합함이 이(제1차 동학농민전쟁－인용자)에서 시작되었다"[11]라고 규정하였듯이, 고부 농민봉기 및 전라도의 여러 민란에 동학의 사상과 조직이 접합됨으로써 발생된 것이었다.[12]

이 전쟁의 주체는 그 대부분이 비신도들인 소농과 빈농이었지만, 동원의 매개체 구실은 동학 접주들이 하였다.[13] 전체 농민군은 동학 접주를 중심으로 하여 소규모 농민군부대들의 연합체에 지나지 않았을 뿐이었고, 체계적으로 지위체제가 갖추어진 통일적인 결집체는 아니었다. 형식상 전봉준(全琫準)을 총사령관으로 한 하나의 느슨한 결집체에 지나지 않았다.[14]

제1차 동학농민전쟁의 구체적·현실적 사상은, 3월 25일의 4대 강령과[15] 5월 8일의 화약(和約)에서 총괄적으로 정리된 27개조 폐정개혁요구에[16] 잘 집약되어 있다. 정치적으로는 전국의 탐관오리의 제거였는데, 그

---

10) 정창렬, 1985, 「고부 민란의 연구」 하, 『한국사연구』 49, 131~132쪽.

11) 황현, 앞의 책, 48쪽.

12) 주 10)의 논문, 133~134쪽.

13) 「전봉준공초」, 『동학란기록』 하, 1971, 국사편찬위원회, 532쪽; 한우근, 1970, 「동학의 리더십」, 『백산학보』 8, 501쪽.

14) 김용섭, 1958, 「전봉준공초의 분석」, 『사학연구』 2, 12~13쪽.

15) 정교(鄭喬), 『대한계년사(大韓季年史)』 상, 고종 31년 3월, 74쪽.

16) 「전봉준판결선고서」, 1985, 『한국학보』 39, 189쪽.

필수의 전제는 민비정권의 퇴진과 대원군 섭정의 성립이었다. 사회경제적 요구는, 상민에 대한 양반의 억압 폐지, 국가에의 봉건적 부담의 삭감, 농민이 개간한 토지에서의 농민소유권의 인정, 일본상인의 교란으로부터의 농촌 쌀시장의 보호 등이었다. 요약하면 소농민으로서의 자립과 농민적 토지소유권의 발전을 지향하면서, 그것을 보장하는 정치 권력을 대원군 정권에서 기대하는 것이었다.

농민 생활의 객관적 여건으로서의 현실을 파악하는 문제의식이 종래의 민란으로부터 질적으로 비약하여, 전국의 차원에서 사회경제체제에 관련되는 보편적 모순으로서 인식하고, 그 연장으로서 정치 권력의 담당자 문제까지 제기하게 된 것은, 현실의 모순 자체의 심화와 그에 말미암은 농민의 사회적 · 계급적 이익의 첨예화에 규정된 것이었지만, 주체적으로는 동학사상에 의한 사상적 비약이 전제되지 않았다면 불가능한 것이기도 하였다.

5월 8일의 화약 조건은, 정부는 농민군의 폐정개혁 27개조 요구를 수용하고 농민군은 해산, 귀향한다는 것이었다. 농민들은 각기 귀향하여 무장은 풀지 않은 채, 청국 · 일본 · 한국 사이의 외교 절충을 지켜보면서 정부에 의한 폐정개혁을 기다렸다. 전라감사 김학진(金鶴鎭),[17] 염찰사 엄세영(嚴世永),[18] 순변사 이원회(李元會)[19] 등은 폐정은 개혁하겠으니 무장은 해제하라고 회유, 종용, 협박하였다. 이에 대하여 농민군은 무장은 풀지 않은 채 고을 단위로 결집체를 이루고 있었다.

황현은 "이때 호남의 적(농민군 – 인용자)은 여러 부대로 나누어져서 김기범(金箕範:金介男 – 인용자) 등은 전라우도를 순행하였고, 전봉준 등은

17) 김성규, 「감결 53주」, 『초정집』 4, 26쪽.

18) 황현, 앞의 책, 80~81쪽.

19) 황현, 위의 책, 81~82쪽.

전라좌도를 순행하다가 남원에서 같이 모였다"[20] 라고 하였는데 전주에서 해산한 농민군 부대는 각기 소부대들로 나누어져서 귀향하였고, 전봉준 · 김개남 등은 6월 15일 무렵의 남원 대회(주 26) 참조) 이전까지 각지를 순행하면서 농민군의 태세가 해이되지 않게 다졌음을 알 수 있다.

전봉준은 5월 18일에는 정읍에서[21] 화약에서 약속한 폐정개혁의 실시를 촉구하였고,[22] 다시 5월 20일 무렵에는 장성에서 폐정개혁 요구 27개조 중 13개 조목을 전라감사에게 다시금 촉구하였다.[23] 동학농민군은 '보국안민(輔國安民)' 사상의 울타리 안에서 정부의 폐정개혁에 커다란 기대를 걸고 그 실시를 촉구하고 있었다. 그러나 민비 정권은 아무런 개혁도 시행하지 않았다.

구례에는 6월 3일에 도착한, 5월 말 무렵의 전라도 각 고을에의 효유문(曉諭文)에서 김학진은 중요한 양보를 하였다. 양보의 내용은 "너희들이 사는 면리(面里)에 집강(執綱)을 두어서, 너희들에게 억울한 일로서 호소할 것이 있으면 해당 집강이 그 자세한 내용을 본 감사에게 보고하여 공결(公決)한다"[24]는 것이었다. 감사가 면리에 집강을 임명하는 감사 주도하의 집강제도인 셈이다. 6월 7일의 효유문에서 김학진은 다시 한번 양보하여, "농민들이 근신하고 의로운 사람을 집강으로 선정할 것"[25]을 제의하였다.

---

20) 황현, 『오하기문』 2, 39쪽.

21) 전봉준은 1895년 3월 7일의 제4차 공판에서, 전주화약 후 금구(5월 8일) · 김제(5월 9일) · 태인(5월 10일) · 장성 · 담양 · 순창 · 옥과 · 남원(6월 15일?－인용자) · 창평 · 순천 · 운봉 등을 순차적으로 순행하였다고 말하였다(「전봉준공초」, 550~551쪽). 태인과 장성 사이에 정읍이 위치하고 있으므로 주 22)의 정읍에서의 5월 18일의 촉구는 전봉준이 한 것으로 생각된다. 따라서 주 23)의 장성에서의 5월 20일 무렵의 촉구도 전봉준이 한 것으로 생각된다.

22) 「정읍지자변래(井邑持者便來)」, 『동비토록』(1976, 『한국학보』 3, 264~265쪽).

23) 정교, 앞의 책, 86쪽.

24) 「재유도내난민문(再諭道內亂民文)」(『오하기문』 2, 41쪽; 『초정집(草亭集)』 4, 27쪽).

그러나 민비 정권은 아직도 폐정개혁 실시의 약속을 지키지 않았다.

이 무렵 이후의 농민군의 동태에 관하여 황현은 다음과 같이 서술하였다.

(가) [이달 보름 무렵에 전봉준과 김개남 등은 남원에서 대회(大會)하였는데, 모인 무리가 수만명이었다.] (나) [전봉준은 각 읍 포(布)에 전령하여 읍마다 도소(都所)를 설치하고 그 친당(親堂)을 세워서 집강으로 삼아 수령의 일을 행하도록 하였다.] (다) [이에 도내의 군마와 전량은 모두 적(농민군－인용자)의 것이 되었고, 역모가 이루어져 중지될 수 없으며, 적들은 난민이 되었음이 드러나게 되었다.] 그러나 김학진은 무마할 수 있다고 믿어 아직도 엉거주춤하고 있었다. (라) [서울에서의 난을 듣고서는 김학진은 군관(軍官) 송사마(宋司馬)로 하여금, 그의 서(書)를 가지고 남원에 들어가 전봉준 등에게 "국난(서울에서의 난으로 말미암은 국가의 위기－인용자)에 같이 대처하기로 맹약하고, 전봉준은 도인들(농민군－인용자)을 거느리고 와서 전주를 같이 지키도록" 타이르게 하였다.] (그 직전에－인용자) (마) [전봉준은 겉으로는 화(서울에서의 난－인용자)를 분히 여김을 나타내었고, 이미 귀화를 설명하였으므로 이에 김학진은 (서를 보내어－인용자) 전봉준을 부르고서 그의 거취를 살피려고 하였던 것이다.] (바) [전봉준은 김학진의 서를 받아가지고서 머뭇거리다가 "반드시 마땅히 한번 죽어 나라에 보답하고 내가 창란(倡亂)한 죄 값을 하겠다"라고 탄식하고서, 드디어 무리들을 정리하고 전주행을 계획하였다.] (사) [김개남은 전봉준의 전주행에 응하지 않고 부대를 거느리고 사잇길로 돌아갔다.] (아) [전봉준이 전주에 들어갔는데, 대다수의 무리들은 죽임을 당할까 도(道)가 망할까 두려워하여, 전봉준을 좇는 무리는 친신(親信) 40 내지 50명뿐이었다.] (자) [전봉준이 선화당(宣化堂)으로 김학진을 찾았는데, 김학진은 군사들로 하여금 칼과 창을 들고 두 줄로 서서 길을 싸게 하였더니, 전봉준 등이 무서워서 실색하고 머리를 조아리며, 무마에 복종하고 군사로서 써주기를 원한다라고 하였다.] (차) [김학진은 전봉준을 믿고서, 전봉준이 항복하면 나머지 적들은 좋이

25) 「사유도내난민문」(개국 503년 갑오 6월 초7일), 『초정집』 4, 30쪽.

한 장으로써 불러들일 수 있게 되고, 그렇게 되면 좀처럼 해서는 세상에 있을 수 없는 공을 이룰 수 있다고 생각하였다. 드디어 김학진은 마음을 열고 전봉준과 이야기하고 속마음까지 다 털어 보임으로써 의심하지 않음을 나타내었다.] (카) [영하(營下)의 군정(軍政)을 모두 전봉준에게 맡겼다. 전주에 있던 경군(京軍)은 모두 북으로 갔고, 영위(營衛)의 군대는 적고 약하였으며, 김학진의 막료들은 사람을 부리는 능력이 없었다.] 전봉준은 스스로 생각하기를, 죄가 무거워 용서받기가 어렵고, 또 여타의 적들에는 자신의 호령이 통하지 않아서 꼬리는 크지만 흔들리지 않으며, 서울은 그 안위가 애매한데, 만약 전라도를 장악하고 그것에 근거하여 가만히 앉아서 성패를 관망한다면, 이 또한 견훤(甄萱)이 한 모퉁이를 제패한 국면은 된다고 보았다. (타) [이에 (전봉준은 −인용자) 김학진을 끼고서 그것을 기화로 삼아 전라도를 모두 제패하였다. 김학진의 좌우는 모두 전봉준의 패들이었는데, 그들은 다른 적들을 전주성으로 몰래 불러들이니, 명색은 성을 지키는 것이었지만 사실은 성을 포위하는 것이었다.] (파) [김학진은 전봉준의 꼭두각시와 같아서 행동 일체를 마음대로 하지 못하였고, 단지 문서를 봉행(奉行)할 뿐이었다. 백성들이 김학진을 일컬어 도인(道人) 감사라고 하였다.][26]

※ (가), (나) 등과 [ ] 등은 자료를 단락짓기 위하여 인용자가 임의로 붙인 것이다.

위의 기사는 『오하기문』의 1894년 7월조 부문에 들어 있다. 따라서 (가)의 '이달 보름'은 7월 15일로 일단 생각할 수 있다. 그러나 『오하기문』은 일기식으로 써나가면서 전문하는 대로 기록하였기 때문에 사건 자체는 일찍 일어난 것이라도 전문이 늦으면 늦게 기록될 수도 있었다. 사건이나 사상(事象)의 기록이 발생 순서대로 되어 있지 않은 곳이 『오하기문』에는 종종 있다. (라)의 '서울에서의 난'은 6월 21일의 일본군의 경복궁 점령과 쿠데타이므로, (가)의 '이달 보름'은 6월 15일임이 분명하다.

26) 『오하기문』 2, 61~62쪽.

(가), (나)에서와 같이 전봉준, 김개남은 6월 15일 무렵 남원에서 농민군 대회를 열고 전라도 각지에 농민군 간부를 집강으로 한 집강소[27]를 설치하여 농민군 스스로가 폐정을 개혁하기로 결의하고, 이를 각 고을의 농민군에게 지시하였다. 여기에서 집강소의 설치와 그것에 의한 개혁의 실시가 시작되었다고 보인다.[28] (나)에서의 '집강이 수령의 일을 행하는' 개혁 사업은, 앞서의 폐정개혁 요구 27개조 사항의 범위 안의 것이었다고 생각된다.

그러나 "전봉준과 김개남은 남원에서 같이 모였다. 열읍(列邑)에서 사람을 징발하고 각 포에서 신도를 불러 모아들여서, 부잣집들을 두루 단속하고 향호(鄕豪)들을 잡아들이니, 이들은 도망하고 유랑하여 들판에서 거처하면서 감히 집에 들어가지 못하였다. 비록 살육의 참담함은 없었지만 그물로 휩쓸 듯이 하여 치고, 빗질하듯이 하여 씻어내니, 근고에 일찍이 없었던 난이었다. 감사 김학진은 이를 진정시키지는 못하고 거듭 효유문을 도내 각지에 내렸지만 모든 적들은 이를 비웃었다"[29]라는 기사와, 위의 (다), (카), (타), (파)에서와 같이, 농민군들은 그 무장력에 의하여 전라도 각 고을의 지방 질서를 장악하고 있었다.

동학농민군의 실력에 의한 폐정개혁 실시에는 여러 가지 부수현상이 따르게 되었는데, 예컨대 "남의 무덤을 파헤치고(빼앗긴 선산 되찾기인 듯－인용자) 사채(私債)를 징수하며(족징당한 빚의 되찾기인 듯－인용자) 부민(富民)을 겁략(劫掠)하고 사족(士族)을 욕보이며 관장(官長)을 조매

27) 집강소(『동학사』, 126쪽; 『오하기문』 2, 64쪽; 『갑오약력』, 65쪽)는 대도소(大都所), 대의소(大義所), 도소(都所)라고도 하였고, 또 집강소가 행군하며 이동 중일 때에는 행의군소(行義軍所－『오하기문』 1, 104쪽)라고도 하였다.

28) 신용하 교수는 『오하기문』 1 끝부분의 5월 기사에 집강소 관계 기록이 들어있음에 근거하여, 집강소는 이미 제1차 농민전쟁 진행 중에 부분적으로 설치되기 시작하였다고 파악하였다(1985, 「갑오농민전쟁 시기의 농민집강소의 설치」, 『한국학보』 41, 69~72쪽). 그러나 주 26)의 (가)에서와 같이 기재 부분이 시기 파악의 근거가 되기는 어렵다.

29) 『오하기문』 2, 39쪽.

(嘲罵)하고 이교(吏校)를 박속(縛束)하며"[30] "관장을 살해하고 군기·군량과 왕세(王稅)와 군목(軍木)을 거두고 부자의 전곡(錢穀)을 빼앗고 양반의 소굴을 짓밟는 등, 말·나귀와 사람·총·식칼까지라도 모두 거두어들이는"[31] 등의 현상이었는데, 요컨대 이는 "주름져 구부러지고 억울하고 분한 기를 천둥 짓고 바람이 몰아치듯이 한꺼번에 모조리 풀어버리는"[32] 행동, 다시 말하면 쌓이고 쌓인 증오와 원한을 한꺼번에 폭발시킴으로써 그 증오와 원한을 불태워 없애버리는 행동이었던 바, 집강소에 의한 폐정개혁사업의 실시와는 일정하게 모순되는 측면이었다고 생각된다.

농민 집강소에 의한 폐정개혁의 이러한 측면은, "항심(恒心)이 없는 무리가 민간에 표략(剽掠)"[33]하였음, "집강소 사역자가 반수 이상은 다 이왕 관리배 소속으로 도로 와 붙어 있음으로 하여 거폐생폐(去弊生弊)의 일도 많았음",[34] "다만 임시 입도한 자뿐이 아니라 소위 오랜 도인이라 칭하는 자 중에도 그 본지를 잃어버리고 무뢰배와 합류된 자도 또한 없지 아니하였음"[35] 등에 말미암은 것이었지만, 기본적으로 동학농민군들의 새로운 사회 질서 창조 역량의 취약성에 말미암은 것이었다. 집강소라는 농민적 권력기구의 구상도, 향청(鄕廳)제도와 동학 교문의 집강제도 등에서 연유된 것이었기도 하지만,[36] 직접적으로는 전라감사 김학진이 제시한 집강제도에서 연유한 것이었다고 생각된다.

농민군 집강소의 폐정개혁사업의 이러한 폐단을 시정하기 위하여, 전

30) 『오하기문』 1, 105쪽.
31) 오지영(吳知泳), 1940, 『동학사』, 영창서관, 153~154쪽.
32) 『오하기문』 1, 106쪽.
33) 「전봉준공초」, 528쪽.
34) 『동학사』, 153쪽.
35) 위와 같음.
36) 신용하, 주 28)의 글, 68쪽.

봉준은 6월 말 무렵에 “지금부터 이런 무리들(주 30), 31) 등 행동의 무리들－인용자)로서 여전히 작나(作拏)하는 자는 그가 진짜 동학인이라도 드러나는 대로 동네에서 힘을 합쳐 잡아서 관에 인도해야 할 것이다. 터럭만한 소홀함도 용납하지 않고 율(律)대로 처벌하겠다”[37]라는 통문을 각지의 집강과 집강소에 통고하였다. 황현도 이에 대하여 “전봉준이 비록 죽어가는 사람들을 구하려고 난에 앞장섰지만 그도 또한 이와 같이 무너지고 갈라지리라고는 예상하지 못하였다”[38]라고 말하였다.

이러한 농민군 집강소 개혁사업에 결과적으로 하나의 전기를 제공한 것이 (라)의 ‘서울에서의 난’ 즉 6월 21일 일본군의 경복궁 점령과 쿠데타, 그리고 6월 23일의 청일전쟁 발발이었다. (라), (마)에서와 같이, 6월 말 무렵 김학진은 전봉준에게 ‘동부국난(同赴國難), 공수전주(共守全州)’ 할 것을 제의하면서 그를 전주감영으로 초대하였다. 이렇게 정식으로 초청하기 이전에 이미 내밀적인 교섭이 있었다고 짐작된다. 김학진이 7월 6일 직후에[39] 전라도 각지에 보낸 감결(甘結)에 “근래의 무뢰잡류를 금단하는 일로, 전봉준 등의 품사(稟辭:건의－인용자)에 근거하여 이미 감칙(甘飭=지시－인용자)을 내린 것이 두 세 번뿐만이 아니었다”[40]라는 구절이 있음으로 미루어 보아서, 농민군 집강소 개혁사업에 따르는 폐단의 시정 문제로 김학진과 전봉준 사이에는 내밀한 교섭이 있었다고 짐작되며, 그러한 교섭이 있었기 때문에 (라), (마)의 초대가 가능하였다고 생각된다.

이 초대에 응하여 전봉준은 7월 6일에[41] (바), (아), (자)에서와 같이 전

37) 『오하기문』 2, 64쪽.

38) 『오하기문』 1, 106쪽.

39) 주 41)의 전봉준의 전주 방문 직후의 일이었다고 생각된다(『오하기문』 2, 64쪽).

40) 『오하기문』 2, 64쪽.

41) 주 40)의 감결 끝 부분에 “이번 초 6일에 전봉준 등이 그 학도와 더불어 영문(營門)에 나아왔는데, 실심(實心)으로 모두 말한 후에 굳은 약속을 하였다”는 구절이 있는데,

주감영을 방문하였다. 전봉준이 김학진의 제의에 응한 이유는 첫째 (마)에서와 같이 전봉준은 일본군의 경복궁 점령과 쿠데타 그리고 청일전쟁으로 말미암아 민족적 위기가 조성되었고, 그 위기를 극복하기 위해서는 민족적 단결이 절실히 필요하다고 판단하였기 때문이었다. 둘째 주 37) 그리고 주 40)의 김학진에의 건의 등에서와 같이 전봉준은 농민군 집강소에 새로운 진로를 터보려고 모색하고 있었다. 셋째 고종은 6월 6일에 국정을 크게 쇄신하겠다고 공포하였고,[42] 이어서 6월 11일에는 국정 쇄신을 위한 기관으로 교정청(校正廳)을 설치하였으며,[43] 이어서 6월 16일에는 일본의 간섭을 배제하고 자주적으로 국정을 쇄신하기 위하여 농민군의 폐정개혁 요구사항을 대폭 수용하면서 12개조의 개혁 강령을 발표하였는데,[44] 이에 전봉준은 민족적 대단결과 위의 둘째의 농민군 집강소의 새로운 진로 모색의 가능성에 한가닥의 희망을 가질 수 있게 되었다고 생각된다.

정석모(鄭碩謨)는 『갑오약력(甲午略歷)』에서 집강소의 설치에 대하여 다음과 같이 서술하였다.

> 6월 관찰사가 전봉준 등을 감영으로 초대하였다. 이때(전봉준이 감영의 선화당으로 김학진을 찾았을 때 – 인용자) 수성(守城)하는 군졸이 각기 총과 창을 들고 좌우로 정렬해 있었다. 전봉준은 갓을 높이 쓰고 삼베옷을 입고 당당하게 들어갔는데, 조금도 꺼림이 없었다. 관찰사는 전봉준과 관민상화(官民相和)의 방법을 상의하고 각 군에 집강을 두기로 합의하였다. 이에 동학농민군은 각읍에 할거하면서 관아에 집강소를 설치하고 서기(書記)·성찰(省察)·집

이것은 주 26)의 (아), (자)와 일치되므로, 전봉준의 전주감영 방문은 7월 6일의 일이었다고 생각된다.

42) 『일성록』 고종편 31, 고종 31년 6월 6일, 171쪽.

43) 위의 책, 176쪽.

44) 김윤식, 『속음청사(續陰晴史)』 상, 고종 31년 6월, 325~326쪽.

사(執事)·동몽(童蒙) 등도 두니 완연히 하나의 관청이 되었으며, 날마다 민재(民財) 토색하기를 일로 삼으니, 이른바 고을 원은 허울만 있을 뿐이어서 행정에는 간여치 못하였다. 심한 경우 고을 원은 쫓겨나기까지 하였고 아전들은 모두 동학당에 들어가 성명(姓名)을 보존하였다.[45]

이 기사 내용은 주 26)의 (아), (자), (차), (카), (타), (파)와 일치한다. 주 41)의 기사도 주 26)의 (아)와 일치되므로, 집강소 설치와 관민상화 방법에서의 합의는 7월 6일임이 분명하다. 김학진의 공식적 승인 아래에, 집강소 개혁정치의 새로운 단계로서의 '관민상화'를 원칙으로 하는 집강소 개혁사업이, 7월 6일에 시작되었다고 생각된다. 그 반영이 주 26)의 (타), (파)였고, "전봉준은 귀화하였다고 일컫고 단신으로 감영에 들어가 감사의 일을 맡아 하였다." 순영(巡營)의 관문(關文) 감결은 반드시 전봉준의 결재가 있어야만 각 고을에서 거행되었다"[46]라는 현상이었다.

전라감사 김학진의 공식 승인으로써 공식적인 제도로서 정착된 집강소의 폐정개혁 강령이 곧 오지영의 『동학사』에 보이는 '폐정개혁 12개조'라고 생각된다. 공식적 제도로서의 집강소의 대전제인 그 제1조의 "도인과 정부와 사이에는 숙혐(宿嫌)을 탕척(蕩滌)하고 서정(庶政)을 협력한 사(事)"가 바로 주 45)의 '관민상화'의 원칙을 가리키는 것이었기 때문이다.

폐정개혁 강령 12개조의 내용은 다음과 같다.

① 도인과 정부 사이에는 숙혐을 탕척하고 서정을 협력할 사.
② 탐관오리는 그 죄목을 사득(査得)하여 일일이 엄징(嚴懲)할 사.
③ 횡포한 부호배는 엄징할 사.

---

45) 정석모, 『갑오약력』, 『동학란기록』 하, 65쪽.
46) 이용규(李容珪), 『약사(若史)』 2, 갑오조.

④ 불량한 유림과 양반배는 징습(懲習)할 사.
⑤ 노비문서는 소거(燒祛)할 사.
⑥ 칠반천인(七班賤人)의 대우는 개선하고 백정 두상(頭上)에 평양립(笠)은 탈거(脫去)할 사.
⑦ 청춘과부는 개가를 허할 사.
⑧ 무명잡세는 일병(一幷) 물시(勿施)할 사.
⑨ 관리 채용은 지벌(地閥)을 타파하고 인재를 등용할 사.
⑩ 외적과 간통한 자는 엄징할 사.
⑪ 공사채를 물론하고 기왕의 것은 일병 물시할 사.
⑫ 토지는 평균으로 분작(分作)케 할 사.[47]

1조는 '관민상화'의 원칙을 천명한 것이었고, 2조, 5~9조 그리고 11조, 12조 등 8개조는 정부 차원에서 개혁이 시행되어야 할 것이었으며, 10조는 정부 차원과 집강소 차원에서 함께 개혁이 시행되어야 할 것이었고, 3조, 4조는 집강소 차원에서 개혁이 시행되어야 할 것이었다. 따라서 핵심은 정부 차원에서 개혁이 시행되어야 할 조목들이었는데, 그 조목들은 제1차 전쟁 때의 폐정개혁 요구사항들을 한 단계 높은 차원으로 추상화시키면서 봉건제도의 본질적 모순에 유기적인 관련을 갖는 문제를 제기한 것이었다.

12개조 폐정개혁 강령에 나타난 농민군의 지향을 정리하면 다음과 같다. 첫째 고을의 규모라는 좁은 차원에 국한된 것이었지만, 농민군은 스스로를 지방 권력의 담당 주체로서 설정함으로써, 사회 운영의 주체로서 나서려고 하였다. 둘째 전국가적인 차원에서 탐관오리를 전면적으로 제거하고 신분에 관계없이 능력 위주로 관리를 충원할 것을 지향하였다. 넷째 일체의 고리대의 무효화를 지향하였다. 다섯째 봉건적 지주전호제도의 개

47) 『동학사』, 126~127쪽.

혁을 지향하였다. 여섯째 일본 세력의 배척 곧 반(反)식민지화를 지향하였다. 다시 종합하면 봉건제도를 제도 그 자체로서 본질적으로 부정하고 반일 · 반식민지화를 지향하였다. 사회경제사상의 측면에서는 제1차 전쟁의 단계로부터 비약적으로 발전하였다. 그러나 국가 차원의 정치 권력 구상에서는 제1차 전쟁 때의 대원군 섭정 요구에서 머물고 있었다.

위에서와 같은 공식적인 제도로서 정착화된 집강소의 개혁사업 실시는 전봉준 지휘 하의 집강소의 경우만에서였다. 당시 농민군 지배 하의 전라도는 기본적으로 전봉준이 통할하는 전라우도와 김개남이 통할하는 전라좌도로 분할되어 있었고, 세부적으로는 김덕명(金德明), 손화중(孫化中), 최경선(崔景善)도 각기 한 지역을 통할하고 있었다.[48] 김개남은 전봉준의 '관민상화'의 정책에 동의하지 않았기 때문에, 주 26)의 (사)에서처럼 전봉준의 전주 동행 요청을 거부하였고, 전봉준도 제4차 공판에서 "내가 왕사(王事)에 합력할 것('관민상화'에 의한 새로운 폐정개혁사업 – 인용자)을 권하였으나 김개남은 끝내 듣지 않았다. 때문에 그 이전에는 서로 상의하는 바였으나, 그 뒤에는 전혀 상관하지 않았다"[49]라고 밝히고 있다. 전봉준의 '관민상화'에 의한 집강소의 공식적 제도로서의 정착 시도에 손화중과 김덕명은[50] 참여 여부가 미상이고, 최경선은 참여하였다고 짐작된다.[51] 따라서 공식적인 제도로서 정착된 집강소의 개혁사업은 전봉준, 최

48) 주 45)와 같음.

49) 「전봉준공초」, 558쪽.

50) 전봉준이 1894년 8월 말 무렵 "내가 전라감사의 특별한 부탁을 받은 것이 있는데, 같이 감영에 가는 것이 좋겠다"는 부탁을 했는데, 손화중은 병을 핑계로 하여 응하지 않았음으로 보아(「전봉준공초」 제4차문목, 552쪽), 참여가 의심스럽고, 김덕명은 별다른 자료가 없어 알 수 없다.

51) 주 21)에서의 전봉준의 순행에 최경선은 쭉 동행하였음으로 보아, 양자의 관계는 특별히 긴밀하였다고 생각되며, 따라서 새로운 단계의 집강소 사업에도 협력하였다고 짐작된다.

경선의 통할 지역에서만 실시되었다고 생각된다.

따라서 김개남의 통할 지역에서는 7월 6일 이전의 동학농민군의 일방적 집강소 개혁 실시와 기본적으로는 같은 상황이 전개되고 있었다고 생각된다. "소위 거괴배(巨魁輩)들은 각자 대장이라고 일컫고 오로지 주구만 일삼으며, 약속(김학진과 전봉준의 '관민상화' 원칙의 합의－인용자)을 거부하였으며, …… 7, 8월에 이르러서는 더욱 무법화하였다. 부호는 모두가 이산하였고, 천민은 거의 전부가 도량(跳梁)하여 토재(討財)할 뿐만 아니라 묵은 원한의 보복을 도모하여 호남 일대가 혼돈 세계가 되었"[52]던 바 "7월 5일 이후 전봉준은 고을들을 순행하면서 (농민군의 일방적 집강소 개혁사업 실시의 혼돈상을－인용자) 절제하려고 하였으나, 오히려 영(令)은 행해지지 않았고, 각자가 접(接)을 조직하여 오로지 강성하기만을 서로 다투었"[53]으므로, "전봉준도 또한 어떻게 할 도리가 없었다"[54]고 한다.

이렇게 농민군의 집강소 개혁사업 실시 단계에서 농민군 진영은 기본적으로는 두 진영으로 갈려 있었고, 따라서 집강소의 개혁사업에도 두 유형이 있게 된 원인은, 두 진영의 현실 인식의 차이, 따라서 개혁 노선의 차이에 있었다. 전봉준 진영에서는 민족모순에 기본적 비중을 두면서 한국 사회의 내부 모순을 함께 극복 · 해결하려는 것이었음에 반하여, 김개남 진영에서는 민족모순보다는 사회 내부 모순의 극복 · 해결에 치중하였다. 예컨대 부민층에 대한 태도에서도, 전자는 동맹과 연합의 대상으로 인식하였음에[55] 반하여, 후자에서는 투쟁과 타도의 대상으로 인식하였던 것이다.[56]

---

52) 주 45)와 같음.

53) 『오하기문』 1, 106쪽.

54) 주 45)와 같음.

55) 주 58)에서와 같이 전봉준은 개항과 외국과의 통상은 기정 사실로서 인정하고 있음으로

당시의 일본군은 청일전쟁에 여념이 없어서 농민군의 무력을 저지할 여력이 없었고, 정부군은 일본군의 6월 21일의 경복궁 점령 때에 무장해제되었기 때문에 역시 농민군의 무력을 저지할 능력이 없었던 상황이었는데, 농민군 진영이 이렇게 두 진영으로 분열되어 있었다는 것은, 농민군의 정치적·사회경제적 지향을 실현할 수 있었던 거의 유일한 기회였던 7, 8월의 시기를 놓쳐버리는 결과를 빚게 하는 치명적 취약성이었다고 생각된다. 결국 원칙적인 문제는 새로운 사회질서를 구축하려는 그들의 목적에, 그들 자신의 힘을 통일적으로 결집시킬 수 없었던 농민군의 주체적 힘의 한계에 있었다고 할 수 있다. 바꾸어 말하면 농민군이 새로운 국가 구상의 구체적 프로그램과 새로운 생산력 구상을 가질 수 없었던 자체 취약성에 기본적인 문제가 있었다고 할 수 있다.

8월 15일의 평양전투에서 크게 승리한 일본군은 군사력을 양분하여 그 하나를 농민군 토벌에 투입하면서 농민군을 토벌할 것을 공표하였다. 이어서 9월 18일에 일본은 그들이 농민군을 진압하겠다고 한국정부에 통고하였고, 21일 개화당정권은 이를 수락하였다.[57] 이에 농민군 토벌을 위한 일본-개화당정권의 결탁이 성립되었다. 이에 농민군도 9월 말부터 재결집하기 시작하였는데, 전라도의 양대 진영은 말할 것도 없고, 충청도의 농민군까지 다시 통일 세력을 이룩하였다. 10월 중순에 논산에서 집결한 농민군은 공주로 향하였다.

"다른 나라들은 단지 통상만 할 뿐인데, 일본은 군대를 거느리고 궁궐을 습격하였고, 이어서 군진을 치고 있기 때문에 우리나라 영토를 침략하는 것이라고 나는 생각하였다"[58]라거나, "금년 6월 이래 일본병이 그치지

보아, 개항 이후의 부농과 부상의 대두에 대하여서도 인정하고 있었다고 생각된다.

56) 예컨대 30), 31), 52) 등의 현상에서 반영되고 있다.

57) 『일안』 3, 1967, 고려대아세아문제연구소, 94~95, 98쪽.

않고 계속 우리나라에 온 것, 이는 반드시 우리나라를 병탄하려고 하는 것일 것이라고 …… 생각하여 국가가 멸망하면 생민(生民) 어찌 하루라도 편할 수가 있을까 하고 …… 국가와 멸망을 함께 할 결심을 가지고 이 거사를 도모했다"[59]라는 데에서 드러나듯이, 전봉준은 일본군의 농민군 토벌을 식민지화의 절대적 위기라고 인식하였다. 아울러 친일적 개화당도 일본의 한국 식민지화 기도의 동반세력이라고 파악하고, 공주에서 일본군을 격파하고 서울에까지 올라가 개화당정권을 타도하고 일본군을 한국 땅에서 완전히 몰아내려는 목적이었다. 위의 9월 21일의 결탁 이전까지는 전봉준의 농민군 진영에서는, 민족모순 · 사회 내부모순의 극복 · 해결에서, 개화당정권을 적대적 세력으로 파악 · 인식하지는 않았다. 그 결탁 이후 식민지화의 절대적 위기는 그 자체 '왜국화(倭國化)'의 위기로 인식되었다. 따라서 제2차 동학농민전쟁은 반일민족전쟁이었다고 할 수 있다.

위의 '왜국화'의 내용은, "금년 6월에 개화간당이 왜국을 체결하여 승야입경무휼(乘夜入京撫恤)하여 군부(君父)를 핍박하고 국권을 천자(擅恣)하며 우황(又況) 방백수령이 다 개화 소속으로 인민을 무휼하지 아니코 살육을 좋아하며 생령을 도탄함에"[60]라고 하였듯이, 일본의 앞잡이 개화당에 의한 '국왕과 국권의 허구화'였다. 허구화된 국왕과 국권에 실체를 담는 제1차적인 방법은 "이제 우리 동도(東徒)가 의병을 들어 왜적을 소멸하고 개화를 제어하며 조정을 청평하고 사직을 안보"[61]하는 것이었고, 제2차적인 방법은, "하정(下情=백성의 사정과 지향의지-인용자)은 왕에게 알려

58) 「전봉준공초」, 538쪽.

59) 「동학당 대두목과 그 자백」, 2월 18일 경성 아오야마 발 『동경조일신문』 1895년 3월 5일(강창일, 1988, 「갑오농민전쟁 자료발굴 · 전봉준 회견기 및 취조 기록」, 『사회와 사상』 1, 259쪽에서 인용).

60) 「고시(告示) · 경군여영병이교시민(京軍與營兵而教示民)」, 『동학란기록』 하, 379쪽.

61) 위와 같음.

지지 않고 상택(上澤=왕의 덕정의 베품−인용자)은 백성에게 미치지 않았다. 고로 일차 서울에 올라가 기어이 백성의 생각을 상세히 펼치려고 하였다"[62]에서처럼, 농민군의 의지를 직접 왕에게 상세히 펼치려는 것이었다. 이는 농민들의 사회적 이익이 실현되는 개혁을 보장하는 새로운 정권의 성립을 국왕에게 직접 요구하려는 것이었다. 이것은 종래의 대원군 섭정 요구의 폐기이기도 하였다.

제2차 전쟁의 단계에서 대원군으로부터의 구체적 결탁제의가 있었지만,[63] "재봉기한 것은 우리들의 본마음에서 우러나온 것으로, 대원군의 효유문이 있었지만 깊이 믿을 수 없는 것이므로 힘써 재봉기를 도모하였"[64]으며, "대원군은 또한 유세한 자라, 유세한 자 어찌 시골 백성을 위하여 동정이 있으리오"[65]라고 하여, 그 제의를 거부하였던 것이다. 또한 전봉준은 동학당정토군 독립제19대대 사령관 미나미(南小四郞) 소좌의 심문에서, "대원군은 오래 정치를 행하고 척권(慼權)이 매우 성했지만, 당시는 늙어서 정권을 잡을 기력이 없고, 원래 우리나라의 정치를 그르친 것도 모두 대원군이기 때문에 인민이 그에게 복종하지 않는다"[66]라고 하여, 대원군의 정치형태 자체를 비판하였다.

따라서 농민전쟁의 지도자인 전봉준에게는 새로운 정치형태 또는 정치권력의 형태에 대한 전망까지도 싹트고 있었다고 보인다. 1895년 1월 26일 법무아문 관리의 일본영사관에서의 약식 취조에서, 일본 경부의 "네가 경성에 쳐들어 온 후 누구를 추대할 생각이었는가?"라는 물음에 전봉준은

62) 「전봉준공초」, 547쪽.

63) 이상백, 1962, 「동학란과 대원군」, 『역사학보』 17 · 18 합집 참조.

64) 「전봉준공초」, 548쪽.

65) 『동학사』, 158쪽.

66) 주 59)의 글, 261쪽.

다음과 같이 말하였다.

> 일본병을 물러나게 하고 악간(惡奸)의 관리를 축출해서 임금 곁을 깨끗이 한 후에는 몇 사람 주석(柱石)의 선비를 내세워서 정치를 하게 하고, 우리들은 곧장 농촌에 들어가 상직인 농업에 종사할 생각이었다. 하지만 국사(國事)를 들어 한 사람의 세력가에게 맡기는 것은 크게 폐해가 있는 것을 알기 때문에 몇 사람의 명사에게 협합(協合)해서 합의법에 의해 정치를 담당하게 할 생각이었다.[67]

직접적으로는 세도정치의 폐해를 지적한 것이지만, 단순히 그것에서만 그치는 것은 아니라고 보인다. 전봉준은 몇 사람의 명망가의 합의제에 의하여 정치권력이 행사되는 정치권력형태를 전망하고 있었다고 생각된다. 농민군의 사회적 이익의 실현이라는 절실한 과제 해결의 필요에서 새로운 정권형태까지 구상된 것이라고 생각된다. 이것은 농민군의 정치의식의 커다란 질적인 비약이었고 동시에 그 민주주의적 발전의 단서를 열어놓은 것이라고 생각된다. 물론 이러한 질적인 비약도 왕권의 절대적 권위를 자명의 전제로 한 울타리 안에서의 것이었다. 예컨대 미나미의 심문에 전봉준은, "우리 왕을 폐해서 또한 누구를 추대할 것인가"[68]라고 하여 이씨왕조의 멸망을 극구 부정하였고, 1895년 1월 24일의 일본공사관에서의 이노우에 공사의 물음에 "군주가 굴욕당하면 신하는 죽는 법, 죽음 당하고서 끝낼 결심을 가지고 있어섰다"[69]라고 말하였다.

---

67) 「동학수령과 합의 정치」, 2월 20일 경성 아오야마 발 『동경조일신문』 1895년 3월 6일(강창일, 앞의 글, 263쪽).

68) 위의 글, 261쪽.

69) 「동학당 대두목을 사로잡다」, 2월 18일 경성 아오야마 발 『동경조일신문』 1895년 3월 5일(강창일, 앞의 글, 257쪽).

허구화된 국왕과 국권에 실체를 담아내는 농민군의 주체적 자세는, "조선사람끼리라도 도(道)는 다르나 척왜(斥倭)와 척화(斥化)[70]는 그 도가 일반이라 두어자 글로 의혹을 풀어 알게 하노니 각기 돌려 보고 충군우국지심이 있거든 곧 의리로 돌아오면 상의하여 같이 척왜척화하여 조선으로 왜국이 되지 아니케 하고"[71]에서처럼, '척왜척화를 원칙으로 한 한국주민의 결집'이었다.[72] 그 결집의 정치적 · 사회경제적 내용은, 반침략 · 반봉건을 전제로 하고, 소농민으로서의 자립지향을 중심으로 하여, 그것의 반식민지화 · 반개화로의 확대발전이라고 생각된다. 이것은 당시의 역사적 조건에서는 '근대 민족으로서의 결집'으로 귀결되는 것이었다.[73] 전체적으로 보아서 농민군의 지향은 '농민적 길'에 의한 '근대화'의 추구였다.[74] 당시 미약한 한국의 부르주아계급에 기반을 둔 개화당정권의 개화는 농민군에게는 자본주의화 · 왜국화 · 식민지화라고 인식되었다. 농민군은 식민지화 · 자본주의화가 아닌 반봉건주의 · '근대화'를 지향하였다. 다시 말하면 반봉건주의 · 반자본주의 · 반식민지화를 동시에 충족시키는 '근대화'가 농민군의 목표였다.[75]

---

70) 주 60)과 같음. 거기에는 한글의 '척화' 옆에 한문으로 '斥華'라고 병기되어 있는데, 『고종시대사』 3(1969, 국사편찬위원회)의 660쪽과 661쪽 사이의 간지에 있는 원자료의 사진판에는 한문이 일체 병기되어 있지 않다. 따라서 한문 병기는 국사편찬위원회에서 임의로 넣은 것임이 분명하다. "이제 우리 동도(東徒)가 의병을 들어 왜적을 소멸하고 개화를 제어하며"(같은 자료)라는 구절로 보아서, '척화'는 '斥華'가 아니라 개화를 반대하는 '斥化'로 되어야 할 것이라고 생각된다.

71) 주 60)과 같음.

72) 정창렬, 1982, 「한말 변혁운동의 정치 · 경제적 성격」, 『한국민족주의론』 1, 창작과 비평사, 76쪽 참조.

73) 위의 글, 77쪽 참조.

74) 김용섭, 1988, 「근대화과정에서의 농업개혁의 두 방향」, 『한국자본주의 성격논쟁』, 대왕사, 177쪽.

75) 조경달, 1983, 「갑오농민전쟁 지도자=전봉준의 연구」, 『조선사총』 7, 청구문고, 72쪽.

4.

1789년의 '대공포'[76]와 한국의 제1차 동학농민전쟁 및 집강소 개혁사업을 비교하면 다음과 같은 특징이 발견된다. 먼저 '대공포' 및 그에 따른 폭동들과 한국의 동학농민전쟁은 모두 자율적으로 발생하였다는 점에서 공통된다. 둘째 '대공포'와 농민전쟁은 귀족계급과 양반계급에 대한 농민의 반감에서 출발하였다는 점에서 공통된다. 프랑스에서는 그 반감의 심적 상호작용에 의하여 '귀족 계급의 음모'라는 집합심성이 이루어졌고, 그것에 의하여 1789년 7월 말에서 8월 초까지 '대공포'가 광범하게 만연되었으며, 동시에 농민폭동이 곳곳에서 발생하였던 것이다. 한국에서는 양반계급에 대한 반감 때문에 동학이 농민들에게 쉽게 받아들여졌다. 동학은 '사람이 곧 하늘이다'라고 하여 모든 신분의 평등을 주장하였고, 동학의 모임에서는 모든 신분이 평등하게 교제하였다.[77] '대공포'에서는 '귀족계급의 음모'라는 집합심성의 형성에서 그쳤으나, 동학에서는 현존하는 세상에 전면적으로 대체되는 '상제의 세상'이라는 완전히 새로운 세계상이 형성되었다는 점이 대비된다.

셋째 '대공포'와 농민전쟁의 농민봉기의 지향은 모두 반봉건주의였다는 공통성이 발견된다. 그러나 '대공포' 및 그에 따른 농민폭동에서는 봉건적 부담의 폐지만이 요구되었음에 반하여, 한국의 집강소 개혁실시에서는 봉건제도 그 자체의 폐지까지 요구되었다는 점이 대비된다. '대공포'는 7월 14일의 바스티유함락이라는 파리 민중의 봉기에 자극받았고 동시에 '대공포' 및 그에 따른 농민폭동은 도시 민중의 봉기를 고무하였음에 반하여 한

---

76) 민석홍, 1956, 「불란서혁명과 봉건제 폐지문제」, 『이병도박사화갑기념논총』, 일조각; G. 르페브르 저, 민석홍 역, 1986, 『프랑스 혁명』, 을유문화사, 164~179쪽 등 참조.

77) 『오하기문』 1, 105쪽.

국에서는 농민전쟁과 도시 민중의 상호 영향 관계가 결여되었다는 점이 대비된다. 이러한 특징의 대비는 프랑스와 한국에서의 자본주의적 관계 발전의 수준의 격차를 반영하는 것이었다.

넷째 '대공포'와 한국의 동학농민전쟁은 공통적으로 부르주아적 개혁을 초래하였다. 프랑스에서는 '대공포'의 영향으로 봉건제 폐지가 선언되고 법령으로 시행되었으며, 한국에서는 농민전쟁의 영향으로 개화당정권이 신분제도의 폐지를 선언하였다.

마지막으로 프랑스 혁명의 농민혁명의 사회경제적 지향과 동학농민전쟁의 사회경제적 지향을 비교하여 보기로 한다. 첫째 양자 모두에서 농민들은 반(反)봉건주의와 함께 반(反)자본주의적 지향을 나타내고 있었다. 프랑스 혁명에서 농민들은 자본주의적 의미에서의 농업의 전환에 전력을 기울여서 반대하였다.[78] 소토지소유농민(petit propriétaire) · 소훼르미에(petit fermier) · 메띠에(métayer)들과 프롤레타리아인 다수의 일고(journalier)들은, 전자본주의적 사회경제적 조건에 얽매어 있었기 때문에, 농업의 자본주의적 발전을 바라지 않았던 것이다.[79] 농민들은 자본주의적 사회에로의 전환을 거부하면서 독립적인 소생산자들로 구성되는 사회의 성립을 희망하였다.[80] 동학농민전쟁에서 농민들은 자본주의화를 왜국화 · 식민지화로 인식하고 완강하게 거부하였다. 농민들은 소토지를 평균적으로 소유하는 소농민으로서의 자립을 희망하였다.

프랑스와 한국 농민의 지향의 외면적 유사성에도 불구하고, 그 지향의 기초는 질적으로 달랐다. 토크빌은 「앙시앙 레짐과 혁명」에서, 만약 프랑

78) 조르쥬 르페브르 저, 시바다 미치오 역, 1956, 『프랑스 혁명과 농민』, 미래사, 28쪽.
79) 위의 책, 18쪽.
80) 알베르 소불 저, 최갑수 옮김, 1988, 「제1부 제4장 현대사에서의 프랑스 혁명」, 『프랑스혁명사론』(민석홍 엮음), 까치, 94쪽.

스의 농민들이 토지를 소유하지 않았더라면, 그들은 봉건제도에 의해 토지소유에 부과되었던 부담에 그렇게 민감하지 않았을 것이라고 말하였다.[81] 이와 같이 프랑스의 농민들은 소토지소유자였기 때문에 반봉건주의적이었고 반자본주의적이었음에 반하여, 한국 농민들의 경우는 그렇지 않았다. 한국의 농민들은 토지소유자가 아니었기 때문에, 소토지를 소유하는 소농민으로서 자립하는 것이 최대의 희망이었다.

프랑스와 한국 농민들의 토지소유에서의 이러한 차이는, 혁명과 전쟁에서 토지 재분배 요구의 없고 있음에서 전형적으로 나타나고 있었다. 프랑스 혁명에서 농민들은 토지 재분배를 요구하지 않았고 지주적 토지소유를 부정하지도 않았다. 이에 반하여 한국의 농민전쟁에서 농민들은 토지 재분배를 강력하게 요구하였고, 지주적 토지소유를 철저하게 부정하였다. 이것이 프랑스 혁명과 동학농민전쟁에서의 농민의 개혁 지향의 전형적 차이였다. 반봉건주의의 측면에서는 한국 농민들의 지향이 더 철저하였다.

둘째 프랑스 혁명의 결과, 불가분의 통일체로서의 프랑스 국민이 형성되었고, 한국에서는 동학농민전쟁의 결과, 민족으로서의 결집이 현저하게 강화되었는데, 이것 역시 양자의 유사성의 하나이다. 프랑스에서는 경제적 유대관계의 유기적 결합의 강화에 토대를 둔 국민의식의 고조가 그 국민형성의 특징이었다. 이에 반하여 한국에서는 일본의 침략이라는 바깥으로부터의 충격에 대한 자기방어를 유기적 결합의 유대로 하여 민족의식이 고조되었다. 18세기와 19세기에서의 세계자본주의 체제의 성격 차이의 반영이었다고 생각된다. 19세기 말의 프랑스에서는 선진 영국에 의한 식민지화의 위기는 미약하였다. 이에 반하여 19세기 말의 한국에서는 선

81) 위의 글, 93쪽에서 재인용.

진 일본에 의한 식민지화의 위기가 심각하였으며, 이러한 위기가 한국 주민의 민족으로서의 결집을 결정적으로 촉진하였던 것이다.

사정이 이러하였기 때문에 한국의 '농민적 길'에 따른 '근대화'는, 반봉건주의 · 반자본주의 · 반식민주의를 동시에 충족시키는 '근대화'였으며, 이에 반하여 프랑스 혁명의 농민혁명의 귀결로서의 근대화는, 농민의 반자본주의적 지향이 있었음에도 불구하고, 봉건주의에서 자본주의에로의 전환으로서의 근대화였다. 이것이 프랑스 혁명과 동학농민전쟁의 최대의 질적 차이였다.

▶ 미셸 보벨 · 민석홍 외, 1991, 『프랑스 혁명과 한국』, 일월서각.

갑오농민전쟁과 갑오개혁의 관계

1.

갑오농민전쟁과 갑오개혁은, 조선사회의 중세에서 근대로의 전환, 그것에 관련되는 조선주민집단의 국민적 통합의 전개, 그리고 일본에 의한 조선의 식민지화의 진전 등에서 중요한 계기를 이루었다는 점에서, 한국근대사에서 매우 중요한 위치를 차지하고 있다. 따라서 그 각각에 대한 연구는 많이 축적되었고, 연구사적으로도 많은 진전이 있었다. 그러나 양자의 관계는 그리 많이 추적된 것 같지 않아서 간략하게나마 한번 살펴보려고 한다.

제1차 갑오농민전쟁(3. 20~5. 8)에서의 농민군의 현실적 목적은, 첫째 민씨척족정권의 퇴진과 대원군정권의 성립, 둘째 탐관오리의 징계에 의한 아전 · 수령 · 경관(京官)의 부정행위의 방지, 셋째 농민의 생활을 핍박케 하는 조세행정 · 도고(都賈)행위 · 고리대행위의 시정, 넷째 외국상인 특히 일본상인의 상행위의 조약준수 등이었다. 당시의 중세적 질서 · 국제관계

질서를 부정하는 것이 아니라, 그 질서들의 '법대로의 실현'을 요구하는 것이었다. 그러나 그러한 농민군의 주관적 의식과는 관계없이, 당시의 현실적 질서는 '법대로의 실현'에는 전면적으로 배치되는 '자의적 집행'의 질서였고, 따라서 농민군의 의식과 행동의 객관적인 성격은 '자의적인 집행'의 현실질서에 대한 근본적인 부정이었다.

'법대로의 실현' 질서와 '자의적인 집행' 질서의 이러한 근본적인 상치는, 고종에 의해서도 인정되었고,[1] 민씨척족정권에 의해서도 인정되었다. 예컨대 민씨척족정권은 5월 중순 이후 개화파의 포섭을 도모하였다. 5월 19일에는 김가진(金嘉鎭)이 내무참의로 되었고,[2] 같은 날 유길준(兪吉濬)이 내무주사로 되었으며,[3] 5월 20일에는 안경수(安駉壽)가 민영준(閔泳駿)의 고문으로 되었고,[4] 그밖에도 2~3명의 개화파가 실무직에 등용되었다.[5] 6월 2일에는 한직인 판중추부사로 있던 김홍집(金弘集)을 외무총리대신에 등용함으로써[6] 내정을 개혁하는 방향에서 정권의 위기를 극복하려는 영위를 뚜렷하게 드러내었다. 이어서 6월 11일에는 내정개혁을 논의 실시하는 특별기관으로서 교정청(校正廳)을 설치하여[7] 일신정치(一新政治)할 것을 선언하였고,[8] 이어서 당상 15명을 임명하고 폐정개혁할 내용

1) 고종은 4월 18일, 호남민인에의 칙유에서 폐정의 개혁을 시사하였고(『일성록』 고종편 31, 고종 31년 4월 18일, 1971, 서울대고전간행회, 117쪽), 5월 12일의 윤음에서는 "내가 삼가 맹성하여 대가경장(大加更張)하고 방백수령으로서 민을 침학하는 자는 법대로 처단하고 용서하지 않겠다. 목하 안민(安民)의 급무는 바로 이것이다"(『일성록』 31, 고종 31년 5월 12일, 146쪽)라고 하여, 폐정개혁이 필요한 현실을 인정하였다.

2) 『일성록』 31, 고종 31년 5월 19일, 154쪽.

3) 『고종시대사』 3, 고종 31년 5월 19일, 1970, 국사편찬위원회, 458쪽.

4) 彬村濬, 1932, 「명치 27, 8년 在韓苦心錄」, 43쪽.

5) 위와 같음.

6) 『일성록』 31, 고종 31년 6월 2일, 166쪽.

7) 『일성록』 31, 고종 31년 6월 11일, 176쪽.

8) 위와 같음.

을 심의·결정케 하였으며,[9] 구체적으로 6월 14일에는 각궁·각아문·각영·각감영·수영·병영·읍진이 10년 이내로 신설한 잡세에 속하는 것은 폐지하도록[10] 하였고, 6월 16일에 교정청은 12개 조목의 혁폐조건(개혁안－인용자)을 정하여 전국에 게시하고 각도에 통고하였는데, 그것들은 모두 농민군의 폐정개혁요구항목에 들어있는 것들이었다.[11] 즉 민씨척족정권은 개화파를 등용하고 농민군의 폐정개혁요구를 수용함으로써 정권의 위기에 대처하려고 하였다.[12]

이렇게 신개화파와 구개화파인 김홍집이[13] 요직에 진출하면서 집권층 내부에 권력이동이 이미 진행되고 있었다. 6월 12일에는 민씨척족정권의 핵심인물인 민영준이 선혜청당상에서 해임되었다.[14] 이러한 권력이동의 배후에는 새로운 움직임이 형성되고 있었다. 김가진·조희연(趙羲淵)·권영진(權瀅鎭)·김학우(金鶴羽)·안경수·유길준 등이 민씨사대당 반대의 두목인 조희연의 집에서 자주 만나면서[15] 민씨척족정권을 타도하고 정치를 근본적으로 개혁하려는 운동을 전개하고 있었는데,[16] 여기에 일본의

9) 『일성록』 31, 고종 31년 6월 14일, 179쪽.

10) 김윤식, 『속음청사』 상, 고종 31년 6월 24일조(1960, 국사편찬위원회, 325~326쪽).

11) 위의 책, 320쪽.

12) 김인순, 1968, 「조선에 있어서 1894년의 내정개혁의 연구」, 『국제관계론연구』 3, 동경대학, 32쪽.

13) 유영익은 갑오경장에서의 정치세력을 5개파로 나누면서 김홍집·김윤식·어윤중·조희연·유길준 등을 갑오경장파(갑오파)로 묶었고(『갑오경장연구』, 179쪽), 주진오는 갑오개혁에서의 정치세력을 6개파로 나누면서, 위의 갑오경장파를 유길준·김가진·안경수 등의 '신진관료'와 김홍집·김윤식·어윤중 등의 '원로실무관료'로 나누었다(1994, 「갑오개혁의 새로운 이해」, 『역사비평』 26, 역사문제연구소, 29쪽). 여기에서는 주진오의 분류를 따르면서 그 명칭을 세대의 신구라는 의미에서, 전자를 신개화파로 후자를 구개화파로 부르기로 한다.

14) 『일성록』 31, 고종 31년 6월 12일, 177쪽.

15) 菊池謙讓, 1939, 『근대조선사』 하, 계명사, 377쪽.

16) '6월 24일, 조선국의 정정(政情)에 관한 정세보고의 건' 조선주차 오토리(大鳥) 공사로

세력이 결탁되면서[17] 6월 21일에 경복궁 정변이 일어났고,[18] 6월 25일에는 군국기무처(軍國機務處)가 설치되면서[19] 갑오개혁이 시작되었다.

국내적 조건에서만 본다면 농민전쟁에 의하여, '법대로의 실현' 질서와 '자의적인 집행' 질서와의 근본적 모순 즉 객관적으로는 중세질서의 근본적 모순이 노정되면서 그 지양의 문제 즉 내정개혁의 문제가 역사불가역적인 과제로서 전면화되었고, 그 객관적 요구에 의하여 민씨척족정권은 붕괴되고 개화파정권 즉 구개화파, 신개화파, 대원군파의 3파 연합정권이 성립되었던 것이다. 따라서 우리는 개화파정권의 성립과정에서 농민전쟁과 갑오개혁의 역사내재적인 유기적 연관성의 하나를 볼 수 있다.

물론 개화파의 자력에 의하여 개화파정권이 성립된 것은 아니었고, 전적으로 일본의 군사력에 의존하여 타력적(他力的)으로 성립된 것이었지만,[20] 그러나 타력적으로라도 개화파정권이 성립된 것은 농민전쟁에 의한 내정개혁의 역사불가역성이라는 객관적 필연성에 의한 것이었다고 할 수 있다. 민씨척족정권이 6월 11일에 교정청을 설치하고 6월 16일에는 12개조목의 개혁안을 전국에 게시하게 된 데에는, 농민군의 움직임이 직접적으로 작용하였다고 생각된다. 5월 8일에 27개조 폐정개혁안의[21] 실시건의를 조건으로 한 전주화약(全州和約)이 체결되고서 농민군은 각기 향리로 돌아갔다. 5월 11일경에는 전봉준이 순변사 이원회(李元會)에게 14개조의

부터 무쓰(陸奧) 외무대신에게, 『일본외교문서』 27권 2호, 239쪽.

17) 양자의 결탁은, 일본측에 의하여 신개화파가 공략당한 것으로서가 아니라, 거꾸로 신개화파에 의하여 일본측이 설득된 것이었다는 김인순의 주장(앞의 논문, 29쪽)이 설득적이다.

18) 『일성록』 31, 고종 31년 6월 21일, 185쪽.

19) 『일성록』 31, 고종 31년 6월 25일, 191쪽.

20) 박종근, 1975, 「조선에 있어서 1894, 5년의 김홍집정권(개화파정권)의 고찰」 2, 『역사학연구』 417, 41쪽.

21) 한우근, 1964, 「동학군의 폐정개혁안 검토」, 『역사학보』 23 참조.

폐정개혁안을,[22] 5월 17일경에도 전봉준이 이원회에게 24개조의 폐정개혁안을,[23] 5월 20일경에는 전봉준이 전라감사 김학진(金鶴鎭)에게 13개조의 폐정개혁안을 제출하면서,[24] 폐정개혁의 실행을 재촉하였다. 그러나 민씨척족정권이 폐정개혁의 의지를 확연하게는 보이지 않음에, 농민군은 5월 하순의 순창(淳昌)에서의 집강소 설치를[25] 시발로 하여 6월 초순까지에 각지에서 산발적으로 집강소를 설치하면서, 농민군 스스로의 힘으로 고을의 차원에서 폐정개혁을 착수하였다.[26]

전봉준은 흥덕(興德) 이남 나주(羅州) 이북의 지역에서 이미 5월 하순에 방곡령을 실시하고 도고를 응징하며, "부자로부터 재곡을 강탈하여 빈곤자에게 주휼(賙恤)하고 혹은 미곡을 시가에 비하여 5, 6할 염가로서 방매하는 등 일반 인민의 환심을 사는"[27] 행태의 집강소 질서를 이룩하고 있었다. 이러한 상황이 민씨척족정권을 내정개혁의 방향으로 강박하였다고 생각된다.

22) 『속음청사』 상, 고종 31년 6월 24일조, 322~323쪽.

23) 위의 책, 323~324쪽.

24) 정교, 『대한계년사』 상, 고종 31년 5월조, 86쪽.

25) 황현, 「오하기문」 2, 『동학농민전쟁사료대계』 1, 갑오 5월조(1994, 여강출판사, 160쪽).

26) 『이륙신보』, 명치 27년 11월 21일, '조선의 일활화(一活話)'. 전봉준은 6월 6일 순창에서 일본인 스즈키(鈴木)를 만나 그의 질문에 당시 열읍을 순행하는 목적은 폐정을 개혁하기 위하여서라고 말하였다.

27) '(8) 임서(臨庶) 제46호', 「전라도 위도(蝟島)에서 동학당의 엄격(掩擊)을 받은 히다카 유시로(日高友四郎)의 문취서(聞取書)」 1894년 7월 23일, 재인천2등영사 노세 다쓰고로(能勢辰五郎)로부터 특명전권공사 오토리 게이스케(大鳥圭介)에게, 『주한일본공사관기록』 3210, 582쪽.

2.

전봉준과 김개남(金介南)은 6월 15일경 남원(南原)에서 농민군대회를 열고, 각읍 포중(布中)에 전령하여 각군마다에 집강소를 설치하고 농민군 대표를 집강(執綱)으로 선출하여 집강이 수령의 일을 행하도록 지시하였다.[28] 집강소 질서를 설분(雪憤) 위주 폐정개혁의 질서에서 제도화·질서화의 폐정개혁의 질서에로, 즉 '자의'에서 '제도화'에로 전환하려는 의도였다고 보인다. 그 이전에서도, 이미 6월 5일경 농민군은 "불항무뢰지배(不恒無賴之輩)가 침학부민(侵虐富民)하는 것을 금지하였고",[29] 6월 7일경에도 "얼치기(糵芽)들이 소요함을 통절히 미워하고 금지하였"으며,[30] 6월 10일경에는 농민군이 "지나는 고을에서의 폐단이 작은 것은 수령에게 알려서 교정하고 큰 것은 감영에 정상(呈狀)하여 혁파하"던[31] 상황이었다. 그러나 아직까지도 전체적으로는 질서적이기보다는 자의적인 경향이 지배적이었다고 보인다. 이러한 상황에서 농민군 대표인 집강이 수령의 일을 행함으로써 집강소에 의한 폐정개혁을 좀더 질서화·제도화의 방향으로 이끌려고 하였다고 생각된다.

이러한 상황에서 6월 21일에 경복궁정변이 일어났고, 6월 23일에는 청일전쟁이 일어났으며, 6월 25일의 성환(成歡)전투[32] 이후, 승리한 일본군과 패배한 청군이 공주(公州)로 내려온다는 풍문이 파다하게 퍼짐에, 민

28) 『오하기문』 2, 『동학농민전쟁사료대계』 1, 갑오 7월조, 179쪽.

29) '6월 일, 순창희생 전봉준 송대화 송창헌 정창진 김대춘 등장', 『수록』, 『동학농민전쟁사료대계』 5, 243쪽.

30) 『사유도내난민문』·『초정집』, 『동학농민전쟁사료대계』 5, 410쪽.

31) '순창희생 전봉준 송대화 송창헌 정창진 김대춘 재상서', 『수록』, 『동학농민전쟁사료대계』 5, 245쪽.

32) 藤村道生, 1973, 『일청전쟁』, 암파서점, 95~102쪽.

족적 위기로 절감한 김학진은 6월 28일경에 전봉준에게 '공수전주(共守全州)하여 동부국난(同赴國難)'하자는 제의를 하였다.[33] 이때 김학진은 이미 6월 22일에 병조판서로 임명되었으나,[34] 그것을 극력 사양하면서까지 이런 제의를 한 것으로 미루어보아서, 농민군과 함께 공수전주하여 동부국난하려는 의지가 매우 강력하였다고 생각된다. 전봉준은 이 제의를 6~7일간 심사숙고한 끝에[35] 7월 6일[36] 전주감영으로 가서 김학진과 만나 협상하여 타협을 성립시켰다.[37] 타협의 내용은 관민상화(官民相和)를 원칙으로 하고,[38] 농민군이 영하(營下)의 군정(軍政)을 장악하여 도량방사(跳踉放肆)하는 교사부랑지배(巧詐浮浪之輩)는 각읍의 집강으로 하여금 명찰금단(明察禁斷)한다는 것이었다.[39] 이제 집강소 질서가 공식화됨으로써 집강소에 의한 지방행정이 본격적으로 질서화되기 시작하였다.

그러나 7월 초순의 단계에서는 아직 집강소에 의한 폐정개혁의 질서가 안정화·제도화되지는 못하였다. 우선 김학진의 전라감사로서의 지위가 불안정하였다. 김학진은 6월 22일에 병조판서로 임명되었으나 그는 병조판서로 나아가려 하지 않았다. 6월 22일에 전라감사로 임명된 박제순(朴齊純)은 7월 8일 무렵에[40] 전주의 남고산성(南固山城)에 이르렀으나, 김학진은 7월 10일 무렵 "동도(東徒)들에게 만류당하고 있습니다. 만일 신이 하루라도 없으면 무국(撫局=관민상화에 의한 집강소 질서의 공식화－인

33) 『오하기문』 2, 『동학농민전쟁사료대계』 1, 갑오 7월조, 179쪽.
34) 『일성록』 31, 고종 31년 6월 22일, 188쪽.
35) 『오하기문』 2, 『동학농민전쟁사료대계』 1, 179쪽.
36) 위의 책, 182쪽.
37) 위의 책, 180쪽.
38) 정석모, 『갑오약력』(1971, 『동학란기록』 상, 국사편찬위원회, 65쪽).
39) 『오하기문』 2, 갑오 7월조, 182~183쪽.
40) 『일성록』 31, 고종 31년 7월 8일, 213쪽.

용자)이 장차 무너지고 전공(前功)이 모두 허사가 되며 후환이 악화될 것입니다"라고[41] 하며 병조판서 임명 인사의 철회를 계청하였다. 김학진의 항명에 분개한 박제순은 7월 17일에 김학진을 '적을 끼고서 임금을 협박한다'고 규탄하면서, 전라감사직을 사직하는 상소를 올렸다.[42] 이에 조정에서는 김학진을 나문(拿問)하려고 하였으나 김가진이 힘껏 김학진을 보호하였"고,[43] 이에 조정에서는 7월 18일에 전라감사 박제순을 충청감사로 전임발령하였고,[44] 같은 날에[45] 김학진의 죄를 용서하여 전라감사 자리에 그대로 복무하게 하였다.[46] 이제 김학진의 전라감사 자리가 안정되었고, 따라서 공식화된 집강소 질서의 제도화를 위한 전봉준과의 '상화의 바탕 위에서의 상의와 타협'이 본격적으로 구체화될 수 있었으며, 그 결과가 7월 28일 무렵의[47] 폐정개혁강령 12개조였다고[48] 생각된다.

이 폐정개혁강령 12개조에 대하여서는 자료적 신빙성이 의심되고 있기도 하다. 첫째는 책 제목이 "역사소설 동학사"라는 점에서 픽션의 부분도 많을 수 있다는 이유에서이다.[49] 그러나 1940년 일제지배하의 식민지에서 '역사소설'이라는 단서가 붙지 않고서는 이 책이 출판되기 어려웠다는 점에서, '역사소설'이라는 단서에 구애될 필요는 없다고 생각된다. 둘째는 토지평균분작이라는 강령은 사회주의적 취향의 허구적 산물이라는 이유

41) 『오하기문』 2, 갑오 7월조, 180쪽.

42) 『일성록』 31, 고종 31년 7월 17일, 236쪽; 「오하기문」 2, 갑오 7월조, 180쪽.

43) 『오하기문』 2, 갑오 7월조, 180~181쪽.

44) 『일성록』 31, 고종 31년 7월 18일, 240쪽.

45) 위의 책, 239쪽.

46) 『오하기문』 2, 갑오 7월조, 181쪽.

47) 7월 18일에야 전라감사 직위가 확정됨으로써, 전봉준과의 '상화의 바탕 위에서의 타협'은 7월 28일경에 이루어졌을 것이라고 짐작된다.

48) 오지영, 1940, 『동학사』, 영창서관, 126~127쪽.

49) 노용필, 1989, 「오지영의 인물과 저작물」, 『동아연구』 19, 93~94쪽.

에서이다.[50] 그러한 산물이었다면 이 조항은 '토지의 국유화와 그 원칙 하에서의 토지소유의 농민에의 재분배'로 설정되었지 결코 토지평균분작으로는 되지 않았을 것이다. 셋째는 오지영이 "경작지가 전무한 자칭 무산농민 출신의 천도교연합회 교인들을 이끌고 만주로 집단 이주하여 토지를 개간하고 대표자를 중심으로 집단농장을 이루어 균등한 토지분배 및 공동경작을 꾀하였던" 경험을 통하여 "만주 집단 이주를 통하여서까지 그토록 혁신적으로 실현해보고자 했던 오지영 자신의 토지 개혁방안"일 가능성이 많기 때문이라는 것이다.[51] 집강소 폐정개혁강령의 제12조는, 뒤에서 살펴보겠지만, 집단농장안, 균등한 토지분배안, 공동경작안과는 전혀 다른 내용이라는 점에서, 오지영 자신의 토지개혁 방안일 수가 없고, 오히려 그러한 토지개혁구상의 오지영의 안목에는 강령 제12조가 더욱 뚜렷하게 각인될 수 있다는 점에서도 강령 제12조의 객관적 사실성은 튼실한 것이라고 생각된다.

12개조의 조목 하나하나가 모두 성문화된 것이 아닐 수는 있다고 생각된다. 그러나 12개조는 집강소 질서의 존재양식을 나타내고 있음에 틀림없다고 생각된다. 그 이유는 첫째, 강령 제1조는 7월 6일에 김학진과 전봉준이 확인한 '관민상화'의 원칙의 재확인이라는 점에서, 강령 12개조는 7월 6일에 공식화된 집강소 질서에 연속되고 있는 현상임을, 증명하고 있기 때문이다. 둘째 당시 집강소 질서는 기존의 지방행정질서와 농민군의 자치적 지방행정질서의 상화적 공존이었지만, 농민군이 군정을 장악하고 있음으로써 실질적으로는 농민군의 자치적 지방행정질서가 압도적이었다는 점에서 볼 때 제2조에서 제12조까지의 개연성은 충분하기 때문이다. 제2조

50) 유영익, 1994, 「전봉준 의거론—갑오농민봉기에 대한 통설 비판」, 『이기백선생고희기념한국사학논총』 하, 1648쪽.

51) 노용필, 앞의 글, 94쪽.

에서 제12조까지의 11개조 강령도 7월 28일 무렵에 평지돌출한 것은 아니었다. 5월 하순의 설원 위주의 자의적 폐정개혁에서 6월 15일 무렵 이후 질서화 · 제도화의 방향으로 폐정개혁이 전이하는 과정에서, 점진적으로 차츰 그 형상을 갖추어 오다가, 7월 28일 무렵에 뚜렷하게 모습을 드러내게 되었다고 생각된다. 폐정개혁강령 12개조는 이러한 역사적 과정의 산물이었으므로, 그것에는 갑오농민전쟁의 이념이 뚜렷하게 반영되어 있다고 생각된다.

3.

이제 갑오농민전쟁과 갑오개혁의 관계를 살펴보기 위하여 폐정개혁강령 12개조와 관련되는 갑오개혁의 개혁안을 비교해 보기로 한다. 6월 25일에 설치된 군국기무처는 11월 21일에 철폐될[52] 때까지 143일간 존속하였다. 군국기무처는 6월 28일에 제1차 회의를 열어서 그날 12개의 의안을 의결한 이후, 10월 1일에 제41차 회의를 열어서 2개의 의안을 의결하기까지, 92일간 190개의 의안을 의결하였는데, 제도개혁 · 정책건의 건으로 치면 약 210건의 개혁을 의결 · 실시하였다.[53] 회의개최와 의안 중심으로 보면, 8월 17일의 평양성전투에서의 일본군의 승리를 경계로 하여 앞뒤의 양상이 판이하다. 앞의 49일간에 141개 의안(74.2%)이, 뒤의 43일간에 49개 의안(25.5%)이 의결되었는데, 개혁의 속도와 양에서 앞뒤 시기의 대조가 극명하게 나타나고 있음이 주목된다.[54] 약 210건의 개혁건 중에서

52) 『일성록』 31, 고종 31년 11월 21일, 389쪽.

53) 유영익, 1990, 『갑오경장연구』, 일조각, 135쪽.

54) 위의 책, 135쪽.

폐정개혁강령 12개조와 관련되는 것을 추려서 양자를 비교해보기로 한다.

폐정개혁강령(이하에서는 강령으로 약칭한다) 제1조 : 道人과 정부와 사이에는 宿嫌을 蕩滌하고 庶政을 협력할 事

이는 7월 6일에 집강소를 공식화할 때에 김학진과 전봉준이 타협의 원칙으로 삼았던 '관민상화'를 재확인하는 조문이었다. 갑오개혁 의안(이하에서는 의안으로 약칭한다)에서는 당연히 이와 관련되는 조문이 없었다.

강령 제2조 : 貪官汚吏는 그 죄목을 査得하여 一一嚴懲할 事

의안 34.[55] 7월 2일(양력 8월 2일)

贓吏之律 申明舊典 從嚴懲辨 原贓入官事

의안 74. 7월 15일(양력 8월 15일)

罪人閔泳駿 盜弄權柄 罔上虐民 妖女金昌烈母 假託神靈 操從威福 誅戮未加 輿情如沸 乃於月前 有刑曹參議池錫永之疏 而尙未承允俞之處分 誠不勝抑鬱之至此非池錫永一人之言 卽擧國公共之論也 宜拿來嚴覈 明正其罪 以罪人閔炯植言之 貪饕成習 狂悖無倫 管轄三道 毒流百姓 此而容貸 其何以謝南民也 幷施當律 以洩神人之憤事 判付 閔泳駿閔炯植事 已爲處分 自有無刑之期

의안 190. 10월 1일(양력 10월 29일)

凡大小官員 有犯於贓賄者 代囚家僮 責納贓錢 從事延拖 終無實效 從今以後 直囚本人 先推贓後論罪事

강령 제2조는 제1차 농민전쟁 이래 농민군이 일관되게 주장해온 바, 아전 · 수령 · 경관의 부정방지를 위한 조문이었다. 의안 34에서는 부정하게

55) 의안의 번호는 편의상의 것인데, 유영익 『갑오경장연구』 부록 '자료 3'을 따랐다.

착복한 관리는 엄중징계하고 착복물은 몰수토록 하였으며, 의안 74에서는 권병(權柄)을 도롱(盜弄)하고 망상학민(罔上虐民)한 민영준에게는 주륙(誅戮)을 가하고, 탐학한 민형식에게는 농민전쟁을 일으킨 민(民)에 사과하기 위해서라도 당율(當律)을 시행해야 한다고 건의하였다. 의안 190에서는 부정착복한 관리는 본인을 구속하여 먼저 착복물을 몰수한 다음에 논죄토록 하였다. 강령과 의안이 대체로 같은 방향의 성격을 가지고 있다고 보인다.

강령 제3조 : 橫暴한 富豪輩는 嚴懲할 事

강령 제4조 : 不良한 儒林과 양반배는 懲習할 事

의안 75. 7월 15일(양력 8월 15일)

方伯守令及卿宰鄕豪 置標立案 勒奪私山 爲殘民切骨之寃 亟令詳核 掘標鎖案 另立禁條事

의안 76. 7월 15일(양력 8월 15일)

十年以內 田地山林家屋等産 爲藩梱守宰及豪右所强佔與減價勒買者 由本主據實呈單于軍國機務處 該呈單內 要有證人二名以上 及土在官衆所共知明確證據 則査實推還原主 倘有假冒 代辦者 構捏虛無者 數爻相左者 亦照律嚴懲事

의안 164. 8월 28일(양력 9월 27일)

各道豪右之武斷鄕曲侵虐平民者 關飭各該道臣 這這嚴査 自該營 有難自斷者 報明政府 論法科罪 振肅王章 慰悅民心事

강령 제3, 4조는 신분적 특권에 의하여 토지를 집적하고 상민(常民)을 압량위천하여 예속화하는 토호무단(土豪武斷)을[56] 징계한다는 것이었다. 의안 75, 76은 10년 이래로 경재(卿宰)·감사·병사·수령·토호가 늑탈하

56) 이세영, 1985, 「18·19세기 양반토호의 지주경영」, 『한국문화』 6 참조.

거나 늑매한 전지 · 산림 · 가옥 등은 조사하여 원주에게 되돌려주고, 의안 164는 토호로서 평민을 침학한 자는 법대로 처벌함으로써 민심을 달랜다는 것이었다. 강령 제3, 4조를 좀 더 구체화함으로써 농민전쟁을 일으킨 농민들을 진정시키려는 것이 3개의 의안이었다. 여기에서도 강령과 의안은 상호 적합하고 상친적인 관계에 있었다.

강령 제5조 : 노비문서는 燒祛할 事
의안 9. 6월 28일(양력 7월 30일)
公私奴婢之典 一切革罷 禁販買人口事

강령과 의안 모두에서 노비제도의 전면적 폐지가 의도되고 있었다. 특히 의안 9는 김학진과 전봉준의 폐정개혁강령 합의 훨씬 이전에 성립된 것이었다. 따라서 이 의안은, "천민 상민의 마음이 더욱 거리낌이 없어져서 노비는 자퇴면천(自退免賤)했다"[57] "양반과 상민이 서로 속이고, 사류(士類)가 그 체모를 보존할 수 없으며 서민이 혹 감히 상분(常分)을 범하고 …… 노(奴)가 주(主)를 능욕하는 등 허다한 패거가 일어나고 있었다"[58] "등급을 혁파하고 노비를 혁파한다는 조문은 …… 드디어 선란지민(煽亂之民)이 그것을 구실로 하여 궐기하게 하고 맹서지위(氓庶之威)가 장상(將相)보다 무겁게 하며, 박타지욕(縛打之辱)이 경재(卿宰)에게까지 미치게 하였다"[59]라고 하듯이, 노비들의 신분해방투쟁을 더욱 촉진시켰고, 폐정개혁강령 제5조의 성립에도 크게 기여하였다고 생각된다.

이렇게 강령과 의안이 상호촉진적으로 전개되자, 의정부는 8월 10일에

---

57) 『김약제일기』 3, 『동학농민전쟁사료대계』 3, 갑오 7월 25일, 71쪽.
58) 『관초존안』, 『각사등록 63, 계초존안 외』, 8월 10일조(1992, 국사편찬위원회, 218쪽).
59) 『신기선전집』 상, 사의원소명소(辭議員召命疏), 갑오 9월조(1981, 아세아문화사, 206~207쪽).

의안 9를 "압량위천과 노비세습을 금지한다"는[60] 내용으로 환골탈태하였으나, 노비제도의 현실에서의 붕괴를 막을 수는 없었다. 이와 같이 강령 제5조와 의안 9는 완전히 내용이 일치되었고, 후자가 전자를 오히려 선도하는 측면까지도 있었다고 할 수 있다. 양자의 상호촉진적 · 상친적 관계를 확인할 수 있다.[61]

강령 제6조 : 七班賤人의 대우는 개선하고 백정 頭上에 平壤笠은 脫去할 事
의안 11. 6월 28일(양력 7월 30일)
各衙署皂隷 酌量加減設置事
의안 37. 7월 2일(양력 8월 2일)
驛人倡優皮工 並許免賤事

강령에서는 관아의 조예, 의금부의 나장, 지방관청의 일수, 조창의 조군, 수영의 수군, 봉화를 올리는 봉군, 역참의 역졸 등 칠반천역의[62] 대우개선과 백정의 대우개선을 규정하고 있다. 의안 11에서는 조예의 감축을, 의안 37에서는 역졸, 창우(=광대－인용자), 피공(갖바치－인용자)의 면천을 규정하였다. 면천의 구체적인 조건은 밝혀져 있지 않지만, 강령과 같은 궤도의 개혁으로서 양자는 상친적인 관계에 있었다.

강령 제7조 : 청춘과부는 개가를 허할 事
의안 8. 6월 28일(양력 7월 30일)
寡女再嫁 無論貴賤 任其自由事

60) 주 58)과 같음.
61) 신용하, 1987(1985), 「1894년 사회신분제의 폐지」, 『한국근대사회사연구』, 일지사, 139쪽.
62) 법제처, 1981, 『고법전용어집』, 817~818쪽.

강령과 의안이 완전히 일치되고 있다. '인욕(人欲) 억압'의 중세적 세속도덕을 부정하고, '인욕 인정'의 새로운 세속도덕을 건설하는 개혁의 성격을 가지는 것이었다.

강령 제8조 : 무명잡세는 一倂 勿施할 事

의안 54. 7월 10일(양력 8월 10일)

自甲午十月 各道各樣賦稅軍保等 一切上納大小米太木布 均以代錢磨鍊 設立銀行 劃給公錢 使之貿遷米穀 以贍根本之地 而原錢償納于度支衙門 定期勿悞 代錢更爲詳 細酌量事

의안 96. 7월 24일(양력 8월 24일)

各道上納之許代純錢 行將關飭矣 米商會社 不容不亟設 則都下米廛大行首及五江江主人與貿米坐賈 熟諳商務者 並許合服結社 由農商衙門 特給官許文憑 妥定規則 以便公納 兼興商務事

의안 109. 8월 4일(양력 9월 3일)

速定結價 海邊邑幾兩 山郡邑幾兩 火速行會 以釋民疑事

의안 124. 8월 10일(양력 9월 9일)

各營邑損補錢鑑硝代錢 已排定外 一切革罷 其他新設名目之已行革罷者 竝一一修成册 以報政府之意 行會各道事

의안 142. 8월 18일(양력 9월 17일)

外方進供之規 一切革罷 基各地方供物價 使度支衙門 妥籌收入 移送宮內府 以爲貿辨進排事

의안 151. 8월 22일(양력 9월 21일)

各道賦稅軍保等 一切上納大小米太木布 均以代錢磨鍊事 前已議案啓下矣 先由圻甸 定結價磨鍊 除平安咸境外 五道應納米太木布 竝準石數匹數 代錢收捧 供上及頒放 亦準石數匹數施行事

의안 167. 9월 3일(양력 10월 1일)

從前各司之誅求於外道者 其目不一 大爲民邑之弊 今焉新式已頒 舊謬自祛 宮內府所屬各司 亦應一體凜遵 而外道營邑 尙未見的確之公文 恐有疑眩之

慮 宜自政府亟行關飭 但藥債筆債舖陳債 求請錢罰例錢戶長債等名目 行之已久者 皆入於該營邑原應下磨鍊中 而今於革罷之後 必致中間消瀜 令各道監營 另行査櫛 其初無磨鍊而臨時區處者 永爲勿施 其入於原磨鍊者 收納于度支衙門事

의안 183. 9월 19일(양력 10월 17일)

七月二十四日議案中 各道上納許代純錢 米商會社不容不亟設 都下米廛大行首及五江江主人與貿米坐賈 併許合服設社 由農商衙門給憑定規 以便公納 兼興商務事啓下矣 現今秋事告成 米商會社 亟應設立 令度支衙門農商衙門 商確妥定 務圖實施事

강령 제8조는 폐정개혁 27개조에서도 가장 중요한 문제로서 제기된 것이었다. 정규적인 부세 즉 국납(國納)과 선급(船給)이외의 모든 잡세를 혁파하려는 것이었다. 의안 124, 142, 167에서와 같이 잡세는 일체 혁파되고, 의안 54, 96, 109, 151, 183에서와 같이 호전(戶錢) 이외의 세는 지세(地稅)로 단일화되어 금납제로 바뀌었다. 이어서 결가(結價)는 산군(山郡)에는 25량 연군(沿郡)에는 30량으로 결정되었다.[63] 의안 8개안은 무명잡세를 일체 폐지할 뿐만 아니라 40~50 종목의 조세명목을 지세로 단일화하고 금납으로 하여 농민의 부담을 크게 줄였다. "근세에는 결정(結政)이 크게 무너져 민으로부터 쌀을 징수함에 고을마다 같지 않았다. 1결에 미납(米納)이 100두에 이르기도 하고 60~70두에 이르기도 하였고, 가장 가벼운 경우가 50두였다. 그것에 겹쳐서 포(布)니 두(斗)니 하여 명목이 수없이 많았는데 그 값을 다 치면 100량을 넘었다"는[64] 상황에서 이 개혁은 농민의 부세 부담을 크게 줄이는 것이었다. 때문에 "새 정령이 한번 반포되자 백성은 모두 펄쩍 뛰면서 좋아하여 양(洋)을 따랐는지 왜(倭)를 따랐는지는 묻

63) 『결호화법세칙』.

64) 황현, 『매천야록』, 갑오 12월조(1971, 국사편찬위원회, 168~169쪽).

지 않고 모두 기뻐하여 재생의 기색이 있었으며"[65] 이기(李沂)도 "작년부터 전세는 돈으로 걷는데 농민에게는 창비(倉費)가 없어지고 국가에는 조폐(漕弊)가 없어지게 되었으니 실로 만세에 고쳐서는 안 될 법이다"라고[66] 찬양하였다. 강령과 의안은 같은 성격의 것이었으나 의안이 강령을 더욱 역사적으로 발전시키면서 구체화·제도화한 것이었다.

강령 제9조 : 관리 채용은 地閥을 타파하고 인재를 등용할 事
의안 3. 6월 28일(양력 7월 30일)
　　劈破門閥班常等級 不拘貴賤 選用人材事

강령은 관리 채용에서 신분의 귀천에 따른 차별을 폐지하고 능력 위주로 채용할 것을 주장하였다. 이 강령은 지방행정의 차원에서 실현될 수 있는 것이 아니라 중앙의 국정의 차원에 관련되는 것이었다. 농민군은 그들의 행동에서는 반상제·노비제를 부정하는 지향을 명백히 노정하고 있었으나, 국정 차원의 문제로서 제기할 때에는, 반상제의 전면적 폐지를 제기하지 못하고 관리 채용에서의 반상의 차별의 철폐에서 그치고 있었다. 지방행정의 차원에서 벗어나는 차원에서는 농민군의 개혁구상이 아직은 전면적으로는 개화(開花)되고 있지 못한 한계를 보이고 있었다.

의안에서는 관리 채용에서의 반상의 차별뿐만 아니라, 반상제 자체의 철폐를 제도화하고 있었다. 강령에서의 개혁구상을 의안에서 전면적으로 개화시켜서 제도화하고 있었던 바, 양자의 직접적 연결, 그것도 강령의 진일보의 발전·개화로서의 의안이라는 연결을 명확하게 나타내고 있었다. 이 의안도, 주 57), 58), 59)에서의 현상처럼 농민군의 신분제 폐지투쟁을

65) 위의 책, 169쪽.
66) 이기, '전제망언', 『해학유서』(1955, 국사편찬위원회, 8쪽).

촉진하였기 때문에, 8월 10일 의정부는 이 의안을 "반벌(班閥)만 전용(專用)하지 않고 비록 상민 천민이라도 진실로 재능만 있으면 참용(參用)한다는 뜻"이라고[67] 환골탈태하였으나, 현실에서의 반상제의 커다란 동요는 막을 수 없었다.

강령 제10조 : 外敵과[68] 간통하는 자는 엄징할 事

의안 27. 7월 1일(양력 8월 1일)

日兵之留駐各地方 寔出於防備清兵 毫無惡意 凡我士民 其各洞悉 相安無事之意 行會各地方事

의안 158. 8월 26일(양력 9월 25일)

國內土地山林礦山 非本國入籍人民 不許占有及賣買事

강령은 일본군의 조선침략행위와 일본상인의 불법적인 상행위에 협력하는 자는 처벌한다는 반침략적 성격의 조목이었다. 의안 27은 조선 땅 위에서의 일본군의 군사행위는 청병(淸兵)과의 전투만을 위한 것일 뿐, 조선을 해치려는 뜻은 전혀 없다는 것이었다. 이는 강령과는 정면에서 상치 · 모순되는 것이었다. 의안 158은 외국인이 조선의 토지 · 산림 · 광산을 소유하고 매매하는 것을 금지한다는 것이며, 민족적 성격이 강한 것으로서 강령과 상친성이 많은 것이었다. 그러나 당시에는 일본군의 군사적 행동이 조선의 국가 · 민족에게는 적대적인 모순을 이루고 있었기 때문에, 강령과 의안은 정면에서 상치 · 모순되고 있었다.

강령 제11조 : 공사채를 물론하고 이왕의 것은 幷 勿施할 事

---

67) 주 58)과 같음.

68) 『동학사』에는 복자(伏字)되어 있으나 『동학사』(초고본, 『동학농민전쟁사료대계』 1, 477쪽)에는 외적(外敵)으로 되어 있어서 그것을 따랐다.

의안 64. 7월 12일(양력 8월 12일)

各道上納中 官逋吏逋 令該道伯 這這查明 秩秩區別 修成册報來 以待政府措處事

의안 125. 8월 10일(양력 9월 9일)

備荒之穀 亟應籌辦 令民設立社倉 蓄儲米租 定期出納 最爲良制 由政府另定條例 頒給各州縣 以便遵行事

의안 135. 8월 14일(양력 9월 13일)

贓吏嚴辨 原贓入官事 及上納中官逋吏逋 令道臣査報 以待措處事 具載向日議案矣 更飭各道道臣 嚴查還徵 切禁再徵民間事

강령에서는 국가가 운영하는 고리대 즉 환곡과 사적인 고리대로서 이왕의 것은 무효화시키는 개혁이었다. 의안에서는 환곡이 그 일부를 이루는 상납 중에서 수령의 포흠과 아전의 포흠을 상세히 조사하고(의안 64, 135), 그 포흠은 수령과 아전으로부터 징수하고(의안 135), 민에게서는 징수하지 못하도록 하였다(의안 135). 공채의 무효화라는 성격을 부분적으로 가지는 것이었다. 의안 125는 환곡제 자체를 폐지하고 사창제로 전환하는 제도적 개혁이었다.[69] 따라서 국가가 운영하는 고리대인 환곡이 무효화되는 것은 당연한 일이었다. 그러나 의안에서는 사적인 고리대 문제에 대해서는 아무런 개혁조치를 취하지 않았다. 강령과 의안은 비교적 상친관계에 있었다고 할 수 있다.

강령 제12조 : 토지는 평균으로 分作케 할 事

강령 제12조는 현실에 실재하는 전주(田主)의 소유권은 건드리지 않고

[69] 송찬섭, 1992, 「19세기 환곡제개혁의 추이」, 서울대 박사학위논문 참조.

평균분작이란 말 그대로 다만 농민의 경작규모만을 균등케 하려는 것이었다고 보인다. 따라서 지주전호제(地主佃戶制)의 폐지를 지향하는 것이 아니었다고 생각된다. 농민층 분화로 말미암은 농촌의 사회문제를 현실적으로 해결하는 대응방안으로서 18세기 이래 줄곧 제기되고 있었던 균경론(均耕論)의[70] 계보를 잇는 것이었다. 그러나 강령에서의 평균분작 구상에는 새로운 의미가 담겨져 있었다고 보이는데, 이와 관련해서는 다음의 기사가 주목된다.

> 초의(草衣)는 정다산의 시우(詩友)일 뿐만 아니라 도교(道交)였다. 다산이 유배로부터 고향으로 돌아가기 직전에『경세유표』를 밀실에서 저작하여 그의 문생 이정과 친승 초의에게 주어서 비밀히 보관 전포할 것을 부탁하였다. 그 전문은 중간에 유실되었고, 그 일부가 그 후, 대원군에게 박해당한 남상교, 남종삼 부자 및 홍봉주 일파에게 전하여졌으며, 그 일부는 그 후 강진의 윤세환, 윤세현, 김병태, 강운백 등과 해남의 주정호, 김도일 등을 통하여 갑오년에 기병한 전녹두, 김개남 일파의 수중에 들어가서 그들이 이용하였다. 전쟁 끝에 관군은 '정다산비결'이 녹두 일파의 '비적'을 선동하였다고 하여, 정다산의 유배지 부근의 민가와 고성사, 백련사, 대둔사 등 사찰을 수색한 일까지 있었다.[71]

전봉준과 김개남의 농민군이『경세유표』의 일부를 손에 넣어서 '정다산비결'이라면서 농민전쟁에서 이용하였다고 한다. 전쟁 후 관군이 '정다산비결'이 녹두 일파의 비적을 선동하였다고 하면서 '정다산비결'을 찾으려고 수색하였다는 점으로 보아서,『경세유표』의 일부는 아마도 전제편(田制篇)의 정전론(井田論)과 정전의(井田議)일 것이라고 추측하여도 크게

---

70) 이윤갑, 1983,「18세기 말의 균병작론」,『한국사론』9 참조.

71) '명승 초의전',『강진읍지』(최익한, 1989(1955),『실학파와 정다산』청년사, 411쪽에서 인용).

어긋나지는 않을 것이라고 생각된다. 정전론은 중국 고대에 실현되었다고 믿겨지고 있는 정전법의 내용을 서술한 것이고, 정전의는 조선의 현실에서 제도화하려는 정전법의 내용을 서술한 것이었다.[72]

정전의에서의, 조선의 현실에서 제도화되는 정전법은 '경작능력에 따른 득전(得田)'(=경작의 배분－인용자) 즉 전지경작의 재배분에서 끝날 뿐이었다. 토지소유의 재배분이 결코 아니었고, 나아가서는 그것이 궁극적 목표이지도 않았다.[73] 그에 선행하거나 또는 후행되는 여러 토지개혁론에서 줄기차게 제창되고 있었던 토지소유 재배분론을 정약용이 과감하게 폐기할 수 있었던 그의 독자적 시각은 치전(治田) 제일주의 즉 생산력발전 제일주의의 원칙이었다.[74] 『경세유표』의 일부 즉 정전의와 정전론이 농민군을 선동하였고, 농민군이 그것을 이용하였다고 비치게끔 한 실체는, 위와 같이 정전의의 토지개혁론이 강령 제12조의 토지평균분작에 계승되었다는 것이었다고 생각된다. 즉 강령 제12조의 농민군의 토지개혁구상은 정약용의 정전의를 수용·소화함으로써 이루어진 것이라고 생각된다. 7월 28일경의 농민군의 개혁구상은, 다분히 관념적인 절대평균주의의 균산주의(均産主義)에서 벗어나서 치전주의(治田主義) 즉 생산력발전주

---

72) 박종근, 1963, 「다산정약용의 토지개혁사상의 고찰」, 『조선학보』 28; 정석종, 1970, 「다산정약용의 경제사상」, 『이해남박사화갑기념사학논총』, 일조각; 김용섭, 1984(1972), 「18, 9세기의 농업실정과 새로운 농업경영론」, 『증보판 한국근대농업사연구』 상, 일조각; 신용하, 1983, 「다산정약용의 정전제 토지개혁사상」, 『김철준박사화갑기념사학논총』, 지식산업사; 박찬승. 1986, 「정약용의 정전제론 고찰」, 『역사학보』 110; 강만길, 1990, 「다산의 토지소유관」, 『다산의 정치경제사상』, 창작과비평사; 안병직, 1990, 「다산의 농업경영론」, 『다산의 정치경제사상』, 창작과비평사; 이영훈, 1991, 「정약용의 정전제론의 구조와 역사적 의의」, 『제4회 동양학국제학술회의논문집』, 성균관대대동문화연구원.

73) 이영훈, 위의 논문, 225쪽.

74) 박종근, 앞의 논문, 86쪽. 이영훈은 정전의에서는 치전(治田)의 원칙도 폐기되고 있다고(위의 논문, 229쪽) 하였으나, 재검토가 요구된다.

의에로 옮아가기 시작하였다고 생각된다. 이것은 농민군의 개혁구상의 현실주의에로의 경사로서 커다란 발전이었다. 그러나 이는 개혁구상으로서만 결정(結晶)된 것이었을 뿐 현실제도화되지는 못하였다. 현실제도화되기에는 농민군의 집강소 시기가 대단히 짧았다.

강령 제12조와 관련되는 의안은 전무하다. 그러나 갑오개혁에서 개혁안의 마련에 핵심적 역할을 한 유길준은 1891년에 토지와 인구의 분포를 조사하여 농민들에게 경작지가 될 수 있는 대로 골고루 돌아가도록 힘쓰고, 병조(幷租)는 1/2인 타조제(打租制)를 폐지하고 3/10인 도조제(賭租制)로 하며, 지세(地稅)는 1/10로 하고서 전주(田主)와 작인(作人)이 각각 1/20씩 부담하도록 하며, 작인이 7/10을 차지하도록 하는 지주전호제도 개혁안을 구상하고 있었다.[75] 경작에서의 균등이 희미하게나마 제시되고 있고, 또 전호의 경제적 지위의 향상이 도모되고 있는데, 그 바탕에는 농업생산력발전에 의한 농업진흥이라는 목적이 깔려 있는 것이었다.[76] 갑오개혁의 의안에서는 강령 제12조와 직접 관련되는 의안은 없지만, 유길준의 토지제도 내지 지주전호제도 개혁구상의 내용에서 볼 때, 강령 제12조와 갑오개혁은 서로 상치되거나 모순 · 대립되지는 않았고, 상친적일 수 있는 가능성이 잠재되어 있었다고 할 수 있다.

마지막으로 집강소 제도 자체와 갑오개혁의 관계는 어떤 것이었는지를 더듬어보려고 한다. 7월 12일의 의안은 다음과 같다.

의안 65. 7월 12일(양력 8월 12일)

令道臣飭地方官 設鄕會 使各面人民 圈選綜明老鍊各一人 作鄕會員 來會

75) '지제의',『유길준전서』4(1971, 일조각, 178쪽).

76) 김용섭, 1984(1974),「갑신 · 갑오개혁기 개화파의 농업론」,『증보판 한국근대농업사연구』하, 일조각, 87쪽.

于本邑公堂 凡發令醫瘼等事 當自本邑施措者 評議可否 公同決定 然後施行事

각면 인민들이 종명자(綜明者) 1인과 노련자(老鍊者) 1인 합하여 2인씩을 권선하여[77] 각군 단위로 그들로써 향회(鄕會)를 조직 · 구성하고 그들 향회원들이 본읍 공당(公堂)에 모여서, 본군에서(군수가 – 인용자) 발령하거나 폐막을 시정하는 조치를 시행하는 것에 대하여, 그 가부를 평의하여 공동 결정한 후에 시행하도록 하였다. 이러한 향회제도의 구상은 1888년의 박영효(朴泳孝)의 상소에서도[78] 나타나고 있었다. 박영효는 지방에서의 향청제도(鄕廳制度)를 계승 · 발전시켜 현회(縣會)로 하여 "사민의민사(使民議民事) 이득공사양편사(而得公私兩便事)"함으로써[79] '정치를 바로잡고 민과 국을 안정케' 하는 방법으로 삼으려고 하였다.[80] 그리고 박영효는 정부의 산림제(山林制)와 지방의 좌수제(座首制)는 군민공치(君民共治)의 제도라고[81] 함을 보아서, 그는 현회제도를 군민공치의 제도적 방법이라고 인식하였음을 알 수 있다. 의안 65의 발안자로 짐작되는 유길준도 "군민이 공치하는 것이 최선의 규모"라고[82] 하였던 바, 그도 군민공치의 제도적 방법으로서 향회제도를 구상하였다고 짐작된다. 갑오개혁에서의 향회제도는 박영효의 현회제도 구상을 직접 계승하면서 군민공치의 지방행정차원에서의 기초제도로 삼으려고 하였다고 생각된다. 이 향회는 그

---

77) 후보자들의 이름을 죽 늘어놓고, 뽑는 사람들(이 경우는 인민들 – 인용자)이 각기 뽑고자 하는 사람의 이름 아래에 동그라미 점을 찍어서 동그라미가 많은 사람을 뽑는 방법이 권선이다(법제처, 1981, 『고법전용어집』, 134쪽).

78) 정중환, 1965, 「박영효상소문(자료)」, 『아세아학보』 1.

79) 위의 글, 738쪽.

80) 위의 글, 737~738쪽.

81) 위의 글, 738쪽.

82) 『서유견문』, 『유길준전서』 1, 151쪽.

구성원에서는 일단 집강소와 다르면서도 민선의 향회원이라는 점에서는 상당히 공통되어 있는 것이었고, 그 기능에서는 집강소와 매우 유사한 제도였다고 보인다.

갑오개혁에서의 향회－군민공치 구상은 다음의 의안 10, 166과 깊이 유기적으로 결합되어 있다고 보인다.

의안 10. 6월 28일(양력 7월 30일)

雖平民 苟有利國便民之起見者 上書于軍國機務處 付之會議事

의안 166. 9월 1일(양력 9월 29일)

自開議以來 士民之陳書于機務處者 不下數十人 就中數人 已爲收用 其餘 宜另定委員 逐一檢査 言有可採者 提出議會 轉送政府 隨才擇用事

나라를 이롭게 하고 민을 편안케 하는 평민층의 의견을 국정에 반영하려는 의지가 나타나 있고(의안 10), 의견 제출자 수 명은 이미 정치기구에 수용되었고, 앞으로도 수용하겠다는 의지가 나타나고 있다(의안 166). 갑오개혁의 향회제도는 민의를 통치기구에 반영시킴으로써 국민적 통합을 제도적으로 이룩하려는 것이었다고 할 수 있다. 이러한 향회제도에는 또한 농민군의 집강소 제도를 포섭함으로써 국민적 통합의 제도화 즉 군민공치를 이룩하려는 지향이 담겨져 있는 것이라고 생각된다. 집강소제도 자체가, 비록 국가적 차원에서는 아니었지만, 적어도 지방 고을의 차원에서는 관민공치의 제도화였고, 나아가서는 국민적 통합의 지방고을 차원에서의 기초였기 때문에, 갑오개혁의 국가적 차원에서의 국민적 통합의 제도화에서 그 포섭이 의도되었다고 생각된다. 따라서 관민공치 차원에서의 국민적 통합의 제도화가, 갑오개혁에 의하여 군민공치 차원에서의 국민적 통합의 제도화에로 비약·승화·확대·보편화되었다고 할 수 있다.

농민군의 경우에도 국민적 통합의 정치이념이 시종일관 그들의 의식과 영위의 저류에 흐르고 있었다고 보인다. 집강소 이전의 단계에서, 전봉준 부대는 이미 4월 18일의 나주공형에의 통문에서[83] "일왕지민(一王之民)으로서 어찌 (당신네들을－인용자) 공격할 생각이 있겠는가"라고 하면서, 지방의 모군(募軍)과는 싸울 생각이 없다고 하였고, 4월 19일에는 초토사 홍계훈(洪啓薰)에의 원정에서[84] "지금의 방백수령은 왕법(王法)을 불고(不顧)하고 왕민(王民)을 불념(不念)하면서 탐학이 무성하다"라고 하여, 일왕지민을 념(念)하고 일왕지법(一王之法)을 고(顧)하는 정치를 희망하였다. 국왕에의 전통적 충성의식이 약여하지만, 일왕지법 하에서 일왕지민으로 통합되는 조선주민집단도 의식되고 있었다.

집강소 이후의 단계인 제2차 농민전쟁에서의 전봉준의 목적은, 공주에서 일본군·경군을 격파하고 서울에 올라가서는 "일본병을 물러나게 하고 악간(惡奸)의 관리를 축출해서 임금의 곁을 깨끗이 한 후에는 몇 사람 주석(柱石)의 사(士)를 내세워서 정치를 하게 하고, 우리들은 곧장 농촌에 들어가 상직인 농업에 종사할 생각이었다. 하지만 국사를 들어 한 사람의 세력가에게 맡기는 것은 크게 폐해가 있는 것을 알기 때문에 몇 사람의 명사가 협합(協合)하여 합의법에 의하여 정치를 담당하게"[85] 하는 것이었다. 종래와 같이 1인이나 1파가 정치권력을 장악하는 것이 아니라, 몇 사람의 명사 즉 여러 사회세력의 대표자의 협합과 합의의 정치권력운영에 의한 국민적 통합이 이룩되는 것이었다고 생각된다.

---

83) 『오하기문』 1, 70쪽.

84) 위의 책, 70~71쪽.

85) 『동경일일신문』, 명치 28년 3월 6일, '동학수령과 합의정치'(1988, 『사회와사상』 1, 263쪽).

4.

위에서와 같이 농민전쟁과 갑오개혁에서는 모두 새로운 국제관계질서 속에서 한국주민집단과 외국의 주민집단을 대등 · 평등한 가치선상에서 인식하였고[86] 그럼으로써 한국주민집단의 독자성에 대한 인식을 획득하였으며, 그 독자적 개성체인 한국주민집단=국민을 제도개혁을 통하여 제도적으로 통합하려고 하였다는 점에서 기본적으로는 공통되고 있었다. 상친성의 관계에 있었지만 1894년 6~9월의 단계에서 국민적 통합의 두 노선은 병행되었을 뿐 접합되지는 않았다. 세계사적 통례와 당시의 두 노선의 개혁역량에서 볼 때 두 노선의 접합을 제도적으로 현실화시킬 수 있는 정치세력은 개화파였다고 생각된다. 그리고 당시에는 두 노선의 접합의 가능성은 위에서 본 바와 같이 현실적으로도 있었다고 생각된다. 그러나 그 가능성은 끝내 현실화되지는 않았다. 그 원인은, 폐정개혁강령 제10조에 나타나고 있는 외적의 문제 즉 일본의 침략에의 대응의 문제에 있었다. 그 조항에서 두 노선은 상치 · 모순 · 대립되고 있었다. 그 모순이 전면적으로 노정되지 않았던 동안에는 두 노선은 정면 충돌하지는 않았고, 또 갑오개혁도 큰 장애에 부딪치지는 않았다.

8월 17일의 평양성에서의 승리 이후 일본의 대조선정책은 농민군을 소멸함으로써 반일세력을 일소하는 것으로 전환되었다. 일본은 개화파정권에 압력을 가하여 9월 21일 농민군과 항일의병을 소토하기 위한 개화파정권과 일본의 결탁을 성립시켰다.[87] 국민적 통합을 위한 개화파의 위로부

86) 전주화약 체결 때에 제시된 농민군의 폐정개혁 27개조에서 농민군은 일본상인의 조약 범위 안에서의 상업활동을 요구하였는데, 이는 일본인을 무조건 배척하는 배외주의가 아니었고, 상호 대등성을 전제로 한 의식에 기반되어 있는 것이었다. 개화사상의 최대의 특징은, 종래의 화이의식의 전면적인 부정과 각국 주민집단의 상호 대등성에 대한 철저한 자각이었다.

터의 노선은 일본의 군사적 압력 앞에서 허물어졌다. 9월 14일 전봉준은 삼례에서 각지에 의병궐기의 통문을 보내고 항일 의거에 나섰다.[88] 국민적 통합의 두 노선은 정면에서 대립 · 적대하게 되었다. 동시에 두 노선의 접합의 가능성도 전면적으로 공중분해되고 말았다.

이러한 공중분해의 결과는 두 가지 현상으로 나타나게 되었다. 첫째 1894년 12월 말의 농민군의 패퇴로 국민적 통합의 농민적 노선은 결정적으로 약화되었다. 둘째 그 약화로 말미암아 국민적 통합의 개화파의 노선도 그 내부에서 대립 · 알륵이 노골화되고, 분열 · 상쟁을 거듭하면서 개혁사업의 파행을 초래하였고, 드디어는 갑신정변파의 망명, 구개화파의 소멸, 신개화파의 망명이라는 형태의 아관파천(1896년 2월 11일)으로 갑오개혁은 종말을 고하였다.[89]

▶ 『인문논총』 제5집, 1994, 아주대학교 인문과학연구소.

87) '3221, 동학당 진무파견에 대한 치사 및 처리신중요망', 『구한국외교문서 3, 일안 3』(1967, 고려대출판부, 98쪽).

88) 『주한일본공사관기록』 1, 1986, 국사편찬위원회, 129, 426쪽.

89) 森山茂德, 1987, 『근대일한관계사연구』, 동경대학출판회, 51쪽.

동학농민전쟁인가 갑오농민전쟁인가

1.

1894년 3월에서 12월까지 전라도와 충청도 지역을 중심으로 하여 전개된 일종의 내전(內戰, Civil War)으로서의 '동학란'은 조선왕조 사회에서 분수령적 위치를 차지하는 커다란 동란(動亂)이었다. 이 동란에 대한 학문적 연구는 1930년의 다보하시 기요시(田保橋潔)에 의하여 처음으로 이루어졌다.[1] 이후 다보하시 기요시는 1940년의 연구와[2] 1951년의 연구[3] 등에서도 '동학변란(東學變亂)', '동학비란(東學匪亂)' 등이라고 하여, 1894년의 동란은 직접적인 현세이복(現世利福)을 추구하는 종교집단인 동도(東徒), 동학비도(東學匪徒)가 그들의 정치적 야심을 성취하려는 목적으로 전개한 당쟁적 차원의 정치투쟁이었다고 파악하였다. 따라서 동란의 주

---

1) 田保橋潔, 1930, 「東學黨 變亂과 日支의 干涉」, 『近代日支鮮關係의 硏究』, 京城帝大.

2) 田保橋潔, 1940, 『近代日鮮關係의 硏究』, 朝鮮總督府中樞院.

3) 田保橋潔, 1951, 『日淸戰役外交史의 硏究』, 東洋文庫.

체는 동학비도였고, 동란의 성격은 당쟁적 차원의 정치투쟁으로 귀결되는 것이었다. 동란 당시의 조선왕조의 집권층, 즉 민씨척족정권(閔氏戚族政權)의 인식과 대동소이한 것이었다고 생각된다.

1931년에는 8월 21일부터 10월 9일까지 36회에 걸쳐서 『동아일보』에 김상기(金庠基)의 「동학과 동학란」이[4] 연재되었다. 여기에서 김상기는 1894년의 동란은 당시의 국제관계의 대립 · 갈등 · 모순에도 규정되었으나, 기본적으로는 당시 조선사회의 내재적 모순에 규정되어 발생 · 전개된 것이라고 파악함으로써, 결과적으로는 그 동란의 기본성격을 농민전쟁으로 파악하였다고 생각된다. 그러나 김상기는 동학의 인내천(人乃天) 사상은 프랑스혁명에서의 루소의 민약설(民約說)처럼 극단적인 계급제도에 억압되어 있던 농민들에게 반항적 정신을 심어주었으며, 이 정신이 동란의 지도정신이 되었다고 하였다. 즉 동란은 뚜렷한 지도이념하에서 조직과 목적이 갖추어진 일대 민중운동이었다는 것이었다. 그리고 이념과 조직은 동학사상과 동학조직에 의하여 제공되었다고 파악함으로써, 1894년의 동란을 민중운동으로서의 '동학란'으로 규정하였다고 생각된다. 종래의 '동학비도에 의한 당쟁적 차원의 비란'으로서의 '동학비란' 또는 '동학변란'이라는 차원에서, '동학의 이념 · 조직에 의한 민중운동'으로서의 동학란이라는 차원으로의, 1894년 동란의 질적 상승은 김상기에 의하여 성취되었다고 할 수 있다.

1941년 이시이 히사오(石井壽夫)는 "최제우 자신은 어디까지나 동학을 하나의 종교로서 주장하였던 것이지 결코 정치적 혁명원리로서 고취한 것은 아니다. 그러나 그 성격은 현실부정적이며 쉽사리 혁명원리로서도

---

4) 이 연재물은 뒤에 다음과 같이 단행본으로 간행되었다. 『동학과 동학란』, 1947, 대성출판사; 『동학과 동학란』, 1975, 한국일보사.

될 수 있었던 것"으로서,[5] 동학은 "하층민중에게 침윤하고 그들에 의하여 지지되고 움직여져"서[6] 1894년 동란의 지도원리가 되었다고 하여, 김상기의 직접적 계몽역할설에 대체하여 간접적 계몽역할설을 제창하였으나, '동학란'이라는 인식에는 동조하였다. 이상에서와 같이 1894년 동란을 동학란으로 규정함에서는, 동학이 동란에서 직접적 또는 간접적으로 지도원리로서 역할하였다는 파악이 그 핵심으로 자리 잡고 있다.

2.

8·15 해방 이후 한국사연구는 크게 활성화되었다. 1894년의 동란에 대한 연구도 또한 활성화되었다. 해방 이후에서의 연구의 두드러진 특징의 하나는, 1894년 동란의 성격을 농민전쟁으로 인식하는 것이었다. 박경식(朴慶植)은 1894년 동란은 반봉건·반침략의 농민전쟁이고, 동학도 반봉건·반침략을 지향하는 민중적·민족적 성격의 종교로서 반이조적(反李朝的)인 몰락양반 및 이족(吏族)과 광범한 빈농대중을 동맹시키고 집단화함으로써 농민전쟁의 지도적 역할을 하였다고 함으로써[7] 내용상으로는 1894년 동란을 동학농민전쟁으로 형상화하였다. 1894년의 동란을 동학농민전쟁의 성격으로 파악한 것은 이 연구가 처음이었다고 할 수 있다.

한편 강재언(姜在彦)은 1894년의 동란은 농민을 주체로 하는 혁명세력이 추진한 반식민·반봉건의 농민전쟁이었다고 규정하고, 동학사상 및 동

5) 石井壽夫, 1941, 「教條 崔濟愚에 있어서 東學思想의 歷史的 展開」, 『歷史硏究』 11-1, 56쪽.

6) 위의 글, 60쪽.

7) 박경식, 1953, 「개국과 갑오농민전쟁」, 『역사학연구-조선사의 제문제』 특집호.

학교문은 그 종교적 표식(標識)을 우선시킴으로써 그것에 계급적 요구를 종속시켰고, 그 때문에 동학사상은 혁명의 원리로는 될 수 없었지만, 동학교문 안의 농민층 중심의 혁명진영이 농민전쟁을 추진하였기 때문에 동학사상 및 동학교문이 농민전쟁을 준비하는 하나의 계기로 되었을 따름이라고 하였다.[8)]

박경식은 1894년 동학란에서의 동학사상·동학교문의 역할을 '지도적 역할'로 적극적으로 인식함으로써 동란의 성격을 동학농민전쟁으로, 강재언은 그 역할을 '준비의 한 계기'로 소극적으로 인식함으로써 동란의 성격을 농민전쟁으로 인식하였던 것이다. 그 이후 1894년의 동란을 동학란 또는 동학혁명으로 인식하는 경우는 매우 드물어졌고, 거의 모든 연구에서 농민전쟁으로 인식하는 것이 보편화되면서 동학사상·동학교문의 역할을 소극적으로 인식하는 경우(농민전쟁설)와[9)] 적극적으로 인식하는 경우(동학농민전쟁설)로[10)] 크게 갈려지게 되었다.

8) 강재언, 1954, 「조선에 있어서 봉건체제의 해체와 농민전쟁」, 『역사학연구』 173·177집.

9) 전석담, 1949, 「이조봉건사회의 총결로서의 동학농민란」, 『조선경제사』, 박문출판사; 김용섭, 1958, 「전봉준공초의 분석」, 『사학연구』 2; 박종근, 1962, 「동학과 1894년의 농민전쟁에 대하여」, 『역사학연구』 269; 김영작, 1975, 「동학사상과 농민봉기」, 『한말 내소날리즘의 연구』, 동경대출판회; 横川正夫, 1976, 「全琫準에 대한 一考察」, 『朝鮮史研究會論文集』 13; 馬淵貞利, 1979, 「甲午農民戰爭의 歷史的 位置」, 『朝鮮歷史論集』 下, 龍溪書舍; 조경달, 1982, 「東學農民運動과 甲午農民戰爭의 歷史的 性格」, 『朝鮮史研究會論文集』 19; 신용하, 1993, 『동학과 갑오농민전쟁연구』, 일조각; 우윤, 1993, 『전봉준과 갑오농민전쟁』, 창작과비평사.

10) 한우근, 1973, 「동학농민군의 제1차 봉기」, 『한국사』 17, 탐구당; 한우근, 1973, 「동학농민군의 제2차 봉기」, 『한국사』 17, 탐구당; 박찬승, 1985, 「동학농민전쟁의 사회경제적 지향」, 『한국민족주의론』 3, 창작과비평사; 김의환, 1986, 『近代朝鮮東學農民運動史의 研究』, 和泉書院(일본); 이이화, 1989~1990, 「전봉준과 동학농민전쟁」 1~4, 『역사비평』 7~10.

3.

동학사상 · 동학교문이 1894년 동란에서 지도적 역할을 하였는지의 문제를 검토함으로써 동학농민전쟁이 적합한 명칭인지, 농민전쟁이 적합한 명칭인지 하는 문제를 밝혀보려고 한다.

동학사상의 중요한 교리(教理)의 하나에 '무위이화(無爲而化)'라는 원리가 있었다. 인간의 주체적 · 목적의식적 영위(營爲)에 의하지 않고 시운(時運)에 의하여 조화가 이루어져야 한다는 동학의 근본적 교리였다. 동시에 이는 인간이 주체적 · 목적의식적 영위를 하면 조화가 이루어지지 않는다는 것을 의미하기도 하였다.[11] 그런데 1894년의 농민전쟁은 기본적으로 농민들의 주체적 · 목적의식적 행동에 의하여 봉건적 질서를 근본적으로 개혁함으로써 신질서 · 신사회를 건설하려는 집단적 행동이었다. 따라서 동학사상은 1894년의 농민전쟁에서 근원적으로 그 지도사상이 될 수 없었다.

동학사상은 명백히 민족주의적 의식형태였다. 그것은 동아시아의 중화(中華)질서 속에 매몰되어 있었던 한국주민집단의 원초적(primitive) 개체성을 자각하고, 동시에 한국주민집단의 원초적 공동체성을 확인하면서, 아울러 그 공동체성과 개체성을 서양문화세계로부터도 구별시키면서 확인 · 확보하려는 민족주의적 의식형태였다고 할 수 있다.[12]

그러나 동학사상에서는 서양문화질서와 한국문화질서가 상호경쟁하면서 공존하는 상태를 매우 불안정하고 비정상적인 상태인 것으로 인식하고, 양자가 동귀일체(同歸一體)하는 '대동(大同)의 세계'='세계적 규모에서

11) 정창렬, 1986, 「동학사상의 사회의식」, 『한국학논집』 9, 288쪽.

12) 신용하, 1993, 「동학과 갑오농민전쟁의 결합」, 『동학과 갑오농민전쟁연구』, 일조각, 25~28쪽.

의 인내천 질서'를 바람직한 정상적인 상태인 것으로 인식하였다. 따라서 동학사상은 서양문화질서와 그 현실적 체현으로서의 자본주의적 문명의 침투에 대하여 상호공존하의 경쟁적 병존은 전면적으로 거부하고, 전면적으로 배척하는 절대적 배외주의의 의식구조였다고 생각된다. 자본주의적 문명의 침투에 대한 의식자세에서 동학사상은 척사위정(斥邪衛正)사상과 동궤(同軌)의 것이었다.

그러나 농민전쟁에서의 농민군의 반일(反日)의식은 동학사상에서와 같은 절대적 배외주의적 배척을 내용으로 하지 않았다. 한국과 일본 사이에 체결된 조약을 위반하지 않는 일본상인의 상업활동이나, 주권 그 자체를 폭력으로써 부정하지 않는 행위는 정면으로 거부 · 부정하지 않는 것이 농민군의 의식자세였다. 예컨대 전주화약(全州和約)에서 제기된 폐정개혁(弊政改革) 27개조의 요구사항에서의 일본상인의 활동제한 요구는 조약의 범위 안의 활동으로 제한하라는 것이었고,[13] 제2차 농민전쟁으로의 농민군의 항일봉기는 일본군이 폭력으로써 한국의 주권 그 자체를 부정하고 유린하기 때문이었다고 전봉준은 재판과정에서 밝히고 있었다.[14] 이는 농민군이 한반도에서 일본상인들과, 굳이 바라는 바는 아니지만 이미 현실이니까 공존적 경쟁과정을 통하여, 경쟁에서 이김으로써 국민경제로의 실체를 형성해 가려는 의식형태를 확고하게 가지고 있었음을[15] 반영하는 것이었다. 동학사상의 민족의식과 농민전쟁을 수행하는 농민군의 민족의식은 그 역사적 경위(境位)와 성격을 달리 하는 것으로서, 전자는 전근대적 민족의식이고 후자는 근대적 민족의식이라고 할 수 있다. 전근대적 민족의

13) 정창렬, 1982, 「한말 변혁운동의 정치 · 경제적 성격」, 『한국민족주의론』 1, 창작과비평사, 48~49쪽.

14) 위의 글, 49쪽.

15) 위의 글, 같은 곳.

식이 근대적 민족의식에 바탕된 농민전쟁을 지도할 수는 없는 것이었다.

동학교문 조직은 농민전쟁의 전개과정에서 그 조직 또는 조직의 매개체로서 역할하였다. 거의 대부분의 연구에서 이 사실은 거의 예외 없이 적극적으로 인정되고 있다. 그러나 농민군의 조직 또는 그 조직의 매개체로서의 동학교문 조직의 역할은 동학교문의 지도부(北接)의 지시나 동조나 동의나 묵인 하에서 이루어진 것이 아니었다. 동학교문의 지도부 즉 북접은 처음부터 끝까지 농민전쟁을 거부하고 배척하였다.

제2차 농민전쟁에서 호남지방 농민군과 북접이 연합하였다는 증언은[16] 확실한 근거가 없다.[17] 호남지방 농민군=남접과의 연합이라는 형태하에서는 아니었지만 북접교단(동학교문지도부)도 대일항전에 참여한 것은 역사적 사실이었다.[18] 그러나 그 항전에는 봉건적 질서를 근본적으로 개혁하려는 영위의 측면은 없었고, 배외주의적(背外主義的) 항일의 측면만이 있었다고 보인다. 따라서 북접교단에 지도된 항일전에는 농민전쟁으로서의 성격은 없었다고 볼 수밖에 없다. 1894년 9월에서 12월까지의 동란은, 농민군의 농민전쟁이라는 영위(봉건질서의 근본적 개혁이라는 기본적 목적과 그 근본적 개혁을 근원적으로 저지하는 일본 침략자의 축출이라는 부차적 목적을 동시에 수행하려는 영위)와 북접교단에 의하여 지도된 항일전의 비연합적 공존이라는 형태로 전개되었다고 할 수 있다.

농민군의 농민들 속에는 동학신도가 매우 많았다는 것도 역사적 사실이

---

16) 오지영, 1940, 『동학사』, 158~161쪽.

17) 9월 하순에 북접교단은 동학의 각 접에 “남접의 전봉준과 서장옥은 곧 사문(師門)의 난적(亂賊)이다. 8도의 북접도인은 각기 호신의 무기를 가지고 한꺼번에 내회(來會)하여 일본인을 같이 토벌하자”라는 통문을 보내었다(고려대 아세아문제연구소 편, 1973, 『구한국외교관계부속문서』 5, 『통서일기』 3, 고종 31년 9월 29일, 고려대 출판부, 428쪽).

18) 김태웅, 1993, 「1920, 30년대 오지영의 활동과 동학사 간행」, 역사학연구소 편, 『역사연구』 2, 거름, 111쪽.

었다. 이들 동학농민신도들의 전쟁참여행위와 동학사상은 어떤 관계에 있었는지를 살펴볼 차례이다. 동학사상에는 웅대한 스케일의 인류사적 차원에서의 역사의식이 있었다. 불순천리(不順天理) · 불고천명(不顧天命) · 각자위심(各自爲心)의 현존 질서가, 우주창생의 제1차 개벽(開闢) 이후의 제2차 개벽으로서의 후천개벽(後天開闢)을 역사적 전환점으로 하여, 종전의 질서가 총체적으로 부정 · 지양되면서 모든 인류가 동귀일체하는 인내천의 새로운 질서가 형성된다는 역사의식이었다.[19] 이러한 역사의식은 조선사회 농민들의 객관적 여건으로서의 정치 · 경제 · 사회질서를 그 총체에서 부정하는 근원적 변혁사상이기도 하였다. 그러나 그 후천개벽은 무위이화에 의해서만 이루어진다는 관념적 · 추상적 · 변혁사상이기도 하였다.[20]

조선후기의 농민들, 그 최대한의 저항적 영위가, 고을의 차원에서 고을지배자 집단의 개개인에 대한 원한과 증오의 폭발이라는 형태로 국한되어 왔던 농민들이, 봉건적 질서 그 자체의 근본적 개혁이라는 주체적 · 목적의식적 영위에로 한 단계 질적으로 비약하려면, 어떤 사상적 도약대(spring board)가 필수적으로 요구되었다. 농민들은 봉건지배질서하에서의 역사적으로 누적되어 온 생활체험을 통하여 공순(恭順)의 모럴에 매몰되어, 그 모럴이 체질화되어 있었기 때문에 모럴의 측면에서 현존 질서에 스스로를 가파르게 대립 · 대치시키기 위해서는 어떤 사상적 도약이 반드시 필요하였던 것이다. 이러한 사상적 도약대의 역할을 동학의 역사의식이 수행한 것이 아닐까 하는 것이 필자의 생각이다. 환상과 추상의 영역에서나마 현존 질서를 그 총체에서 총체적으로 부정하는 동학사상을 사상적 도약대로 하여 19세기 말의 조선 농민들은 봉건적 질서의 근본적

19) 정창렬, 1986, 「동학사상의 사회의식」, 『한국학논집』 9, 289쪽.
20) 위의 글, 296~297쪽.

개혁을 의식적으로 추구하는 농민전쟁이라는 영위를 지속적으로 전개할 수 있었다고 생각된다.

그러나 농민전쟁이라는 주체적 · 목적의식적 영위의 역사구체적 내용물은 예컨대 27개조 폐정개혁안,[21] 집강소 질서의 운영,[22] 12개조 집강소 정강,[23] '몇 사람의 주석(柱石)의 사(士)가 협합(協合)하여 합의법에 의하여 정치를' 운영하는 국가권력구조의 구상[24] 등의 농민전쟁의 이념=지도사상은 동학사상에 의해서가 아니라 농민으로서의 사회적 이익을 실현하려는 농민적 사회의식에 의하여 창출된 것이었다.

동학사상 · 동학교문은 농민전쟁을 수행하는 농민들과 그 지도부에 의하여 의식적 · 무의식적으로 활용됨으로써 농민전쟁의 수행에 결과적으로 커다란 기여를 하게 되었다고 할 수 있겠다. 따라서 1894년의 동란은 농민전쟁 또는 갑오농민전쟁이라고 일컬어지는 것이 정당하다고 생각한다.

▶ 『근현대사강좌』 통권 제5호, 1994, 한울.

---

21) 한우근, 1964, 「동학군의 폐정개혁안 검토」, 『역사학보』 23.

22) 신용하, 1993, 『동학과 갑오농민전쟁연구』, 일조각, 160~285쪽.

23) 위의 책, 262~281쪽.

24) 『東京朝日新聞』, 명치 28년 3월 6일, 「동학수령과 合議政治」(강창일, 1988, 「갑오농민전쟁 자료발굴－전봉준회견기 및 취조기록」, 『사회와사상』 1, 한길사, 263쪽에서 재인용).

'동학농민혁명' 연구의 어제, 오늘 그리고 내일

안녕하십니까. 산 넘고 바다 건너 멀리 오시느라 고생이 많으셨습니다. 한국의 동학농민혁명은 107년 전의 일이었습니다. 혁명이 일어난 지 107년이 지난 지금, 그 중요한 전개의 땅에서 이런 뜻깊은 국제학술대회가 열리게 되어 감회가 깊습니다.

배움이 모자라고 재주가 무딘 제가 기조강연이라는 중책을 맡게 되어 영광스럽기도 하지만 몹시 죄송합니다. 그러나 제 힘이 자라는 대로 동학농민혁명 연구의 어제와 오늘을 살펴보고 가능하면 내일의 전망의 한 끄트머리나마 얻어보려고 합니다. 기조 발제라는 형식에 용기를 내어서 무단적인 얘기도 서슴지 않겠습니다. 널리 양해하여 주시기 바랍니다.

동학농민혁명의 오늘까지의 연구는 크게 보아 세 경향으로 나눌 수 있다고 보입니다. 첫째는 근대결핍으로서의 동학농민혁명(이하 혁명이라고 줄이겠습니다)이라는 성격파악이고, 둘째는 근대지향으로서의 성격파악이고, 셋째는 근대극복의 계기가 내재되어 있는 것으로서의 성격파악이라고 생각됩니다.

첫째부터 살펴보겠습니다. 교단적인 입장이 아닌 객관적인 학(學)으로서의 연구의 효시는 1930년의 다보하시 기요시(田保橋潔)의 「동학당변란과 일지(日支)의 간섭」이었습니다. 일본과 청국의 국제관계의 갈등의 피조물로서만 혁명이 파악되었습니다. 시노부 세이사부로(信夫清三郎)도 1940년 『무쓰외교(陸奥外交)』, 『근대일본외교사』에서, 혁명은 기본적으로는 청의 원세개의 사주에 의하여 발생·전개된 것, 즉 국제관계 전개의 피조물로서, 근대지향의 성격은 전적으로 결여한 것으로 파악되었습니다.

야마베 겐타로(山邊健太郎)는 1961년 「갑신사변과 동학의 란」에서, 혁명은 학정에 대한 농민의 반항으로서 봉건제의 울타리에서 한걸음도 벗어나지 못한 것이고, 그리고 단순한 배외주의로서 반(反)침략전쟁으로서도 한계가 있는 것이라고 하여, 근대성 결핍을 강조하였습니다.

유영익(柳永益)은 1994년 「전봉준의거론」에서, 갑오농민봉기는 혁명도 아니고 농민전쟁도 아니며, 조선왕조의 내정을 복고적으로 개혁하려고 한 유교적 의거였다고 성격 규정하였습니다. 이러한 연장선상에서 노용필(盧鏞弼)은 2001년 『동학사와 집강소연구』에서, 동학농민봉기는 기존의 행정체계 내에서의 농민군의 개혁의지의 시도였다고 하여 근대지향성의 결여를 강조하였습니다. 이와 같은 근대지향성 결여설은 1930년대 이래 오늘에 이르기까지 강인하게 지속되고 있습니다. 그러나 유영익과 노용필의 연구에서는 앞의 일본인 연구자들과는 달리, 혁명을 국제관계 전개의 단순한 피조물로서만이 아니라, 복고적인 방향, 또는 기존의 질서 테두리 안에 갇혀진 성격이기는 하지만, 내정개혁 즉 사회개혁의 시도였다는 점은 인정되고 있습니다. 즉 한국인들의 주체적 영위의 소산이었고, 따라서 한국사 안에 내재되는 것으로서의 봉기로 파악되고 있습니다.

둘째는 혁명을 근대지향성의 성격으로 파악하는 것인데, 이는 다시 두 흐름으로 나눌 수 있다고 보입니다. 먼저, 사회경제적 변화·발전과의 유기적 관련 없이 사상과 행동의 측면에서만 근대지향성을 형상화하려는 흐름입니다. 한국근대역사학의 창립자인 박은식(朴殷植)은 1920년의 『한국독립운동지혈사』에서, "대체로 그(동학농민혁명－인용자) 동력은 양반의 압제와 관리의 탐학에 격발된 것이었으니 우리나라의 평민의 혁명이었다. 농민군은 모두가 어리석고 무식하여 그 기동이 또한 난폭하고 기율이 없었다. 낡은 정치를 개혁할 능력은 없었지만 썩은 질서는 철저히 파괴하였다. 가령 외세의 간섭이 없었고 또 농민군 중에 낡은 정치를 개혁할 수 있는 현명하고 유식한 지도자가 있었다면 썩은 질서를 파괴한 터전 위에서 새롭고 선명한 독립국을 세우는 것도 애초에 불가능한 것은 아니었다"라고 하여, 혁명을 '평민혁명'이라고 성격규정하여, 행동의 성격 면에서 근대지향성을 입상(立像)하면서도, 혁명을 역사적으로 마무리하고 매듭지을 리더십이 없었음을 그 한계로서 지적하였습니다. 한국근대역사학이 가지고 있는 민족주의적 성격, 즉 일본인들의 식민주의적 한국사관에서는 결여되었던, 한국인들의 주체적 영위의 소산으로서의 한국의 역사라는 관점의 발현이었다고 생각됩니다.

노하라 시로(野原四郎)는 1930년 「근대조선을 둘러싼 일로관계」에서, "조선국민도 또한 진보적 전통을 가지고 있다. 조선 국민이 다른 나라들의 가장 뛰어난 진보적 사상가에 비교될 수 있는 인재를 세계사적으로 산출한 시대, 조선의 농민과 평민이 그들의 자손으로 하여금 경악하게 하기에 충분할 만큼의 사상과 계획을 회포한 그들의 대표자를 가진 시대, 그러한 시대가 있었던 것이다"라고 전봉준을 평가하여, 혁명을 그 행동의 측면에서 근대민족운동의 선구라고 성격 파악하였습니다. 김상기(金庠基)는 1931년 『동아일보』에 연재된 「동학과 동학란」에서, 혁명을, 지도원리가 있고 조직적이며 방향·목표도 갖추어진 일대 민중운동으로 민란과는 전혀 차원을 달리하는 성격의 것으로 입상하였습니다. 사회경제적 조건과의 유기적 관련성의 천착을 결여함으로써, 그 근대지향성에 자연히 일정한 한계를 설정하는 결과로 귀결되는 것이었지만, 혁명을 동학농민군들의 주체적 선택의 행동으로서 입상함으로써, 오늘에 이르기까지의 연구시각의 기본 틀을 확립하였고, 따라서 연구사에서 결정적 중요성을 가지게 되었다고 생각됩니다.

이렇게 사회경제적 조건과 밀착된 유기적 관련성을 결여한 채, 사상과 행동의 측면에서 혁명의 근대지향성을 입상하려는 노력은, 8 · 15 해방 후에는 더욱 본격화하였습니다. 김용덕(金龍德)은 1964년 「동학사상연구」에서, 동학사상의 성격을 평등주의 · 혁명주의 · 민족주의로 파악하고, "동학사상에 있어서 새 나라의 실현을 기하는 혁명적 요소는 …… 농민전쟁이 걸친 종교적 분장 즉 외곽적인 것이 아니라, 교리 자체가 혁명의 원리이며 추진력이었으니, 동학사상 없이 동학혁명이 없었음은 명백하다"라고 하여, 혁명의 성격도 평등주의 · 혁명주의 · 민족주의라고 하여, 혁명을 사상과 행동의 측면에서 명백한 근대지향성으로 입상하였습니다. 그러나 여기에서도 사회경제적 조건과 밀착된 유기적 관련성과의 절연성으로 말미암아 그 근대지향성에는 자연히 일정한 한계성이 결과적으로 설정된다고 보입니다.

다음은 사회경제적 변화 · 발전과 밀착된 유기적 관련성에서, 사상과 행동에서 나타난 근대지향성을 형상화하려는 흐름입니다. 박경식(朴慶植)은 1953년 「개국과 갑오농민전쟁」에서, 일본자본주의 침략과 조선봉건체제의 해체기적 사회경제적 조건과 유기적으로 밀착된 관계에서 전개된 반(反)봉건 · 반(反)침략의 농민전쟁으로 혁명을 입상하였습니다. 이러한 연구시각은 그 후 강재언(姜在彦), 박종근(朴宗根), 김의환(金義煥), 한우근(韓㳓劤), 김용섭(金容燮), 김영작(金榮作), 신용하(愼鏞廈) 등에서도 기본적으로는 관류되고 있고, 오늘의 연구경향의 대종(大宗)을 이루고 있다고 생각됩니다. 이들 연구의 경향은 복잡다기하여 도저히 일도양단 식으로 말하는 것은 전혀 불가능하지만, 그러나 무단을 자행한다면, 이들 연구에서 대체로 전제되어 있는 것은, 강재언의 경우가 전형적인데, 사회경제관계가 농노관계에 정체되어 있다는 것, 봉건제도의 근본적 지양을 지향하는 새로운 계급의 등장이 없었다는 것이었습니다. 강재언 이외의 경우에도 농담(濃淡)의 차이는 크지만 대체로는 같은 경향이 관류하고 있다고 보입니다.

그러나 다른 한편 1960년대 말 이후에는, 같은 흐름 즉 사회경제적 조건과 밀착된 유기적 관련성에서 근대지향성을 입상하려는 흐름에서도, 또 새로운 연구시각이 대두하였습니다. 가지무라 히데키(梶村秀樹)는 1968년 「이조말기 조선의 섬유 제품의 생산 및 유통상황」에서, 혁명을, 어느 정도 생산력을 상승시켜도 그 성과를 자기의 것으로 할 수 없었던 소상품생산자로서의 농민계층의 이윤축적의 요구와 유기적으로 관련시킴으로써, 사회경제적인 내재적인 발전의 터전 위에 혁명의 근대지향성을 정치(定置)시키려고 시도하였습니다. 즉 바로 위에서의 연구시각과는 크게 다른 것이었습니다.

마부치 사다토시(馬淵貞利)는 1979년 「갑오농민전쟁의 역사적 위치」에서, 혁명의 성격을, 상품경제의 발전에 따라서 진행되고 있었던 국내시장의 재편을 배경으로 하는 정치노선을 둘러싼 (정부와 농민군의－인용자) 대결이라고 하여, 농민층의 사회경제적 생활조건의 내재적 변화와 밀착된 농민전쟁으로 성격규정하였습니다.

박찬승(朴贊勝)은 1985년 「동학농민전쟁의 사회 · 경제적 지향」에서, 혁명을 소상품생산자로서의 경제적 성장, 소농민경제의 자립성을 쟁취하고 나아가서는 전국 단위의 지배권력을 장악하려고 한 농민전쟁으로 입상함으로써, 역시 사회경제의 내재적 발전의 터전 위에 혁명의 근대지향성을 정치하려고 하였습니다.

1990년대 후반에는, 1980년대 연구세대의 집단적 공동연구작업으로서 『1894년 농민전쟁연구』 5책이 1991년에서 1997년까지에 걸쳐서 간행되었습니다. 우리 학계에서는 전무후무한 끈질긴 공동연구작업의 소산이라는 점에서만도 획기적인 업적이었습니다. 한마디로 집약하기 어렵지만 기본적으로는 바로 위의 연구시각을 공유하고 있는 것이었고, 그 총결산이었다고 할 수 있겠습니다(안병욱, 「1894년 농민전쟁의 역사적 위치」, 박찬승, 「1894년 농민전쟁의 주체와 농민군의 지향」, 『1894년 농민전쟁연구 5』, 1997).

셋째는 동학농민혁명에 근대극복의 계기가 내재되어 있는 것으로 파악하는 연구입니다. 위에서의 연구경향을 비판하면서, 동학농민혁명을 후진종속지역 특유의 '근대화'운동으로 보려는 연구가 조경달(趙景達)의 1983년의 「갑오농민전쟁지도자=전봉준의 연구」였습니다. 혁명에서 추구된 근대상을 반봉건주의와 반자본주의·반식민주의를 동시에 추구하는 근대상, 즉 반근대를 포함하면서 근대를 초극하려는 복합적인 새로운 근대상으로 입상하려는 시도였습니다. 그 노력의 결실이 1998년의 『이단(異端)의 민중반란－동학과 갑오농민전쟁』이었습니다. 근대극복의 계기가 내재되어 있는 것으로서의 동학농민혁명 파악의 시발이었습니다.

김용섭은 1988년의 「근대화과정에서의 농업개혁의 두 방향」, 1992년의 「조선왕조 최말기의 농민운동과 그 지향」에서, 혁명을 부르주아혁명운동의 일환으로서의 농민혁명, 지주적 코스의 근대화운동에 정면으로 대립하여 싸운 농민적 코스의 근대화운동으로 입상하였습니다. 후자는, 토지개혁이 결여된 부르주아혁명을 시도한 전자에 대항하여 토지개혁을 수반하는 진정한 부르주아혁명을 시도하는 것이었기에, 그 이후 일제식민지 지배 하에서, 전자의 연장선상에 있는 자본가적 지주경영의 경영강화와 농면서, 오늘날에도 새로운 실현 · 발현의 계기를 기다리면서, 그러나 리지만은 않고 조금씩 자신을 실현 · 발현하면서, 오늘의 역사적 현실 형성에 나름으로 역할하지 않았는가 여겨집니다. 그러나 크게는 아직 실현 · 미발현의 계기로서 기다리고 있는 것이지 않은가 여겨집니다. 리 말하면 동학농민혁명에서 희생된 수만, 수십만의 영령은 아직도 저 상에 안착하지 못한 채 구천에서 떠돌고 있습니다. 뿐만 아니라 한국 대사에서 미실현 · 미발현의 계기로서 희생된 수백만의 영령들이 역시 에서 떠돌고 있지 않은가 여겨집니다. 한국근현대사의 파란만장의 고 비에서 살아남아 있는 오늘의 우리들에게는 이들 영령들을 위로하는 (鎭魂)의 역사학을 이룩해야 할 의무가 있다고 생각됩니다. 따라서 그 의 역사학은, 위의 미실현 · 미발현의 역사적 계기들을 계승 · 발전시 연장선상에서 오늘의 역사적 현실에 대결하는 성격의 것으로 되어야 않을까 생각됩니다. 고맙습니다.

▶ 『동학농민혁명의 동아시아사적 의미』, 2002, 서경문화사.

민수탈 강화라는 조건 속에서, 새로운 차원의 농민운동 즉 새로운 차원의 이념과 조직으로 전개되었던 바, 사회주의사상과 사회주의노농운동이 그것이었다고 하여, 1894년의 혁명에는 근대지향성과 동시에 근대극복의 계기도 아울러 내재되어 있다고 파악하였습니다.

고석규(高錫珪)는 1993년 「1894년 농민전쟁과 '반봉건 근대화'」에서, 농민군은 봉건주의 반대, 식민지화 반대, 종속적 자본주의화 · 지대(地代) 자본주의화 반대 등의 속성을 지니는 '근대화'를 지향하였고, 그리고 농민운동은 비록 실패는 했지만 부르주아혁명과 구별되는 자율적 운동이었음을 주목하면서, 혁명에서의 농민들은 계급으로 결집할 충분한 경험을 갖고 있었기에 농민들의 독자적인 혁명운동이 객관적으로 가능하였고, 따라서 동학농민혁명은, 부르주아혁명에 포함된 농민혁명이라기보다는 독자성을 지니는 농민혁명이었으며, 평등주의적이고 민주주의적인 사회건설에로의 역할을 충분히 해내었다는 점에서, 민주주의혁명을 완결시킬 변혁주체세력이 형성 · 발전하는 단계의 시점이었다고 하여, 부르주아혁명에 포함되지 않는 독자적인 자율적인 운동 즉 근대극복의 계기가 내재되어 있는 동학농민혁명으로 입상하였습니다.

이 세 연구자의 내부에서도 두 경향으로 나누어진다고 보입니다. 조경달과 고석규의 경우에는, 동학농민혁명이 주로 '반근대' 즉 근대거부를 초점으로 하여 파악되고 있음에 반하여, 김용섭의 경우에는, 근대에 적응 · 대응하면서 다시 그 근대를 넘어서려 한 데에 초점이 맞추어져 있다고 보입니다. 발제자의 생각으로는 후자의 시각 내지는 역사의식이 한국근현대사상(史像)에서 그 유효사정(射程)이 넓다고 여겨집니다.

대체로 보아 동학농민혁명을, 근대지향성 결핍으로 보는 경향에서 근대지향성 추구로 보는 경향에로 연구시각이 변화되는 추세였다고 보입니다. 다시 근대지향성 추구로 보는 경향 내부에서도, 사상과 행동의 측면에서만 근대지향성을 추구하는 연구시각에서 사회경제적 조건과의 유기적 관련성에서 근대지향성을 추구하려는 연구시각에로 대체로 이행하였고, 다시 그 내부에서도 사회경제적 정체를 전제로 한 연구시각에서 사회경제적 내재적 발전의 터전 위에 근대지향성을 정치시키려는 연구시각에로 대체로 변화되었다고 보입니다. 그러나 최근에는 이 경향에 대한 강력한 반론이 제기되고 있어서, 현재는 위의 경향과 그것에 대한 반론이 팽팽한 긴장관계에서 대결하고 있다고 보입니다. 다시 1980년대 이후에는, 동학농민혁명을 주로 근대지향성의 유무에 초점을 맞추어 탐색하려는 이전의 모든 연구시각에 대립하여, 혁명에서 근대극복의 내재적 계기까지도 찾아보려는 연구시각에로 변화되었다고 보입니다.

이렇게 매우 복잡다기하게 연구경향이 착종되고 있지만, 아주 거시적으로 보면, 첫째와 둘째 연구경향에서는 기본적으로 근대지향성의 존재 여부에 연구의 초점이 놓여 있음에 반하여, 셋째에서는 근대극복의 내재적 계기까지도 찾아보려는 것으로 크게 나누어지고 있다고 보입니다. 이러한 연구시각의 분기는, 자료적 근거와의 정합성이라는 측면에서도 논의되어야 하겠지만, 여기에서는 그런 논의는 제쳐두고, 오로지 연구시각을 뒷받침하는 문제의식 내지는 역사의식이라는 측면에서만 살펴보기로 하겠습니다.

첫째 전자(첫째와 둘째 연구경향)에서는 근대미화의 의식 내지는 '근대추수형(近代追隨型)'[미야지마 히로시(宮嶋博史), 1986, 「근대극복지향형 민족주의와 새로운 조선사상」, 『역사비판』]의 역사의식이 깔려 있다고 보입니다. 이에 반하여 후자(셋째 연구경향)에서는 근대비판의 의식 내지는 '근대극복지향형'의 역사의식이 깔려 있다고 보입니다. 오늘날 지구촌의 차원에서 전개되고 있는 생태계의 파괴, 남과 북으로의 빈부의 대극적 양

극화현상, 인류의 존속 그 자체가 의심될 수 있는
래라는 역사적 상황에서 볼 때, 내일의 동학농민혁
은 후자와 보다 적합적이지 않을까 생각됩니다.

둘째 근대미화의식 내지 근대추수형 역사의식에
서의 농민층의 전층적 몰락, 민주주의 발전의 결여,
급으로서의 결여 등을 일본자본주의의 역사적 후
의 전근대적 요소의 강인한 존속 등으로 말미암은
적 근대로 보는 경향을 필연화시키지 않는가 여겨
의 근대는 성숙된 근대이고, 식민지근대는 미성숙 ·
라는 이분법적 근대관에서는, 식민지근대의 고유의
숙 · 결격 · 비정상'의 근대 그 자체가 자본의 논리의
라는 측면이 외면되고, 따라서 근대 그 자체의 세계
이 외면되며, 따라서 한국근현대사상도 서구적 이미
평가됨으로써 한국근현대사상의 개별적 특수성이
됩니다.

셋째 근대미화의식에서 본 한국근현대사는, 오늘
로 귀결된, 실현되고 발현된 역사적 계기들의 필연
상으로만 형상화되고 있는 경향이 농후합니다. 따라
주의사회에로 귀결된 역사전개과정에서 미실현 · 미
된 역사적 계기들을 외면하는 경향도 매우 짙습니다.
엄정한 역사적 비판을 원천적으로 틀어막는 현실추
수 없다고 보입니다.

동학농민혁명의 미실현 · 미발현의 역사적 계기는,
대사의 민중운동들의 미실현 · 미발현의 역사적 계기

민수탈 강화라는 조건 속에서, 새로운 차원의 농민운동 즉 새로운 차원의 이념과 조직으로 전개되었던 바, 사회주의사상과 사회주의노농운동이 그것이었다고 하여, 1894년의 혁명에는 근대지향성과 동시에 근대극복의 계기도 아울러 내재되어 있다고 파악하였습니다.

고석규(高錫珪)는 1993년 「1894년 농민전쟁과 '반봉건 근대화'」에서, 농민군은 봉건주의 반대, 식민지화 반대, 종속적 자본주의화 · 지대(地代) 자본주의화 반대 등의 속성을 지니는 '근대화'를 지향하였고, 그리고 농민운동은 비록 실패는 했지만 부르주아혁명과 구별되는 자율적 운동이었음을 주목하면서, 혁명에서의 농민들은 계급으로 결집할 충분한 경험을 갖고 있었기에 농민들의 독자적인 혁명운동이 객관적으로 가능하였고, 따라서 동학농민혁명은, 부르주아혁명에 포함된 농민혁명이라기보다는 독자성을 지니는 농민혁명이었으며, 평등주의적이고 민주주의적인 사회건설에로의 역할을 충분히 해내었다는 점에서, 민주주의혁명을 완결시킬 변혁주체세력이 형성 · 발전하는 단계의 시점이었다고 하여, 부르주아혁명에 포함되지 않는 독자적인 자율적인 운동 즉 근대극복의 계기가 내재되어 있는 동학농민혁명으로 입상하였습니다.

이 세 연구자의 내부에서도 두 경향으로 나누어진다고 보입니다. 조경달과 고석규의 경우에는, 동학농민혁명이 주로 '반근대' 즉 근대거부를 초점으로 하여 파악되고 있음에 반하여, 김용섭의 경우에는, 근대에 적응 · 대응하면서 다시 그 근대를 넘어서려 한 데에 초점이 맞추어져 있다고 보입니다. 발제자의 생각으로는 후자의 시각 내지는 역사의식이 한국근현대사상(史像)에서 그 유효사정(射程)이 넓다고 여겨집니다.

대체로 보아 동학농민혁명을, 근대지향성 결핍으로 보는 경향에서 근대지향성 추구로 보는 경향에로 연구시각이 변화되는 추세였다고 보입니다. 다시 근대지향성 추구로 보는 경향 내부에서도, 사상과 행동의 측면에서만 근대지향성을 추구하는 연구시각에서 사회경제적 조건과의 유기적 관련성에서 근대지향성을 추구하려는 연구시각에로 대체로 이행하였고, 다시 그 내부에서도 사회경제적 정체를 전제로 한 연구시각에서 사회경제적 내재적 발전의 터전 위에 근대지향성을 정치시키려는 연구시각에로 대체로 변화되었다고 보입니다. 그러나 최근에는 이 경향에 대한 강력한 반론이 제기되고 있어서, 현재는 위의 경향과 그것에 대한 반론이 팽팽한 긴장관계에서 대결하고 있다고 보입니다. 다시 1980년대 이후에는, 동학농민혁명을 주로 근대지향성의 유무에 초점을 맞추어 탐색하려는 이전의 모든 연구시각에 대립하여, 혁명에서 근대극복의 내재적 계기까지도 찾아보려는 연구시각에로 변화되었다고 보입니다.

이렇게 매우 복잡다기하게 연구경향이 착종되고 있지만, 아주 거시적으로 보면, 첫째와 둘째 연구경향에서는 기본적으로 근대지향성의 존재여부에 연구의 초점이 놓여 있음에 반하여, 셋째에서는 근대극복의 내재적 계기까지도 찾아보려는 것으로 크게 나누어지고 있다고 보입니다. 이러한 연구시각의 분기는, 자료적 근거와의 정합성이라는 측면에서도 논의되어야 하겠지만, 여기에서는 그런 논의는 제쳐두고, 오로지 연구시각을 뒷받침하는 문제의식 내지는 역사의식이라는 측면에서만 살펴보기로 하겠습니다.

첫째 전자(첫째와 둘째 연구경향)에서는 근대미화의 의식 내지는 '근대추수형(近代追隨型)'[미야지마 히로시(宮嶋博史), 1986, 「근대극복지향형 민족주의와 새로운 조선사상」, 『역사비판』]의 역사의식이 깔려 있다고 보입니다. 이에 반하여 후자(셋째 연구경향)에서는 근대비판의 의식 내지는 '근대극복지향형'의 역사의식이 깔려 있다고 보입니다. 오늘날 지구촌의 차원에서 전개되고 있는 생태계의 파괴, 남과 북으로의 빈부의 대극적 양극화현상, 인류의 존속 그 자체가 의심될 수 있는 상황의 불가역적인 도래라는 역사적 상황에서 볼 때, 내일의 동학농민혁명 연구가 나아갈 방향은 후자와 보다 적합적이지 않을까 생각됩니다.

둘째 근대미화의식 내지 근대추수형 역사의식에서는, 한국근현대사에서의 농민층의 전층적 몰락, 민주주의 발전의 결여, 민족자본가계급의 계급으로서의 결여 등을 일본자본주의의 역사적 후진성과 한국전근대사회의 전근대적 요소의 강인한 존속 등으로 말미암은 근대성의 결핍 · 불구자적 근대로 보는 경향을 필연화시키지 않는가 여겨집니다. 서구적 이미지의 근대는 성숙된 근대이고, 식민지근대는 미성숙 · 결격 · 비정상의 근대라는 이분법적 근대관에서는, 식민지근대의 고유의 역사적 성격 즉 '미성숙 · 결격 · 비정상'의 근대 그 자체가 자본의 논리의 자기관철의 현상형태라는 측면이 외면되고, 따라서 근대 그 자체의 세계사적 다원성 · 다양성이 외면되며, 따라서 한국근현대사상도 서구적 이미지의 근대에서만 가치평가됨으로써 한국근현대사상의 개별적 특수성이 외면되지 않을까 우려됩니다.

셋째 근대미화의식에서 본 한국근현대사는, 오늘날의 자본주의사회에로 귀결된, 실현되고 발현된 역사적 계기들의 필연적 과정으로서의 역사상으로만 형상화되고 있는 경향이 농후합니다. 따라서 필연적으로 자본주의사회에로 귀결된 역사전개과정에서 미실현 · 미발현의 계기로 남게 된 역사적 계기들을 외면하는 경향도 매우 짙습니다. 이것은 현실에 대한 엄정한 역사적 비판을 원천적으로 틀어막는 현실추수로 떨어지지 않을 수 없다고 보입니다.

동학농민혁명의 미실현 · 미발현의 역사적 계기는, 그 이후의 한국근현대사의 민중운동들의 미실현 · 미발현의 역사적 계기와 함께 축적되고 응결되면서, 오늘날에도 새로운 실현 · 발현의 계기를 기다리면서, 그러나 기다리지만은 않고 조금씩 자신을 실현 · 발현하면서, 오늘의 역사적 현실의 형성에 나름으로 역할하지 않았는가 여겨집니다. 그러나 크게는 아직도 미실현 · 미발현의 계기로서 기다리고 있는 것이지 않은가 여겨집니다.

달리 말하면 동학농민혁명에서 희생된 수만, 수십만의 영령은 아직도 저승세상에 안착하지 못한 채 구천에서 떠돌고 있습니다. 뿐만 아니라 한국근현대사에서 미실현 · 미발현의 계기로서 희생된 수백만의 영령들이 역시 구천에서 떠돌고 있지 않은가 여겨집니다. 한국근현대사의 파란만장의 고비고비에서 살아남아 있는 오늘의 우리들에게는 이들 영령들을 위로하는 진혼(鎭魂)의 역사학을 이룩해야 할 의무가 있다고 생각됩니다. 따라서 그 진혼의 역사학은, 위의 미실현 · 미발현의 역사적 계기들을 계승 · 발전시키는 연장선상에서 오늘의 역사적 현실에 대결하는 성격의 것으로 되어야 하지 않을까 생각됩니다. 고맙습니다.

▶ 『동학농민혁명의 동아시아사적 의미』, 2002, 서경문화사.